U0360728

预测理论及其在工农业中的应用

林耀庭　周伟　◎　著

清华大学出版社

北京

图书在版编目(CIP)数据

预测理论及其在工农业中的应用 / 林耀庭,周伟著.
北京:清华大学出版社,2024.12. -- ISBN 978-7-302
-67578-5

Ⅰ. F406.3;S

中国国家版本馆 CIP 数据核字第 2024M6F449 号

责任编辑:刘　杨
封面设计:何凤霞
责任校对:赵丽敏
责任印制:杨　艳

出版发行:清华大学出版社
　　　　网　　　址:https://www.tup.com.cn,https://www.wqxuetang.com
　　　　地　　　址:北京清华大学学研大厦 A 座　　　邮　　编:100084
　　　　社 总 机:010-83470000　　　　　　　　邮　　购:010-62786544
　　　　投稿与读者服务:010-62776969,c-service@tup.tsinghua.edu.cn
　　　　质量反馈:010-62772015,zhiliang@tup.tsinghua.edu.cn
印 装 者:涿州汇美亿浓印刷有限公司
经　　销:全国新华书店
开　　本:185mm×260mm　　印　张:18.75　　　　　字　　数:455 千字
版　　次:2024 年 12 月第 1 版　　　　　　　　　印　　次:2024 年 12 月第 1 次印刷
定　　价:198.00 元

产品编号:108559-01

PREFACE
前言

《预测理论及其在工农业中的应用》一书围绕"预测"这一核心概念展开。所谓预测,是指通过对已有数据和信息进行科学分析,从而推测未来可能发生的事件或结果。这不仅是一种科学研究方法,更是一项具有重要社会功能的实践活动。科学的预测不仅能够推动理论研究的发展,还能带来显著的经济效益和社会效益,为经济与社会的全面发展提供强大支持。甚至可以说,英明的决策都离不开科学预测的指导。

回顾近百年来国内外预测理论的发展历程,我们可以清晰地看到,预测方法种类繁多,涵盖了数十种大类和上百种小类。随着时间的推移,预测理论和技术的复杂性与多样性日益凸显。预测科学的研究表明,预测结果的准确性与研究对象的复杂程度、系统规模以及时间跨度密切相关。研究对象越复杂、规模越大、时间跨度越长,预测结果的不确定性也越大。基于此,本书旨在帮助广大研究人员系统了解各种预测方法的特点,并根据具体研究目标选择最佳预测方法,以确保研究结果的有效性和可靠性。

预测方法的选择对研究结果的准确性至关重要。只有根据具体问题选择最适合的预测工具,才能有效提升研究的科学性和实用性。例如,一位德国数学家通过分析我国历朝历代的食盐消耗量,利用回归分析精准估算了我国的人口数量。这一经典案例充分说明,回归分析在处理已知数据时具有显著优势,但由于其对数据量和数据特性有较高要求,在预测未来人口变化时可能会受到一定限制。同样在实际应用中,研究人员还需要深刻理解研究对象的本质特征,包括其内涵与外延。例如,当机器人被指令去抓取砖块或气球时,模糊数学因其善于处理不精确信息而成为理想选择。借助模糊数学,机器人能够精准地完成复杂任务。这些案例无不证明,科学选择预测方法是研究取得成功的关键。

近年来,人工智能,尤其是神经网络预测方法,以其强大的数据处理能力和适应性引起了广泛关注。然而,由于神经网络方法具有特定的数学属性和特点,它更适合解决特定领域的问题,并非所有研究问题都能采用这种方法。因此,准确理解其适用条件和局限性,是科学选择预测方法的重要前提。只有在合理评估其优势与不足的基础上,才能最大限度地发挥人工智能预测方法的技术潜力,为相关研究提供更强有力的支持。在本书的编写过程中,作者收集了国内外关于预测理论与实践的大量研究成果和应用案例,系统整理了不同预测方法的理论基础、实际应用及成功案例。这一过程结合了作者在工业、农业及矿产资源探测等领域的科研实践,耗时八年,五易其稿,最终成书。本书力求为广大科研人员提供一个实用的参考框架,帮助他们更好地应用预测理论进行研究。

本书的编撰得到了广东海洋大学、中国石油化工股份有限公司、中国海洋石油集团有限公司等多家单位的大力支持,同时得到了桂志先、高刚、夏振华、周昌仕、刘利群等教授的宝贵意见与建议。在此,特别感谢中国海洋石油集团有限公司林昌荣教授、成都理工大学贺振华教授等知名学者的积极帮助。正是因为这些专家学者的共同努力,本书的内容得以更趋完善。本书的顺利出版得益于广东海洋大学和中国石油化工股份有限公司先导试验项目的资助。在此,向所有支持本书出版的单位和个人表示衷心的感谢! 希望本书能够为从事预测研究的科研人员提供有价值的参考,为推动工农业及矿产资源预测研究的发展贡献绵薄之力。由于预测理论的复杂性及作者水平有限,书中难免存在不足之处,敬请读者批评指正。

作　者

2024 年 7 月

CONTENTS
目录

预测方法类型简介

1.1　传统的预测和新近的预测方法

1.1.1　传统的预测方法

所谓预测，是指对某个事件已有的资料、信息进行处理分析，对未来可能发生的结果进行推理判断。传统的预测方法主要分为定性预测法、约束外推法和模拟模型预测法三种。

1. 定性预测法

定性预测法是指依靠人的直观判断能力对所要预测事物的未来状况在性质上作出判断，而不考虑量的变化。它是在数据资料掌握不多的情况下，依靠人的经验和分析能力，用系统的、逻辑的思维方法，将有关资料加以综合，进行预测。例如专家预测法、德尔菲预测法、主观概率预测法、交叉概率预测法等。虽然定性预测方法很多，但始终无法消除人的直观判断，因此，定性预测法又称直观预测法，直观预测法在预测中一直占有重要地位。

2. 约束外推法

约束外推法是指在大量的随机现象中找到一定的约束，即规律，根据这个规律对系统未来状况作出预测的方法。例如趋势外推法、迭代外推法、移动平均法、指数平滑法等。约束外推法多用于时间序列的预测。

3. 模拟模型预测法

模拟模型预测法是根据"同态性原理"建立被预测事物的同态模型，然后根据"边界性原理"确定事件的边界值，对事物进行预测的方法。模拟模型法主要有回归分析与相关分析法、最小二乘法、联立方程法、弹性系权法等。

1.1.2　新近的一些预测方法

1. 相关因素加权分析法

任何事物的发展变化都遵循一条简单的规律，这一规律可以用一个公式来表示：

X（未来值或状态）＝Z（现在值或状态）×$[Y_1$（相关因素变化加权值）＋Y_2＋…＋$Y_n]/$ N（权数之和）。这一公式揭示的规律及提供的方法称为相关因素加权分析法。

2. 灰色预测法

灰色预测是就灰色系统所做的预测。所谓灰色系统是指介于白色系统与黑箱系统之间的过渡系统,其具体的含义是:如果某一系统全部信息已知,则为白色系统,全部信息未知,则为黑箱系统,部分信息已知、部分信息未知,则为灰色系统。一般地说,社会系统、经济系统、生态系统都是灰色系统。例如物价系统,导致物价上涨的因素很多,但已知的却不多,因此对物价这一灰色系统的预测可以采用灰色预测法。

灰色系统理论认为,对既含有已知信息又含有未知或非确定信息的系统进行预测,就是对在一定方位内变化的、与时间有关的灰色过程进行预测。尽管过程中显示的现象是随机的、杂乱无章的,但毕竟是有序的、有界的,因此这一数据集合具备潜在的规律,灰色预测就是利用这种规律建立灰色模型,对灰色系统进行预测。

灰色预测通过鉴别系统因素之间发展趋势的相异程度,即进行关联分析,并对原始数据进行生成处理来寻找系统变动的规律,生成有较强规律性的数据序列,然后建立相应的微分方程模型,从而预测事物未来发展趋势的状况。其用等时距观测到的反映预测对象特征的一系列数量值构造灰色预测模型,预测未来某一时刻的特征量,或达到某一特征量的时间。

3. 支持向量机

支持向量机(support vector machine,SVM)是科琳娜-科尔特斯和维普尼克等1995年首先提出的一种基于统计学习理论的新的机器学习技术。根据有限的样本信息在模型的复杂性和学习能力之间寻求最佳折中,以期获得最好的推广能力。支持向量机在解决小样本、非线性及高维模式识别问题中表现出许多特有的优势,并且能够推广到函数逼近和概率密度估计等其他机器学习问题中。

支持向量机方法是建立在统计学习理论的 VC 维理论和结构风险最小原理基础上的,根据有限的样本信息在模型的复杂性(即对特定训练样本的学习精度)和学习能力(即无错误地识别任意样本的能力)之间寻求最佳折中,以期获得最好的推广能力。所谓支持向量是指那些在间隔区边缘的训练样本点。这里的"机"(machine,机器)实际上是一个算法。在机器学习领域,常把一些算法看作一个机器。支持向量机与神经网络类似,都是学习型的机制,但与神经网络不同的是,支持向量机使用的是数学方法和优化技术。

1.2 离散的预测和连续的预测方法

1.2.1 离散时间系统模型演化预测

在研究实际系统时,如果只能或只考虑各种状态在不连续的离散时间点上的取值,该系统就被描述为离散时间系统,使用差分方程来描述。进而,根据线性系统状态方程、常系数线性系统(时不变系统)等理论,即可进行离散时间系统模型演化预测。近年来离散时间系统模型演化预测得到了很大的发展,先后在人口模型预测、CDMA 网络预测、老采空区残余沉降预测等方面得到应用,并显示了一定的优越性。

1.2.2 连续的预测方法

连续性原理是指客观事物的发展具有合乎规律的连续性,事物发展是按照其本身固有的规律进行的。在一定条件下,只要规律赖以发生作用的条件不产生质的变化,事物的基本发展趋势就会延续下去,如时间序列预测主要是以连续性原理为依据的。

1.3　定性预测和定量预测方法

1.3.1　定性预测

定性预测是指预测者依靠熟悉业务知识、具有丰富经验和综合分析能力的人员与专家,根据已掌握的历史资料和直观材料,运用个人的经验和分析判断能力,对事物的未来发展做出性质和程度上的判断,再通过一定形式综合各方面的意见,作为预测未来的主要依据。定性预测是对预测对象的某种特性或某种倾向可能出现、也可能不出现的一种事前推测。例如,我国劳动人民总结的"础润而雨,月晕而风"预测阴晴风雨的方法就是定性预测的实例。"础润而雨,月晕而风",就是看到墙根的基石发潮了,湿润了,预测来日可能有雨;月亮周围有光圈,昏昏沉沉,模模糊糊不太干净,预测来日可能起风。但并未说明有雨,雨量多大,有风,风力几级。又如,对所经营产业、产品或某些服务的商业期望调查,研究消费者的态度和需求倾向,也属于定性预测。

定性预测主要是利用直观材料,依靠管理者个人的经验和综合分析能力,对未来的发展方向和趋势做出推断,其优点是直观简单、适应性强。通常,如果影响物流需求预测的相关信息是模糊的、主观的,无法量化,而且相关的历史数据很少,或是与当前的预测相关程度很低,往往只能选择定性的方法进行预测。由于我国企业对物流的认识起步较晚,物流方面的统计工作尚不完善,而且没有适当的数据可以使用,定性预测方法将在一定范围内得到较多应用。而且中期到长期的预测多选用此方法。

必须说明,定性预测中也可能会有某些数量的说明。例如,某企业预测 10 年后的销售量达到或超过某一数额,因而推测 5 年左右就可能改变原料来源,7 年左右可能在某几个主要城市设立分厂,10 年左右可能采用某种新技术,等等。

定性预测的特点在于:着重对事物发展的性质进行预测,主要凭借人的经验及分析能力;着重对事物发展的趋势、方向和重大转折点进行预测。

定性预测的主要方法包括德尔菲法、主观概率法、领先指标法、厂长(经理)评判意见法、推销人员估计法、相互影响法和情景预测法等。

1. 德尔菲法

德尔菲法是根据有专业知识的人的直接经验,对研究的问题进行判断、预测的一种方法,也称专家调查法。美国蓝德公司于 1964 年首先将其用于预测领域。德尔菲法具有反馈性、匿名性和统计性特点,选择合适的专家是实现德尔菲预测的关键环节。

德尔菲法的优点在于:可以加快预测速度和节约预测费用;可以获得各种不同但有价值的观点和意见;适用于长期预测和对新产品的预测,在历史资料不足或不可测因素较多时尤为适用。

德尔菲法的缺点在于:对于分地区的顾客群或产品的预测可能不可靠;责任比较分散;专家的意见有时可能不完整或不切合实际。

2. 主观概率法

主观概率是人们凭经验或预感而估算出的概率。它与客观概率不同,客观概率是根据事件发展的客观性统计出的一种概率。在很多情况下，人们没有办法计算事情发生的客观概率，因而只能用主观概率来描述事件发生的概率。主观概率法是一种适用性很强的统计预测方法，可以用于人类活动的各领域。

主观概率法包括如下的步骤：准备相关资料；编制主观概率调查表；汇总整理；判断预测。

3. 领先指标法

领先指标法是通过将经济指标分为领先指标、同步指标和滞后指标，并根据这三类指标之间的关系进行分析预测。领先指标法不仅可以预测经济的发展趋势，而且可以预测其转折点。

4. 厂长（经理）评判意见法

厂长（经理）评判意见法，就是先由企业的负责人把与市场有关或者熟悉市场情况的各负责人员和中层管理部门的负责人召集起来，让他们对未来的市场发展形势或某种大市场问题发表意见，做出判断；然后将各种意见汇总起来，进行分析研究和综合处理，最后得出市场预测结果。

5. 推销人员估计法

推销人员估计法是将不同销售人员的估计值综合汇总起来，作为预测结果值。由于销售人员一般都很熟悉市场情况，因此，这一方法具有显著的优势。

6. 相互影响法

相互影响法是通过分析各事件之间因相互影响而引起的变化，以及变化发生的概率，研究各事件未来发生的可能性的一种预测方法。

7. 情景预测法

情景预测法是一种新兴的预测法，由于它不受任何条件限制，应用起来灵活，能充分调动预测人员的想象力，考虑较全面，有利于决策者更客观地进行决策，在制定经济政策、公司战略等方面有很好的应用。但在应用过程中一定要注意具体问题具体分析，同一个预测主题，其所处环境不同，最终的情景可能有很大的差异。

1.3.2　定量预测

定量预测是使用历史数据或因素变量来预测需求的数学模型。是根据已掌握的比较完备的历史统计数据，运用一定的数学方法进行科学的加工整理，借以揭示有关变量之间的规律性联系，用于预测和推测未来发展变化情况的一类预测方法。定量预测法也称统计预测法，其主要特点是利用统计资料和数学模型进行预测。然而，这并不意味着定量方法完全排除主观因素，相反主观判断在定量方法中仍起着重要的作用，只不过与定性方法相比，各种主观因素所起的作用小一些罢了。

进行定量预测，通常需要积累和掌握历史统计数据。如果把某种统计指标的数值按时间先后顺序排列起来，以便于研究其发展变化的水平和速度，这种预测就是对时间序列进行加工整理和分析，利用数列反映出的客观变动过程、发展趋势和发展速度进行外推和延伸，借以预测今后可能达到的水平。

1. 定量预测的分类

定量预测基本上可分为两类：一类是时序预测法，另一类是因果分析法。

1）时序预测法

时序预测法，它是以一个指标本身历史数据的变化趋势，寻找市场的演变规律，将其作为预测的依据，即把未来作为过去历史的延伸。时序预测法包括平均平滑法、趋势外推法、季节变动预测法和马尔可夫时序预测法。时间序列中每一时期的数值，都是由很多不同因素同时发生作用后的综合反映。总的说来，这些因素可分为以下三大类。

第一，长期趋势，这是时间序列变量在较长时间内的总势态，即在长时间内连续不断地增长或下降的变动势态。它反映预测对象长时期内的变动总趋势，这种变动趋势可能表现为向上发展，如劳动生产率提高；也可能表现为向下发展，如物料消耗的降低；还可能表现为向上发展转为向下发展，如物价变化。长期趋势往往是市场变化情况在数量上的反应，因此它是进行分析和预测的重点。

第二，季节变动，这是指发生于每年特定时期内的周期波动。即这种变动上次出现后，每隔一年再次出现。所以简单地说，每年重复出现的循环变动，就叫季节变动。

第三，不规则变动，又称随机变动，其变化无规则可循。这种变动都是由偶然事件引起的，如自然灾害、政治运动、政策改变等影响经济活动的变动。不规则变动幅度往往较大，而且无法预测。

2）因果分析法

因果分析法，包括一元回归法、多元回归法和投入产出法。回归预测法是因果分析法中很重要的一种，它从一个指标与其他指标的历史和现实变化的相互关系中探索它们之间的规律性联系，作为预测未来的依据。

2. 目前常用的几种定量预测方法

1）加权算术平均法

用各种权数算得的平均数称为加权算术平均数，它可用自然数作权数，也可用项目出现的次数作权数，所求平均数值即为测定值。

2）趋势平均预测法

趋势平均预测法是以过去发生的实际数据为依据，在算术平均数的基础上，假定未来时期的数值是近期数值的直接继续，而与较远时期的数值关系较小的一种预测方法。

3）指数平滑法

指数平滑法是以一个指标本身过去变化的趋势作为预测未来的依据的一种方法。对未来预测时，考虑近期资料的影响应比远期大，因此，越是近期资料权数越大，反之权数越小。

4）平均发展速度法

5）一元线性回归预测法

根据 x、y 现有数据，寻求合理的 a、b 回归系数，得出一条变动直线，设变动直线方程为 $y = a + bx$，并使线上各点至实际资料中对应点之间的距离最小。

6）高低点法

高低点法是利用代数式 $y = a + bx$，选用一定历史资料中的最高业务量与最低业务量的总成本(或总费用)之差 Δy,与两者业务量之差 Δx 进行对比,求出 b,然后再求出 a 的方法。

7) 时间序列预测法

时间序列预测法是把一系列的时间作为自变量来确定直线方程 $y = a + bx$,进而求出 a、b 的值,这是回归预测的特殊式。

3. 定量预测的优缺点

定量预测的优点是偏重数量方面的分析,重视预测对象的变化程度,能做出变化程度在数量上的准确描述;它主要把历史统计数据和客观实际资料作为预测的依据,运用数学方法进行处理分析,受主观因素的影响较小;它可以利用现代化的计算方法,进行大量的计算工作和数据处理,求出适应工程进展的最佳数据曲线。

缺点是比较机械,不易灵活掌握,对信息资料质量的要求较高。

4. 应用

成矿预测是在不确定条件下制定最优决策的工作。

成矿预测作为一种地质系统,与其他技术、经济系统存在重要区别。由于矿床类型的多样性、矿床成因的复杂性、控矿因素的隐蔽性和找矿信息的多解性,成矿预测结果具有不确定性,并常常因人而异。探索成矿预测过程客观化、定量化和精确化一直是成矿预测学的前沿课题。本书以一个旧锡矿为例,展示地质异常与矿体空间产出及分布的密切关系,强调以"求异"准则为指导的成矿定量预测的重要性。当今地质勘查工作面临深部找矿问题,本书从深部找矿的概念、类型、目标、效益等方面论述国外理论研究和找矿实践概况。强调深部找矿中要加强地壳深部结构的研究,重视深部找矿的经济"回报率"和勘查项目"转化率"的重要性。

1.3.3 定性预测和定量预测关系的比较

1. 定性预测的优缺点

定性预测的优点在于注重事物发展在性质方面的预测,具有较大的灵活性,易于充分发挥人的主观能动作用,且简单迅速,省时省费用。

定性预测的缺点是易受主观因素的影响,比较注重人的经验和主观判断能力,从而易受人的知识、经验和能力的束缚和限制,尤其是难以对事物发展做数量上的精确描述。

2. 定量预测的优缺点

定量预测的优点在于注重事物发展在数量方面的分析,重视对事物发展变化程度做数量上的描述,更多地依据历史统计资料,较少受主观因素的影响。

定量预测的缺点在于比较机械,不易处理波动较大的资料,更难以预测事物的变化。

3. 定量预测和定性预测的辩证关系

定性预测和定量预测并不是相互排斥的,而是相互补充的,在实际预测过程中应该把两者正确地结合起来使用。

定性预测是指预测者依靠熟悉业务知识、具有丰富经验和综合分析能力的人员与专家,根据已掌握的历史资料和直观材料,运用个人的经验和分析判断能力,对事物的未来发展做出性质和程度上的判断,再通过一定形式综合各方面的意见,作为预测未来的主要依据。定性预测在工程实践中被广泛应用，无论是有意还是无意的。特别适用于对预测对象的数据资料（包括历史的和现实的）掌握不充分，或影响因素复杂，难以用数字描述，或对主要影响因素难以进行数量分析等情况。

尽管定性预测偏重对市场行情的发展方向和施工中各种影响施工项目成本的因素进行分析，能发挥专家经验的作用和主观能动性，比较灵活，而且简便易行，可以较快地得出预测结果。但是在进行定性预测时，也要尽可能地搜集数据，运用数学方法，其结果通常也是从数量上做出量化测算。

1.4 统计型预测和专家系统预测方法

1.4.1 统计型预测

统计型预测是以大量的实际调查资料为基础，根据社会经济现象的联系及发展规律，运用科学的数学模型，对未来发展的趋势和达到的水平做出客观估量的统计方法。

统计型预测实际上是对未来的动态推算。进行统计型预测要具备几个条件，即准确的统计资料、科学的数学模型、精辟的经济理论。统计资料是预测的依据，经济理论是预测的基础，数学模型是预测的手段，它们是构成统计预测的三个要素。

统计预测有多种分类方法，一般分为以下 4 种。

1. 宏观预测和微观预测

按预测对象范围的大小，统计预测可分为宏观预测和微观预测。宏观预测是指对整个国民经济总体的预测，如国内生产总值增长率预测、物价变动预测等。微观预测是指对社会中某个单位的经济行为及相应变量单项指标的预测，如预测一个工业企业的总产值、利润、成本等。

2. 短期预测、中期预测和长期预测

按预测时距的长短，统计预测可分为短期预测、中期预测和长期预测，这种分类不能一概而论。首先，不同的国家对预测期限在理论上和实践中不尽相同。其次，在宏观预测和微观预测中也不一致。但相对而言，宏观预测的时期要长一些，如对国民经济发展趋势的预测，短期预测一般指 1～2 年，中期预测为 3～4 年，长期预测为 5～10 年或更长时期的预测。而微观预测的期限则要短一些，如企业产品销售预测，短期通常为 1～6 个月，中期为半年到两年，长期则为两年以上。

3. 定性预测和定量预测

按预测对象的表现形式不同，统计预测可分为定性预测和定量预测。定性预测是指预测者根据掌握的有关资料，凭借个人的工作经验和分析能力，对事物未来发展趋势或性质做出的主观判断。这种预测虽也有数字，但其目的主要不在于准确地预计未来的具体数值，而在于判断事物未来的发展方向和趋势。定量预测是指使用统计方法对统计资料进行推算，其目的在于推算未知事件的具体数值。这种推算可使用数学模型，也可不使用数学模型，本章将着重介绍定量预测方法。

4. 静态预测和动态预测

按预测对象是否包括时间变动因素，统计预测可分为静态预测和动态预测。静态预测是指依据空间数列资料发现现象之间的数量对比关系,并据以对未知现象做出推测。如回归预测法就是利用客观事物之间的内在联系进行预测。动态预测(又称时间序列预测)是指依据时间序列资料发现其动态规律,据以推测未来时期数量,它是统计预测中的主要部分。

1.4.2　专家系统预测

专家系统预测法是汇集有经验的负荷预测人员的知识对数据库中存储的过去几年甚至几十年的,如每小时的负荷和天气数据进行分析,按照一定的规则进行负荷预测。实践证明,精确的负荷预测不仅需要高新技术的支撑,也需要融合人类自身的经验和智慧。因此,就会需要专家系统这样的技术。

专家系统预测法,是对人类不可量化的经验进行转化的一种较好的方法。但专家系统分析本身就是一个耗时的过程,即使知道某些复杂的因素(如天气因素)对负荷有影响,但要准确定量地确定影响也是很难的。专家系统预测法适用于中长期负荷预测。

此法的优点在于,能汇集多个专家的知识和经验,最大限度地利用专家的能力;占有的资料、信息多,考虑的因素也比较全面,有利于得出较为正确的结论。

此法的缺点在于,受数据库中存储的知识总量的限制,不具有自学习能力;对突发性事件和不断变化的条件适应性差。

第2章

传统的预测方法和理论

2.1 线性回归预测方法

2.1.1 线性回归预测方法的起源和发展

1. 线性回归预测方法起源

回归分析最早由弗朗西斯·高尔顿(Sir Francis Galton)在19世纪末期创立。高尔顿是生物统计学派的奠基人,他的表哥达尔文的巨著《物种起源》问世以后,触动他用统计方法研究智力进化问题,统计学上的"相关"和"回归"的概念也是高尔顿第一次使用的。1855年,他发表了一篇《遗传的身高向平均数方向的回归》的文章,分析儿童身高与父母身高之间的关系,发现父母的身高可以预测子女的身高,当父母越高或越矮时,子女的身高会比一般儿童高或矮,他将儿子与父母身高的这种现象拟合为一种线性关系。但是有趣的是,通过观察,他注意到这尽管是一种拟合较好的线形关系,但仍然存在例外现象,矮个的人的儿子比其父要高,身材较高的父母所生子女的身高将降至人的平均身高。换句话说,身高走向极端(或者非常高,或者非常矮)的父母的子女,子女的身高不会像父母的身高那样极端,其身高比父母的身高更接近平均身高。高尔顿选用"回归"一词,把这一现象叫作"向平均数方向的回归"。虽然这是一种特殊情况,与线形关系拟合的一般规则无关,但"线形回归"的术语仍被沿用下来。作为根据一种变量(父母身高)预测另一种变量(子女身高)的一般名称沿用至今,后被引用到对多种变量关系的描述。

而父辈身高与子代身高的具体关系如何,高尔顿和他的学生卡尔·皮尔逊观察了1078对夫妇,以每对夫妇的平均身高为自变量,取他们一个成年儿子的身高作为因变量,结果发现两者近乎一条直线,其回归直线方程为:$\hat{y}=33.73+0.516x$,这种趋势及回归方程表明,父母身高每增加一个单位时,其成年儿子的身高平均增加0.516个单位。

2. 线性回归预测方法发展

回归分析是重要的统计推断方法。在实际应用中,回归分析是数理统计学与实际问题联系最为紧密、应用范围最为广泛、收效最为显著的统计分析方法;是分析数据,寻求变量之间关系的有力工具。随着科学技术的发展,生物、医学、农业、林业、经济、管理、金融、社会等领域的许多实际新问题的提出,有力地推动了回归分析的发展。回归分析的研究主要是回归模型的参数估计、假设检验、模型选择等理论和有关计算方法。

回归分析的理论和方法研究 200 年来得到不断发展。统计学中的许多重要方法都与回归分析有着密切的联系。如时间序列分析、判别分析、主成分分析、因子分析、典型相关分析等。这些都极大地丰富了统计学方法的宝库。

回归分析方法自身的完善和发展至今仍是统计学家研究的热点课题。例如,自变量的选择、稳健回归、回归诊断、投影寻踪、非参数回归模型等,今年仍有大量研究文献发表。

对于满足基本假设的回归模型,其理论已经成熟,但对于违背基本假设的回归模型的参数估计,仍有不少问题值得深入研究。

在时间问题的研究应用中,人们发现经典的最小二乘估计的结果并不总是令人满意,统计学家们从多方面努力试图克服经典方法的不足。例如,为了克服设计矩阵的病态性,提出了以岭估计为代表的多种有偏估计。斯坦因于 1955 年证明了当维数 p 大于 2 时,正态均值向量最小二乘估计的不可容许性。

近年来,新的研究方法不断出现,如非参数统计、自助法、刀切法、经验 Bayes 估计等,都对回归分析起着渗透和促进作用。

由此看来,随着回归模型技术本身的不断完善和发展,其应用领域不断扩大,必将在统计学中占有更重要的位置,也必将为人类社会的发展发挥独到的作用。

3. 线性回归预测方法背景

随着全球经济一体化进程的加快,未来的市场考虑到能源、政治、文化、战争等因素的影响,将会越来越不稳定,需求的波动性相比现在只会越来越大。预测作为一种对未来可能发生情况的预计与推测,将日益显示出它的重要性。在实际问题的研究中,经常需要研究某一现象与其某些主要影响因素的关系,例如,某公司管理人员要预测来年该公司的销售额 y,研究认为影响销售额的因素不只是广告宣传费 x_1,还有个人可支配收入 x_2、价格 x_3、研发费用 x_4、各种投资 x_5、销售费用 x_6 等。这样,因变量 y 就与多个自变量 x_1、x_2、x_3、x_4、x_5、x_6 有关,它们之间的关系可以用多种方法预测,其中多元回归分析是目前广泛应用的定量预测方法,其任务是确定预测值和影响因子之间的关系。

4. 线性回归预测方法国内外发展状况

温忠麟在其所编的《心理与教育统计》一书中,对回归分析的定义为"用统计的方法研究变量 y 和 x 的不确定的共变关系""描述 y 的均值与 x 的关系的函数通常称为回归方程",并通过讨论线性回归模型,从一个自变量到多个自变量的介绍如何建立回归方程,如何检验、评价和解释回归方程,如何利用回归方程进行预测等,具体从直线回归、可线形化的曲线回归和多元回归分析三个方面进行阐述。

张厚粲、徐建平在其编著的《现代心理与教育统计学》一书中提到:回归分析是通过大量的观测数据,发现变量之间存在的统计规律性,并用一定的数学模型表示出来,是一种用一定模型来表述变量相关关系的方法。回归分析不但适用于分析实验数据,还可以分析未做实验控制的观测数据或历史资料。作者主要介绍了简单回归分析模型及如何拟合这一模型。在简单回归模型中,$\hat{y}=a+bx$,其中参数 a、b 分别表示截距与斜率,$\hat{y}$ 叫作因变量或被测变量,x 叫作自变量。因变量的观察值与预测值之间的差异叫作残差。运用最小二乘法和平均数可以建立这一模型。回归分析的主要目的是建立一种线性模型,然后通过这种模型进行分析和预测。

张敏强在其主编的《教育与心理统计学》一书中认为,统计学中的回归分析是借助数学模型对客观世界存在的事物间的不确定关系进行一种数量化描述,其目的在于为不确定现象的研究提供更科学、更精细的手段,以应用于相关随机变量的估计、预测和控制。回归分析包括以下三大部分:①建立回归方程,依据专业知识调查研究现象可能涉及的变量的种类和数量,并且进行实验或调查以获取实际数据,然后结合以往的经验,对所获得数据进行分析研究,确定回归方程的函数形式。②检验和评价所建回归方程的有效性,检验方程有无使用价值,并找到评价回归方程有效性高低的统计指标以评价所建回归方程的使用价值。③利用所建回归方程进行预测和控制。这正是研究回归现象、进行回归分析的根本目的所在。利用回归方程进行控制,多见于自然科学研究领域。在教育和心理科学研究中,更多的是利用所建回归方程进行估计和预测。

柯惠新等主编的《调查研究中的统计分析法》一书中对回归分析的描述是:为了表示响应 y 是怎样与因子 x 相联系的,可以用一条回归直线 $\hat{y}=a+bx$ 拟合。斜率 b 和截距 a 可以用最小二乘的简单公式来计算。实际的观测值必须假定取自某一潜在总体的样本。对于这个总体,我们用希腊字母 β 表示真实回归直线的斜率,它就是用样本斜率 b 来估计的那个目标。如果抽样是随机的,那么 b 随着样本的变化围绕着其目标 β 以一个特定的标准误差近似正态地波动。由 b 的抽样分布,可以构造 β 的置信区间,或计算 $\beta=0$ 概值。根据这两个结果中的任何一个,都可以检验假设 $\beta=0$。在非线性关系,例如抛物线关系中,可以利用简单的变换化为标准的多元回归来拟合。也可以利用现有的统计软件寻求一条比较合理的拟合曲线。

王孝玲编著的《教育统计学》一书中提到:有相关关系的两个变量,如果一个为自变量,另一个为因变量,因变量随自变量的变化而做不同程度的变化,这种近似确定性质的关系可以用数学方程式表达,从中可以由自变量的值推算或预测因变量的估计值,这个过程称为回归分析。书中进一步介绍了如何建立回归方程式,如何计算回归系数,如何估测和估计标准误差等。

茆诗松等编著的《回归分析及其试验设计》是笔者目前找到的整本都是介绍回归分析的书。书中提到:回归分析是研究随机现象中变量之间关系的一种数理统计方法,它在工农业生产和科学实验中有着广泛的应用。书中通过生产中的实际问题,较详细地介绍了回归分析中的参数估计、统计检验和预报控制等问题。然后阐述了逐步回归及多项式回归分析方法,还介绍了如何回归的试验设计。回归设计在 20 世纪 50 年代初,为了适应生产的发展,寻求最佳工艺和配方及满足建立生产过程的数学模型等需求而产生的,根据试验目的和数据分析选择的每个试验点在数据获取上含有最大的信息,从而减少试验次数,并使数据的统计分析具有一些良好的性质。发展到今天,回归设计的内容已相当丰富,包括回归的正交设计、回归的旋转设计、回归的 D-最优设计等。在这些设计的基础上,人们还进一步研究了各种"最优设计"的标准,从而评定各种设计的好坏,以利于探索新的设计方案。

2.1.2 线性回归预测方法的数学工具和理论基础

1. 线性回归预测方法的数学工具

多种统计工具均可实现多元回归预测,如 MATLAB、Excel、SPSS、SAS 等。

2. 线性回归预测方法的理论基础

回归预测方法参数估计包括点估计、估计量的评价标准和区间估计三种。点估计又包括矩估计和最大似然估计两种；区间估计又包括置信区间和置信度、假设检验两种。

（1）点估计

① 矩估计

$$\overline{X} = \mu，即令样本一阶原点矩等于总体一阶原点矩$$

$$S^{*2} = \sigma^2，即令样本二阶中心矩等于总体二阶中心矩$$

设总体 X 的分布中包含未知数 $\theta_1, \theta_2, \cdots, \theta_m$，则其分布函数可以表示成 $F(x; \theta_1, \theta_2, \cdots, \theta_m)$。它的 k 阶原点矩 $v_k = E(X^k)(k = 1, 2, \cdots, m)$ 中也包含未知参数 $\theta_1, \theta_2, \cdots, \theta_m$，即 $v_k = v_k(\theta_1, \theta_2, \cdots, \theta_m)$。又设 $x_1, x_2, \cdots, x_n$ 为总体 X 的 n 个样本值，其样本的 k 阶原点矩为

$$\frac{1}{n}\sum_{i=1}^{n} x_i^k, \quad k = 1, 2, \cdots, m \tag{2.1}$$

这样，我们按照"当参数等于其估计量时，总体矩等于相应的样本矩"的原则建立方程，即有：

$$\begin{cases} v_1(\hat{\theta}_1, \hat{\theta}_2, \cdots, \hat{\theta}_m) = \dfrac{1}{n}\sum_{i=1}^{n} x_i \\[2mm] v_2(\hat{\theta}_1, \hat{\theta}_2, \cdots, \hat{\theta}_m) - \dfrac{1}{n}\sum_{i=1}^{n} x_i^2 \\[2mm] \vdots \\[2mm] v_m(\hat{\theta}_1, \hat{\theta}_2, \cdots, \hat{\theta}_m) = \dfrac{1}{n}\sum_{i=1}^{n} x_i^m \end{cases} \tag{2.2}$$

由上面的 m 个方程，解出的 m 个未知参数 $(\hat{\theta}_1, \hat{\theta}_2, \cdots, \hat{\theta}_m)$ 即为参数 $(\theta_1, \theta_2, \cdots, \theta_m)$ 的矩估计量。

② 最大似然估计

当总体 X 为连续型随机变量时，设其分布密度为 $f(x; \theta_1, \theta_2, \cdots, \theta_m)$，其中 $\theta_1, \theta_2, \cdots, \theta_m$ 为未知参数。又设 $x_1, x_2, \cdots, x_n$ 为总体的一个样本，称

$$L(\theta_1, \theta_2, \cdots, \theta_m) = \prod_{i=1}^{n} f(x_i; \theta_1, \theta_2, \cdots, \theta_m) \tag{2.3}$$

为样本的似然函数，简记为 L。

当总体 X 为离型随机变量时，设其分布律为 $P\{X = x\} = p(x, \theta_1, \theta_2, \cdots, \theta_m)$，$x_1, x_2, \cdots, x_n$ 为总体的一个样本，则称

$$L(x_1, x_2, \cdots, x_n; \theta_1, \theta_2, \cdots, \theta_m) = \prod_{i=1}^{n} p(x_i; \theta_1, \theta_2, \cdots, \theta_m) \tag{2.4}$$

为样本的似然函数。

若似然函数 $L(x_1, x_2, \cdots, x_n; \theta_1, \theta_2, \cdots, \theta_m)$ 在 $\hat{\theta}_1, \hat{\theta}_2, \cdots, \hat{\theta}_m$ 处取到最大值，则称 $\hat{\theta}_1, \hat{\theta}_2, \cdots, \hat{\theta}_m$ 分别为 $\theta_1, \theta_2, \cdots, \theta_m$ 的最大似然估计值，相应的统计量称为最大似然估计量。

$$\frac{\partial \ln L_n}{\partial \theta_i}\bigg|_{\theta_i=\hat{\theta}_i}=0, \quad i=1,2,\cdots,m \tag{2.5}$$

注：若 $\hat{\theta}$ 为 θ 的极大似然估计，则 $g(\hat{\theta})$ 为 $g(\theta)$ 的最大似然估计。（不变性）

（2）估计量的评价标准

无偏性：设 $\hat{\theta}=\hat{\theta}(x_1,x_2,\cdots,x_n)$ 为未知参数 θ 的估计量。若 $E(\hat{\theta})=\theta$，则称 $\hat{\theta}$ 为 θ 的无偏估计量。

有效性：设 $\hat{\theta}_1=\hat{\theta}_1(x_1,x_2,\cdots,x_n)$ 和 $\hat{\theta}_2=\hat{\theta}_2(x_1,x_2,\cdots,x_n)$ 是未知参数 θ 的两个无偏估计量。若 $D(\hat{\theta}_1)<D(\hat{\theta}_2)$，则称 $\hat{\theta}_1$ 比 $\hat{\theta}_2$ 有效。

一致性（相合性）：设 $\hat{\theta}_n(n=1,2,\cdots)$ 是 θ 的一串估计量，如果对于任意的正数 ε，都有

$$\lim_{n\to\infty}P(|\hat{\theta}_n-\theta|>\varepsilon)=0, \quad 【\Leftrightarrow\hat{\theta}_n\xrightarrow{P}\theta】 \tag{2.6}$$

则称 $\hat{\theta}_n$ 为 θ 的一致估计量（或相合估计量）。

（3）区间估计

① 置信区间和置信度

设总体 X 含有一个待估的未知参数 θ。如果我们从样本 $x_1,x_2,\cdots,x_n$ 出发，找出两个统计量 $\theta_1=\theta_1(x_1,x_2,\cdots,x_n)$ 与 $\theta_2=\theta_2(x_1,x_2,\cdots,x_n)(\theta_1<\theta_2)$，使区间 $[\theta_1,\theta_2]$ 以 $1-\alpha(0<\alpha<1)$ 的概率包含这个待估参数 θ，即

$$P\{\theta_1\leqslant\theta\leqslant\theta_2\}=1-\alpha \tag{2.7}$$

那么称区间 $[\theta_1,\theta_2]$ 为 θ 的置信区间，$1-\alpha$ 为该区间的置信度（或置信水平）。

② 假设检验

在数理统计中，把需要用样本去判断正确与否的命题称为一个假设。根据研究目的提出的假设称为原假设，记为 H_0；而其对立面假设称为备择假设（或对立假设），记为 H_1。

提出了"假设"之后，就要用适当的统计方法决定是否接受假设，这叫作假设检验或统计假设检验。

在许多实际问题中，总体分布的类型为已知，仅其中一个或几个参数为未知，只要对一个或几个未知参数作出假设，就可以确定总体的分布，这种仅涉及总体分布的未知参数的统计假设称为参数假设，相应的检验方法称为参数假设检验。如果不知道被研究总体分布的具体类型，只能对未知分布函数的类型或者其某些特性作出某种假设，这种不同于参数假设的假设称为非参数假设，相应的检验方法称为非参数统计检验。

2.1.3　线性回归预测方法的数学模型

在经典回归模型研究中，通常假设响应变量的期望关于模型的未知参数是线性的或非线性的，随机误差是相互独立的，随机误差服从期望为零、方差相同的正态分布，其模型为

$$y_t=f(X_t,\boldsymbol{\beta})+\boldsymbol{\varepsilon}_t, \quad t=1,2,\cdots,n \tag{2.8}$$

其中，$\boldsymbol{\beta}$ 为 m 维回归系数向量，$\boldsymbol{\varepsilon}_t(t=1,2,\cdots,n)$ 为随机误差，且满足 Gauss-Markov 假设：

（1）误差项无偏——随机误差期望为零，即 $E(\varepsilon_t)=0$，$t=1,2,\cdots,n$；

（2）同方差——随机误差具有等方差，即 $\mathrm{var}(\varepsilon_t)=\sigma^2$，$t=1,2,\cdots,n$；

（3）无自关——随机误差彼此不相关，即 $\mathrm{cov}(\varepsilon_i,\varepsilon_j)=0$，$i\neq j$，$i,j=1,2,\cdots,n$。

1. 多元线性回归模型

在许多实际问题中，我们研究的因变量的变动可能不限于与一个解释变量有关。因此，有必要考虑线性模型的更一般形式，即多元线性回归模型。假定因变量 Y 与 X_1，X_2，$\cdots$，X_m 线性相关，设

$$Y=\beta_0+\beta_1 X_1+\beta_2 X_2+\cdots+\beta_m X_m+\varepsilon \tag{2.9}$$

在这个模型中，Y 由 X_1，X_2，$\cdots$，X_m 解释，有 $m+1$ 个未知参数 β_0，β_1，$\cdots$，β_m。

这里，"斜率"β_j 的含义是其他变量不变的情况下，X_j 改变一个单位对因变量产生的影响。

对 n 组观察数据（样本）：

$$(x_{i1},x_{i2},\cdots,x_{im},y_i)，\quad i=1,2,\cdots,n$$

它们应满足

$$\begin{cases} y_1=\beta_0+\beta_1 x_{11}+\beta_2 x_{12}+\cdots+\beta_m x_{1m}+\varepsilon_1 \\ y_2=\beta_0+\beta_1 x_{21}+\beta_2 x_{22}+\cdots+\beta_m x_{2m}+\varepsilon_2 \\ \vdots \\ y_n=\beta_0+\beta_1 x_{n1}+\beta_2 x_{n2}+\cdots+\beta_m x_{nm}+\varepsilon_n \end{cases} \tag{2.10}$$

其中，ε_1，ε_2，$\cdots$，ε_n 相互独立且服从 $N(0,\sigma^2)$ 分布。

令 $\quad \boldsymbol{y}=\begin{bmatrix} y_1 \\ y_2 \\ \vdots \\ y_n \end{bmatrix}$，$\quad \boldsymbol{X}=\begin{bmatrix} 1 & x_{11} & x_{12} & \cdots & x_{1m} \\ 1 & x_{21} & x_{22} & \cdots & x_{2m} \\ \vdots & \vdots & \vdots & & \vdots \\ 1 & x_{n1} & x_{n2} & \cdots & x_{nm} \end{bmatrix}$，$\quad \boldsymbol{\beta}=\begin{bmatrix} \beta_1 \\ \beta_2 \\ \vdots \\ \beta_m \end{bmatrix}$，$\quad \boldsymbol{\varepsilon}=\begin{bmatrix} \varepsilon_1 \\ \varepsilon_2 \\ \vdots \\ \varepsilon_n \end{bmatrix}$

则在观察数据下线性回归模型可写为如下矩阵形式：

$$\boldsymbol{y}=\boldsymbol{X}\boldsymbol{\beta}+\boldsymbol{\varepsilon} \tag{2.11}$$

1）$\boldsymbol{\beta}$ 的最小二乘估计

选择$\boldsymbol{\beta}$ 使误差项的平方和

$$S(\boldsymbol{\beta})=\sum_{i=1}^{n}\varepsilon_i^2=\boldsymbol{\varepsilon}^{\mathrm{T}}\boldsymbol{\varepsilon}=(\boldsymbol{y}-\boldsymbol{X}\boldsymbol{\beta})^{\mathrm{T}}(\boldsymbol{y}-\boldsymbol{X}\boldsymbol{\beta})=\sum_{i=1}^{n}\left(y_i-\sum_{j=0}^{m}x_{ij}\beta_j\right)^2 \tag{2.12}$$

约定 $x_{i0}=1(i=1,2,\cdots,n)$。

解方程组：

$$\frac{\partial S(\boldsymbol{\beta})}{\partial\beta_k}=-\sum_{i=1}^{n}\left(y_i-\sum_{j=0}^{m}x_{ij}\beta_j\right)x_{ik}=0，\quad k=0,1,\cdots,m \tag{2.13}$$

即得$\boldsymbol{\beta}$ 的最小二乘估计 $\hat{\beta}$ 为

$$\hat{\boldsymbol{\beta}}=(\boldsymbol{X}^{\mathrm{T}}\boldsymbol{X})^{-1}\boldsymbol{X}^{\mathrm{T}}\boldsymbol{y} \tag{2.14}$$

由 $E(\mathbf{y}) = \mathbf{X}\boldsymbol{\beta}$，故 $E(\hat{\boldsymbol{\beta}}) = (\mathbf{X}^\mathrm{T}\mathbf{X})^{-1}\mathbf{X}^\mathrm{T}E(\mathbf{y}) = \boldsymbol{\beta}$，即 $\hat{\boldsymbol{\beta}}$ 为 $\boldsymbol{\beta}$ 的一个无偏估计。

2）误差方差 σ^2 的估计

$\hat{\mathbf{y}} = \mathbf{X}\hat{\boldsymbol{\beta}}$ 称为 $\mathbf{y}$ 的拟合值。称

$$\mathbf{e} = \mathbf{y} - \hat{\mathbf{y}} = [\mathbf{I} - \mathbf{X}(\mathbf{X}^\mathrm{T}\mathbf{X})^{-1}\mathbf{X}^\mathrm{T}]\mathbf{y} = (\mathbf{I} - \mathbf{H})\mathbf{y} \tag{2.15}$$

为残差向量，其中，$\mathbf{H} = \mathbf{X}(\mathbf{X}^\mathrm{T}\mathbf{X})^{-1}\mathbf{X}^\mathrm{T}$。称

$$\mathbf{e}^\mathrm{T}\mathbf{e} = \mathbf{y}^\mathrm{T}(\mathbf{I} - \mathbf{H})\mathbf{y} = \mathbf{y}^\mathrm{T}\mathbf{y} - \hat{\boldsymbol{\beta}}^\mathrm{T}\mathbf{X}^\mathrm{T}\mathbf{y} \tag{2.16}$$

为残差平方和。

可证：

$$E(\mathbf{e}^\mathrm{T}\mathbf{e}) = \sigma^2(n - m - 1) \tag{2.17}$$

从而

$$\hat{\sigma}^2 = \frac{1}{n - m - 1}\mathbf{e}^\mathrm{T}\mathbf{e} \tag{2.18}$$

为 σ^2 的一个无偏估计。

2. 回归关系的统计推断

回归关系的统计推断包括建立方差分析表、线性回归关系的显著性检验和检验的 p 值三种。

1）建立方差分析表

建立方差分析表又包括离差平方和的分解和方差分析表两种。

（1）离差平方和的分解

记 $\bar{y} = \dfrac{1}{n}\sum\limits_{i=1}^{n} y_i$，则数据的总的离差平方和：

$$\mathrm{SST} = \sum_{i=1}^{n}(y_i - \bar{y})^2 \tag{2.19}$$

反映了数据 $y_1, y_2, \cdots, y_n$ 波动性的大小。

残差平方和：

$$\mathrm{SSE} = \sum_{i=1}^{n}(y_i - \hat{y}_i)^2 \tag{2.20}$$

反映了除去 Y 与 $X_1, X_2, \cdots, X_m$ 之间的线性关系以外的因素引起的数据波动。

回归平方和：

$$\mathrm{SSR} = \sum_{i=1}^{n}(\hat{y}_i - \bar{y})^2 \tag{2.21}$$

反映了由变量 $X_1, X_2, \cdots, X_m$ 的变化引起数据 $y_i(i = 1, 2, \cdots, n)$ 的波动。

可证明：

$$\mathrm{SST} = \mathrm{SSE} + \mathrm{SSR} \tag{2.22}$$

（2）方差分析表

方差分析表见表 2.1。

表 2.1   方差分析表

方差来源	自由度(f)	平方和(SS)	均方(MS)
回归	m	$\text{SSR} = \hat{\boldsymbol{\beta}}^{\mathrm{T}} \boldsymbol{X}^{\mathrm{T}} \boldsymbol{y} - \dfrac{1}{n} \boldsymbol{y}^{\mathrm{T}} \boldsymbol{J} \boldsymbol{y}$	$\text{MSR} = \dfrac{\text{SSR}}{m}$
误差	$n-m-1$	$\text{SSE} = \boldsymbol{y}^{\mathrm{T}} \boldsymbol{y} - \hat{\boldsymbol{\beta}} \boldsymbol{X}^{\mathrm{T}} \boldsymbol{y}$	$\text{MSE} = \dfrac{\text{SSE}}{n-m-1}$
总和	$n-1$	$\text{SST} = \boldsymbol{y}^{\mathrm{T}} \boldsymbol{y} - \dfrac{1}{n} \boldsymbol{y}^{\mathrm{T}} \boldsymbol{J} \boldsymbol{y}$	

其中,回归平方和及残差平方和与各自的自由度之比分别称为均方回归及均方残差。$\boldsymbol{J}$ 表示一个元素全为 1 的 n 阶方阵。利用方差分析表可对回归方程的显著性作检验。

2）线性回归关系的显著性检验

$H_0: \beta_1 = \beta_2 = \cdots = \beta_m = 0 \leftrightarrow H_1$：至少有某个 $\beta_i \neq 0 (1 \leqslant i \leqslant m)$

基于上述方差分析表,构造如下检验统计量：

$$F = \frac{\text{MSR}}{\text{MSE}} \tag{2.23}$$

当 H_0 为真时,可以证明 $F \sim F(m, n-m-1)$,这里 $F(m, n-m-1)$ 表示自由度为 m 和 $n-m-1$ 的 F 分布。给定显著性水平 α,计算 F 的观测值 F_0,检测法为

$$\begin{cases} 若 F_0 \leqslant F_\alpha(m, n-m-1),接受 H_0 \\ 若 F_0 > F_\alpha(m, n-m-1),拒绝 H_0 \end{cases}$$

3）检验的 p 值

在 SAS 及其他数据分析软件中,对显著性检验问题,其输出结果通常是检验的 p 值。简单地说,检验的 p 值是当 H_0 为真时,检验统计量取其观测值及更极端值的概率。对上述线性回归关系的显著性检验问题,其检验 p 值为

$$p = P_{H_0} \{F \geqslant F_0\} \tag{2.24}$$

其中,F_0 为检验统计量 F 的观测值。有了 p 值后,对于给定的显著水平 α,任何检验准则均为

$$\begin{cases} 若 p < \alpha,拒绝 H_0 \\ 若 p \geqslant \alpha,接受 H_0 \end{cases}$$

这样不需要查相应分布的分位数表,而直接根据 p 和 α 的大小便可判断是拒绝还是接受 H_0。

3. 回归参数的统计推断

回归参数的统计推断包括检验假设和残差分析两种。残差分析包括残差正态性的频率检验和残差正态性的 QQ 图检验两种。残差正态性的 QQ 图检验又分为残差的正态 QQ 图作法、直观检验法和相关系数检验法三种。

1）检验假设：

$$H_0: \beta_k = 0 \leftrightarrow H_1: \beta_k \neq 0$$

令

$$S(\hat{\boldsymbol{\beta}}) = \text{MSE}(\boldsymbol{X}^{\mathrm{T}} \boldsymbol{X})^{-1} \tag{2.25}$$

可以证明

$$\frac{\hat{\beta}_k - \beta_k}{s(\hat{\beta}_k)} \sim t(n-m-1), \quad k=0,1,\cdots,m$$

其中，$s(\hat{\beta}_k)$ 为 $S(\hat{\beta})$ 的主对角线上第 k 个元素的平方根。若 $H_0: \beta_k = 0$ 为真，

$$t = \frac{\hat{\beta}_k}{s(\hat{\beta}_k)} \sim t(n-m-1) \tag{2.26}$$

若 H_0 不为真，由于 $E(\hat{\beta}_k) = \beta_k \neq 0$，则 $|t|$ 有偏大的趋势。因此，给定显著水平 α，检验准则为

$$\begin{cases} \text{若} |t_0| \leqslant t_{\frac{\alpha}{2}}(n-m-1)，\text{则接受} H_0 \\ \text{若} |t_0| > t_{\frac{\alpha}{2}}(n-m-1)，\text{则拒绝} H_0 \end{cases}$$

对上述检验统计量，其 p 值为

$$p = P_{H_0}\{|t| \geqslant |t_0|\} \tag{2.27}$$

从而若 $p \geqslant \alpha$，则接受 H_0，反之则拒绝 H_0。

另外，可求得 β_k 的置信度为 $1-\alpha$ 的置信区间为

$$\hat{\beta}_k \pm t_{\frac{\alpha}{2}}(n-m-1)s(\hat{\beta}_k)$$

2）残差分析

我们知道，残差 $e_i = y_i - \hat{y}_i (i=1,2,\cdots,n)$ 是 Y 的各观测值 y_i 与利用回归方程所得到的相应拟合值 $\hat{y}_i$ 之差。它们在一定程度上反映了不可观测项 $\varepsilon_i (i=1,2,\cdots,n)$ 的特点。

通过对残差 $e_i (i=1,2,\cdots,n)$ 进行分析，可以在一定程度上回答下列 6 个问题：回归函数的线性假设的可行性；误差项 ε_i 的等方差假设的合理性；误差项独立性假设的合理性；误差项正态分布假定的可行性；观测值中是否有异常值存在；是否在收集数据或模型拟合中遗漏了某些重要的自变量。

通过对残差的正态性进行检验，可以了解对误差 ε_i 的正态性假设的合理性。

（1）残差正态性的频率检验，一种很直观的检验方法。其基本思想是将残差落在某范围的频率与正态分布在该范围的概率（或称为理论频率）相比较，通过二者之间偏差的大小评估残差的正态性。

（2）残差正态性的 QQ 图检验又分为残差的正态 QQ 图作法、直观检验法和相关系数检验法三种。

① 残差的正态 QQ 图作法

先将残差 $e_1, e_2, \cdots, e_n$ 按由小到大的顺序排列为 $e_{(n)}, e_{(2)}, \cdots, e_{(n)}$；

再对每个 $i=1,2,\cdots,n$，计算 $q_{(i)} = \sqrt{\text{MSE}} z\left(\frac{i-0.375}{n+0.25}\right)$ 分位数，即满足

$$\frac{1}{\sqrt{2\pi}} \int_{-\infty}^{z\left(\frac{i-0.375}{n+0.25}\right)} e^{-\frac{x^2}{2}} dx = \frac{i-0.375}{n+0.25} \tag{2.28}$$

其中，常数 0.375 和 0.25 是修正量。

最后在以残差为纵坐标、期望值为横坐标的直角坐标系中描出点 $(q_{(i)}, e_{(i)})(i=1,2,\cdots,n)$，称此散点图为残差的正态 QQ 图。

② 直观检验法

若残差的正态 QQ 图中点的大致趋势明显地不在一条直线上,则有理由怀疑对误差正态性假定的合理性。否则,可认为对误差正态性的假定是合理的。

③ 相关系数检验法

计算

$$r = \frac{\sum\limits_{i=1}^{n} e_{(i)} q_{(i)}}{\sqrt{\sum\limits_{i=1}^{n} e_{(i)}^2 \sum\limits_{i=1}^{n} q_{(i)}^2}} \tag{2.29}$$

判断它们之间线性关系的强弱。

4. 回归方程的选取与系统建模的概述

1) 穷举法

穷举法就是从所有可能的回归方程中按一定准则选取最优的一个或几个。设 X_1, X_2, $\cdots$, X_M 是所有 M 个自变量,共需拟合 2^M 个线性回归模型。

(1) 复相关系数准则(R_P^2 准则)。

在一个包含 m 个自变量的线性回归模型中(模型 $m+1$ 个参数),复相关系数 R_P^2 的定义为

$$R_P^2 = \frac{\mathrm{SSR}_p}{\mathrm{SST}} = 1 - \frac{\mathrm{SSE}_p}{\mathrm{SST}} \tag{2.30}$$

利用 R_P^2 选择回归方程的准则如下:拟合所有可能的 2^M 个线性回归模型,并计算各模型的 R_P^2 值;在包含相同个数自变量的所有回归方程对应的 R_P^2 值中,选择 R_P^2 的最大值,再与后一组中最大的 R_P^2 值进行比较,当 R_P^2 值的增加不再显著时,便选择相应的 R_P^2 值对应的回归方程作为最优方程。

(2) 修正的复相关系数准则或均方残差准则(R_a^2 或 MSE_p 准则)。

$$R_a^2 = 1 - \left(\frac{n-1}{n-m-1}\right)\frac{\mathrm{SSE}_p}{\mathrm{SST}} = 1 - \frac{\mathrm{MSE}_p}{\dfrac{\mathrm{SST}}{n-1}} \tag{2.31}$$

由于 $\dfrac{\mathrm{SST}}{n-1}$ 并不随 p 的变化而变化,因此利用使 R_a^2 达到最大选择最优回归方程的准则和使 MSE_p 达到最小的准则是等价的。由于 $\mathrm{MSE}_p = \dfrac{\mathrm{SSE}_p}{n-m-1}$,当 p 增加时,SSE_p 和 $n-m-1$ 均减小,因而在包含不足 M 个自变量的回归方程中使 MSE_p 达到最小是可能的。在实际应用中,在一定精度要求下也可选择使 MSE_p 接近最小但包含较少自变量的回归方程作为最优方程。

(3) C_p 准则。

$$C_p = \frac{\mathrm{SSE}_p}{\mathrm{MSE}(X_1, X_2, \cdots, X_m)} - (n - 2m - 2) \tag{2.32}$$

可证

$$E(C_p) \approx (n-m-1) - (n-2m-2) = m+1 \tag{2.33}$$

将所有可能的(p, C_p)描在以C_p为纵坐标、p为横坐标的直角坐标系中,称为C_p图。那么拟合较好的回归方程对应的点(p, C_p)在C_p图中应位于直线$C_p = p$的附近。归纳起来,利用C_p值选择最优回归方程的方法如下:对每个可能的回归方程,计算其C_p值;做出C_p图,图中最靠近直线$C_p = p$的点对应的回归方程被认为是最优回归方程。

2)逐步回归法

逐步回归法的基本步骤是依次拟合一系列回归方程,后一个回归方程是在前一个的基础上增加或删除一个自变量,其增加或删除某个自变量的准则用残差平方和的增加或减少量来衡量,一般采用如下的偏F检验统计量。设模型中已有$l-1$个自变量,记这$l-1$个自变量的集合为A,当不在A中的一个自变量X_k加入这个模型中时,偏F统计量的一般形式为

$$F = \frac{\mathrm{SSE}(A) - \mathrm{SSE}(A, X_k)}{\dfrac{\mathrm{SSE}(A, X_k)}{n-l-1}} = \frac{\mathrm{SSR}(X_k \mid A)}{\mathrm{MSE}(A, X_k)} \tag{2.34}$$

其中,$\mathrm{SSR}(X_k \mid A) = \mathrm{SSE}(A) - \mathrm{SSE}(A, X_k)$描述了将$X_k$引入含$A$中各变量的线性模型中时,其误差平方和的减小量。

下面详细叙述逐步回归法的具体步骤。

首先,给定两个显著水平,一个用作选取自变量,记为α_E;另一个用作剔除自变量,记为α_D。然后按下列步骤进行。

第1步:对每个$X_k(1 \leq k \leq M)$,拟合仅包含X_k的一元线性回归模型

$$Y = \beta_0 + \beta_k X_k = \varepsilon \tag{2.35}$$

这时,偏F统计量中的集合A为空集,即$l=1$,因此$\mathrm{SSE}(A) = \mathrm{SST}$,故$\mathrm{SSR}(X_k \mid A) = \mathrm{SST} - \mathrm{SSE}(X_k) = \mathrm{SSR}(X_k)$,$\mathrm{MSE}(A, X_k) = \mathrm{MSE}(X_k)$。对每个$k$,计算

$$F_k^{(1)} = \frac{\mathrm{SSR}(X_k)}{\mathrm{MSE}(X_k)}, \quad k = 1, 2, \cdots, m \tag{2.36}$$

它度量了将X_k引入模型后,残差平方和的相对减小量。设

$$F_{k_1}^{(1)} = \max_{1 \leq k \leq m} \{F_k^{(1)}\} \tag{2.37}$$

若$F_{k_1}^{(1)} > F_{\alpha_E}(1, n-2)F(1, n-2)$分布的上侧$\alpha_E$分位数,则选择含$X_{k_1}$的回归模型为当前模型。否则,没有自变量进入模型,选择过程结束。

第2步:在第1步选出的含X_{k_1}的模型基础上,再将其余$m-1$个自变量逐个加入此模型,并计算

$$F_k^{(2)} = \frac{\mathrm{SSR}(X_k \mid X_{k_1})}{\mathrm{MSE}(X_{k_1}, X_k)}, \quad k \neq k_1 \tag{2.38}$$

设

$$F_{k_2}^{(2)} = \max_{1 \leq k \leq m} \{F_k^{(2)}\} \tag{2.39}$$

若$F_{k_2}^{(2)} \leq F_{\alpha_E}(1, n-3)$,则选取过程结束。第1步选择的模型(仅含$X_{k_1}$的线性回归

模型)为最优模型。若 $F_{k_2}^{(2)} > F_{\alpha_E}(1, n-3)$,则将 X_{k_2} 加入第 1 步所选的模型,即有

$$Y = \beta_0 + \beta_{k_1} X_{k_1} + \beta_{k_2} X_{k_2} + \varepsilon \tag{2.40}$$

进一步考察,当 X_{k_1} 进入模型后是否可被剔除。为此计算

$$F_{k_1}^{(2)} = \frac{\mathrm{SSR}(X_{k_1} \mid X_{k_2})}{\mathrm{MSE}(X_{k_1}, X_{k_2})} \tag{2.41}$$

若 $F_{k_1}^{(2)} \leqslant F_{\alpha_D}(1, n-3)$,则剔除 X_{k_1},这时仅含 X_{k_2} 的回归模型为当前模型。否则,方程(2.40)为当前模型。

第 3 步:在第 2 步所选模型的基础上,再将模型中未包含的自变量逐个加入,计算相应的偏 F 检验统计量的值,与相应 F 分布的 α_E 的临界值比较,以决定是否有其他变量可进入模型。若有新的自变量进入模型,再检验原模型中的自变量是否因这个新变量的进入而可被删除。

重复以上步骤,直到没有自变量能进入模型,同时模型中已有的自变量均不能被剔除,则选择过程结束,最后一个模型即认为是最优的。

建立一个合适的、有效的回归方程是一项相当复杂的工作,成功的关键是对所分析的问题有清楚的了解,收集足够的高质量的数据,选择重要的自变量和恰当的回归函数形式,仔细诊断检查模型假定和使用适当的模型确认手段。回归分析方法仅当智慧和谨慎结合起来时,才能成为解决实际问题的有力工具。

2.1.4 线性回归预测方法的优缺点

回归分析法又称统计分析法,也是日前广泛应用的定量预测方法,其任务是确定预测值和影响因子之间的关系。电力负荷回归分析法是通过对影响因子(如国内生产总值、工农业总产值、人口、气候等)和用电的历史资料进行统计分析,确定用电量和影响因子之间的函数关系,从而实现电力预测。但有时候在回归分析中,选用何种因子和该因子采用何种表达式只是一种推测,这影响了用电因子的多样性和某些因子的不可测性,使回归分析在某些情况下受到限制。

2.1.5 线性回归预测方法的应用领域

从高斯提出最小二乘法算起,回归分析已经有 200 年的历史。回归分析的应用非常广泛,我们大概很难找到无法应用它的领域,这也正是其 100 多年来经久不衰、生命力强大的根本原因。

线性回归预测方法现已广泛地应用于医学、农业、地学、经济学等多学科。如在经济领域中,自从 1969 年设立诺贝尔经济学奖以来,已有 50 多位学者获奖,其中部分获奖者是统计学家、计量经济学家、数学家。从大多数获奖者的著作看,他们对统计学及回归分析方法的应用都有娴熟的技巧,这足以说明统计学方法在现代经济研究中的重要作用。在社会学中研究犯罪现象、居民的消费观等等都可以用回归分析的方法进行研究计算。

2.1.6 线性回归预测方法在油气田预测中的应用及效果

1. 产量预测

油气产量预测是应用已知的测试资料和测井解释资料对产层进行分析和评价,建立预

测模型,通过常规测井资料对未测试的油气显示层段进行产量预测的一种方法。根据测井资料和测试资料,利用多元回归分析方法建模。相控条件下,应用 MATLAB 软件可以对研究区发育的优势沉积微相浅湖砂坝、深湖浊积扇和深湖夹浊积砂进行产量预测,并取得良好的效果。从浅湖砂坝产量的预测过程和预测效果来看,预测模型的可信度比较高,并且以未知样本进行验证,验证结果显示预测产量与测试产量稍有出入,但在允许误差范围之内。利用多元回归分析方法进行产量预测为下一步优选测试层位奠定了基础。

　　SHG2 油田是下第三系古潜山,在钻探井时发现油气,开发时使用储层物性参数处理技术,精细处理三维孔隙度数据、含油气饱和度数据、储层厚度数据,如图 2.1 及图 2.2 所示。

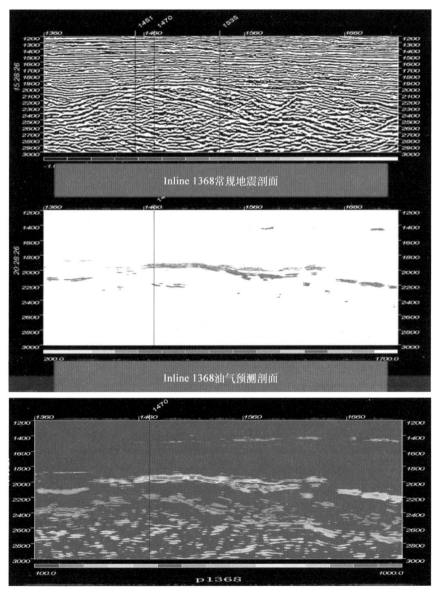

图 2.1　1368 测线孔隙度剖面图

　　采用多元回归技术,取得综合物性参数数据,如图 2.3 所示。

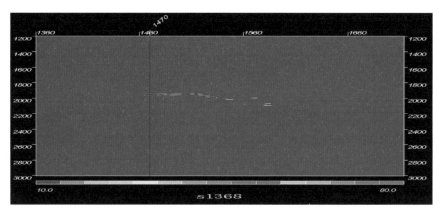

图 2.2　1368 测线油气饱和度剖面图

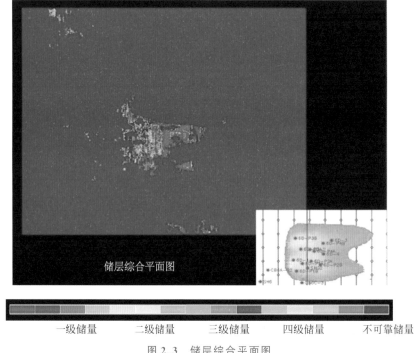

| 一级储量 | 二级储量 | 三级储量 | 四级储量 | 不可靠储量 |

图 2.3　储层综合平面图

三维处理的有效面积约为 $85km^2$，把多元回归的综合物性参数与有效面元面积的乘积称为储量预测单位。其中一、二级储量（红至黄部分）的面积约为 $4km^2$；根据储量公式计算，储层储量体积约 7000 万 m^3，按油比重 $0.85g/cm^3$ 算，地下地质储量约 6 亿 t，和地质计算基本相符，但比计算得略小，为开发这个油田提供决策依据。

2. 煤层厚度预测

基于地震属性多元回归分析可对煤层厚度进行预测。首先提取钻孔处的地震属性和煤厚信息，通过分析地震属性与煤层厚度变化的相关性，对地震属性进行优选，然后把优选出的地震属性作为煤层厚度预测模型的基本参数，结合已知钻孔资料，利用多元回归分析理论求出各属性与煤厚之间的多元回归预测模型，并对预测模型进行显著性回归检验。应用该模型可以实现对研究区的煤层厚度预测,并取得较好的应用效果,证明地震属性技术预测煤厚的可行性。

3. 孔隙度预测

孔隙度是渗透率和含油饱和度等储层参数的基础。凝析气藏储层含有凝析油,其与油水界面、油气界面的高度不同,其凝析油、气含量不同。由于密度、中子、声波时差等反映孔隙度的测井资料受天然气的影响,导致使用单一孔隙度资料计算储层的孔隙度误差大。为获得准确的储层参数,利用岩心分析孔隙度并利用多元回归建立孔隙度模型,进行含气校正,获得凝析气藏准确的孔隙度参数,可取得较好的应用效果。

2.2 时间序列预测方法

2.2.1 时间序列预测方法的起源和发展

1. 预测方法的背景及发展

最早的时间序列分析可以追溯到 7000 年前的古埃及。古埃及人把尼罗河涨落的情况逐天记录下来,构成所谓的时间序列。对这个时间序列的长期观察使他们发现尼罗河的涨落非常有规律。由于掌握了尼罗河泛滥的规律,使古埃及的农业迅速发展,从而创造了埃及灿烂的史前文明。按照时间的顺序把随机事件变化发展的过程记录下来就构成一个时间序列。

在经济领域中,时间序列在第二次世界大战前就已应用于经济预测。"二战"中和战后,时间序列在军事科学、空间科学、气象预报和工业自动化等领域的应用更加广泛。近年来,多维时间序列分析的研究也有所进展。

2. 国内外发展现状

在我国,时间序列在经济中的应用主要是确定性时间序列分析及预测,包括指数平滑法、滑动平均法、时间序列的分解等等。不确定性时间序列分析的应用还不普遍。ARIMA模型是美国威斯康星大学的博克斯和詹金斯于 1968 年提出的随机型时间序列预测方法,从20 世纪 80 年代初开始应用 Box-Jenkins 法预测。90 年代以来,时间序列预测方法应用于经济政策评价和宏观经济建模,并开始引起学术界的广泛重视。时间序列的应用研究始终是经济学和统计学中的一个热点。近几年来,我国研究人员在该领域的应用也逐渐增多,但无论是在方法的选用还是分析的成果上,都处于一个比较低的层面。

随着信息时代知识的爆炸性增长,许多时间序列的非线性和非平稳性,使传统的方法,如 AR,MA,ARMA 等,很难获得令人满意的结果。因此,随着人工智能技术的不断发展,研究者开始采用神经网络等智能算法进行时间序列的建模、预测及分析。但是,神经网络存在过拟合、训练过程易陷于局部最小、采用经验风险最小原则等缺陷,其建模预测和分析的效果限制了其广泛应用。

3. 应用领域

采用时间序列模型进行物流需求预测,用实例从数据平稳性的判断、平稳化、标准化建模,经模型的识别、定阶、参数估计和检验,到预测及误差和置信区间的计算,详细地说明时间序列模型在物流需求预测中是如何应用的。结果表明,该 ARMA 模型能较好地拟合并可获得较高的中短期预测精度。

海运交通量对于港口生产、管理、发展至关重要,港口生产部门将根据每年进出港的船舶数对港口生产进行组织、安排。港口安全主管当局根据海运交通量进行危险度分析后,便于采取相应对策。政府部门则根据海运交通量决定港口的发展速度和发展规模,以及港口周边公路、物流中心等与港口发展密切相关的基础设施建设。因此,对进出港交通量的预测是十分必要的。根据 ARIMA 模型在时间序列资料分析中的应用,可以建立港口交通量的预测模型。

利用 ARCH 类模型,对 1986 年 1 月至 2009 年 10 月间国际 WTI 原油价格月数据进行时间序列分析,考察序列的自相关与偏自相关函数,由信息准则建立 ARIMA(3,1,0)模型。最后对模型进行 ARCH 效应检验,发现存在 ARCH 效应,经过对各阶 ARCH、GARCH 模型的比较建立 GARCH(1,1)模型。结果表明,当今国际原油价格收益率呈现明显的 GARCH 效应,国际油价受期货市场价格和其他短期因素影响较大,并呈现较长的持续性。各国应充分利用全球经济一体化后形成的全球市场体系,依靠能源在全球的高度流动性寻找石油问题的出路。

对煤矿监测监控系统采集的瓦斯历史数据进行特征分析,通过小数据量法判定瓦斯时间序列为混沌时间序列,利用混沌时间序列的特性确定 RBF 神经网络输入节点的个数,提出了基于 w-RBF 的瓦斯时间序列预测方法。该方法将小波的多分辨率特性与 RBF 神经网络相结合,以提高预测精度。仿真结果表明,该方法不仅能预测瓦斯时间序列的变化趋势,还能保证预测值的精度,预测值与真实值相比,绝对误差最大为 0.1%,且 92 个采样点的预测值与真实值一致。

网络流量预测在新一代网络协议设计、网络管理与诊断、设计高性能路由器等方面都具有重要应用。目前通常采用 ARMA 和 FARIMA 时序模型对网络流量序列进行拟合与预测,但没有对时间尺度的大小与模型选择的关系进行研究。对实际网络流量在不同时间尺度(毫秒、秒、分)下进行流量预测建模并对预测性能进行比较,分析表明使用时序模型进行流量预测时,大时间尺度(分)流量预测较小时间尺度(毫秒、秒)具有更小的预测误差;并且对于小时间尺度上的自相似流量序列,自相似模型并没有比其他时序模型有更好的预测性能。

2.2.2　时间序列预测方法的数学工具和理论基础

1. 时间序列

时间序列是按时间次序排列的随机变量序列。

按时间次序排列的随机变量序列:$\{X(t)\}$称为时间序列。

如果用 $x_1,x_2,\cdots,x_n$ 分别表示随机变量 $x_1,x_2,\cdots,x_n$ 的观测值,就称(2)是时间序列(1)的 n 个观测样本。这里 n 是观测样本的个数。

2. 平稳过程

严平稳:时间 t 的任意 n 个值 $t_1,t_2,\cdots,t_n$ 和任意实数 ε,随机过程 $X(t)$ 的 n 维分布函数满足关系式:

$$F_n(x_1,x_2,\cdots,x_n;t_1,t_2,\cdots,t_n)=F_n(x_1,x_2,\cdots,x_n;t_1+\varepsilon,t_2+\varepsilon,\cdots,t_n+\varepsilon)$$

$$(2.42)$$

宽平稳：若随机过程 $\{X(t),t\in T\}$ 的均值和协方差存在，且满足：

$$E[X(t)]=a, \quad \forall t\in T$$

$$\begin{cases} X_t=\phi_1 X_{t-1}+\cdots+\phi_p X_{t-p}+\varepsilon_t \\ \varepsilon_t - WN(0,\sigma^2) \\ \forall s<t, \quad E(X_s\varepsilon_t)=0 \end{cases} \tag{2.43}$$

则称 $\{X(t),t\in T\}$ 为宽平稳随机过程，$R(k)$ 为 $X(t)$ 的协方差函数。

3. p 阶自回归过程 AR(p) 模型

如果 X_t 与过去时期直到 $t-p$ 期的自身取值相关，则需要使用包含 $X_{t-1},\cdots,X_{t-p}$ 在内的 p 阶自回归 AR(p) 模型，其一般形式为

$$E[(X_{t+k}-a)(X_t-a)]=R(k)\forall t, \quad t+k\in T \tag{2.44}$$

其中，$\phi_1,\phi_2,\cdots,\phi_p$ 是自回归参数，上式称为 p 阶自回归模型，记为 AR(p)。

样本自相关系数拖尾及偏相关系数 p 阶截尾是识别一个平稳 AR(p) 模型的主要依据。

4. q 阶移动平均过程 MA(q)

如果一个随机过程可用下式表达：

$$\hat{\rho}_k \sim N\left(0,\frac{1}{n}\right), \quad \forall k\neq 0$$

其中，$\theta_1,\theta_2,\cdots,\theta_q$ 是滑动平均系数，$\{\varepsilon_t\}$ 是白噪声过程，满足 $E\varepsilon_t=0$，$\mathrm{Var}(\varepsilon_t)=\sigma^2$，则上式称为 q 阶移动平均模型，记为 MA(q)。

样本自相关系数 q 阶截尾及偏相关系数拖尾是识别 MA(q) 模型的主要依据。

5. 自回归滑动平均模型

如果序列 $\{X_t\}$ 的当前值不仅与自身的过去值有关，还与其以前进入系统的外部干扰存在一定的依存关系，则在用模型刻画这种动态特征时，模型中既包括自身的滞后项，也包括过去的外部干扰，这种模型叫作自回归滑动平均模型，即 ARMA(p,q)，一般表达式为

$$X_t=\mu+\varepsilon_t-\theta_1\varepsilon_{t-1}-\cdots-\theta_q\varepsilon_{t-q} \tag{2.45}$$

其中，$\phi_1,\phi_2,\cdots,\phi_p$ 是自回归参数，$\theta_1,\theta_2,\cdots,\theta_q$ 是滑动平均系数。自相关系数拖尾、偏相关系数也拖尾是识别 ARMA(p,q) 模型的依据。

6. 平稳时间序列的检验原理

一种基本方法是时序图：时序图是以一个以时间为横坐标、序列观测值为纵坐标的二维平面坐标图。根据平稳时间序列的性质，其均值和方差都是常数。因此，平稳时间序列的时序图应该是围绕某个值上下波动，并且波动的范围有一定的限度。若序列的时序图呈现明显的递增（减）或者明显周期性等长期趋势，那么该时间序列一般不是平稳的，通过此性质可以识别出一些非平稳序列。但是，利用时序图只能对时间序列的平稳性做一个粗略的判断，通过观察时间序列的自相关图可以对其平稳性做进一步的判别。

$$\begin{cases} X_t=\phi_1 X_{t-1}+\cdots+\phi_p X_{t-p}+\varepsilon_t-\theta_1\varepsilon_{t-1}-\cdots-\theta_q\varepsilon_{t-q} \\ \varepsilon_t \sim WN(0,\sigma^2), \quad \forall s<t, E(X_s\varepsilon_t)=0 \end{cases} \tag{2.46}$$

时间序列的自相关图是以一个表示延时期数的坐标轴，另一个表示自相关系数的坐标

轴组成的平面二维坐标悬垂线图。在自相关图中，以悬垂线表示自相关系数的大小。根据平稳序列的短期相关性，平稳时间序列的自相关系数很快会落入研究者给定的随机区域，并且其趋近于零的速度比较快，而非平稳时间序列趋近于零的速度比较慢。通过这种方式可以初步判断时间序列的平稳性。

7. 白噪声时间序列的检验原理

在白噪声序列的自相关图中，自相关系数总是在零左右做小幅度摆动。但是不能以此作为判断序列是否为白噪声的标准，需要用相应的统计量来验证序列是不是白噪声。

巴雷特证明，一个观察期数为 n 的白噪声序列 $\{X_t, t \in T\}$，其延迟非零期的样本自相关系数近似服从均值为零、方差为序列观察期数倒数的正态分布，即

设定原假设和备择假设：

$$H_0 : \rho_1 = \rho_2 = \cdots = \rho_k = 0, \forall k \geq 1 \leftrightarrow H_1 : \text{至少有某个 } \rho_k \neq 0, \forall k \geq 1, k \leq m$$

根据这个性质，可以构建统计量来检验样本是否为白噪声。

对上述假设可以利用博克斯(Box)和皮尔逊构造的 Q 统计量和由博克斯和伦(Ljung)构造的 LB 统计量进行检验。其中 Q 统计量对大样本有较好的效果，而 LB 统计量对小样本的检验效果更佳。Q 统计量和 LB 统计量的表达式如下：

$$Q = n \sum_{k=1}^{m} \hat{\rho}_k^2 \tag{2.47}$$

$$LB = n(n+2) \sum_{k=1}^{m} \frac{\hat{\rho}_k^2}{n-k} \tag{2.48}$$

其中，n 为序列的观察期数；m 为指定的滞后期数；$\hat{\rho}_k$ 为延期 k 的自相关系数。Q 统计量和 LB 统计量都近似服从自由度为 m 的卡方分布。如果 Q 统计量或 LB 统计量大于或等于某置信度(如 99%)下的同分布临界值，则拒绝 H_0，认为该序列不是白噪声序列；否则，不能拒绝 H_0，认为该序列是白噪声序列。实际中应用比较多的一种方法是利用 Q 统计量或 LB 统计量的检验 P 值与显著性水平进行比较，若 P 值大于显著性水平，则不能拒绝 H_0，认为序列是白噪声序列；否则，拒绝 H_0，认为序列不是白噪声序列。

8. 模型优化准则——AIC 准则和 SBC 准则

AIC 准则的全称是最小信息量准则，它认为一个拟合较好的模型主要是由以下两个方面决定的：①似然函数值越大越好；②位置参数的个数越少越好。

基于这种思想，AIC 函数表达式如下：

$$\text{AIC} = -2\ln(\text{函数的极大似然函数值}) + 2(\text{模型中位置参数的个数})$$

使 AIC 函数值达到最小的模型被称为最优模型，中心化 $\text{ARMA}(p, q)$ 模型和非中心化 ARMA, l 模型的 AIC 函数分别为 $n\ln(\sigma_\varepsilon^2) + 2(p+q+1)$ 和 $n\ln(\sigma_\varepsilon^2) + 2(p+q+2)$。

SBC 准则和 AIC 准则的指导思想一致，它针对 AIC 准则在样本容量趋于无穷大时由 AIC 准则选择的模型不收敛于真实模型这一不足对 AIC 准则进行修正。

SBC 函数的表达式如下：

$$\text{SBC} = -2\ln(\text{函数的极大似然函数值}) + \ln(n)(\text{模型中位置参数的个数})$$

SBC 和 AIC 准则一样，使 SBC 函数值达到最小的模型也被称为最优模型。

2.2.3 时间序列预测方法的数学模型

时间序列预测方法是把统计资料按时间发生先后进行排序得出的一连串数据,用该数据序列推导预测对象未来的发展趋势。当我们刚接触某一个观测序列时,会觉得它是杂乱无章的。大量事实表明,一个时间序列往往是以下4类变化形式的叠加或耦合。

(1)长期趋势变动。它是指时间序列朝着一定的方向持续上升或下降,或停留在某一水平上的倾向,它反映了客观事物的主要变化趋势。

(2)季节变动。即在一年或更短的时间内,由于受某种固定周期性因素(如自然、生产、消费等季节性因素)影响而呈现有规律的周期性波动。

(3)循环变动。通常是指周期为一年以上,由非季节因素引起的涨落起伏波形相似的变动。

(4)不规则变动。通常分为突然变动和随机变动,所谓突然变动是指战争、自然灾害或其他社会因素等意外事件引起的变动。随机变动是指由于大量随机因素产生的宏观影响。根据中心极限定理,通常认为随机变动近似服从正态分布。

通常用 T_t 表示长期趋势项,S_t 表示季节变动趋势项,C_t 表示循环变动趋势项,R_t 表示随机干扰项。常见的确定性时间序列模型包括以下三种类型。

加法模型:$X_t = T_t + S_t + C_t + R_t$

乘法模型:$X_t = T_t S_t C_t R_t$

混合模型:$X_t = T_t S_t + R_t$

$\quad\quad\quad\quad X_t = S_t + T_t C_t R_t$

如果在预测时间范围以内,无突然变动且随机变动的方差 σ^2 较小,并且有理由认为过去和现在的历史演变趋势将继续发展到未来时,可用以下一些经验方法进行预测。

已知:时间序列 $\{X_t\}$ 的 N 个观测样本为 $x_1, x_2, \cdots, x_N$。

1. 平均数预测法

1)简单算术平均法

时间序列 $\{X_t\}$ 的 $N+1$ 项的预测值公式为

$$x_{N+1} = \frac{x_1 + x_2 + \cdots + x_N}{N} \tag{2.49}$$

适用范围:预测对象的历史数据呈水平变动状态、逐渐增长量大体相同的情况;短期预测;可推广应用趋势变动的历史数据。

2)加权算术平均法

利用不同的时期对应的权数不同,来体现因时间差异而取得信息的重要性不同;或根据预测者能力的不同,利用加权法体现其重要性的区别。

时间序列 $\{X_t\}$ 的 $N+1$ 项的预测值公式为

$$x_{N+1} = \frac{\sum\limits_{t=1}^{N} w_t x_t}{\sum\limits_{t=1}^{N} w_t} \tag{2.50}$$

3)一次移动平均法

移动平均法是通过逐项推移依次计算包含一定项数的时序平均数,以反映时间序列长期趋势的方法。由于移动平均法具有较好的修匀历史数据,消除数据因随机波动而出现高点、低点的影响,从而较好地揭示经济现象发展的趋势。

时间序列$\{x_t\}$以 N 为移动时期数,则简单移动平均数的计算公式为

$$M_t = \frac{x_t + x_{t-1} + \cdots + x_{t-N+1}}{N} \tag{2.51}$$

通过整理得出:

$$M_t = \frac{(x_{t-1} + \cdots + x_{t-N+1} + x_{t-N}) - x_{t-N} + x_t}{N}$$

$$= M_{t-1} + \frac{x_t - x_{t-N}}{N} \tag{2.52}$$

4)加权移动平均法

若考虑各期数据的重要性,对近期数据给予较大的权数,远期数据给予较小的权数,就应采用加权平均法。

设为移动步长为 N 期内由近及远各期观察值的权数,则加权移动平均数的计算公式为

$$M_{tw} = \frac{w_1 x_t + w_2 x_{t-1} + \cdots + w_n x_{t-N+1}}{w_1 + w_2 + \cdots + w_N} \tag{2.53}$$

即以第 t 期的加权移动平均数作为 $t+1$ 期的预测值。

利用加权移动平均法进行预测,其预测模型为

$$x_{t+1} = M_{tw} \tag{2.54}$$

5)二次移动平均法

当实际资料出现明显的线性增长或减少的变动趋势时,用一次移动平均值来预测就会出现滞后偏差。因此要进行修正,方法是在一次移动平均的基础上,做二次移动平均,利用两次移动平均滞后偏差的规律建立直线趋势预测模型。

为区别起见,将一次移动平均法记作 $M_t^{(1)}$,将二次移动平均法记作 $M_t^{(2)}$

则二次移动平均法的计算公式为

$$M_t^{(2)} = \frac{M_t^{(1)} + M_{t-1}^{(1)} + \cdots + M_{t-N+1}^{(1)}}{N} \tag{2.55}$$

其中,$M_t^{(1)}$ 为一次移动平均值,$M_t^{(2)}$ 为二次移动平均值,N 为步长。

由上式可推出:

$$M_t^{(2)} = M_{t-1}^{(2)} + \frac{M_t^{(1)} - M_{t-N}^{(1)}}{N} \tag{2.56}$$

注意,二次移动平均值不能直接用于预测,而应该建立趋势直线预测模型进行预测。

2. 指数平滑法

移动平均法明显存在两个问题:一是计算移动平均预测值,需要有近期 N 个以上的数据资料;二是计算未来预测值没有利用全部历史资料,只考虑这 N 期资料便做出推测,N 期以前数据对预测值不产生任何影响。于是指数平滑预测法便应运而生了。

指数平滑法是由移动平均法改进而来的,是一种特殊的加权移动平均法,也称为指数加权平均法。

这种方法既有移动平均法的长处,又可以减少历史数据量。第一,此方法能把过去的

数据全部加以利用；第二，可以利用平滑系数加以区分，使近期数据对预测值的影响比远期数据更大。该方法特别适用于观察值有长期趋势和季节变动、必须经常预测的情况。

指数平滑法在市场预测中的应用主要有一次指数平滑法和二次指数平滑法。

1）一次指数平滑法

一次指数平滑法是指计算时间序列的一次指数平滑值，以当前观察期的一次指数平滑值和观察值为基础，确定下期预测值。

时间数列$\langle X_t \rangle$，一次指数平滑法的计算公式为

$$S_t^{(1)} = ax_t + (1-a)S_{t-1}^{(1)}, \quad 0 \leqslant a \leqslant 1 \tag{2.57}$$

式中，$S_t^{(1)}$ 为 t 期时间数列的预测值；y_t 为 t 期时间数列的观察值；a 为平滑常数。

一次平滑系数是将第一次指数平滑值作为第 $t+1$ 期的预测值，即

$$\hat{x}_{t+1} = S_t^{(1)} \tag{2.58}$$

由此我们可以得到预测公式的另一种表述方式

$$\hat{x}_{t+1} = ax_t + (1-a)\hat{x}_t \tag{2.59}$$

2）二次指数平滑法

一次指数平滑法中，为进一步减少偶然因素对预测值的影响，可在一次平滑的基础上进行第二次平滑。

二次指数平滑值的计算公式为

$$S_t^{(2)} = aS_t^{(1)} + (1-a)S_{t-1}^{(2)} \tag{2.60}$$

其中，$S_0^{(2)} = x_1$ 或 $S_0^{(2)} = \dfrac{1}{k}\sum_{t=1}^{k} x_t$。

当时间数列趋势具有线性趋势时，二次指数平滑法直线趋势模型为

$$\hat{x}_{t+T} = a_t + b_t T \tag{2.61}$$

其中

$$a_t = 2S_t^{(1)} - S_t^{(2)} \tag{2.62}$$

$$b_t = \frac{a}{1-a}(S_t^{(1)} - S_t^{(2)}) \tag{2.63}$$

3. 时间回归法

指数平滑法应用广泛。一般说来当序列具有其他类型变化形式时，指数平滑法计算量很大，此时用时间回归法更为合适。

常用于描述时间序列的趋势变动的拟合模型有以下 6 种。

线性方程：$x_t = a + bt$

二次曲线：$x_t = a + bt + ct^2$

指数曲线：$y_t = e^{a+bt}$

修正指数曲线：$y_t = k + ab^t$

Gompertz（龚帕兹）曲线：$\ln y_t = K + ab^t \ (0 < b < 1)$

Logistic 曲线：$y_t^{-1} = K + ab^t \ (0 < b < 1)$

4. 季节指数法

由于气候条件、社会风俗等原因，许多预测对象表现出明显的季节周期波动。如蔬菜销量、服装、风扇的销售量，某城市的用电量、用水量等都呈现一定的季节性波动。所谓季

节指数法是根据预测对象各个日历年度按月或按季编制的时间序列资料,以统计方法测定出反映季节变动规律的季节变动系数,并据以进行预测的一种预测方法。

首先建立预测模型,常用的模型有两种。

(1) 乘法型季节模型:

$$x_t = f(t)F_j \qquad (2.64)$$

其中,$f(t)$ 是序列长期变动趋势项,F_j 是季节指数,它表示季节性变动幅度的大小,$j = 1, 2, \cdots, k$;如月度为周期 $K = 12$;季度为周期 $K = 4$。

(2) 加法型季节模型:

$$x_t = A\sin w(t+\lambda) = b_1\sin wt + b_2\cos wt \qquad 或 \qquad x_t = f(t) + b_1\sin wt + b_2\cos wt$$

$$(2.65)$$

当季节周期波动呈现一种脉冲形式时,加法模型便不再适用了。建立季节性预测模型(1)归结为根据已知周期 K 的序列 $x_1, x_2, \cdots, x_T$,分别求出 $f(t)$ 与季节性指数 F_1,$F_2, \cdots, F_K$,可以先求 $f(t)$,也可以先求 $F_1, F_2, \cdots, F_k$。

2.2.4　时间序列预测方法的优缺点

确定性时序分析方法刻画了序列的主要趋势,且直观、简单,易于计算,便于运用。但相对来说,刻画较为粗略,其假定比较严格,尤其是对于时间函数模型来说,现实问题很难完全满足。

大多数时间序列预测问题采用回归分析法解决。即确定两种或两种以上变数间相互依赖的定量关系的一种统计分析方法。对于不同的自变量组合,可以得到不同的回归方程。并且,希望回归方程中包含尽可能多的有关变量以提高预测精度。这就使回归分析法具有下列弊端。

(1) 自变量越多,计算量越大。

(2) 如果方程中包含对预测结果不起作用或作用很小的变量,会导致预测精度的降低。

(3) 由于存在对预测结果影响不显著的变量,会影响回归方程的稳定性而使方程质量降低。

ARIMA 模型是其中重要而基本的模型之一,这种方法与传统的趋势模型外推预测法相比,具有独特的优点。传统的方法只适用于具有某种典型趋势特征变化的现象预测,而在现实中,许多现象的时间序列资料并不总是具有这种典型趋势特征,这使传统法所建模型产生的误差项不一定完全具有随机性质,从而影响预测效果。

ARIMA 模型先根据序列识别一个试用模型,再加以诊断,做出必要调整,反复进行识别、估计、诊断,直到识别出适合的模型。因此它适用于各类时间序列,是迄今最通用的时间序列预测法。

ARIMA 可通过差分等方法将非平稳序列转变为零均值的平稳随机序列,以满足预测的前提。ARIMA 使残差进入模型,提高了模型的精度。但是 ARIMA 建模法假定时间序列为未来的发展模式与其过去的模式是一致的,因此它往往只适用于做短期的预测。

2.3　聚类分析预测方法

2.3.1　聚类分析预测方法的起源

回归分析是基于一种平滑平均的思想,对于某些特殊情况(如大地震、暴风、洪水等),

回归预测会比实际情况大大偏低。然而,这些特殊情况正是人们比较关注的,预报不准往往会造成很大的损失。聚类分析(AID)也可用于预测,聚类分析中的 AID(automatic interaction detection)法是应用最广的。AID 法的理论已经相当成熟,方开泰等先后对 AID 算法进行了修改,一定意义上克服了 AID 的某些缺点。目前 AID 预测方法广泛应用于回归分析、流行病学预测、油田开发指标预测等领域,与我们的日常生活休戚相关。

2.3.2　聚类分析预测方法的数学工具和理论基础

AID 方法的基本思想是依据最优分割的原则,对有序样本进行合理分类,使划分后的各类的离差平方和达到极小,再根据预测值所属的类进行预测。

2.3.3　聚类分析预测方法的数学模型

为了说明 AID 法的思想,我们先看一个简单的例子。

例 1　如下 11 组数据(表 2.2):

表 2.2　回归分析数学模型数据表

x	1	2	3	4	5	6	7	8	9	10	11
y	1.4	2.0	2.7	3.1	13.5	16.0	14.0	4.9	5.6	6.2	6.6

并期望用这些数据来建立预测方法。

将(x_i,y_i)在图 2.4 中表示出来,发现前 4 个点与最后 4 个点大致在直线$\hat{y}=1+0.5x$附近,而中间 3 个点显著偏高。如果用全部 11 个点建立回归方程,得$\hat{y}=3.91+0.5x$,由图 2.4 可以看出,预报效果一定不好。如果采用多项式回归,可能会有所改进,但效果也不会很好。

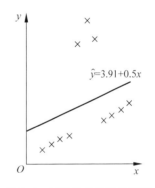

图 2.4　回归分析数学模型图

解决这一问题的一个朴素想法,就是把 X 分为几个区间,将对每个区间的 y 值平均,这几个平均值就作为所在区间的预测值。对于新的 X,落入哪个区间,就以该区间的 y 平均值作为相应的预报值。

对例1,若将 X 分为 3 个区间,$(-\infty,4.5)$,$(4.5,7.5)$,$(7.5,\infty)$,分别计算落入这些区间 Y_i 的平均值:

$$\bar{y}_1=\frac{1}{4}\times(1.4+2.0+2.7+3.1)=2.3$$

$$\bar{y}_2=\frac{1}{3}\times(13.5+16+14)=14.5$$

$$\bar{y}_3=\frac{1}{4}\times(4.9+5.6+6.2+6.6)=5.825$$

今又测得某个 $X=3$,显然它落在第一个区间中,以 $\bar{y}_1=2.3$ 来预测它相应的 y 值。

但是,X 区间的划分必须根据 y 值的大小确定,利用有序样品聚类的思想,产生如下的计算方法。

(1) 将$\{x_i\}$按大小次序排列为$x_{(1)}\leqslant\cdots\leqslant x_{(n)}$,$\{y_i\}$按 x 的次序调整,为了简单起见,

仍用 $y_1, y_2, \cdots, y_n$ 记之。

（2）计算总平均 $\bar{y} = \dfrac{1}{11} \sum\limits_{i=1}^{11} y_i = 6.909$。

（3）令 $\bar{y}_1$ 是 $y_1, y_2, \cdots, y_{n_1}$ 的平均，并计算 $E = \dfrac{n_1 n}{n_2}(\bar{y}_1 - \bar{y})^2$，其中 $n_1 = 1, 2, \cdots, n-1$，$n_2 = n - n_1$。可以证明，E 是 $\{y_1, \cdots, y_{n_1}\}$ 和 $\{y_{n_1+1}, \cdots, y_n\}$ 在离差平方和意义下的距离。对例 1，计算结果见表 2.3。

表 2.3　回归分析数学模型计算结果

n_1	1	2	3	4	5	6	7	8	9	10
$\bar{y}_1$	1.40	1.70	2.03	2.30	4.54	6.45	7.53	7.20	7.02	6.94
E	33.38	66.33	98.06	133.53	51.45	2.78	7.38	2.48	0.63	0.11

由此发现，极大值在 $n_1 = 4$ 处取到，故将 $\{y_i\}$ 分为两类：$\{y_1 \sim y_4\}$、$\{y_5 \sim y_{11}\}$。

（4）对 $\{y_1 \sim y_4\}$ 和 $\{y_5 \sim y_{11}\}$ 分别应用步骤（3），两类 E 的极大值分别为 1.44 和 129.16，以划分第二类为好，分成的两类为 $\{y_5 \sim y_7\}$ 和 $\{y_8 \sim y_{11}\}$。这样就有了三类 $\{y_1 \sim y_4\}$、$\{y_5 \sim y_7\}$、$\{y_8 \sim y_{11}\}$。然后将上述三类各自试着分为两类，并划分最大 E 值的那一类。依次进行下去。

那么，如何结束这个分裂过程呢？常用的方法如下。

（1）规定类的数量，达到这个数量即自行停止分裂。

（2）令 SSQ_i 是属于第 i 类的 $\{y_j\}$ 的离差平方和，SSQ 为 $\{y_i\}$ 的总离差平方和，令 $ESP_i = \dfrac{SSQ_i}{SSQ}$，表示每类的离差平方和与总离差平方和之比。若事先给一个阈值 ESP，并规定：若 $ESP_i \leqslant ESP(i = 1, 2, \cdots)$，则分裂过程停止。

对例 1，若取 $ESP = 1.5\%$，三类 $\{y_1 \sim y_4\}$、$\{y_5 \sim y_7\}$、$\{y_8 \sim y_{11}\}$ 的离差平方和分别为 1.7、1.3、1.6475，总平方和为 269.4，从而 $ESP_1 = 0.63\%$、$ESP_2 = 1.30\%$、$ESP_3 = 0.61\%$，它们均小于 ESP，故停止分裂。若 ESP 取 1%，则第二类还需再分。

最后将 $\{y_j\}$ 分成了三类：$\{y_1 \sim y_4\}$、$\{y_5 \sim y_7\}$、$\{y_8 \sim y_{11}\}$，它们相应的 $\{x_i\}$ 为 $\{1 \sim 4\}$、$\{5 \sim 7\}$、$\{8 \sim 11\}$。这三类彼此不邻接是不符合习惯的，故第一类与第二类的分界点可以取各自端点的平均数，即 $(4+5)/2 = 4.5$；类似地，第二类与第三类的分界点为 $(8+7)/2 = 7.5$。从而 x 分成的三个区间为 $\{x \leqslant 4.5\}$、$\{4.5 < x \leqslant 7.5\}$、$\{x > 7.5\}$，这三个区间的平均值分别为 2.3、14.5、5.825，从而可按上述预测规则进行预测。

以上讨论的是只有一个自变量 x 的情况。当自变量有 m 个 $(x_1, x_2, \cdots, x_m)$ 时，也能用类似的聚类方法进行预测，这就产生了著名的 AID 方法。它的思想是，将 m 个自变量在其变化范围内设法分为许多超立方体，计算落在这些立方体内的 $\{y_i\}$ 的平均值，新的观测值落到哪个超立方体内，就用相应的 y 的平均值来预报。AID 法提供了划分这些立方体的一种有效方法，步骤如下。

（1）将数据按第 j $(1 \leqslant j \leqslant m)$ 个自变量的顺序从小到大重排，使 $\{y_j\}$ 得到一个新的次序，可将其看成是建立在这个次序上的一维有序样品。将样品做最优二分段，相应的分类函数 E 的最大值记作 $SSQ_j(l_j)$，其中，l_j 为达到的最大值的下标（按照新的次序）。在

$SSQ_j(l_j)(j=1,2,\cdots,m)$ 中取极大,比如 $SSQ_{j1}(l_{j1})$ 达到极大,则第一次就用变量 x_{j1},将自变量的变化范围分为两块：

$$G_1=\left\{\left.\begin{pmatrix}x_1\\\vdots\\x_m\end{pmatrix}\right|x_{j1}\leqslant z_1\right\}, \quad G_2=\left\{\left.\begin{pmatrix}x_1\\\vdots\\x_m\end{pmatrix}\right|x_{j1}>z_1\right\} \tag{2.66}$$

其中,z_1 为 j_1 个自变量在 G_1 和 G_2 中最接近两点的均值。

（2）对 G_1 和 G_2 各自按（1）分裂为两类,相应的分类函数看谁大,比如 G_2 大,则先将 G_2 分裂为 G_3,G_4（G_1 暂时不动）。然后对 G_1、G_3、G_4 重复步骤（2）。

（3）停止的规则同只有一个自变量的情况。

2.3.4 聚类分析预测方法的优缺点

可以看到,与回归分析判别分析预测相比,AID 法采用了先聚类,再用所在类的均值进行预测的思想,从而有效地规避特异情况预测不准的情况。另外,在预测过程中,AID 法的每一次分裂都只用一个变量,这使计算十分方便,加之还有筛选变量的功能,这些都是 AID 法的优点,也是此方法得到广泛应用的原因。

AID 法也有缺点,由于每次只用一个变量,而有时单个变量的作用不显著,几个变量组合的作用却很显著,这时 AID 法的效果就不好,能否对 AID 法做适当的修改,克服以上的缺点呢？方开泰、马逢时 1982 年所著的《聚类分析中的分解法及其应用》给出了一个方法能达到上述目的,方开泰、潘恩沛同年所著的《聚类分析》中给出了相应的程序。这里就不赘述了。

2.3.5 聚类分析预测方法的应用领域

1. 在回归分析中的应用

回归预测的一个基本前提是样本期数据比较均匀地分布在一条曲线周围,如果有一些偏离回归曲线的"特异值",并不是由随机因素的影响造成的,此时很可能产生较大的误差,而多元统计的聚类分析中有许多适用于此情况的预测方法,其中 AID 法就是一种较为简便易行的方法。

例 2 已知某企业历年来广告费 x 及销售收入 y 的数据见表 2.4（单位：万元）。

表 2.4 回归分析数学模型散点数据表

x	20	30	32	40	48	51	55	68	75	78
y	50	73	69	87	132	140	158	102	120	128

根据散点图（图 2.5）可以看出,除(48,32),(51,140),(55,158)3 个点之外,其余 7 个点大致在一条直线周围,所以这 3 个点为特异值。如果将这些值剔除后建立回归预测方程,得到 $y_1=33.37+1.15x$,若用所有样本进行回归,则为 $y_2=44.14+1.24x$。若来年广告费为 50 万元,则用第一个方程预测得到 $y=90.87$ 万元,用第二个方程预测得到 $y=106.14$ 万元。显然这和图上的信息相差很大。用 AID 法我们得到 $y=143.3$ 万元,显然这比前两个方程得到的数值要更为准确。

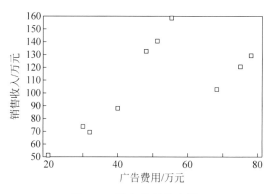

图 2.5   回归分析散点图

2. 在流行病学研究中的应用

例 3   根据某地 NAG 腹泻 11 年的监测资料,其发病似有地区性,为研究地区特征,应用 AID 聚类划分流行地区域,并筛选有关的地理因子。

(1)方法:分别计算该地全部 194 个乡镇历年 NAG 腹泻检出率秩次之和,作为聚类因变量 Y_j($j=1,2,\cdots,194$),取每个乡镇中心点的经度、纬度、海拔高度和与海岸线的最近距离,分别作为聚类待选因子 X_i($i=1,2,3,4;j=1,2,\cdots,194$)。以上 4 个因子和 1 个因变量,构成 5 * 194 原始数据阵进行 AID 聚类,并对聚类最后形成的各个类的因变量均值分别作两两比较,如有 $F<F_a$,则对做比较的两个类进行合并,由此最终确定各类流行区的平均值及所包含的乡镇。

(2)结果:该地 194 个乡镇分为 5 类,第一类分布在与 H 海湾相邻的 C 江入海口地区,第二类为 H 海湾沿岸其他乡镇,第三类均为第一、二类毗邻乡镇,第四类为其余平原地区,第五类为山区。NAG 腹泻检出率 11 年秩和,以第一类为最高,以后依次下降,聚类入选因子主要为离海岸线距离,其次为海拔高度和经度。这三个因子再用 AIRD 聚类进一步筛选,又剔除了经度因子,以上结果基本反映了 NAG 腹泻的地理流行病学分布特征,与该地后来 NAG 生存环境研究的结果十分吻合。

例 4   根据 A 群流脑流行周期性、季节性特征,利用某地 29 年疫情资料做 AID 分类预测和因子筛选。

(1)方法:取预测年前 3 年每年的流脑发病率、预测年前 1 年发病时间的值及(5—6 月及 12—1 月)与(4—6 月及 11—1 月)两个时间的发病率比值,计算预测年周期趋势值等 10 个因子为预测待选因子,取对应的流脑年发病率(已知除菌苗保护率)为预测建模的因变量,由此做 AID 聚类并建立预测数图。此后只要代入预测年的各个入选因子值,依图检索概念所属的类,然后按照该类样品年的发病率均值及上下限,对预测年的年发病率做点值与区间值预测。

(2)结果:浙江省 20 世纪 80 年代均用此法预报,获得满意结果。特别是利用聚类入选因子,构造全省分县市的真值图预报,也取得较好的结果。其中 1980 年、1985 年、1986 年公开预报,县市符合率分别为 72.78%、85.39% 与 80.22%。

2.3.6   聚类分析预测方法在油气田预测中的应用及效果

油气田预测方法是在研究一般的经济、控制问题与人工智能等问题建立起来的通用性较强的一类方法，一些油气田开发技术人员已经尝试把这些方法借用到油田开发指标预测上来。目前较为通用的油田开发指标预测方法主要包括下面 4 种：①时间序列分析方法；②灰色预测方法；③神经网络方法；④功能模拟方法。

同样，聚类分析 AID 方法也可以对油气田进行预测：应用聚类分析及 AID 预测方法对东辛构造带的开发层系做出了较为成功的分类及预测。

东辛构造带处于生油条件极为优越的东营凹陷中东部，构造背景为一"凹中隆"。西、南、北分别接利津洼陷、牛庄洼陷和民丰洼陷，呈三面邻洼之势，这些洼陷均为东营凹陷的一类生油洼陷。东辛地区汇聚周围洼陷丰富的油气，各类储集体非常发育。

据钻井揭示，东辛地区自下而上发育有太古界、新生界的下第三系(孔店组、沙河街组、东营组)、上第三系(馆陶组、明化镇组)和第四系(平原组)底层。而我们收集的原始数据正是东辛地区下第三系的沙河街组的沙二段 8～11 砂层组 17 个小层的数据。

1. 聚类分析原始数据收集

利用聚类方法收集辛 16 断块砂二段 8～11 砂层组 17 小层的渗透率、相对注水强度、采油指数、生产厚度、原油黏度和剩余可采储量 6 项参数数据，根据需要购置成原始数据矩阵。

2. 同度量化整理

首先对每个指标值进行数据同度量处理，消除不同量纲的影响。常用的处理方法有相对化处理、函数化处理和标准化处理，可根据实际数据及应用条件择优选择。本研究充分运用历史数据，选用相对化处理方法进行同度量处理。

通过以上几个步骤的计算分析和研究，对原始数据进行数据收集、数据整理、级差正规化变换、计算距离参数矩阵、进行最优分割，然后根据评价原则从渗透率级差、生产厚度、剩余储量、原油黏度差等对分割结果进行评价，确定合理的层系划分。最后得出以下结论：从技术角度讲，砂二段 8～11 砂层组分为四套开发层系比较合理，对给定的一系列因变量数据，预测其类型及其产量结果也比较好。

2.4　卡尔曼滤波预测方法

2.4.1　卡尔曼滤波预测方法的起源和发展

20 世纪 40 年代，由于第二次世界大战军事技术等方面的需要，维纳(Wiener)和科尔莫格罗夫(Kolmogorov)彼此独立地创立了经典的维纳滤波理论。维纳滤波理论在方法论上采用频域法，局限于处理平稳随机过程。它利用谱分解和平稳随机过程的谱展式解决最优滤波问题，所得维纳滤波器在物理上不可实现。为了得到物理上可实现的维纳滤波器，要求传递函数的部分分式展开，且滤波器是非递推的，要求存储全部历史数据。上述局限性和缺点使其难以在工程上实现，限制了其应用。

60 年代初，随着空间技术和电子技术的发展及高速电子计算机的出现，要求处理复杂的多变量系统、时变系统及非平稳随机过程，要求实时、快速计算最优滤波器。在这种应用背景下，卡尔曼(Kalman)突破了经典维纳滤波理论和方法的局限性，发表了一篇名为《线性滤波与预测问题的新方法》(*A New Approach to Linear Filtering and Prediction Problems*)的论文，提出了时域上的状态空间方法，引入了系统的状态变量和状态空间概念,这意味着卡尔曼滤波的诞生。施密特(Stanley Schmidt)首次实现了卡尔曼滤波器,卡尔曼在 NASA 埃姆斯研究中心访问时,发现他的方法对于解决阿波罗计划的轨道预测很有用,后来阿波罗飞船的导航电脑使用了这种滤波器。关于这种滤波器的论文由斯韦尔林(Swerling)(1958)、卡尔曼(Kalman)(1960)与布西(Bucy)(1961)发表。

对于非线性问题,往往利用扩展卡尔曼滤波(EKF)方法,建立系统的线性化标准卡尔曼滤波模型。EKF 算法结构简单、具有一定的精度,因此得到广泛应用。但是在实际应用中,EKF 也存在一些不足,如当非线性观测方程的泰勒展开式中的高次项不能忽略时,EKF 会导致很大的线性化误差,使得滤波器难以稳定。为了减少线性化误差,提高非线性滤波性能,人们对 EKF 方法进行了改进。

自适应滤波器能在输入信号和噪声的统计特性未知或变化的情况下,调整自身参数,以满足均方误差最小准则的要求。60 年代初,威德罗和霍夫提出的最小均方误差(LMS)算法,因其计算量小、易于实现、鲁棒性强等优点在实践中被广泛采用,其中在自适应滤波器中运用 LMS 算法称为变步长自适应滤波算法;但 LMS 算法的收敛速度很慢。基于最小二乘原则,RLS 算法的目标是使估计误差的加权平方和最小,它的收敛速度快,收敛性能与输入信号的频谱特征无关。但计算复杂度高,需要估计逆矩阵,而共轭梯度自适应滤波算法不含有 RLS 算法中的矩阵运算。丹蒂诺等于 1979 年首先提出了变换域自适应滤波的概念,其基本思想是把时域信号转换为变换域信号,在变换域中采用自适应算法。仿射投影算法最早由大关和夫和梅田智提出,它是能量归一化最小均方误差(NLMS)算法的推广,其计算复杂度比 RLS 算法低。NLMS 算法是 LMS 算法的一种改进,可以看作是一种时变步长因子的 LMS 算法,其收敛性能对输入信号的能量变化不敏感。基于子带分解的自适应滤波在提高收敛性的同时节省了一些计算量,因而近年来备受关注。基于 QR 分解的自适应滤波算法对输入信号矩阵直接进行更新,因此在有限精度运算条件下,具有良好的数值稳定性。

挪威学者谢伊于 1997 年提出用中心差分改善 EKF,成为差值滤波算法的开始。2000 年丹麦学者诺尔高德系统阐述了基于插值多项式的非线性估计理论,使滤波算法应用扩展到非线性不连续情况,扩大了滤波器的应用范围,增强了滤波过程的收敛性。

有学者提出带多重渐消因子的有色噪声干扰的强跟踪滤波器,较好地解决了扩展卡尔曼滤波器 CGPNE 关于不确定模型的鲁棒性较差、状态估计精度不高,甚至发散等问题。范文兵等提出采用非线性函数的差分运算代替强跟踪滤波器中偏导数的计算方法,继承差值滤波算法和强跟踪滤波算法的优点,推导出基于有限差分的强跟踪滤波算法。这种方法根据新的观测数据自动调整渐消因子,使滤波过程适应新数据变化;滤波过程利用有限差分运算得到验前、验后状态方差及状态增益矩阵,使滤波器的实现更容易、应用范围更广泛,该滤波器具有较强的数值稳定性和强跟踪性,可用于非线性系统的状态和参数估计。

李良群等提出了迭代扩展卡尔曼滤波方法(IEKF),该方法利用迭代扩展卡尔曼滤波的最大后验概率估计产生粒子滤波的重要性密度函数,使重要性密度函数能够融入最新观测信息,同时更符合真实状态的后验概率分布。仿真结果显示,该方法的估计性明显优于扩展卡尔曼粒子滤波。但在对精度要求较高的场合,IEKF 仍然难以满足实际需要。

杨宏等提出了一种基于 Levenberg-Marquardt 优化方法的迭代扩展卡尔曼滤波方法,该方法将迭代滤波理论引入扩展卡尔曼滤波器方法中,有效地重复利用新的测量信息,还利用 Levenberg-Marquardt 方法调整预测协方差矩阵以保证算法具有全局收敛性。这种方法具有更高的估计精度,是一种效率较高、性能较好的跟踪方法。

张俊根等提出 IMM 迭代扩展卡尔曼粒子滤波跟踪算法,通过对迭代扩展卡尔曼滤波(IEKF)进行测量更新,按照高斯牛顿方法进行修正,减小了非线性滤波带来的线性化误差,然后利用修正的 IEKF 来产生粒子滤波的重要性密度函数,使其融入最新观测信息。

2006 年,曲毅等提出衰减记忆卡尔曼滤波算法(MAEKF),通过对当前测量数据的利用,减小了历史数据对滤波的影响程度,对比仿真结果进行分析表明,滤波效果有所改善,提高了精度和收敛速度。2009 年,朱新国等在引入衰减记忆卡尔曼滤波算法的基础上,提出一种集判断发散和抑制发散于一体的衰减记忆因子确定方法。该方法通过增加观测量在状态估计中的权重,大幅降低加速度引起的距离、速度跟踪偏差,从而有效地抑制标准卡尔曼滤波(KF)算法在跟踪高动态目标过程中产生的滤波发散现象。仿真结果表明,在低动态下,该算法的性能与标准 KF 算法接近,但在高动态下,该算法状态估计的系统偏差和随机误差相对标准 KF 算法均有明显改善;同时,该算法可以有效地抑制标准 KF 算法在一般加速运动下的滤波发散。

2.4.2 卡尔曼滤波预测方法的数学模型

对于连续线性滤波,用 $x(t)$、$z(t)$ 分别表示 n 维状态变量和 m 维量测变量,则动态方程和量测方程一般表示为

$$\begin{cases} \dfrac{\mathrm{d}x(t)}{\mathrm{d}t} = f(x(t),u(t),t), \quad t \geqslant t_0 \\ z(t) = h(x(t),v(t),t) \\ x(t_0) = x_0 \end{cases} \tag{2.67}$$

其中,f 和 h 分别为已知的 n 维和 m 维向量函数,$u(t)$ 和 $v(t)$ 分别为 r 维随机动态噪声和 m 维随机量测噪声,而初始状态 $x(t_0)=x_0$ 是一个确定概率分布的 n 维随机向量。

如果方程(2.67)对 $x(t)$、$u(t)$ 和 $v(t)$ 都是线性的,有

$$\begin{cases} \dfrac{\mathrm{d}x(t)}{\mathrm{d}t} = F(t)x(t) + G(t)u(t), \quad t \geqslant t_0 \\ z(t) = H(t)x(t) + v(t) \\ x(t_0) = x_0 \end{cases} \tag{2.68}$$

其中,$F(t)$、$H(t)$ 和 $G(t)$ 分别已知,称式(2.68)描述的动态系统和量测系统为线性系统。

当时间离散时,即将式(2.68)离散化,这里要用到线性微分方程组的一般理论。设 $\Phi(t,\tau)$ 是下列微分方程的解:

$$\begin{cases} \dfrac{\mathrm{d}\Phi(t,\tau)}{\mathrm{d}t} = F(t)\Phi(t,\tau), \quad t \geqslant \tau \\ \Phi(t,\tau) = I_n \end{cases} \tag{2.69}$$

由常微分方程解存在的唯一性定理可知,这样的解存在而且是唯一的,它具有以下性质:

$$\Phi(t,\tau)\Phi(\tau,t_0)=\Phi(t,t_0), \quad t\geqslant\tau\geqslant t_0 \tag{2.70}$$

$$\Phi(t,\tau)^{-1}=\Phi(\tau,t) \tag{2.71}$$

称矩阵 $\Phi(t,\tau)$ 为状态转移阵。

容易验证,线性系统(2.68)在 t 时的状态 $x(t)$,可以用状态转移阵 $\Phi(t,\tau)$ 与初始状态 $x(t_0)=x_0$ 表达

$$x(t)=\Phi(t,t_0)x(t_0)+\int_{t_0}^{t}\Phi(t,\tau)G(\tau)u(\tau)\mathrm{d}\tau \tag{2.72}$$

现在考虑在离散抽样时刻 $t_0<t_1<\cdots<t_k<\cdots$ 诸状态 $x(t_k)$ 之间的变化规律,由式(2.72)可得

$$x(t_k)=\Phi(t_k,t_{k-1})x(t_{k-1})+\int_{t_{k-1}}^{t_k}\Phi(t_k,\tau)G(\tau)u(\tau)\mathrm{d}\tau \tag{2.73}$$

令 $x_k=x(t_k),\Phi_{k,k-1}=\Phi(t_k,t_{k-1}),\omega_{k-1}=\int_{t_{k-1}}^{t_k}\Phi(t_k,\tau)G(\tau)u(\tau)\mathrm{d}\tau$

可得离散时间的线性动态方程:

$$\begin{cases}x_k=\Phi_{k,k-1}x_{k-1}+\omega_{k-1}, \quad k\geqslant1 \\ x(t_0)=x_0\end{cases} \tag{2.74}$$

其中,$\Phi_{k,k-1}$ 是 n 阶可逆阵,称为从 $k-1$ 时刻到 k 时刻的状态(一步)转移阵,$\{\omega_k\}$ 是 n 维随机向量,称为动态噪声。

同样,令 $z_k=z(t_k),H_k=H(t_k),v_k=v(t_k)$,由式(2.68)可直接推导出离散时间的线性量测方程:

$$z_k=\boldsymbol{H}_k x_k+\boldsymbol{v}_k \tag{2.75}$$

其中,$\boldsymbol{H}_k$ 是 $m\times n$ 矩阵,称为第 k 时刻的量测阵,$\boldsymbol{v}_k$ 是 m 维随机向量,称为量测噪声,式(2.74)和式(2.75)一起描述了离散时间的线性系统。

在解决一般的滤波问题时,我们假定初始状态 x_0,动态噪声 $\boldsymbol{\omega}_k$ 和量测噪声 $\boldsymbol{v}_k$ 的统计性质(它们的联合概率分布或其一、二阶矩)已知。实际问题中,我们常将线性动态方程(2.74)化为如下形式:

$$\boldsymbol{x}_k=\boldsymbol{\Phi}_{k,k-1}\boldsymbol{x}_{k-1}+\boldsymbol{B}_{k-1}\boldsymbol{u}_{k-1}+\boldsymbol{\Gamma}_{k-1}\boldsymbol{\omega}_{k-1}, \quad k\geqslant1 \tag{2.76}$$

其中,$\boldsymbol{u}_k(k=1,2,\cdots)$ 为非随机的 s 维向量序列(通常看作动态系统的系统输入项或控制项等),$\boldsymbol{\omega}_k(k=1,2,\cdots)$ 为均值等于零的 r 维随机动态噪声,$\boldsymbol{B}_k$ 和 $\boldsymbol{\Gamma}_k$ 分别为已知的 $n\times s$ 和 $n\times r$ 矩阵。

假定 $\boldsymbol{\omega}_k(k=1,2,\cdots)$ 为零均值的正态白噪声或白噪声序列。即

$$E\boldsymbol{\omega}_k=\boldsymbol{0}, \quad E\boldsymbol{\omega}_k\boldsymbol{\omega}_i^{\mathrm{T}}=Q_k\delta_{ki} \tag{2.77}$$

$$\delta_{ki}=\begin{cases}1, \quad k=i \\ 0, \quad k\neq i\end{cases} \tag{2.78}$$

进一步地,令

$$\boldsymbol{\Phi}_{kk}=\boldsymbol{I}, \quad \boldsymbol{\Phi}_{kj}=\boldsymbol{\Phi}_{k,k-1}\boldsymbol{\Phi}_{k-1,k-2}\cdots\boldsymbol{\Phi}_{j-1,j},k>j, \quad \boldsymbol{\Phi}_{jk}=\boldsymbol{\Phi}_{kj}^{-1} \tag{2.79}$$

由式(2.76)可得

$$\begin{aligned}\boldsymbol{x}_k&=\boldsymbol{\Phi}_{k,k-1}(\boldsymbol{\Phi}_{k-1,k-2}\boldsymbol{x}_{k-2}+\boldsymbol{B}_{k-2}\boldsymbol{u}_{k-2}+\boldsymbol{\Gamma}_{k-2}\boldsymbol{\omega}_{k-2})+\boldsymbol{B}_{k-1}\boldsymbol{u}_{k-1}+\boldsymbol{\Gamma}_{k-1}\boldsymbol{\omega}_{k-1} \\ &=\boldsymbol{\Phi}_{k,k-2}\boldsymbol{x}_{k-2}+(\boldsymbol{\Phi}_{k,k-1}\boldsymbol{B}_{k-2}\boldsymbol{u}_{k-2}+\boldsymbol{B}_{k-1}\boldsymbol{u}_{k-1})+(\boldsymbol{\Phi}_{k,k-1}\boldsymbol{\Gamma}_{k-2}\boldsymbol{\omega}_{k-2}+\boldsymbol{\Gamma}_{k-1}\boldsymbol{\omega}_{k-1})\end{aligned}$$

$$= \cdots$$

$$= \boldsymbol{\Phi}_{kj} \boldsymbol{x}_j + \sum_{l=j+1}^{k} \boldsymbol{\Phi}_{kl} \boldsymbol{B}_{l-1} \boldsymbol{u}_{l-1} + \sum_{l=j+1}^{k} \boldsymbol{\Phi}_{kl} \boldsymbol{\Gamma}_{l-1} \boldsymbol{\omega}_{l-1} \tag{2.80}$$

两边左乘 $\boldsymbol{\Phi}_{jk}$ 移项得

$$\boldsymbol{x}_j = \boldsymbol{\Phi}_{jk} \boldsymbol{x}_k - \sum_{l=j+1}^{k} \boldsymbol{\Phi}_{jl} \boldsymbol{B}_{l-1} \boldsymbol{u}_{l-1} + \sum_{l=j+1}^{k} \boldsymbol{\Phi}_{jl} \boldsymbol{\Gamma}_{l-1} \boldsymbol{\omega}_{l-1}, \quad j < k \tag{2.81}$$

在式(2.80)中,取 $j=0$,则有

$$\boldsymbol{x}_k = \boldsymbol{\Phi}_{k0} \boldsymbol{x}_0 + \sum_{l=1}^{k} \boldsymbol{\Phi}_{kl} \boldsymbol{B}_{l-1} \boldsymbol{u}_{l-1} + \sum_{l=1}^{k} \boldsymbol{\Phi}_{kl} \boldsymbol{\Gamma}_{l-1} \boldsymbol{\omega}_{l-1} \tag{2.82}$$

这里 x_k 是由初始状态、系统输入和动态噪声表达的非递推关系式,即动态方程的解。

类似地,线性量测方程式(2.75)也可化为

$$z_k = H_k x_k + y_k + v_k \tag{2.83}$$

其中,$\boldsymbol{y}_k$ 为非随机的 m 维向量(可看作量测的系统误差项),$\{\boldsymbol{v}_k\}$ 为零均值的 m 维随机向量。$\boldsymbol{v}_k$ 最基本的类型为假定它是零均值的正态白噪声,即

$$Ev_k = 0 \quad Ev_k v_l^{\mathrm{T}} = R_k \delta_{kl} \tag{2.84}$$

$$\delta_{k1} = \begin{cases} 1, & k=1 \\ 0, & k \neq 1 \end{cases} \tag{2.85}$$

1. 随机离散线性系统的数学模型

设系统

$$\begin{cases} x_k = \boldsymbol{\Phi}_{k,k-1} x_{k-1} + \boldsymbol{\Gamma}_{k-1} \omega_{k-1} \\ z_k = H_k x_k + v_k \end{cases}, \quad k \geqslant 1 \tag{2.86}$$

其中,动态噪声 $\{\omega_k\}$ 与量测噪声 $\{v_k\}$ 是互不相关的零均值白噪声序列,即

$$E\omega_k = 0, \quad \mathrm{Cov}(\omega_k, \omega_j) = E\omega_k \omega_j^{\mathrm{T}} = Q_k \delta_{kj} \tag{2.87}$$

$$Ev_k = 0, \quad \mathrm{Cov}(\omega_k, \omega_j) = Ev_k v_j^{\mathrm{T}} = R_k \delta_{kj} \tag{2.88}$$

$$\mathrm{Cov}(\omega_k, v_j) = E\omega_k v_j^{\mathrm{T}} = 0 \tag{2.89}$$

$$\delta_{k1} = \begin{cases} 1, & k=1 \\ 0, & k \neq 1 \end{cases} \tag{2.90}$$

初始状态 x_0 是均值为 μ_0、方差为 P_0 且与 $\{\omega_k\}$、$\{v_k\}$ 不相关的随机变量,即

$$E(x_0) = \mu_0, \quad \mathrm{Var}(x_0) = E(x_0 - \mu_0)(x_0 - \mu_0)^{\mathrm{T}} = P_0 \tag{2.91}$$

$$\mathrm{Cov}(x_0, \omega_k) = 0, \quad \mathrm{Cov}(x_0, v_k) = 0 \tag{2.92}$$

设动力系统式(2.86)的状态进行了 k 次测量,若对 j 时刻的状态 x_j 进行估计,估计量记为 $\hat{x}_{j/k}$,估计误差记为 $\tilde{x}_{j/k} \hat{=} \hat{x}_{j/k} - \bar{x}_j$,估计的均方误差记为 $P_{j/k} \hat{=} E\tilde{x}_{j/k} \tilde{x}_{j/k}^{\mathrm{T}}$。

测量 $k-1$ 次后,设我们有 $\hat{x}_{k-1} \hat{=} \hat{x}_{k-1/k-1}$ 的估计值,那么根据动态方程式(2.86)预测 k 次的状态值,由于 $E\omega_{k-1} = 0, Ev_k = 0$

$$\hat{x}_{k/k-1} = \Phi_{k,k-1} \hat{x}_{k-1} \tag{2.93}$$

$$\hat{x}_k = \hat{x}_{k/k} = \hat{x}_{k/k-1} + K_k(z_k - H_k \hat{x}_{k/k-1}) \tag{2.94}$$

其中,K_k 是一个待定的校正增益矩阵,满足使误差方差达到极小。设

$$\tilde{x}_{k/k-1} \stackrel{\triangle}{=} \tilde{x}_{k/k-1} - x_k \tag{2.95}$$

$$\tilde{x}_{k/k} = x_k \tilde{x}_k \stackrel{\triangle}{=} \hat{x}_{k/k} - x_k = \hat{x}_k - x_k \tag{2.96}$$

将式(2.94)式代入式(2.96)得

$$\tilde{x}_k = \hat{x}_k - x_k = \hat{x}_{k/k-1} + \boldsymbol{K}_k (H_k x_k + v_k - H_k \hat{x}_{k/k-1}) - \bar{x}_k$$

$$= (I - \boldsymbol{K}_k H_k) \tilde{x}_{k/k-1} + \boldsymbol{K}_k v_k \tag{2.97}$$

估计误差方差:

$$P_k = E\tilde{x}_k \tilde{x}_k^{\mathrm{T}} = E[(I - K_k H_k) \tilde{x}_{k/k-1} + K_k v_k][(I - K_k H_k) \tilde{x}_{k/k-1} + K_k v_k]^{\mathrm{T}}$$

$$= E\{(I - K_k H_k) \tilde{x}_{k/k-1} [\tilde{x}_{k/k-1}^{\mathrm{T}} (I - K_k H_k)^{\mathrm{T}} + v_k^{\mathrm{T}} K_k^{\mathrm{T}}]\} +$$

$$E\{K_k v_k [\tilde{x}_{k/k-1}^{\mathrm{T}} (I - K_k H_k)^{\mathrm{T}} + v_k^{\mathrm{T}} K_k^{\mathrm{T}}]\} \tag{2.98}$$

定义 $P_{k/k-1} \stackrel{\triangle}{=} E\tilde{x}_{k/k-1} \tilde{x}_{k/k-1}^{\mathrm{T}}$ \tag{2.99}

因为 $\{\omega_k\}$ 与 $\{v_k\}$ 是互不相关的零均值白噪声序列,且 x_0 与 $\{v_k\}$ 不相关,故线性预测估计误差 $\tilde{x}_{k/k-1}$ 与 v_k 无关,即

$$E\tilde{x}_{k/k-1} v_k^{\mathrm{T}} = Ev_k \tilde{x}_{k/k-1}^{\mathrm{T}} = 0 \tag{2.100}$$

又有 $Ev_k v_k^{\mathrm{T}} = R_k$ \tag{2.101}

将式(2.99)、式(2.100)及式(2.101)代入式(2.98)中,可得

$$P_k = (I - K_k H_k) P_{k/k-1} (I - K_k H_k)^{\mathrm{T}} + K_k R_k K_k^{\mathrm{T}} \tag{2.102}$$

将式(2.102)右端展开后,加减同一项 $P_{k/k-1} H_k^{\mathrm{T}} (H_k P_{k/k-1} H_k^{\mathrm{T}} + R_k)^{-1} H_k P_{k/k-1}$,再把有关 K_k 的项归并在平方项里,即

$$P_k = P_{k/k-1} - P_{k/k-1} H_k^{\mathrm{T}} (H_k P_{k/k-1} H_k^{\mathrm{T}} + R_k)^{-1} H_k P_{k/k-1} +$$

$$[K_k - P_{k/k-1} H_k^{\mathrm{T}} (H_k P_{k/k-1} H_k^{\mathrm{T}} + R_k)^{-1}](H_k P_{k/k-1} H_k^{\mathrm{T}} + R_k)$$

$$[K_k - P_{k/k-1} H_k^{\mathrm{T}} (H_k P_{k/k-1} H_k^{\mathrm{T}} + R_k)^{-1}] \tag{2.103}$$

为使 P_k 极小,只要取

$$K_k = P_{k/k-1} H_k^{\mathrm{T}} (H_k P_{k/k-1} H_k^{\mathrm{T}} + R_k)^{-1} \tag{2.104}$$

这时误差方阵为

$$P_k = P_{k/k-1} - P_{k/k-1} H_k^{\mathrm{T}} (H_k P_{k/k-1} H_k^{\mathrm{T}} + R_k)^{-1} H_k P_{k/k-1} = (I - K_k H_k) P_{k/k-1} \tag{2.105}$$

下面分析从 P_{k-1} 到 $P_{k/k-1}$ 的递推公式,由式(2.93)两边同减去 x_k,则

$$\hat{x}_{k/k-1} - x_k = \Phi_{k,k-1} \hat{x}_{k-1} - x_k \tag{2.106}$$

将式(2.74)、式(2.95)代入

$$\tilde{x}_{k/k-1} = \Phi_{k,k-1} \tilde{x}_{k-1} - \Gamma_{k-1} \omega_{k-1} \tag{2.107}$$

因此

$$P_{k/k-1} = \Phi_{k,k-1} P_{k-1} \Phi_{k,k-1}^{\mathrm{T}} + \Gamma_{k-1} Q_{k-1} \Gamma_{k-1}^{\mathrm{T}} \tag{2.108}$$

其中,我们认为

$$E\tilde{x}_{k-1} \omega_{k-1}^{\mathrm{T}} = E\omega_{k-1} \tilde{x}_{k-1}^{\mathrm{T}} = 0 \tag{2.109}$$

2. 一般随机离散线性动力系统

$$x_k = \Phi_{k,k-1} \boldsymbol{x}_{k-1} + B_{k-1} u_{k-1} + \boldsymbol{\Gamma}_{k-1} \omega_{k-1} \tag{2.110}$$

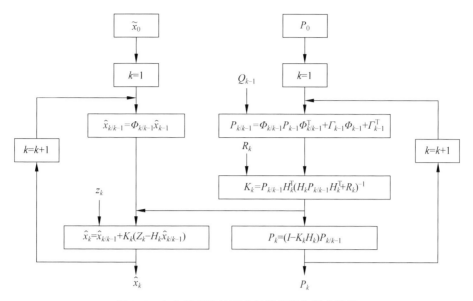

图 2.6 卡尔曼滤波的两个计算回路和基本流程

$$z_k = H_k \boldsymbol{x}_k + y_k + v_k \tag{2.111}$$

其中，$\{u_k\}$ 为非随机的 s 维向量序列(通常看作动态系统的系统输入项或控制项等)，$\{y_k\}$ 为非随机的 m 维向量(可看作量测的系统误差项)，初始状态 x_0 是均值为 μ_0、方差为 P_0 且与 $\{\omega_k\}$、$\{v_k\}$ 不相关的随机变量，至于其他有关 Φ,Γ,H 等系数矩阵，以及 $\{\omega_k\}$ 和 $\{v_k\}$ 仍与前面假设相同，其方差阵序列分别为 $\{Q_k\}$ 和 $\{R_k\}$，它们与初始状态 x_0 之间的关系仍同前设；不同之处为：同一时刻的 ω_k 与 v_k 之间可以是相关的，其协方差阵记为

$$\mathrm{Cov}\,(\omega_k v_1) = S_k \delta_{k1} \tag{2.112}$$

则有最优线性滤波公式为

$$\hat{x}_k = \hat{x}_{k/k-1} + K_k(z_k - y_k - H_k \hat{x}_{k/k-1}) \tag{2.113}$$

最优一步预测估计公式为

$$\hat{x}_{k/k-1} = \boldsymbol{\Phi}_{k,k-1} \hat{x}_{k-1} + B_{k-1} u_{k-1} + J_{k-1}(z_k - y_k - H_k \hat{x}_{k/k-1}) \tag{2.114}$$

其中，初始滤波值为 $\hat{x}_0 = Ex_0$，而

$$J_{k-1} = \boldsymbol{\Gamma}_{k-1} S_{k-1} R_{k-1}^{-1} \tag{2.115}$$

增益矩阵 K_k、滤波误差方差阵 P_k 及预报误差方差阵 $P_{k/k-1}$ 之间的递推计算关系如下：

$$K_k = P_{k/k-1} H_k^{\mathrm{T}} (H_k P_{k/k-1} H_k^{\mathrm{T}} + R_k)^{-1} \tag{2.116}$$

$$P_{k/k-1} = (\Phi_{k,k-1} - J_{k-1} H_{k-1}) P_{k-1} (\Phi_{k,k-1} - J_{k-1} H_{k-1})^{\mathrm{T}} +$$

$$\Gamma_{k-1} Q_{k-1} \Gamma_{k-1}^{\mathrm{T}} - J_{k-1} R_{k-1} J_{k-1}^{\mathrm{T}} \tag{2.117}$$

$$P_k = (I - K_k H_k) P_{k/k-1} \tag{2.118}$$

其初始值 $P_0 = \mathrm{Var} x_0$。

2.4.3 卡尔曼滤波预测方法的优缺点

1. 优点

(1) 由于卡尔曼滤波的基本方程是时间域内的递推形式，其计算过程是一种不断的"预测—修正"过程,在求解时不要求存储大量数据,并且一旦观测到了新数据,随时可以算出新的滤波值。因此这种滤波方法非常便于实时处理、计算机实现。

(2)可以处理平稳随机工程,也可以处理多维和非平稳随机过程及有限记忆情形。

(3)由于滤波器的增益矩阵与观测无关,因此它可预先离线算出,从而减少实时在线计算量。另外,在求解滤波器增益的过程中,随时可以算出滤波器的精度 P_k,其对角线上的元素即为滤波误差向量各分量的方差。

(4)卡尔曼滤波模型不再是高阶微分方程,而是一阶的,适合计算机进行处理。

(5)卡尔曼滤波处理的对象是随机信号。

(6)被处理信号无有用和干扰之分,滤波的目的是估计出所有被处理信号。

2. 缺点

由于对模型噪声和量测噪声的统计特性了解不够,使两者方差取值不合适,加上计算机有限字长使计算过程中的舍入误差累计过大,导致计算出的协方差矩阵不确定,甚至不对称,最后使滤波出现反常现象,即尽管协方差矩阵的计算值看上去不断变小,但状态估计值的实际误差却不断增加,以致得到完全不符合实际的结果,这种现象称为滤波发散。现代学者均在研究如何较小甚至消除滤波发散。

2.4.4　卡尔曼滤波预测方法的应用领域

随着空间技术、航海、航空事业的迅速发展,加上数字计算机日益完善和普遍,使卡尔曼滤波方法得到广泛的应用。这种方法不仅能实时跟踪测量动态目标的有关数据,还能根据系统特征,实时、快速地做出系统状态的最优估计并预报下一步状态参数,为控制和修正航迹提供可靠的依据。

1. 在动力定位系统中的应用

动力定位是通过船舶动力系统的适当作用,把浮动的船舶位置连续、稳定地保持在指定的位置。古典的控制系统反应缓慢,而用卡尔曼滤波和最优控制理论建立的控制系统,能正确估算船舶的移动变量和影响移动的环境变量,把运动的摆动部分和其他部分分开,将低频模型和高频模型的输出叠加为总的船舶移动模型。

2. 在组合导航中的应用

自 20 世纪 60 年代现代控制论出现后,人们开始研究一种新的组合导航系统,它由各类传感器、滤波器、控制器和导航计算机组成。其中根据最优控制理论和卡尔曼滤波方法设计的滤波器是这一系统的关键部件,通过滤波器把各个单独的导航系统组合在一起,形成一个组合导航系统。把各类传感器提供的各类导航信息输送给滤波器,应用卡尔曼滤波器方法进行信息处理,得到惯性导航系统误差的最优估计值,再由控制器对惯性导航系统进行校正,使系统的误差最小。

3. 在卫星定轨计算中的应用

轨道估计的基本问题是由观测模型求解一组参数的值,且使计算出的轨道和观测到的轨道之间的差在加权最小二乘意义下为极小。一种方法是用扩展的卡尔曼滤波算法进行数据处理和参数估计,开始由一组很少的数据建立状态向量的初始估计值。然后将每个新的数据点进行适当加权后与前面的参数估计值结合,给出状态的改进估计值。这个过程可以在任何时刻中断,且每步的计算量与格式固定,不需要存储以前的数据点。

4. 在高空目标弹道测定中的应用

高空目标是指处于地球稠密大气层之外,忽略大气阻力的影响,在地心惯性坐标中,目标将只在地球引力作用下运动。在雷达站坐标系中,高空目标的动态方程和量测方程都是非线性的;在雷达站两侧坐标系中,高空目标的动态方程是非线性的,量测方程是线性的;在地心椭圆坐标系中,高空目标的动态方程是近似线性的,两侧方程是非线性的。因此,可以应用推广卡尔曼滤波进行同一高空目标的弹道测定。

5. 在目标追踪中的应用

卡尔曼滤波器是一种对动态系统的状态序列进行线性最小方差估计的算法,具有计算量小、可实时计算的特点,通常用于对跟踪目标运动状态进行预测,可以减小搜索区域,提高跟踪的实时性及准确性。在跟踪目标被严重遮挡或干扰时,卡尔曼滤波能够较好地预测目标的速度和位置。

6. 在图像处理中的应用

将卡尔曼滤波算法扩展到二维空间,可用于图像去噪,对于对比度低、边缘模糊、背景起伏大的图像,二维卡尔曼滤波在处理过程中,容易导致细节与边缘等重要信息损失。将卡尔曼滤波原理与分数阶微分结合,能有效地减弱图像中的背景噪声,增强图像中的细节特征。

7. 在经济中的应用

当经济模型被表示为状态空间形式时,即可应用卡尔曼滤波进行求解。其主要应用于经济预测、利率期限结构估计、数据平滑、经济周期和经济景气指数分析等。

8. 在故障诊断中的应用

非线性卡尔曼滤波器直接应用于发动机非线性模型,避免由于线性模型建模过程中近似算法引入的建模误差影响故障诊断结果。利用非线性卡尔曼滤波算法进行典型故障诊断的仿真,可达到较高的诊断精度,尤其是发动机动态情形下的故障诊断,具有明显优势。

9. 在石油地震勘探中的应用

我国经济的可持续发展使油气资源的需求持续增长。集合卡尔曼滤波(EnKF)方法作为一种自动历史拟合方法,近年来被人们利用以进行自动历史拟合,更新油藏模型。利用集合卡尔曼滤波方法构造一种新的综合特征参数,采用综合特征参数来圈定油气储存的有利区域,尽量消除人为因素的作用,从而更真实地反映油气储存的地质状况。而且,把集合卡尔曼滤波方法和时移地震技术相结合,可以对油藏进行更准确的估计,减少描述和预测的不确定性。

2.4.5　集合卡尔曼滤波预测方法在油气田预测中的应用及效果

在油藏的生产过程中积累了大量的生产观测数据和其他数据(如地震、测井数据等),它们包含了油藏的各种信息,如果能够通过集合卡尔曼滤波在油藏模型与观测数据之间建立联系,那么就可以利用这些观测数据揭示油藏的非均质特征。

1. 集合卡尔曼滤波方法

集合卡尔曼滤波方法是一种将集合预测和卡尔曼滤波有机结合的方法,其基本思想是:根据集合预测的结果估计状态向量与观测向量之间的协方差,再利用观测资料和协方差来更新分析,得到分析集合,继续预测。

假设集合的个数为 N,系统的状态方程和观测方程为

状态方程:

$$y_{k,j}^f = F(y_{k-1,j}^u) \tag{2.119}$$

观测方程:

$$d_{k,j} = H_k y_{k,j} + v(k) \tag{2.120}$$

其中,$\boldsymbol{y}_{k,j}^f$ 为下一时刻的预测状态向量,k 代表第 k 时刻,j 代表整体中第 j 个实现,$j=1,2,\cdots,N$,f 代表预测值,u 代表更新值。

$\boldsymbol{y}_{k,j}^f$ 是由 N 个纵向量组成的矩阵,$\boldsymbol{y}_{k,j}^f = [y_{k,1}^f, y_{k,2}^f, \cdots, y_{k,N}^f]$;

$F(\ )$ 为联系前后两个时刻状态向量的转移函数;

$d_{k,j}$ 为观测向量;

$\boldsymbol{H}_k$ 为测量因子,是联系观测向量和状态向量的矩阵;

$v(k)$ 为观测误差,符合白噪声条件。

集合卡尔曼滤波的运算过程是一个递推过程,是通过不断更新状态向量完成的。首先需要计算状态向量的协方差矩阵,记为 $\boldsymbol{C}_{y,k}^f$:

$$\boldsymbol{C}_{y,k}^f = \frac{1}{N-1}(Y_k^f - \bar{Y}_k^f)(Y_k^f - \bar{Y}_k^f)^{\mathrm{T}} \tag{2.121}$$

其中,$\bar{Y}_k^f$ 为状态向量的平均值。

在更新状态向量的过程中,还需要计算集合卡尔曼滤波因子:

$$k_k = \boldsymbol{C}_{y,k}^f H_k^{\mathrm{T}}(H_k \boldsymbol{C}_{y,k}^f H_k^{\mathrm{T}} + \boldsymbol{C}_{d,k})^{-1} \tag{2.122}$$

其中,$\boldsymbol{C}_{d,k}$ 为生产观测数据的协方差矩阵。

更新状态向量为

$$y_{k,j}^u = y_{k,j}^f + k_k(d_{k,j} - H_k y_{k,j}^f) \tag{2.123}$$

更新协方差矩阵为

$$\boldsymbol{C}_{y,k}^u = (I - H_k H_k)\boldsymbol{C}_{y,k}^f \tag{2.124}$$

初始状态向量由状态方程预测下一观测时刻的预测状态向量,经过集合卡尔曼滤波对该时刻观测数据进行吸收,更新预测状态向量,从而更新整体中的每个实现,得到更新后的状态向量。状态向量的平均值代表该时刻的更新模型。

2. 集合卡尔曼滤波预测在油气预测中的应用

根据要更新模型数据的需要设计状态向量,设状态向量为

$$\boldsymbol{M}_{k,j} = [m_s, m_d, p]^{\mathrm{T}} \tag{2.125}$$

它包括油藏模型的三类参数:m_s, m_d, p。

(1) m_s 为油藏模型的静态参数,包括渗透率、孔隙度场等。渗透率和孔隙度场是油藏传统的静态参数,其值一般不随时间的变化而变化(或相对变化较小)。在实际情况下,除了在油水井位置可以通过岩心实验测量或测井得到外,在空间的其他位置通过估计或模拟获得。在集合卡尔曼滤波过程中,将其作为状态向量的一部分,随着观测数据的吸收,不断地进行更新,使其向地下真实的情况靠近,从而得到能够反映油藏非均质性特征的静态模型。

(2) m_d 为油藏模型的动态参数,包括油藏每个网格点处的压力、含水饱和度、含油饱和度等。在生产过程中是不断变化的,通常是流动方程的解。

（3）p 为生产数据，包括生产井的产液量、产油量、井底压力、注水井的注水量和注水压力等。这些数据通过流动方程由每个实现模型求出，也可以通过油藏数值模拟获得。当作为观测数据时，在生产过程中可以直接测量获得或通过试井的方法得到。

3. 集合卡尔曼滤波预测在开发油藏中的工作流程

（1）用地质统计学方法生成多个模型，作为初始模型的集合。与油藏的实际模型具有相同的地质统计学规律，并在数值模拟中赋予其和实际油藏模型相同的初始条件、相渗关系、PVT 特征等。

（2）由状态向量预测下一时刻的状态向量，通过油藏模拟器正演，对初始集合的每一实现进行油藏数值模拟，分别得到下一时刻的生产数据，与油藏的静态参数和动态参数一起组成预测的状态向量。

（3）利用生产观测数据和预测的状态向量，经过集合卡尔曼滤波算法，得到该时刻更新后的状态向量，从而得到各个实现的更新值。然后求取更新后状态向量的均值，得到该时刻的更新模型。

（4）将各个实现的更新值作为下一时刻的初始整体，继续预测下一时刻的状态向量。

（5）重复（2）到（4），依次吸收各个时刻的观测数据，得到各个时刻的更新模型。

4. 集合卡尔曼滤波预测在开发油藏中的应用实验

已知一个油藏模型，其渗透率场为 $30 \times 30 \times 3$ 的均匀网格，其渗透率场如图 2.7（图中 feet 为英尺，1feet ≈ 30.48cm。国际单位制中渗透率的单位为平方米，但在石油工程等行业中，达西（D）及其衍生单位更为常用，$1D = 1000mD = 10^{-6} m^2$）所示。

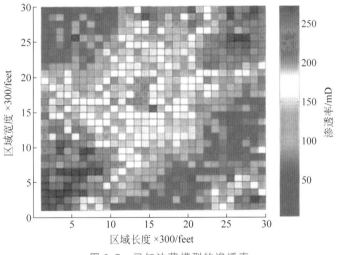

图 2.7　已知油藏模型的渗透率

从 2700 个网格点中随机选取 $75 \times (5 \times 5 \times 3)$ 个网格点，这些网格点的值为初始模型对应位置的值。加上 5 口井处的数据（5×3），共 90 个条件点。然后，用反距离加权插值方法对整个区域进行插值，这样可以得到新的渗透率场。本研究生成了 100 个新的渗透率场，这样就得到相对独立而统计特征基本相同的实现集合。求取多实现整体渗透率的均值，作为集合卡尔曼滤波的初始模型。各个实现的含水饱和度、油藏的压力等于参考模型的初始含水饱和度和初始油藏压力，从而得到初始的集合卡尔曼滤波的初始状态向量。从图 2.8 中可以看出，集合卡尔曼滤波的初始模型集合的渗透率有充分的随机分散性，各个实现的渗透率场的变化和趋势与参考模型有较大的差异，初始模型的非均质性不明显。图 2.9 显示了初始模型集合之间的相关系数，集合的均方差为 29.14。

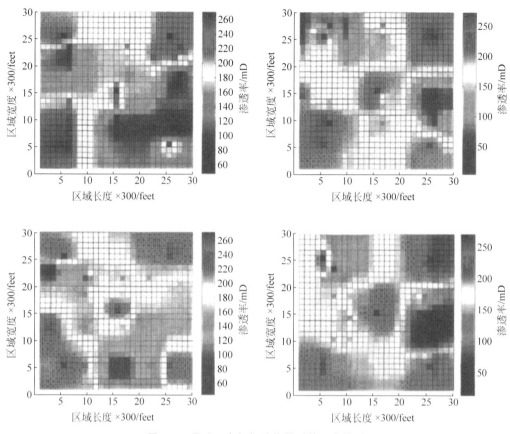

图 2.8   用反距离加权差值得到的 4 个模型

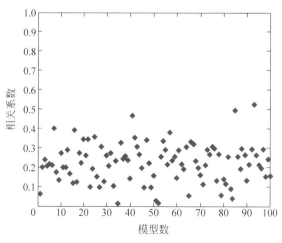

图 2.9   初始模型集合之间的相关关系

将随机导航点法生成的 100 个实现作为初始实现，用 EnKF 更新油藏模型。对每个实现分别进行数值模拟，得到在下一观测时刻的动态数据和生产数据，进而得到该时刻预测的状态向量。利用该时刻的预测状态向量和生产观测向量进行集合卡尔曼滤波,得到该时刻更新的状态向量。求取状态向量的均值,得到该时刻更新模型(包括渗透率、含水饱和度、压力)。依次吸收不同时刻的生产观测数据,得到相应时刻的更新状态向量和油藏模型的场数据。

下面采用 100 个实现的整体,60 天的更新步长进行集合卡尔曼滤波。分别对整体的每个实现进行数值模拟,得到 60 天的预测状态向量。用 60 天时参考模型的生产数据作为观测数据进行集合卡尔曼滤波,得到更新后的状态向量。求取状态向量的均值,得到 60 天时更新的渗透率场、含水饱和度、油藏压力。60 天时更新得到的各个实现的渗透率场整体作为 120 天时集合卡尔曼滤波的初始模型整体,将组成的状态向量作为初始状态向量,分别进行数值模拟到 120 天,得到 120 天时的预测状态向量。吸收参考模型 120 天时的观测数据,得到 120 天时的更新模型。依次吸收 180 天、240 天、300 天,一直到 720 天的生产观测数据,分别得到各个时刻更新的状态向量和模型。更新得到的渗透率结果如图 2.10 所示。

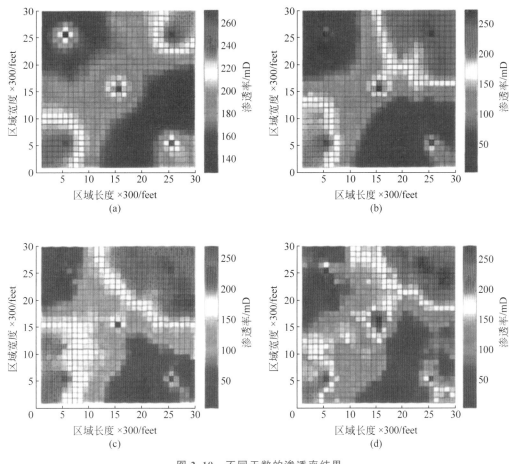

图 2.10 不同天数的渗透率结果

(a) 初始的渗透率场;(b) 60 天的渗透率场;(c) 120 天的渗透率场;
(d) 180 天的渗透率场;(e) 240 天的渗透率场;(f) 300 天的渗透率场;
(g) 360 天的渗透率场;(h) 420 天的渗透率场;(i) 480 天的渗透率场;
(j) 540 天的渗透率场;(k) 600 天的渗透率场;(l) 660 天的渗透率场;
(m) 720 天的渗透率场

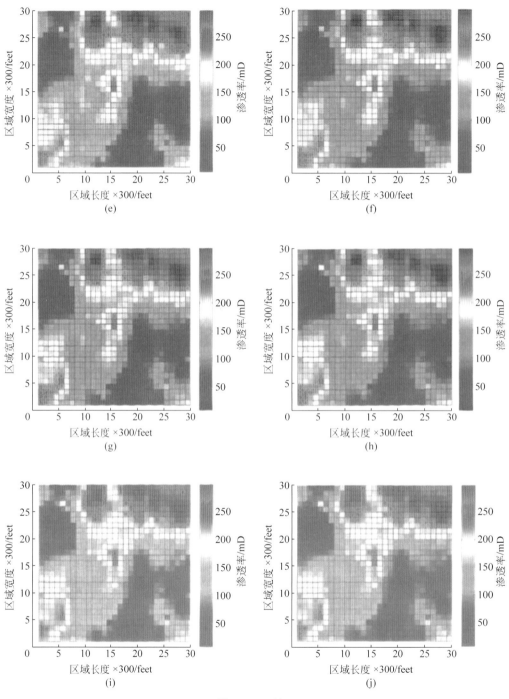

图 2.10　（续）

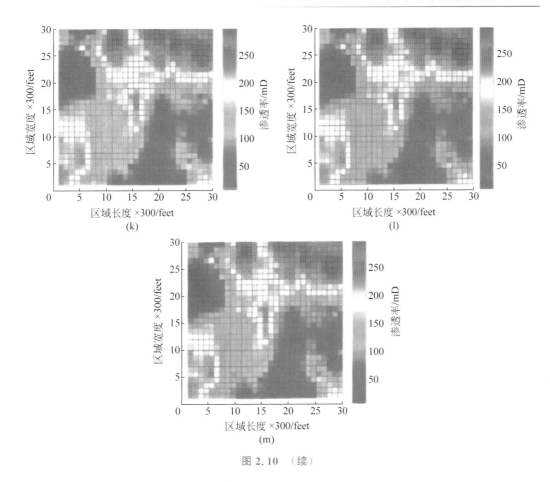

图 2.10 （续）

通过各个时刻更新得到的渗透率场和参考模型渗透率场的比较,可以得出:更新后的渗透率能够反映参考模型渗透率变化的主要趋势,并能反映某些非均质性的细节。随着各个时刻观测到的生产数据不断被吸收,更新模型渗透率场不断地向模型渗透率场靠近。在同一观测系统(注采关系保持不变)条件下,随着观测的生产数据被吸收,整体的更新量逐渐减少,说明该观测系统的油减信息已经反映到更新后的油藏模型中。

对初始模型整体的每个实现分别进行油藏数值模拟,得到每个时刻各个实现的生产历史数据。由参考模型数值模拟产生油藏的实际生产历史数据。将这些数据绘制成曲线,如图 2.11 所示(图中 psi 为压力单位,145psi=1MPa)。对初始整体各个实现的生产历史曲线和参考模型的生产历史曲线进行比较:黄线为各个实现的生产历史曲线,红线为参考模型的生产历史曲线。

用 EnKF 更新油藏模型,得到每个时刻各个实现的生产历史数据,并绘制成曲线,如图 2.12 所示。对更新后各个实现的生产历史曲线和参考模型的生产历史曲线进行比较:黄线为各个实现的生产历史曲线,红线为参考模型的生产历史曲线。

对图 2.11 和图 2.12 进行对比和分析,从 720 天内每口井的产油量和井底压力的比较来看,经过各个时刻吸收观测生产数据,更新后各个实现的生产历史曲线向参考模型的生产历史曲线逐步靠近,收敛并最终达到基本一致。拟合的结果与观测数据很接近,而且有很好的收敛性。此例说明,把用随机导航点方法生成的 100 个实现作为初始实现的集合,用

EnKF 方法更新油藏模型的生产历史能够和参考(真实)模型的生产历史较好地拟合,并且能够对其后的生产进行较好的预测。

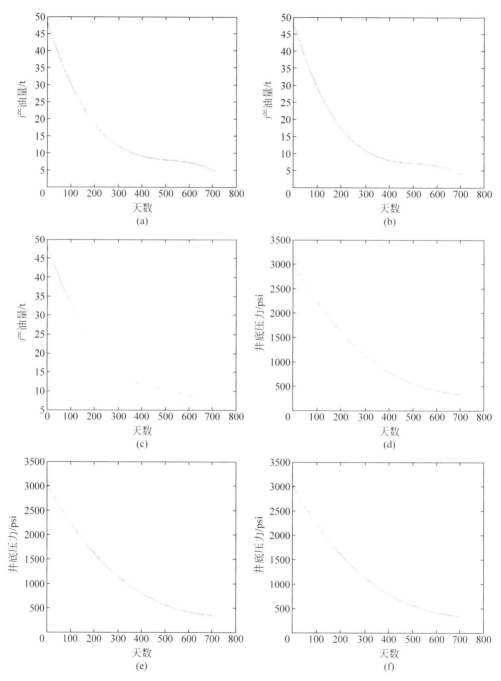

图 2.11　不同生产井产油量初始拟合图

(a) 生产井 1 产油量的初始拟合图;(b) 生产井 2 产油量的初始拟合图;
(c) 生产井 3 产油量的初始拟合图;(d) 生产井 4 产油量的初始拟合图;
(e) 生产井 5 产油量的初始拟合图;(f) 生产井 6 产油量的初始拟合图;
(g) 生产井 7 产油量的初始拟合图;(h) 生产井 8 产油量的初始拟合图

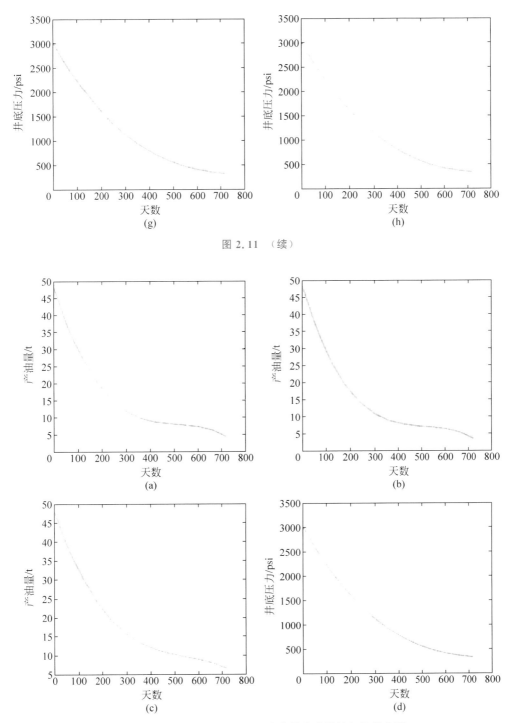

图 2.11 （续）

图 2.12 用 EnKF 得到的不同生产井产油量的初始拟合图

（a）用 EnKF 得到的生产井 1 产油量的初始拟合图；（b）用 EnKF 得到的生产井 2 产油量的初始拟合图；
（c）用 EnKF 得到的生产井 3 产油量的初始拟合图；（d）用 EnKF 得到的生产井 4 产油量的初始拟合图；
（e）用 EnKF 得到的生产井 5 产油量的初始拟合图；（f）用 EnKF 得到的生产井 6 产油量的初始拟合图；
（g）用 EnKF 得到的生产井 7 产油量的初始拟合图；（h）用 EnKF 得到的生产井 8 产油量的初始拟合图

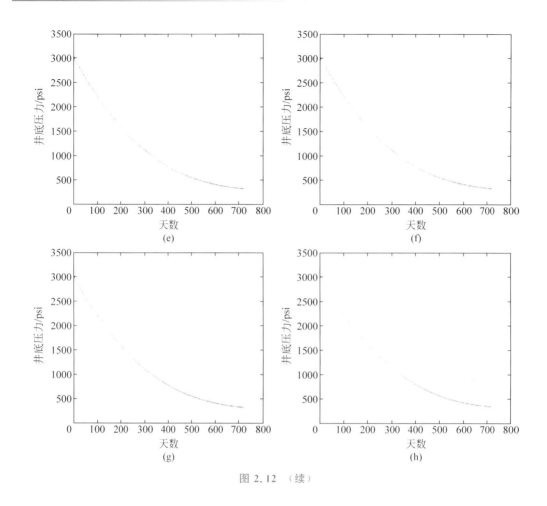

图 2.12　（续）

2.5　小波变换预测方法

2.5.1　小波变换预测方法的起源和发展

小波变换的概念是由法国从事石油信号处理的工程师莫莱特（Morlet）在 1974 年首先提出的，通过物理的直观经验和信号处理的实际需要建立了反演公式，当时未能得到数学家的认可。正如 1807 年法国的热学工程师傅里叶提出的任一函数都能展开成三角函数的无穷级数的创新概念，未能得到著名数学家拉格朗日、拉普拉斯及勒让德的认可一样。幸运的是，早在 20 世纪 70 年代，加德龙表示定理的发现、哈迪空间的原子分解和无条件基的深入研究为小波变换的诞生做了理论上的准备，而且斯托姆贝格还构造了历史上非常类似于现在的小波基；1986 年著名数学家梅耶尔偶然构造出一个真正的小波基，并与马拉特合作建立了构造小波基的统一方法多尺度分析之后，小波分析才开始蓬勃发展起来。与 Fourier 变换、窗口 Fourier 变换（windowed fourier transform，WFT）（Gabor 变换）相比，它是一个时间和频率的局域变换，因而能有效地从信号中提取信息，通过伸缩和平移等运算功能对函数或信号进行多尺度细化分析（Multiscale Analysis），解决了 Fourier 变换不能解决的许多难题，因而小波变化被誉为"数学显微镜"，它是调和分析发展史上里程碑式的进展。

小波分析的应用是与小波分析的理论研究紧密地结合在一起的。现在,已经在科技信息产业领域取得令人瞩目的成就。电子信息技术是六大高新技术中一个重要的领域,它的重要方面是图像和信号处理。信号处理已经成为当代科学技术工作的重要部分,信号处理的目的是准确地分析、诊断、编码压缩和量化、快速传递或存储、精确地重构(或恢复)。从数学角度来看,信号与图像处理可以统一看作信号处理(图像可以看作二维信号),在小波分析的许多应用中,都可以归结为信号处理问题。对于其性质随时间稳定不变的信号,处理的理想工具仍然是傅里叶分析。但是在实际应用中绝大多数信号是非稳定的,而特别适用于非稳定信号的工具就是小波分析。

小波分析是当前应用数学和工程学科中一个迅速发展的领域,经过近 10 年的探索研究,重要的数学形式化体系已经建立,理论基础更加扎实。小波变换结合了应用数学、物理学、计算机科学、信号与信息处理、图像处理、地震勘探等多个学科。数学家认为,小波分析是一个新的数学分支,它是泛函分析、傅里叶分析、样条分析、数值分析完美结合的产物;信号和信息处理专家认为,小波分析是时间-尺度分析和多分辨分析的一种新技术,它在信号分析、语音合成、图像识别、计算机视觉、数据压缩、地震勘探、大气与海洋波分析等方面的研究都取得了有科学意义和应用价值的成果。

事实上小波分析的应用领域十分广泛,它包括:数学领域的许多学科;信号分析、图像处理;量子力学、理论物理;军事电子对抗与武器的智能化;计算机分类与识别;音乐与语言的人工合成;医学成像与诊断;地震勘探数据处理;大型机械的故障诊断等方面。例如,在数学方面,它已用于数值分析、构造快速数值方法、曲线曲面构造、微分方程求解、控制论等。在信号分析方面,如滤波、去噪声、压缩、传递等。在图像处理方面,如图像压缩、分类、识别与诊断、去污等。在医学成像方面,如减少 B 超、CT、核磁共振成像的时间,提高分辨率等。

(1) 小波分析用于信号与图像压缩是小波分析应用的一个重要方面。其特点是压缩比高、压缩速度快,压缩后能保持信号与图像的特征不变,且在传递中可以抗干扰。基于小波分析的压缩方法很多,比较成功的有小波包最好基方法、小波域纹理模型方法、小波变换零树压缩、小波变换向量压缩等。

(2) 小波在信号分析中的应用也十分广泛。可以用于边界的处理与滤波、时频分析、信噪分离与提取弱信号、求分形指数、信号的识别与诊断,以及多尺度边缘检测等。

(3) 在工程技术等方面的应用。包括计算机视觉、计算机图形学、曲线设计、湍流、远程宇宙的研究与生物医学方面。

2.5.2 小波变换预测方法的数学工具和理论基础

小波分析在应用领域,特别是在信号处理、语音分析、图像处理、模式识别等领域中,近年来被认为是工具和方法上的重大突破。本节主要介绍小波、小波变换、多分辨分析的基本概念及小波具有的一些基本性质。

1. 连续小波变换(也称积分小波变换)

1) 一维连续小波变换

定义 2.1 若 $\psi(x)$ 是一个实值函数且它的频谱 $\hat{\psi}(w)$ 满足以下允许条件:

$$C_\psi = \int_{-\infty}^{+\infty} \frac{|\hat{\psi}(w)|^2}{|w|} \mathrm{d}w < \infty \qquad (2.126)$$

则称 $\psi(x)$ 是一个基本小波或小波母函数。如果 $\psi(x)$ 在无穷远处具有足够快的衰减速率,例如, $\psi(x) \leqslant c(1+x^2)^{-1}$, 则式(2.126)等价于 $\int \psi(x) \mathrm{d}x = 0$ 或 $\hat{\psi}(w) = 0$。

定义 2.2   令 $\psi_{a,b}(x) = \dfrac{1}{\sqrt{a}} \psi\left(\dfrac{x-b}{a}\right)$, 其中, a,b 为实数,且 $a > 0$, 称为由母函数 $\psi(x)$ 生成的依赖于数 a,b 的连续小波基函数。其中,变量 a 为伸缩因子, b 为平移因子。这种伸缩和平移的思想源远流长,它已经在信号处理、信号检测、多尺度边缘等领域得到应用。

定义 2.3   设 $f(x) \in L^2(-\infty, \infty)$, 定义关于 $\psi_{a,b}(x)$ 的连续小波变换为

$$Wf(a,b) = \langle f, \psi_{a,b} \rangle = \frac{1}{\sqrt{a}} \int_{-\infty}^{+\infty} f(x) \overline{\psi\left(\frac{x-b}{a}\right)} \mathrm{d}x \qquad (2.127)$$

定义相应的逆变换为

$$f(x) = \frac{1}{C_\psi} \int_0^{+\infty} \int_{-\infty}^{+\infty} Wf(a,b) \psi_{a,b}(x) \mathrm{d}b \frac{\mathrm{d}a}{a^2} \qquad (2.128)$$

式(2.128)右端前面的尺度因子保证小波基函数 $\psi_{a,b}(x)$ 的范数全都相等。因为

$$\left\| \psi\left(\frac{x-b}{a}\right) \right\| = \sqrt{\int_{-\infty}^{+\infty} \left| \psi\left(\frac{x-b}{a}\right) \right|^2 \mathrm{d}x} = \sqrt{a} \, \| \psi(x) \| \qquad (2.129)$$

2)二维连续小波变换

若 $f(x)$ 是一个二维函数,则连续小波变换为

$$Wf(a, b_x, b_y) = \int_{-\infty}^{+\infty} \int_{-\infty}^{+\infty} f(x,y) \psi_{a, b_x, b_y}(x,y) \mathrm{d}x \, \mathrm{d}y \qquad (2.130)$$

其中, b_x、b_y 表示在两个维度上的平移。二维连续小波变换的逆变换为

$$f(x,y) = \frac{1}{C_\psi} \int_{-\infty}^{+\infty} \int_{-\infty}^{+\infty} \int_{-\infty}^{+\infty} Wf(a, b_x, b_y) \psi_{a, b_x, b_y}(x,y) \mathrm{d}b_x \, \mathrm{d}b_y \frac{\mathrm{d}a}{a^3} \qquad (2.131)$$

其中

$$\psi_{a, b_x, b_y}(x,y) = \frac{1}{|a|} \psi\left(\frac{x-b_x}{a}, \frac{y-b_y}{a}\right) \qquad (2.132)$$

而 $\psi(x,y)$ 是一个二维基本小波。

2. 二进小波变换

1)一维二进小波变换

在实际应用中,常采用下面的等价形式定义小波变换。

定义 2.4   对于 $f(x) \in L^2(\mathbf{R})$, 定义其小波变换为

$$W_s f(x) = f * \psi_s(x) = \frac{1}{s} \int_{\mathbf{R}} f(t) \psi\left(\frac{x-t}{s}\right) \mathrm{d}t \qquad (2.133)$$

其中, $\psi_s(x) = \dfrac{1}{s} \psi\left(\dfrac{x}{s}\right)$, s 为尺度因子。

如果记 $Wf(a,b) = |a|^{-1/2} \int_{\mathbf{R}} f(t) \overline{h\left(\frac{t-b}{a}\right)} \mathrm{d}t$, 取 $\psi(t) = \overline{h(-t)}$, 则有 $W_s f(x) = |s|^{-1/2} \mathrm{sgn}(s) Wf(s, x)$ 成立。其中, $\mathrm{sgn}(s)$ 是符号函数,即当 $s > 0$ 时, $\mathrm{sgn}(s) = 1$; 当 $s = 0$ 时, $\mathrm{sgn}(s) = 0$; 当 $s < 0$ 时, $\mathrm{sgn}(s) = -1$。所以这里和式(2.127)的定义是一致的。但后者可以把小波变换看作输入 f 时系统 $\psi_s(x)$ 的响应,而 $\psi_s(x)$ 为系统的冲激

响应函数。

若取尺度 $s = 2^j$ （j 为整数），则函数 $f(x)$ 在尺度 $s = 2^j$ 和位置 x 上的小波变换为

$$W_{2^j} f(x) = f * \psi_{2^j}(x) \tag{2.134}$$

其中，$\psi_{2^j}(x) = \dfrac{1}{2^j} \psi\left(\dfrac{x}{2^j}\right)$。

式（2.134）的 Fourier 变换为

$$\hat{W}_{2^j} f(w) = \hat{f}(w) \hat{\psi}(2^j w) \tag{2.135}$$

如果小波函数集 $\psi_{2^j}(X)$ 的变换满足

$$\sum_{j=-\infty}^{+\infty} |\hat{\psi}(2^j w)|^2 = 1 \tag{2.136}$$

则称小波函数 $\psi(x)$ 为二进小波函数，相应的小波变换 $W_{2^j} f(x)$ 称为二进小波变换。

这一条件可以确保由尺度因子 $(2^j)_{j \in Z}$ 伸缩的 $\hat{\psi}(w)$ 覆盖整个频率轴。应用帕塞瓦尔定理与式（2.135）、式（2.136）得到能量守恒公式

$$\| f \|^2 = \sum_{j=-\infty}^{+\infty} |W_{2^j} f(x)|^2 \tag{2.137}$$

2）小波变换的多分辨率分解

在实际应用中，信号的可测分辨率是有限的，不可能计算所有尺度 2^j（$-\infty < j < +\infty$）上的小波变换，分辨率 2^j 应取有限值。把变换限定在一个最大尺度 $j = J$ 和最小尺度 $j = 0$ 之间，2^0 表示最高分辨率，2^j 表示最低分辨率。为建立小波变换的信号分辨率分解表示，引入函数 $\varphi(x)$，且其傅里叶变换满足条件

$$|\hat{\varphi}(w)|^2 = \sum_{j=1}^{+\infty} |\hat{\psi}(2^j w)|^2 \tag{2.138}$$

因为小波 $\psi(x)$ 满足 $\sum\limits_{j=1}^{+\infty} |\hat{\psi}(2^j w)|^2 = 1$，可得到 $\lim\limits_{w \to 0} |\hat{\varphi}(w)| = 1$，傅里叶变换的能量集中在低频，所以 $\varphi(x)$ 为低通特性的平滑函数。定义平滑算子 S_{2^j} 为

$$S_{2^j}(x) = f * \varphi_{2^j}(x) \tag{2.139}$$

其中，$\varphi_{2^j}(x) = \dfrac{1}{2^j} \varphi\left(\dfrac{x}{2^j}\right)$ 表示分辨率为 2^j 时信号 $f(x)$ 的低通滤波分量。首先证明以尺度 1 对函数 $f(x)$ 平滑时的细节部分包含在尺度 1 和 2^j 间的二进小波变换 $(W_{2^j} f(x))_{1 \le j \le J}$ 中，而不出现在以最大尺度 2^J 对 $f(x)$ 平滑的 $S_{2^J} f(x)$ 中。

$$\begin{cases} \hat{S}_1 f(w) = \hat{\varphi}(w) \hat{f}(w) \\ \hat{S}_{2^j} f(w) = \hat{\varphi}(2^J w) \hat{f}(w) \\ \hat{W}_{2^j} f(w) = \hat{\psi}(2^j w) \hat{f}(w) \end{cases} \tag{2.140}$$

由式（2.138）得到

$$|\hat{\varphi}(w)|^2 = \sum_{j=1}^{J} |\hat{\psi}(2^j w)|^2 + |\hat{\varphi}(2^J w)|^2 \tag{2.141}$$

根据傅里叶变换卷积定理和 Parserval 定理由式（2.140）和式（2.141）得到下面能量转

换公式：

$$\| S_1 f(x) \|^2 = \sum_{j=1}^{J} \| W_{2^j} f(x) \|^2 + \| S_{2^J} f(x) \|^2 \qquad (2.142)$$

式(2.142)证明了 $S_1 f(x)$ 的高频分量没有呈现在 $S_{2^J} f(x)$ 中，而呈现在尺度 1 和 2^J 间的二进小波变换 $(W_{2^j} f(x))_{1 \leqslant j \leqslant J}$ 中。因而 $W_{2^j} f(x)$ 表示信号的细节分量，$S_{2^J} f(x)$ 表示信号的低通平滑分量。当 2^J 越大时，$S_{2^J} f(x)$ 包含的信号细节（高频成分）越少，且这部分丢失的信息可以从小波变换 $W_{2^j} f(x)$ 中恢复。此时称集合 $\{(W_{2^j} f(x)), (S_{2^J} f(x)); 1 \leqslant j \leqslant J\}$ 为信号 $f(x)$ 的小波变换多分辨率分解表示，即 $S_1 f(x)$ 有限尺度的小波变换。以上分析为信号处理提供了一个清晰的分层框架。

3. 图像的二进小波变换

由以上一维情形很容易推广到二维情形。

设 $\theta(x, y)$ 是一适当平滑的二元函数，满足下列条件：

$$\int_{-\infty}^{+\infty} \int_{-\infty}^{+\infty} \theta(x, y) \mathrm{d}x \mathrm{d}y = 1, \quad \lim_{x^2 + y^2 \to \infty} \theta(x, y) \to 0 \qquad (2.143)$$

记

$$\theta_s(x, y) = \frac{1}{s^2} \theta \left(\frac{x}{s}, \frac{y}{s} \right) \qquad (2.144)$$

图像 $f(x, y)$ 被函数 $\theta_s(x, y)$ 在尺度 s 下的平滑作用由卷积运算实现，即 $f(x, y) * \theta_s(x, y)$。现在取二维小波基本函数 $\Psi^1(x, y)$、$\Psi^2(x, y)$ 如下：

$$\Psi^1(x, y) = \frac{\partial \theta(x, y)}{\partial x}, \quad \Psi^2(x, y) = \frac{\partial \theta(x, y)}{\partial y} \qquad (2.145)$$

则相应的小波变换如下：

$$W_s^1 f(x, y) = f * \Psi_s^1(x, y), \quad W_s^2 f(x, y) = f * \Psi_s^2(x, y) \qquad (2.146)$$

当尺度 $s = 2^j$ 时，如果 $\Psi^1(x, y)$、$\Psi^2(x, y)$ 的傅里叶变换满足

$$\sum_{j \in \mathbf{Z}} \{ |\hat{\Psi}^1(2^j w_x, 2^j w_y)|^2 + |\hat{\Psi}^2(2^j w_x, 2^j w_y)|^2 \} = 1 \qquad (2.147)$$

则称 $Wf = \{W_{2^j}^1 f(x, y), W_{2^j}^2 f(x, y)\}_{j \in \mathbf{Z}}$ 为 $f(x, y)$ 的二维二进小波变换。

可以导出：

$$\begin{pmatrix} W_{2^j}^1 f(x, y) \\ W_{2^j}^2 f(x, y) \end{pmatrix} = 2^j \begin{pmatrix} \dfrac{\partial}{\partial x} (f * \theta_{2^j})(x, y) \\ \dfrac{\partial}{\partial y} (f * \theta_{2^j})(x, y) \end{pmatrix} = 2^j \nabla (f * \theta_{2^j})(x, y) \qquad (2.148)$$

$W_{2^j}^1 f(x, y)$、$W_{2^j}^2 f(x, y)$ 分别表征图像 $f(x, y)$ 沿 x、y 方向的偏导数，因此二维小波变换矢量就是梯度。

4. 多分辨分析

小波基的构造大都按照一个通用的程序，就是多分辨分析 MRA。它是 1986 年前后由 S. Mallat 和 Y. Meyer 共同提出的。

定义 2.5　称满足下列条件的 $L^2(-\infty, +\infty)$ 一列子空间 $\{V_j\}_{j \in \mathbf{Z}}$ 及一个函数 $\varphi(t)$ 为一个正交 MRA：

(1) $V_j \subseteq V_{j+1}$，$\forall j \in \mathbf{Z}$；

(2) $f(t) \in V_j \Leftrightarrow f(2t) \in V_{j+1}$；

(3) $\bigcap\limits_{j \in \mathbf{Z}} V_j = \{0\}$；

(4) $\bigcup\limits_{j \in \mathbf{Z}} V_j$ 在 $L^2(-\infty, +\infty)$ 中稠密；

(5) $\varphi(t) \in V_0$ 且 $\{\varphi(t-n)\}_{n \in \mathbf{Z}}$ 是 V_0 的标准正交基。

称 $\varphi(t)$ 为此 MRA 的尺度函数。

由 $V_j \subseteq V_{j+1}$ 可得 $V_{j+1} = V_j \oplus W_j$（"$\oplus$"表示笛卡儿积），即 W_j 是 V_j 在 V_{j+1} 中的正交补空间。V_j 称为尺度函数空间，W_j 称为小波函数空间。

注：若把(5)减弱为(5)′：存在 $g(x)$ 使 $\{g(x-k)\}_k$ 构成 V_0 的 Riesz 基，仍然称满足 (1)、(2)、(3)、(4)、(5)′的闭子空间的增加簇为一个 MRA。

正交尺度函数应满足如下要求。

(1) $\int_{-\infty}^{\infty} \varphi(t) = 1$，即尺度函数是一个平均函数。

(2) $\| \varphi(t) \| = 1$，即尺度函数是范数为 1 的规范化函数。

(3) $\int_{-\infty}^{\infty} \varphi_{m,n}(t) \psi_{m',n}(t) \mathrm{d}t = 0$。

(4) $\int_{-\infty}^{\infty} \varphi_{m,n}(t) \varphi_{m,n'}(t) \mathrm{d}t = 0$。

(5) $\varphi(t) = \sqrt{2} \sum\limits_{n=\mathbf{Z}} h_n \varphi(2t-n)$。因 $\varphi(t) \in V_0 \subseteq V_1$，且 $\{2^{\frac{1}{2}} \varphi(2t-n)\}_{n=\mathbf{z}}$ 是 V_1 的基。

这就是双尺度差分方程，h_n 称为尺度系数。

(6) 尺度函数与小波彼此有关联：

$$\psi(t) = \sqrt{2} \sum\limits_{n=\mathbf{Z}} g_n \varphi(2t-n) \tag{2.149}$$

其中，$\sqrt{2}$ 是归一化因子，g_n 是由尺度系数 h_n 导出的系数，称为小波系数。二维多分辨分析：

命题：设 $\{V_j\}_{j \in \mathbf{Z}}$ 是 $\mathbf{L}^2(\mathbf{R})$ 的一个多分辨分析，则 $\{V_j^2 := V_j \otimes V_j\}_{j \in \mathbf{Z}}$ 是 $\mathbf{L}^2(\mathbf{R}^2)$ 的一个多分辨分析。

设 $\varphi(x)$ 是一个多分辨分析 $\{V_j\}_{j \in \mathbf{Z}}$ 对应的一维尺度函数，$\psi(x)$ 是对应于 $\varphi(x)$ 的小波函数。由于二维空间的可分离性，二维多分辨分析 $\{V_j\}_{j \in \mathbf{Z}}$ 相应地有二维尺度函数

$$\varphi(x, y) = \varphi(x)\varphi(y) \tag{2.150}$$

因此，可分离二维矢量子空间 V_j^2 具有如下规范正交基：

$$\{2^j \varphi_j(x - 2^j n, y - 2^j m)\}_{(n,m) \in \mathbf{Z}} = \{2^j \varphi(x - 2^j n)\varphi(y - 2^j m)\}_{n,m=\mathbf{Z}}$$

对应于 $\varphi(x, y)$ 的小波函数有三个：

$$\psi^1(x, y) = \varphi(x)\psi(y) \tag{2.151}$$

$$\psi^2(x, y) = \psi(x)\varphi(y) \tag{2.152}$$

$$\psi^3(x, y) = \psi(x)\psi(y) \tag{2.153}$$

设 V_j^2 在 V_{j+1}^2 中的正交补子空间为 W_j^2，则 W_j^2 的规范正交基为

$$\left.\begin{cases} 2^j \psi_j^1(x - 2^j n, y - 2^j m) = 2^j \varphi_j(x - 2^j n) \psi_j(y - 2^j m) \\ 2^j \psi_j^2(x - 2^j n, y - 2^j m) = 2^j \psi_j(x - 2^j n) \varphi_j(y - 2^j m) \\ 2^j \psi_j^3(x - 2^j n, y - 2^j m) = 2^j \psi_j(x - 2^j n) \psi_j(y - 2^j m) \end{cases}\right\}_{(n,m)=\mathbf{Z}^2}$$

$$(2.154)$$

5. 小波的基本性质

1) 紧支性、衰减性、光滑性

若函数 $\psi(t)$ 在区间 $[a, b]$ 外恒为零，则称该函数紧支在这个区间上，具有该性质的小波称为紧支撑小波。显然支集越窄小，波的局部化能力越强。若不是紧支撑，则希望有快速衰减性（当 $|t| \to +\infty$ 时，小波函数趋于零，这称为衰减性）。函数在某一点或某一区间 $k-1$ 阶导数连续，但第 k 阶导数不连续（k 为任意自然数），则称该函数在这一点或这一区间中 $k-1$ 阶光滑，$k-1$ 阶光滑的函数，其傅里叶变换趋向于零的速度为 $O(1/|w|^{k+1})$。在实际应用中，为分析和计算的方便，要求小波函数具有一定的光滑性，但这与紧支性或快速衰减性相矛盾，而且一个函数也不能在时域和频域上同时紧支，就是说不能希望在时域和频域上同时获得最好的局部化能力。为实现在时域和频域上都有满意的局部化能力，只能在光滑性和紧支性或光滑性和衰减性之间进行平衡。

2) 小波基函数的时频窗

窗函数的时频窗面积刻画了其时频局部化能力，在滤波应用中往往需要了解窗函数的时、频窗的中心位置。作为窗函数，小波函数的时窗中心和半径定义为

$$t^* = \int_{-\infty}^{+\infty} t |\psi(t)|^2 dt / \|\psi\|_2^2 \tag{2.155}$$

$$\Delta = \left\{ \int_{-\infty}^{+\infty} (t - t^*)^2 |\psi(t)|^2 dt \right\}^{1/2} / \|\psi\|_2 \tag{2.156}$$

这样相应的连续小波函数在时间-频率相平面上的矩形时频窗为

$$[b + at^* - a\Delta_t, b + at^* + a\Delta_t] * [w^*/a - \Delta_w/a, w^*/a + \Delta_w/a] \tag{2.157}$$

窗面积是 $4\Delta_t \Delta_w$，可见连续小波函数的窗口面积与基本小波函数的窗口面积相同，小的时频窗面积有好的局部化能力。窗的形状随参数的变化而变化，参数 a 变大，时窗变宽，频窗变窄，适于分析低频信息；参数 a 变小，适于检测高频信息，很适合于时频分析。

3) 小波的消失矩

如果小波函数 $\psi(t)$ 对所有的 $0 \leqslant l \leqslant M$ 满足

$$\int_{-\infty}^{+\infty} t^l \psi(t) dt = 0 \tag{2.158}$$

则称其具有 M 阶消失矩。另外，若设 $\{\psi_{j,k}(t)\}_{j,k \in \mathbf{Z}}$ 构成 $L^2(\mathbf{R})$ 的标准基，则小波函数 $\psi(t)$ 满足

$$\psi(t) \in C^{M+1}(\mathbf{R})$$

且

$$\int_{-\infty}^{+\infty} |t|^{M+1} |\psi(t)| dt < +\infty$$

也称其有 M 阶消失矩。由定义可知，小波的消失矩主要用于检测高阶导数不连续的信号，消失矩越高，光滑性越好，频域的局部化能力就越强，这也是改善小波频域局部化能力的一种途径，反映了小波对信号奇异性检测能力的强弱。

4）对称性及线性相位

具有线性相位或至少有广义线性相位的小波函数可以避免对信号进行分析和重构时的相位失真，这是刻画小波性能的一个主要特征。

令 $\psi(t) \in L^2(\mathbf{R})$，若它的傅里叶变换几乎处处满足

$$\hat{\psi}(w) = \pm|\hat{\psi}(w)| \, \mathrm{e}^{-iaw} \tag{2.159}$$

其中，a 为常数，$\pm$ 与 w 无关，则称其有线性相位。类似地，若

$$\hat{\psi}(w) = \phi(w) \mathrm{e}^{-i(aw+b)} \tag{2.160}$$

$\phi(w)$ 几乎处处为实值函数，a，b 为常数，则称其具有广义线性相位。其中，a 称为 $\hat{\psi}(w)$ 的相位。为说明至少有广义线性相位的函数特征引入了斜对称的概念。$\psi(t) \in L^2(\mathbf{R})$ 至少有广义线性相位，当且仅当 $\mathrm{e}^{ib}\psi(t)$ 满足

$$\mathrm{e}^{ib}\psi(a+t) = \overline{\mathrm{e}^{ib}\psi(a-t)} \tag{2.161}$$

称 $\psi(t)$ 关于 a 斜对称。当 $\psi(t)$ 为实值函数时，定义又为

$$\psi(a+t) = \psi(a-t) \qquad \text{（对称性）} \tag{2.162}$$

$$\psi(a+t) = -\psi(a-t) \qquad \text{（反对称性）} \tag{2.163}$$

即一个实值函数至少有广义线性相位，当且仅当关于相位是对称或反对称的。应该注意，对称或反对称在检测信号奇异性方面的表现是不同的，边缘跳变的异常信号反对称小波的变换在该处呈现最大值，而对称小波呈现过零值；峰值跳变的异常信号正好相反。因此实际使用中，边缘检测应选用反对称小波函数，而峰值检测应选用对称小波函数。

2.5.3 小波变换预测方法在油气田预测中的应用及效果

随着油气勘探的深入，单一的构造型油气藏已经越来越少，更多的是复合型复杂油气藏。对早期单一构造的油气藏的勘探，只需考虑构造因素。但对非构造型的复杂油气藏来说，布井难度和钻探风险非常大。为了尽可能提高钻探成功率，许多石油工作者探索利用综合分析多种参数进行油气预测，并且积累了许多成功的技术和方法，主要有统计模式识别、模糊聚类分析、灰色识别及神经网络等。这些多参数油气检测技术，就是地震模式识别技术。通过小波变换方法进行油气检测，为油气检测这一领域的方法研究提供一种新思路。

1）小波特征参数的提取

（1）特征提取。小波分析方法是函数逼近论中函数表达理论的突破，用该方法可以处理各种各样的信号。基本思想是用一簇子波函数表示或逼近一个信号或函数。小波函数 $h_{a,b}\left(\dfrac{t-b}{a}\right)$ 是由基本母小波函数 $h(t)$ 通过不同的伸缩尺度 a 和平移尺度 b 构成。当尺度 a 较大时，即信号的低频处，频率分辨率很好。反之，当尺度 a 较小时，即信号的高频处，时间分辨率很好。所以，小波变换很适合处理短时、瞬态、非平稳的信号。地震波由于受地下地质条件的作用，表现出一定的非平稳性，这种特性可以通过平移因子 b 和伸缩因子 a 表现出来。即 a 和 b 能够体现地震波的波形特征。由于小波的窗口因尺度不同而自动调整，频率变高，窗口自动变小，符合高频信号有较高分辨率的要求，这样就能更有效地分析信号的局部特征。任意信号 $S(t)$ 都可以用母小波 $h(t)$ 及其子小波的加权求和近似表示，即

$$\hat{S}(t) = \sum_{k=1}^{N} \omega_k \Psi\left(\frac{t - b_k}{a_k}\right) \tag{2.164}$$

其中，ω_k，b_k，a_k 是每个子小波的权系数、平移因子（代表时间）、伸缩因子（对应频率）。这三个参数可以通过求能量函数的极小值而优化得到：

$$E = \frac{1}{2} \sum_{t=1}^{T} \left[S(t) - \hat{S}(t)\right]^2, \quad t' = \frac{t - b_k}{a_k} \tag{2.165}$$

则 E 相对于 ω_k，b_k，a_k 的梯度为

$$g(w)_k = \frac{\partial E}{\partial \omega_k} = -\sum_{t=1}^{T} \left[S(t) - \hat{S}(t)\right] \Psi(t') \tag{2.166}$$

$$g(a)_k = \frac{\partial E}{\partial a_k} = t' g(b_k) \tag{2.167}$$

$$g(b)_k = \frac{\partial E}{\partial b_k} = -\sum_{t=1}^{T} \left[S(t) - \hat{S}(t)\right] \omega_k \frac{\partial \Psi(t')}{\partial b_k} \tag{2.168}$$

用梯度下降法求得函数 E 的最小值后，即可得到特征参数值 ω_k，b_k，a_k。

（2）小波参数综合特征。在求得不同母函数下的 $\hat{S}(t)$，并进行了小波参数优选之后，就要对选择后的小波参数进行特征综合，具体的综合方法如下：

$$Z(t) = \sum_i c_i \hat{S}_i(t) \tag{2.169}$$

（3）特征归一化变换。由于提取的不同特征参数的范围值不一样，不宜直接用于识别过程。所以，采用极大化变换、标准化变换和规格化变换进行量纲统一，以消除特征参数间的数量级差异。统一量纲不改变特征参数间的相关关系，即变换前后的相关系数不变。设特征序列为 $X = \{x_i\}$，$i = 1, 2, \cdots, n$，变换后的特征序列为 $Y = \{y_i\}$，$i = 1, 2, \cdots, n$，则

极大化变换：

$$y(i) = x(i)/\max, \quad i = 1, 2, \cdots, n \tag{2.170}$$

标准化变换：

标准化变换是利用原始数据的平均值、标准差，将各变量（特征参数）数据都变换为平均值为 0、标准差为 1 的散布空间。其变换公式为

$$y_i = \frac{x_i - \bar{x}}{s} \tag{2.171}$$

规格化变换：

规格化变换又称正则化，是利用原始数据的各变量（特征参数）数据的极差、极小值，将原始数据变换到 0～1 范围内。其变换公式为

$$y_i = \frac{x_i - a}{r} \tag{2.172}$$

2）小波特征参数优选

在小波分析的工程应用中，母函数的选取是实际应用中的一个难点问题，因为同一个工程问题用不同的小波函数进行分析，有时结果相差甚远。目前主要通过小波分析的结果与理论结果的误差大小判定母函数的好坏，并由此选定母函数。图 2.13 为四类小波对同一正弦信号的分解结果。

信号（图 2.13(a)）的构造表达式为

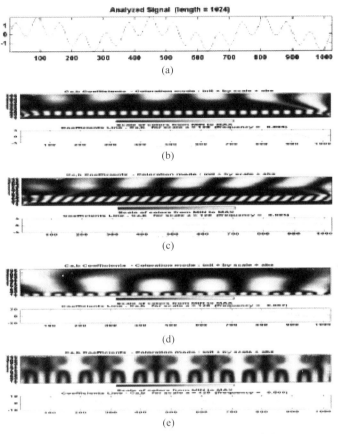

图 2.13　地震信号四类小波分析结果对比

（a）分析信号；（b）～（e）四类连续小波分析结果

$$f(x) = \sin x + \sin(5x)$$

从图 2.13 可以看出，对同一信号的小波分析，四类母小波中莫莱特小波和梅耶尔小波的时频局域性最好，MexicoklotHat 小波次之，Haar 小波最差。

3）小波油气检测准则

若取已知井的油气属性为中高产、低产、非工业三类，则 $A_v(k=1,2,3)$ 为第 k 类所有井的小波综合参数的最小值，即阈值。在此主要选用小波阈值法，进行某油田地区奥陶系上部储层油气分布情况的预测。所谓阈值法，即对于各 CDP 上的小波综合参数值，根据阈值 A_k 推断它的含油气性。如果低于该值，则认为该处不属于此油气类型（以 0 表示）；而高于或者等于阈值的数据将不受影响，同时认为此处与该已知井位的油气属性一样，可用下式表示：

$$x_i = \begin{cases} x_i, & A_k \leqslant |x_i| < A_{k-1}, k=1,2,3 \\ 0, & \text{其他（且 } A_0 = 1） \end{cases} \tag{2.173}$$

2.6　分形预测方法

2.6.1　分形预测方法的起源和发展

欧氏几何从公元前 3 世纪诞生以来直到 18 世纪末，一直在几何学领域一统天下。在欧氏几何中,可以用直线、圆锥、球等这一类规则的形状描述墙、车轮、道路、建筑物等人造物体,因为这些物体就是按欧氏几何的规则图形生成的。目前,几何学研究的对象大体上是"规则"的。Newton、Blairtz 以后,由于微积分和几何学的结合,使较为复杂的形状得以表现,但这些形状仍然是具有特征长度的,光滑的。在自然界中存在很多"不规则"的复杂几何对象,如山脉、云烟、波浪、树木、闪电,以及星团、短痕、浸润、冲积扇、泥裂、冻豆腐、水系、晶簇、蜂窝石、小麦须根系、树冠、支气管、星系、材料断口、小肠绒毛、大脑皮层等,无法用经典几何图形描述。研究发现,没有传统的数学模型可以对其进行研究,因为不再具有让人熟知的连续、光滑可微这一基本性质。这一大类形状奇怪的图形长期以来被认为是"不可名状的""病态的"而很容易被忽视。

曼德尔布罗(1924 年生于波兰华沙)很早就开始对传统数学理论无法解释和研究的一些自然现象产生兴趣并加以研究,从 20 世纪 50 年代起,他孤身一人,整日思索着一种新的几何学。试图通过这种几何学统一描述自然界、人类社会中普遍存在的各种不规则现象,如流体、湍动、曲折的海岸线、多变的天气、动荡的股市、经济收入分配关系、棉花的价格波动等等。严格说,那时候他也不明确自己在找什么,甚至不知道要找的是一种新的几何学。后来他把自己的研究成果汇集成书出版,由于他所研究的几何对象往往具有非整数的豪斯道夫-贝西科维奇维数,因而把书取名为"Fractal Geometry",中文译为"分形几何"。对分形的研究已远远超出几何学的范围,自然界有许多现象与分形有关,如海岸线,河流网络等,出现在许多物理、化学、生物及诸多动力系统,甚至社会经济的理论和实际课题中。分形几何在揭示客观世界的许多复杂结构方面是一种有力的工具。

分形几何建立以后,很快引起了许多学科的关注,这是由于不仅在理论上,而且在实践中都具有重要价值。所谓分形即对那些没有特征长度(无标度),但在一定意义上具有自相似性或自放射性的图形、构造及现象的总称。从严格的数学意义上讲,分形具有严格的自相似性和跨越不同尺度的对称性,即具有标度不变性,因此分形具有唯一的分维值。该维数在所有尺度下是不变的,即以不同尺度计算得出的结果近似于该维数值,所以用一个维数就可以揭示分形的特征。然而自然界中的绝大多数分形并不具有严格数学意义上的自相似,仅是近似的、统计意义上的自相似。如果将分形放大或缩小,分形看起来仅在统计意义上是相似的,因而在不同尺度下观察的分维不尽相同。进入 80 年代中期,各个数理学科几乎同时认识到了分形概念的价值,人们惊奇地发现,哪里有混沌、湍动和混乱,分形几何学就在哪里登场。在近代科学中,分形常和分歧(Bifurcation)、孤粒子(Soliton)、混沌(Chaos)相提并论,因为物理学家特别关注这些现象常常交织在一起。分形混沌现象常常产生一幅幅变化莫测奇境般的图像,令理论科学家叹为观止。可以说,计算机对图形的作用,绝不亚于显微镜对生物和医学的作用。就连科学家一般不轻易涉足的艺术领域,分形也大有用武之地,因为在计算机上产生的山脉、彩云、花草、树木等画面,已达到以假乱真的地步。近年来,计算机动画等在电影特技上的表现常常让人拍案叫绝,计算机动画中就常有分形的应用。称之为分形的结构一般都有内在的几何规律性,即比例自相似性,并不是杂乱无章的,就像混沌一样,在无序中含有有序的结构。大多数分形在一定的标度范围内是不变的,在这个范围内,不断地显现放大任何部分,其不规则程度都是一样的,这个性质称为比例性。按照统计的观点,几乎所有的分形都是置换不变的,即它的每一部分移位、旋转、缩放等在统计意义上与其他任意部分相似。这两个性质表明,分形绝不是完全的混乱,在不规则性中存在一定的规则性。同时暗示着自然界中一切形状及现象都能以较小或部分的细节反映出整体的不规则性。

2.6.2 分形预测方法的优缺点

可以根据分形集合生成算法的特征对分形进行分类,一般分为线性分形和非线性分形两大类。这两类分形,都有无穷的算法表述,因而都包含无穷的分形图形。线性分形是最基本的一种,从数学上说,就是实现这些分形的算法中仅含有一次项,如科赫曲线、皮亚诺曲线及迭代函数系统(IFS),这些迭代变换使直线保持平直,仅改变其长度、位置和方向。非线性分形则内容丰富得多,变化也多,如朱丽亚集。

我们也可以根据分形产生算法中随机性加入的影响,把分形分为确定性分形和随机性分形两类。对于确定性分形,算法的规则是确定的,在算法中也没有随机性加入,或者虽然有随机性加入,但并不影响分形图形的形状,即算法的多次重复仍然产生同一个分形图,如IFS;对于随机性分形,虽然其产生的规则也是一定的,但随机因素的影响可以使每次生成过程产生的分形虽然具有一样的复杂度,但形态有所不同,因此它不具有可重现性,如Brown运动。

1. 分形与欧氏几何的关系

分形已是当今最激动人心的研究领域之一。曼德尔布罗特在他的书中这样写道:"科学家发现,他们以前必须称之为粒状、流体状、中间状、丘疹状、麻窝状、树枝状、海草状、奇异状、紊乱状、弯曲状、波形状、束状、褶皱状等的不少形状,从今以后能以严格的和强有力的定量方法加以处理,对此他们将会惊喜不已。""数学家们发现,那些至今为止认为异常的集合从某种意义上说应该是规则的,被认为病态的结构应该自然而然地从非常具体的问题中演化出来,对于大自然的研究应该有助于解决一些老问题和产生的如此之多的新问题,对此他们也会惊喜不已。"

分形的发展很大程度上依赖于计算机科学技术的进步,这也对纯数学的传统观念提出了挑战。计算机技术不仅使分形领域的一些新发现成为可能,也因其图形直观的表现方式极大地激发了科学家和大众的兴趣与认识,推动了分形理论的发展。

我们可以对分形几何与欧氏几何作一个简单的比较(表2.5)。

表 2.5 欧氏几何和分形几何不同研究对象和研究内容对比表

比 较 内 容	欧 氏 几 何	分 形 几 何
历史	2000 多年	最近 20 多年
对象	人造物体	自然形态
尺度	可用特定比例和尺度度量	没有特定的比例和尺度,具有无限细节性
方法	公式、基本元素	递归、迭代算法

2. 分形维数

分形几何涉及的维数有以下三种。

1) 经典维数

这是欧氏几何学、欧氏空间(日常接触的普通空间)的维数概念。在欧氏几何学中,要确定空间一个点的位置,需要 3 个坐标,要用 3 个实数(X、Y、Z)来表示立体图形中的一个点,坐标数与空间维数一致,立体图形的维数为 3。要确定平面一个点的位置,需要 2 个坐标,坐标数与平面维数一致,平面图形的维数为 2。相应地,直线的维数为 1,点的维数为 0。这种维数概念和人们的经验一致,被称为经验维数或欧氏维数,或经典维数,用字母 d 表示。它的值为整数。

2）拓扑维数

这是数学的一个重要分支——拓扑学中的维数概念。拓扑学也称橡皮几何学,研究几何图形在一对一的双方连续变换下不变的性质。比如画在橡皮膜上的两条相交曲线,对橡皮膜施以拉伸或挤压等形变,但不破裂或折叠时,它们"相交"始终是不变的,几何图形的这种性质称为拓扑性质。画在橡皮膜上的三角形,经过拉伸或挤压可以变为一个圆,从拓扑学的观点看,三角形和圆有相同的拓扑维数。对于任一个海岛的海岸线,经过某些形变总可以变为一个圆,因而海岸线与圆具有相同的拓扑维数 $D_t = 1$。在欧氏几何中,圆作为一种曲线,它的经典维数 $d = 1$。可以论证对一个几何图形,恒有 $D_t = d$。拓扑维数 D_t 的值也为整数。

3）分形维数

分形是与欧氏几何图形截然不同的另一类图形,维数一般是分数,所以分形的维数称为分数维。由于分形又分为规则分形、不规则分形等许多种类,所以为了测出各类不同分形的维数往往必须使用不同的方法,因而得出多种不同名称的维数。在这些维数中,最重要的是豪斯多夫维数。之所以重要,是因为其不仅适用于分形,也适用于欧氏几何图形。只不过当用于欧氏几何图形时,值为整数;而用于分形时,值一般为分数。

3. 分形几个经典例子

1）Cantor 三分集

19 世纪末,数学集合论发展起来,数学家们创造出了一些极其怪诞的集合,其中一个最为著名的就是康托尔三分集,它是著名集合论数学家乔治·康托尔（1845—1918）在对傅里叶级数的收敛性研究中构造出的。

第一步,将闭区间[0,1]均分为 3 段,去掉中间 1/3,即去掉开区间(1/3,2/3),剩下两个闭区间[0,1/3]和[2/3,1]。

第二步,将剩下的两个闭区间各自均分为 3 段,同样去掉中间 1/3 的开区间:[1/9,2/9]和[7/9,8/9],这次剩下 4 段闭区间:[0,1/9],[2/9,1/3],[2/3,7/9]和[8/9,1]。

第三步,重复上述操作,删除每一小闭区间中间的 1/3。不断重复上述操作,一直到第 N 步。在实变函数论这门课程中,把上述操作最后剩下的点组成的集合称作康托尔集合(Cantor set)。此集合在数学史上有重要作用,如今在分形理论中又再创辉煌,混沌理论和分形几何学处处碰到康托尔集合。

康托尔集合的性质是很有意思的。首先,康托尔集合是自相似的,整体与部分十分相像。其次,不包含任何区间,这一点容易想象出来,不断去掉中间 1/3,最后剩下的点不能构成区间。但康托尔集合是完备的闭集合。一般读者理解起来,可能稍有困难,这里略作解释。如果在 M 的邻域 $N(M,\delta)$ 内有无穷多个点属于集合 E,则 M 是 E 的一个聚点。E 的全部聚点作形的集合叫作 E 的导集,记作 E'。$E + E'$ 称作 E 的闭包。闭集合的含义是 E 包含 E',即一个集合包含了所有的聚点。若 $E = E'$,即 E 是闭的且不含孤立点,则 E 就是完备的。完备集合的意思是说,集合 E 是闭的且每个点都是聚点(没有孤立点)。应当注意的是,"闭""聚""孤立"等用语与日常语言含义不同。

图 2.14 所示为康托尔三分集的生成过程。每次去掉线段中间的 1/3,最后剩下的就是康托尔集,此图中只表示了前 3 个阶段。为了显示方便,无宽度的[0,1]线段在这里故意用一矩形框表示。

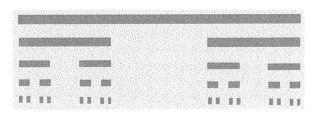

图 2.14　康托尔三分集的生成过程示意图

用 D 表示康托尔集合,可以证明 D' 包含于 D 和 D 包含 D'。前者说的是,D 是闭集;后者说的是,D 没有孤立点。康托尔集合也叫康托尔完备集。另外,康托尔集合显然是非空的,所以是"非空完备集"。康托尔集合是可数的,还是不可数的? 事实上康托尔集合 D 的基数是连续统可以与 $(0,1)$ 中的点一一对应,是不可数的。由实变函数理论知道,任何非空完备集合都是不可数的。由于已经习惯于 10 进制和 2 进制,现在尝试一下 3 进制。最一般的可以讨论"p 进制"(p 是大于 1 的正整数)。这些进制都是表达"数字"的方法,原则上是等价的,只是对于某类问题,某种进制显得方便一些,比如在日常生活中熟悉 10 进制,在计算机领域习惯用 2 进制,在计时方面甚至习惯于 12 进制、60 进制。对于康托尔集合 D,用 3 进制表示比较方便。为了建立集合与集合之间的对应关系,更好地说明分形集的结构,引入 p 进位小数的概念是非常有用的。设 a 为一正数,表示成如下收敛级数的形式:

$$a = E + n_1/p + n_2/p^2 + n_3/p^3 + n_4/p^4 + \cdots \tag{2.174}$$

其中,E 是非负整数,p 是大于 1 的整数,n_i ($i=1,2,\cdots$) 是 0 到 p-1 的非负整数,则数 a 分解为以 p 为基底的小数,简称"p 进位小数"或者"p 进小数"。按照通常的书写方法 a 可以写作

$$a = E.n_1n_2n_3n_4\cdots = (E.n_1n_2n_3n_4\cdots)_p \tag{2.175}$$

特别地,$(0,1)$ 区间的任意实数 a 都可以写作 $a = 0.n_1n_2n_3n_4\cdots$ 的形式。通常用到的 10 进位小数,只是 p 进位小数的一个特例。看几个实例:0.84375 用 4 进位小数表示为 $(0.312)_4$,因为 $3/4+1/16+2/64=27/32=0.84375$;0.1525 用 20 进位小数表示为 $(0.31)_{20}$,因为 $3/20+1/400=61/400=0.1525$。

回顾康托尔集合的生成过程,开始时由[0,1]中间去掉 1/3。设 $x \in [0,1]$,在第一步,若 x 落在头 1/3,即 $(0,1/3)$ 内,则 x 的 3 进制小数展开式小数点的第一位一定是 0,不可能是 1 或者 2,否则它就落入第二个 1/3,即 $(1/3,2/3)$,或者第三个 1/3,即 $(2/3,1)$ 之中了。

同样,如果 x 落在第二个 1/3,即 $(1/3,2/3)$ 中,则 x 的 3 进制小数展开式小数点后的第一位一定是 1,即 $x = (0.1\cdots)_3$。如果 x 落在第三个 1/3,即 $(2/3,1)$ 内,则 x 的 3 进制小数展开式小数点后的第一位一定是 2,即 $x = (0.2\cdots)_3$。

再深入一层,即考虑 x 小数展开式小数点的第二位。假设在上一层次 x 落在 $(0,1/3)$ 之内,现在仔细看,x 不但落 $(0,1/3)$ 内,而且落在 $(0,1/9)$ 之内,则肯定 x 的小数展开式

小数点后的第二位数字也是 0，即 $x=(0.00\cdots)\_3$。如果这次落在 $(2/9,1/3)$ 之内，则 $x=(0.02\cdots)\_3$。

如果在某一层次上看 x 落在了 $(8/9,1)$ 内，则 $x=(0.22\cdots)\_3$。

依此类推，不断仔细看，相当于拿放大镜看，追踪了康托尔集的生成过程，也追踪了一个数的小数展开式中数字的含义。剩下的所有点，在 3 进制小数表示中一定不含数字 1，为什么？因为凡是含有数字 1 的小数所对应的点，最终都被删除了。

反过来，可以重新定义康托尔集合 D：康托尔集合是由 0 和 1，以及 $(0,1)$ 内那样的一些点组成的集合，这些点在 3 进制小数表示中不出现数字 1。

2）海岸线模型

到过海边的人都见过海岸线，也常常见到介绍某国的文字中有"某某国有海岸线多长多长"的字样，那么，这个数字准确吗？是怎么算出来的？曼德尔布罗特于 1967 年在《科学》（*Science*）杂志第 155 期上发表了一篇富有启发性的文章，题目就叫《英国的海岸线有多长？》（*How long is the coast of Britain?*）。文章中提到，海岸线这种曲线的度量是无法得到一个确定的答案的，测定的长度依赖于所采用的测量尺度。如果测量单位较大，就如同远距离观察的效果，较小的海湾是不可能观察到的，所以在测量中无法得到反映。当你接近海岸线时，相当于以较小的度量单位作出测量，一些较小的海湾就变得清晰了。如果再缩小尺度，那么海湾的细节也可以观测到，尺度足够小时，海岸线更精细的凹凸波动都可以清晰地显现，因此，曼德尔布罗特断言，海岸线的长度是不确定的。

芒德勃罗在得出海岸线长度不确定这一结论的同时，更独具慧眼地发现传统数学的"病态"图形——科赫岛曲线可以作为海岸线的数学模型。因为科赫岛曲线与海岸线一样，随着测量单位的不断减小，长度不断增大，而面积却为一个定值。芒氏指出，海岸线之所以出现这种怪现象，是因为一种不同于欧氏几何规则图形的不规则的分形曲线，其维数比欧氏几何直线的维数大。而维数理论指出：对任一个有确定维数的几何对象，只能用与它有相同维数的量尺去测量它。量尺的维数更小，则结果为无穷大；量尺的维数更大，则结果为零。因而用公里、米等一维的欧氏测度去测量海岸线长度时，其结果必然为无穷大。这样，芒氏就把被传统数学家摒弃的"数学怪物"——康托尔集、科赫曲线、谢尔宾斯基垫片变成了宝，变成了构建充满新概念、新思想的分形几何学的基本材料。这就表明，芒氏在发现海岸线本质特征的同时，也洞悉了这些在数学史的垃圾箱中被搁置了半世纪之久的"病态"图形的性质，并还它们以公道。更值得称道的是，芒氏还敏锐地发现英国科学家理查逊关于海岸线长度的经验公式和美国语言学家齐普夫词频分布定律中幂指数的含义，发现在标度变化时幂指数的不变性，指出对于任一种不规则的分形，都存在这样一个一般是分数的不变量，它就是可用于描绘分形不规则程度的分数维。这是几何学史上的又一件大事，其于数学史上的意义应该不亚于人类历史上的哥伦布发现新大陆。

3）Koch 曲线

1904 年，德国数学家赫尔格·冯·科赫（1870—1924）研究了一个处处连续而处处不可导的曲线例子，后人一般称为 Koch 曲线（Koch 雪花），并吸引了一批著名数学家如朱塞佩·皮亚诺（1859—1932）、大卫·希尔伯特（1862—1943）致力于构造和研究类似的分形曲线：第一步，取边长为 1 的正三角形，将每边三等分，以各边的中段为边，向外做小的正三角形,并去掉原来的中段,得到一个星形 12 边形;第二步,继续将此 12 边形的每条边三等分,以各边中段为边向外做更小的正三角形并去掉原来的各个中段,生成一个 48 边形;如此继续以致无穷,得到的极限曲线是连续的,但在任何地方都没有确定的切线,如图 2.15 所示。

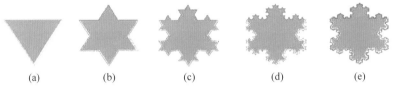

图 2.15　科赫雪花曲线示意图

从上面叙述的曲线生成过程可以知道,从任何一步到下一步,曲线(准确地说是折线段)的周长就增长到原来的 4/3 倍,所以,曲线系列的周长趋于无穷大。仍然套用前面的维数定义,记正三角形边长长度为 r 时曲线的长度 $L(r)$,则有递推公式 $L(r/3)=4L(r)/3$,这时可以找到形如 $L(r)=r^{(-D)}$ 的解,只要 D 满足 $3^{(D-1)}=4/3$,所以有科赫曲线的豪斯道夫维数为

$$D = \ln 4 / \ln 3 = 1.2618\cdots \tag{2.176}$$

为了更好地说明问题,只考虑正三角形每条边的变化过程(其余两边完全一样),每条边对应一段线段,称为科赫多边形的边,将线段三等分,以中间一段为边做正三角形并去掉中间这段,对应的多边形图形一般称为"生成元"(或"发生器"),以代替前一步科赫多边形的各条边。很容易发现,生成元的选取是有很大灵活性的,对应的科赫曲线不相同,对应的分形维数也不一样。生成元的波动越大,对应的科赫曲线越复杂,其分形维数也可以很接近 2,甚至维数就是 2,图 2.16 和图 2.17 是其中的一些例子。

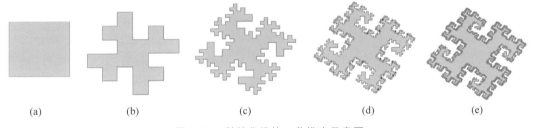

图 2.16　科赫曲线的一些推广示意图

我们用经典方法来求科赫曲线的长度。在第 k 步迭代时,科赫多边形的长度为 $\left(\dfrac{4}{3}\right)^{k}$。当 $k \to \infty$ 时,科赫曲线的长度趋于无穷大。如果我们用二维方法来度量,可以计算出科赫曲线在平面上不占任何面积,即面积为零。因此,经典的一维长度度量和二维面积都未能有效描述科赫曲线的大小。

那么,有没有一个合适的度量来合理描述科赫曲线这样的分形集合呢? 数学家们经过研究发现,如果不用整数 1 和 2 来度量光滑曲线和光滑二维区域的分形集大小,而是用一个合适的实数 s 满足 $1 < s < 2$,那么对于科赫曲线,有 $\lim\limits_{\varepsilon_i \to 0} \sum \varepsilon_i^s = $ 一个有限数。 这表明,这个介于 1 和 2 之间的实数 s 更好地反映了科赫曲线的几何特征。

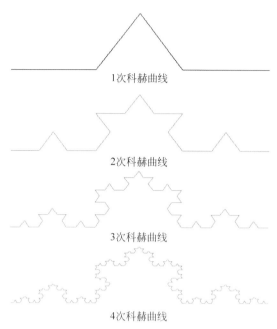

图 2.17   科赫曲线不同生成次数曲线示意图

4）皮亚诺曲线

1890 年，数学家皮亚诺设计了一个豪斯道夫维数为二的曲线例子，后人称之为皮亚诺曲线。在数学史上，皮亚诺曲线曾引起极大的关注。我们都知道，经典曲线是一维的，相对于平面，曲线的空隙是很大的，你见过几乎充满平面的曲线吗？在曲线理论建立以前，人们对"什么是曲线"认识不尽相同，皮亚诺曲线的提出是为作为曲线的一个特例而构造的，在分形理论出现以后，人们很容易发现它是一个典型的分形图形。

皮亚诺曲线构造时取初始图形为单位正方形，对正方形的每条边，取生成元为图 2.18中的（a），生成的图形像蜂窝，如图 2.18 中的（d），容易验证其分形维数均为 2。此外，还有朱丽亚集及平面布朗运动轨迹等。

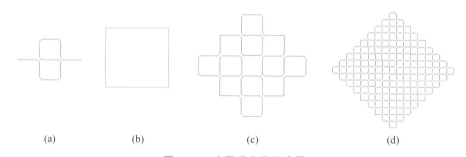

（a）   （b）   （c）   （d）

图 2.18   皮亚诺曲线示意图

（a）生成元；（b）原图；（c）一级迭代；（d）二级迭代

分形理论是一门交叉性的横断学科，从振动力学到流体力学、天文学和计算机图形学，从分子生物学到生理学、生物形态学，从材料科学到地球科学、地理科学，从经济学到语言学、社会学等等，无不闪现着分形的身影。分形理论已经对方法论和自然观产生强烈影响，从分形的观点看世界,这个世界是以分形的方式存在和演化的。

目前,混沌、分形、小波、时空离散系统、斑图、自组织系统仍然是非线性科学研究的重点,而分形与所有其他方面都有联系。

4. 分形的性质特点

1) 自相似原则和迭代生成原则是分形理论的重要原则

它表征分形在通常的几何变换下具有不变性,即标度无关性。由自相似性是从不同尺度的对称出发,也就意味着递归。分形形体中的自相似性可以完全相同,也可以是统计意义上的相似。标准的自相似分形是数学上的抽象,迭代生成无限精细的结构,如 Koch 雪花曲线、谢尔宾斯基(Sierpinski)地毯曲线等。这种有规分形只是少数,绝大部分分形是统计意义上的无规分形。

2) 无标度性

它是指在分形对象上任意选一个局部区域,对其进行放大或者缩小,其形态、复杂程度、不规则性等都不发生变化的特性,也叫伸缩对称性。无标度性与自相似性有相同的地方,具有标度不变形的对象,必定满足自相似性。也可以理解为这类研究对象没有特征尺度,即无法用空间中的长度、面积、体积和时间中的分、秒等来描述。

3) 自放射性

它是自相似性的一种拓展和延伸。如果局部到整体在各个方向上的变换比率是相同的,那么就是自相似性变换;而当局部到整体在不同方向上的变换比率不一定相同时,就称为自仿射变换。自相似变换是子仿射变换的特例。

2.6.3　分形预测方法的数学工具和理论基础

从数学意义上说,分形几何是一门几何学,它研究的对象是欧氏空间的一类结构比较复杂的子集。从分类的严密性角度看,我们似乎应该首先给分形下一个明确的定义,由此判断一个给定的图形是不是分形。但是,实际经验告诉我们,这样做太过于简单化了。事实上,分形几何的创始人曼德尔布罗特本人一开始也想这么做,并给过两个定义,但经过理论和实践用的检验,人们发现这么简单的定义根本无法包括丰富的分形内容,因而被人们淡忘了。为了搞清什么是分形,我们先来分析一下分形应具有的经典性质。通过前面对一些例子的分析可以看到,从几何学上看,分形是实空间或复空间上一些复杂的点的集合,它们构成一个紧子集,并且具有下面经典的几何性质:分形集都具有任意小尺度下的比例细节,即具有无限精细结构;分形集无法用传统几何语言描述,它不是某些简单方程的解集,也不是满足某些条件的点的轨迹;分形集具有某种自相似形式,包括近似和统计上的自相似;分形集一般可以用简单的方法定义和产生,如迭代;按某种维数定义,分形集的分形维数大于相应的拓扑维数。针对不同分形图形,有时它可能只具有上面大部分性质,而不具有某个性质,但我们一般仍然把它归入分形。实际上,自然界和科学实验中涉及的分形绝大部分都是近似的,因为当尺度小到无法分辨时,分形性质就自然消失了,所以严格的分形只存在于理论研究中。

在分形理论或其他自然科学研究中,人们往往通过集合或元素的相互联系去认识事物的规律性,因此弄清集合的概念对于深刻理解分形理论意义是十分重大的。在理解测度理论之前,需要了解集合论中一种特殊的集合,即 σ 代数或称为波雷尔(Borel)体,在测度理论中具有重要作用。

1. 测度理论

σ 代数：设 G 是 X 的一个非空子集类。如果 G 满足：

（1）$X \in G$；

（2）若 $A \in G$，则 $A^c \in G$；

（3）若 $A_1, A_2, \cdots, A_n \in G$，则 $A \in G$。

那么，称 G 为 X 的一个 σ 代数。其中，$A = \bigcup\limits_{i=1}^{n} A_i$

2. 波雷尔集

如果 $X = R_n$，令

$$p^n = \{ \bigcup\limits_{k=1}^{n} (a^k, b^k] : a^k = (a_1^k, a_2^k, \cdots, a_n^k) \in \mathbf{R}^n, b^k = (b_1^k, b_2^k, \cdots, b_n^k) \in \mathbf{R}^n \}$$

$$(2.177)$$

其中，$(a^k, b^k] = x^k = (x_1^k, x_2^k, \cdots, x_n^k) : a_i^k < x_i^k < b_i^k, i = 1, 2, \cdots, n$

则由 P 生成的 $\mathbf{R}^n$ 的最小 σ 代数 B 称为 n 维波雷尔体，B 中的元素称为波雷尔集，由波雷尔集的定义可以看出，波雷尔集是 $\mathbf{R}^n$ 中满足下列性质的最小集类。

（1）每一个开集和每一个闭集都是波雷尔集。

（2）有限个波雷尔集的交或并，可数个波雷尔集的交或并都是波雷尔集。

因此，任何 $\mathbf{R}^n$ 的子集都是波雷尔集，由开集或闭集的可数个并集或交集构造的集仍为波雷尔集。

3. 测度

测度（Scaling）是测定集合大小的一种度量，是赋予集合以数值的一种方式。可以用数学语言对测度作如下描述。

如果对于 $\mathbf{R}^n$ 中的每一子集，μ 赋予一个非负数，也可能为 ∞，使：

（1）$\mu(\varphi) = 0$；

（2）若 $A \subset B$，则 $\mu(A) \leqslant \mu(B)$；

（3）若 $A_1, A_2, \cdots$ 为一可数（或有限）集序列，则 $\mu(\bigcup\limits_{i=1}^{\infty} A_i) \leqslant \sum\limits_{i=1}^{\infty} \mu(A_i)$

若 A_i 为互不相交的波雷尔集，上取等号，即 $\mu(\bigcup\limits_{i=1}^{\infty} A_i) = \sum\limits_{i=1}^{\infty} \mu(A_i)$

于是，$\mu(A)$ 称为集 A 的测度，并将 $\mu(A)$ 看作以某种方式测量 A 所得的数值。由测度的数学定义可以看出：①空集具有零测度；②较大的集具有较大的测度；③若集为一可数个集（可互相重叠）的并集，则所有部分之和至少等于整体的测度；④若集可以分解为可数个互不相交的波雷尔集的并集，则所有部分之和等于整体的测度。

4. 豪斯道夫测度

豪斯道夫测度（Hausdorff Scaling）是分形理论及其应用中最基本的一种测度，是豪斯道夫维数的基础。

如果 U 为 n 维欧氏空间 $\mathbf{R}^n$ 中任何非空子集，U 的直径定义为 $|U| = \sup\{|x - y| : x,$

$y \in U\}$,即 U 内任何两点距离的最大值。

设 $F \subset \mathbf{R}^n$ 是一个非空的集合,δ 是一个非负实数。如果 $\{U_i\}$ 为可数(或有限)个直径不超过 δ 的集构成的覆盖 F 的集类,即 $F \subset \bigcup_{i=1}^{\infty} U_i$,而且

对每个 i 都有 $0 < |u_i| < \delta$,则称 $\{U_i\}$ 为 F 的一个 δ-覆盖。

豪斯道夫测度的定义:

设 F 为 $\mathbf{R}^n$ 中的任何子集,s 为一非负实数,对任何 $\delta > 0$,定义

$$H_{\delta}^{s}(F) = \inf\left\{\sum_{i=1}^{\infty} |U_i|^s : U \text{ 是 } F \text{ 的 } \delta\text{- 覆盖}\right\} \tag{2.178}$$

当 $\delta \to 0$ 时,其极限是 F 的 s 维豪斯道夫测度。

2.6.4 分形预测方法的应用领域

1. 分形行为的应用

自然界和科学实验室中的分形行为:如电荷粒子游动、图像压缩编码、基因图、毛毛虫爬行、油藏渗流、矿床空间分布。

人类思维的分形行为:分形思维是逻辑思维的基本分形元,反映了人们对事物整体本质的认识,每个人的思维都在某种程度上反映了人类整体的思维。

2. 分形图形的应用

(1)装饰设计。

(2)建筑设计。

(3)分形天线。

(4)植物模拟。

(5)植物根系生长。

3. 分形维数的应用

(1)轮廓与脉络的分形特性:海岸线、城市边界线、交通网络结构、树叶等。

(2)粗糙表面的分行特性:磨损表面、材料断口、薄膜表面、路面等。

(3)混沌信号的分形特征:摩擦信号、径流时间序列、股票价格变化等。

4. 分形在油气预测中的应用

在地震勘探中,由于地质条件的高度复杂性及观测条件的变化,致使人们无法在欧式空间精确描述和求解地震信号。分形可抛弃现有方法的假设条件,更客观、更精确地解释和处理地震数据(具有分形特征),不仅渴望得到更真实的地下地质结构构造图像,还可进行储层差值模拟,以及油气检测。

(1)沉积岩层中存在着沉积旋回。沉积旋回的级别有大有小,即一个大旋回中可以包括几个小的旋回,而一个小旋回中又可以包括几个更小的旋回,在一定沉积旋回的级别范围内,存在统计意义上的自相似性。因此,沉积旋回及其岩石物性等因素控制着的油气分布的分形特征,这是进行油气检测的基础。

(2)岩石分形体积模型可以描述为:在分形空间中形态极其复杂的岩石结构可以抽象为形态极其复杂的各部分,通过各部分在分形空间物理性质的差异来研究整个复杂岩石的

物理性质。整个岩石在分形空间的物理性质由各部分在分形空间的物理性质贡献确定。像在岩石体积模型中那样,在岩石分形体积模型中也主要研究岩石分形体积模型各组成部分的物理性质,而不考虑岩石的微观结构。尽管在岩石分形体积模型中没有直接考虑岩石复杂的微观结构,但由于反映岩石结构复杂性的分维数是直接来自岩石结构的,所以岩石分形体积模型比岩石均匀体积模型更客观地表现地层的非均性质。用分形测井解释方法计算的泥质含量曲线和孔隙度曲线都不是光滑曲线,表现出一定的不连续性,这种不连续性恰恰反映了实际中地层的非均质性。

(3) 我们假定二维地震剖面或二维反射序列为分形布朗运动曲面,将不同尺度像素对的平均绝对强度差看作尺度的函数来估计分维值。

(4) 由于地下地质结构的复杂性,导致地震道时间序列为混沌时间序列,我们使用重建相空间的方法来计算它的分数维维数。另外,还可对振幅谱的分数维进行计算,维数的大小反映了振幅谱随频率降低衰减的快慢程度。计算出某条测线的地震道时间序列,利用已知井对计算结果进行标定对比分析,找出分维维数大小和储层含油气性的关系,然后利用已有的对应关系预测无井处的储层含油气性。振幅谱分维数值越高,含油气的可能性越大,反之,越低含油气的可能性就越小。这一现象可用地震波振幅随频率的衰减快慢来认识,即当地下富集油气时,地震波穿过该区,其振幅谱必随频率的衰减而衰减,反之,当地震波穿过的是致密地层时,其振幅谱随着频率的降低而缓慢地衰减。在四川地区,已经做了这方面的研究,结果显示,分形维数越高,储层含有油气可能性越大。

2.6.5 分形预测方法在油气田预测中的应用及效果

为了估算地震记录的分维数,我们采用两种方法:一种是利用地震曲线的长度与其所包含面积的关系,另一种是通过重建相空间的方法。

利用长度-面积关系和建立相空间的方法计算地震道地目的层段的分数维和相关维,并用于不同地区。我们发现,地震记录的分维随地区而变,并发现含油气层段的分维数和不含油气层段的不同,分维可以作为油气藏分析的一个重要特征参数。

例如,我国西南某油田为薄层灰岩,灰岩厚度为 2~10 米,含油性受裂缝控制。用分维数预测灰岩裂缝油藏。预测结果见图 2.19、图 2.20。

图 2.19 是利用模式识别方法的结果,特征变量为自回归系数、振幅和功率谱参数。图判别曲线的阴影部位对应灰岩裂缝含油储层位置。

图 2.20 是用长度-面积比关系求出的同测线的地震数据的分维分布,其中高值区位置与图 2.19 的阴影区位置基本一致。

2.6.6 分形预测方法的问题讨论

李庆忠认为,"分形理论"只是提供了一种对客观复杂事物加以"描述"的"理想化"估计,并不等于客观事实。有人夸大了"自相似性"假设,认为世界上复杂的事物中都有其自相似性,例如太阳系与原子结构就很相似。但是原子结构与分子结构就相差甚远,分子结构与细胞构造极不相似,细胞与生物个体更不相似。怎么能够用简单的"自相似"假设到处套用呢?

在研究油层的"非均质"现象时,利用分形技术可以在只有少数钻孔条件下,对"非均质

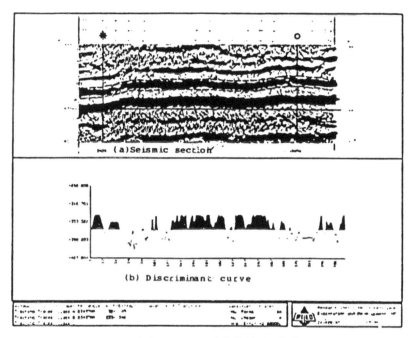

图 2.19 地震剖面(a)及对应的判别函数曲线(b)

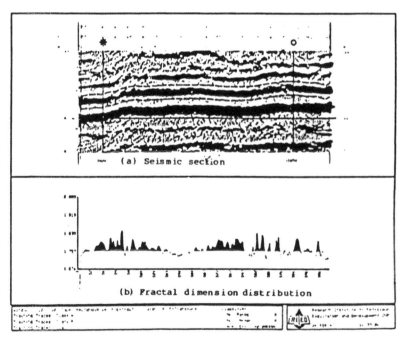

图 2.20 地震剖面(a)及对应的分维数分布(b)

储集层"作出一定的估计与推测,从而迅速制订出油田的初步开发方案,但这不等于说"非均质"问题已经解决。如果在原来的开发过程中按原来分形预测的结果部署配采、注水,则也一定会发现不少与事实不符的情况。至于对裂缝系统的研究可能更适合利用分形技术。因为裂缝与大小断层往往有某种相似性。但是,断裂的产生与岩石本身在地应力条件下的破裂强度有关,岩石的破裂强度又不会因几何尺度的大小而相应地缩小或放大,所以大小断裂的自相似性就成了问题。由此可见,关于怎样将它应用到石油工业上来,以及在地球物理勘探领域中如何正确理解分维数的具体物理意义等问题,值得探讨。

李庆忠认为,各种分维数的定义都是人们想用数学语言来表述对一个复杂几何图形维数的理解。非整数维的东西在自然界中实际是不存在的。分形插值的结果仅仅是一种"表达形式",它并不是实际存在的东西,而且当使用不同的起始段(生成元)或不同的分维数时会得出不同的结果。因此,即使自然界中有分形现象,分形内插的结果也会是"多解的"。

也有人认为,采用分形内插可以搞清"微观现象",可从少量的钻孔资料推知储集层的分布情形,并用分辨率很低的地震曲线内插出分辨率很高的波阻抗曲线。其实,这是对分形技术的一种误解。

李庆忠认为,利用地震叠加剖面上的各地震道计算分维数,然后根据分维数的异常判断地下的含油性并预测裂缝发育带。这种做法存在很多疑问。

(1)地震道之中高频端往往都是以噪声为主的,所以拟合出的斜率值(分维数)主要由高频噪声控制。常规地震剖面在频率域中(1.0s以下的地层里),当频率为70Hz以上时几乎完全是一片随机噪声。这些高频随机噪声由野外数据采集时排列上的风吹草动引起,它是提高分辨率的主要障碍。

(2)地层中的含油气部分通常很薄,一般油气层厚度只有10～30m。裂缝带的厚度也不会很大,它对高频的吸收作用只能主要反映在地震道的个别反射相位上(一个相位不到)。当前,含油气造成的个别相位的振幅、频率变化已很难识别,就更难影响双对数坐标中拟合线的斜率值(分维数)。

由于以上两个因素,实际地震道的分维数计算结果基本上不是反映油气(或者裂缝带),而是反映高频噪声的状况。

利用地震道计算分维数,实际上分维数的变化反映着高频干扰波的强弱,并不反映地下的含油气性或者有无裂缝带。它与施工中地面的风吹草动有关,根本不是与油气或裂缝有什么关系。

这种分形内插似乎是在人为地制造分辨率。要获得真正的分辨率提高,不能仅仅指望用什么高明的数学方法,而需要实实在在地从地震的采集及处理过程中不断地改进"信噪比谱",这才是提高分辨率的正确方向。在信噪比小于1的那些频段中,越是数学上严密的方法,得到的结果越不可信,不从根本上改变高频段(及低频段)的信噪比谱,只想通过数学的方法去做拓宽反演,看样子是没有什么出路的。

李庆忠认为,地震记录的波形并不具有分形的性质,所以分形内插只是在制造"假分辨率"。地震道波形绝不具有"分形"的特点,因为地震道的波形如果是"分形"的话,那么就等于地震记录的高频成分可以由低频部分推知。这样,我们今天也就不必再去搞高分辨率的攻关了。

法尔科纳在他的书中对分形的作用曾经作出比较客观的评语:"实际上,自然界中没有真正的分形(正像没有真正严格的直线和圆那样)……"尽管有一些自然现象已经用分形数学进行解释(布朗运动是一个很好的例子),然而大部分的应用都倾向于"解释性"的,而非"预言性"的。

2.7 模式识别预测方法

2.7.1 模式识别预测方法的起源和发展

模式识别(Pattern Recognition)是对感知信号(图像、视频、声音等)进行分析,对其中的物体对象或行为进行判别和解释的过程。模式识别能力普遍存在于人和动物的认知系统,是人和动物获取外部环境知识,并与环境进行交互的重要基础。我们现在所说的模式识别一般是指用机器实现模式识别过程,是人工智能领域的一个重要分支。早期的模式识别研究是与人工智能和机器学习密不可分的,如罗森布拉特的感知机和尼尔森的学习机就与这三个领域密切相关。后来,由于人工智能更关心符号信息和知识的推理,而模式识别更关心感知信息的处理,二者逐渐分离形成了不同的研究领域。介于模式识别和人工智能之间的机器学习在20世纪80年代以前也偏重符号学习,之后人工神经网络重新受到重视,统计学习逐渐成为主流,与模式识别中的学习问题渐趋重合,重新拉近了模式识别与人工智能的距离。模式识别与机器学习的方法也被广泛用于感知信号以外的数据分析问题(如文本分析、商业数据分析、基因表达数据分析等),形成了数据挖掘领域。

模式分类是模式识别的主要任务和核心研究内容。分类器设计是在训练样本集合上进行优化(如使每一类样本的表达误差最小或使不同类别样本的分类误差最小)的过程,也就是一个机器学习过程。由于模式识别的对象是存在于感知信号中的物体和现象,它研究的内容还包括信号/图像/视频的处理、分割、形状和运动分析等,以及面向应用(如文字识别、语音识别、生物认证、医学图像分析、遥感图像分析等)的方法和系统研究。

下面简要回顾模式识别领域的发展历史和主要方法的演变,介绍模式识别理论方法研究的最新进展并分析未来的发展趋势。

1. 历史回顾

模式识别是在20世纪40年代电子计算机发明以后逐渐发展起来的。更早的时候,已有用光学和机械手段实现模式识别的例子,如1929年古斯塔夫·陶施克就在德国获得了光学字符识别的专利。作为统计模式识别基础的多元统计分析和鉴别分析也在电子计算机出现之前就提出了。1957年IBM的C. K. Chow将统计决策方法用于字符识别。然而,"模式识别"这个词被广泛使用并形成一个领域则是在20世纪60年代以后。1966年由IBM组织在波多黎各召开了第一次以"模式识别"为题的学术会议。纳吉的综述和卡纳尔的综述分别介绍了1968年以前和1968—1974的研究进展。70年代几本很有影响的模式识别教材(如福永,杜达和哈特)的相继出版和1972年第一届国际模式识别大会(ICPR)的召开标志着模式识别领域的形成。同时,国际模式识别协会(IAPR)在1974年的第二届国际模式识别大会上开始筹建,在1978年的第四届大会上正式成立。

统计模式识别的主要方法包括贝叶斯决策、概率密度估计(参数方法和非参数方法)、特征提取(变换)和选择、聚类分析等。由于统计方法不能表示和分析模式的结构,70年代以后结构和句法模式识别方法受到重视。尤其是付京荪(K. S. Fu)提出的句法结构模式识别理论在70—80年代受到广泛关注。但是,句法模式识别中的基元提取和文法推断(学习)问题直到现在还没有很好地解决,因而没有太多的实际应用。

20世纪80年代反向传播(BP)算法的重新发现和成功应用推动了人工神经网络研究和应用的热潮。神经网络方法与统计方法相比具有不依赖概率模型、参数自学习、泛化性能良好等优点,至今仍在模式识别中广泛应用。然而神经网络的设计和实现依赖于经验,泛化性能不能确保最优。90年代支持向量机(SVM)的提出吸引了模式识别界对统计学习理论和核方法(Kernel methods)的极大兴趣。与神经网络相比,支持向量机的优点是通过优化一个泛化误差界限自动确定一个最优的分类器结构,从而具有更好的泛化性能。而核函数的引入将很多传统的统计方法从线性空间推广到高维非线性空间,提高了表示和判别能力。

结合多个分类器的方法从20世纪90年代前期开始在模式识别界盛行,后来受到模式识别界和机器学习界的共同重视。多分类器结合可以克服单个分类器的性能不足,有效提高分类的泛化性能。这个方向的主要研究问题有两个:给定一组分类器的最佳融合和具有互补性的分类器组的设计。其中一种方法,Boosting,现已得到广泛应用,被认为是性能最好的分类方法。

进入21世纪,模式识别研究的趋势可以概括为以下四个特点:一是贝叶斯学习理论越来越多地用于解决具体的模式识别和模型选择问题,产生了优异的分类性能。二是传统的问题,如概率密度估计、特征选择、聚类等不断受到新的关注,新的方法或改进/混合的方法不断提出。三是模式识别领域和机器学习领域的相互渗透越来越明显,如特征提取和选择、分类、聚类、半监督学习等问题成为二者共同关注的热点。四是由于理论、方法和性能的进步,模式识别系统开始大规模地用于现实生活,如车牌识别、手写字符识别、生物特征识别等。

模式识别方法的细节可以参考一些优秀的教材,比如毕晓普(2006),福永(1990),杜达、哈特和斯托克(2001)等。

2. 模式识别研究现状

1) 模式识别系统和方法概述

模式识别过程包括以下几个步骤:信号预处理、模式分割、特征提取、模式分类、上下文后处理。预处理通过消除信号/图像/视频中的噪声改善模式和背景间的可分离性;模式分割是将对象模式从背景分离或将多个模式分开的过程;特征提取是从模式中提取表示该模式结构或性质的特征并用一个数据结构(通常为一个多维特征矢量)表示;模式分类是在特征表示基础上,分类器将模式判别为属于某个类别或赋予其属于某些类别的概率;上下文后处理则是利用对象模式与周围模式的相关性验证模式类别的过程。

模式识别系统中信号预处理、特征提取(这里指特征度量的计算,即特征生成)和上下文后处理的方法依赖于应用领域的知识。广义的特征提取包括特征生成、特征选择和特征变换(维数削减)。后两个过程和分类器设计一样,需要在一个样本集上进行学习(训练):在训练样本上确定选用哪些特征、特征变换的权值、分类器的结构和参数。

由于句法和结构模式识别方法是建立在完全不同于特征矢量的模式表示基础上且还没有得到广泛应用,本研究与Jain等一样,主要关注统计模式识别(广义的,包括神经网络、支持向量机、多分类器系统等)的进展。

贝叶斯决策是统计模式识别的基础。将模式表示为一个特征矢量 x(多维线性空间中的一个点),给定 M 个类别的条件概率密度 $p(x|\omega_i)$,$i=1,2,\cdots,M$,则模式属于各个类别

的后验概率可根据贝叶斯公式计算：

$$p(\boldsymbol{x}\mid\omega_i)=\frac{P(\omega_i)p(\boldsymbol{x}\mid\omega_i)}{p(\boldsymbol{x})}=\frac{P(\omega_i)p(\boldsymbol{x}\mid\omega_i)}{\sum\limits_{j=1}^{M}P(\omega_j)p(\boldsymbol{x}\mid\omega_j)} \tag{2.179}$$

其中，$P(\omega_i)$ 是第 i 类的先验概率。根据 Bayes 决策规则，模式 $\boldsymbol{x}$ 被判别为后验概率最大的类别（最小错误率决策）或期望风险最小的类别（最小代价决策）。后验概率或鉴别函数把特征空间划分为对应各类别的决策区域。

模式分类可以在概率密度估计的基础上计算后验概率密度，也可以不需要概率密度而直接近似估计后验概率或鉴别函数（直接划分特征空间）。基于概率密度估计的分类器称为生成模型（Generative model），如高斯密度分类器、Bayes 网络等；基于特征空间划分的分类器称为判别模型（Discriminative model），如神经网络、支持向量机等。生成模型每一类的参数在每一类的训练样本上分别估计，当参数模型符合样本的实际分布或训练样本数比较少时，生成模型的分类性能优良。判别模型在训练中直接调整分类边界，以使不同类别的样本尽可能分开，在训练样本数较多时能产生很好的泛化性能。但是，判别模型在训练时每一类参数的估计要同时考虑所有类别的样本，因而训练的计算量较大。

2）概率密度估计

概率密度估计和聚类一样，是一个非监督学习过程。研究概率密度估计主要有三个意义：分类、聚类（分割）、异常点监测（Novelty detection）。在估计每个类别概率密度函数的基础上，可以用贝叶斯决策规则来分类。概率密度模型经常采用高斯混合密度模型（Gaussian mixture model，GMM），其中每个密度成分可以看作一个聚类。异常点监测又称一类分类，由于只有一类模式的训练样本，在建立这类模式的概率密度模型的基础上，根据相对于该模型的似然度判断异常模式。

高斯混合密度估计常用的期望最大化（EM）算法被普遍认为存在三个问题：估计过程易陷于局部极值点，估计结果依赖于初始化值，不能自动确定密度成分的个数。对于成分个数的确定，提出了一系列的模型选择准则，如贝叶斯准则、最小描述长度（MDL）、贝叶斯信息准则（BIC）、赤池信息准则（AIC）、最小消息长度（MML）等。费吉雷多和简在一个扩展的 EM 算法中引入密度成分破坏（Annihilation）机制，以达到自动确定成分个数的目的。上田和高哈拉马尼提出一种基于变分 Bayes 的准则，并用分裂-合并算法估计自动确定成分个数。分裂-合并算法还可以克服局部极值影响。

高斯混合密度用于高维数据时会造成密度函数的参数太多，用于分类时还会降低泛化性能。这个问题可以通过限制协方差矩阵（为对角矩阵或单位矩阵的倍数）、参数共享或特征降维克服。在多类分类时，不同类别的概率密度要建立在相同的特征空间。如果对不同类别或不同密度成分提取不同的子空间，则要将子空间的密度函数反投影到原来的特征空间。穆赫达姆和彭特兰的概率密度模型是主成分分析（PCA）子空间内混合高斯密度和补子空间中高斯密度的结合。

最近，布吉拉等提出一种新的混合密度形式：迪里克雷混合密度。迪里克雷分布表示离散概率（介于 0～1 且和等于 1）的联合分布，可以用于直方图和归一化特征矢量等的概率密度估计。迪里克雷密度可以是非对称的，比高斯密度函数更为灵活，但计算也更复杂。迪里克雷混合密度可以用类似 EM 的随机优化算法进行估计，在模式分类和图像聚类等应用中取得了优异的性能。

概率密度估计的另一种新方法是稀疏核函数描述(支持向量描述)。施尔科普夫等采用类似支持向量机的方法,用一个核特征空间的超平面将样本分为两类,使超平面外的样本数不超过事先给定的比例。该超平面的函数是一个样本子集(支持向量)的核函数的加权平均,可以像支持向量机那样用二次规划算法求得。塔克和杜因的方法是用核空间的一个球面区分区域内和区域外样本,同样地可以用二次规划进行优化。

3)特征选择

特征选择和特征变换都是为了达到维数削减的目的,在降低分类器复杂度的同时可以提高分类的泛化性能。二者也经常结合起来使用,如先选择一个特征子集,然后对该子集进行变换。近年来由于适应越来越复杂(特征维数成千上万,概率密度偏离高斯分布)的分类问题的要求,不断提出新的特征选择方法,形成了新的研究热点。

特征选择的方法按照特征选择过程与分类器之间的交互程度可以分为过滤式(Filter)、包裹法、嵌入式、混合式几种类型。过滤式特征选择是完全独立于分类器的,也是最常见的一种特征选择方式,选择过程计算量小,但是选择的特征不一定很适合分类。在包裹法方法中,特征子集的性能使用一个分类器在验证样本上的正确率来衡量,这样选择的特征比较适合该分类器,但不一定适合其他分类器。由于在特征选择过程中要评价很多特征子集(子集的数量呈指数级增长),即使采用顺序前向搜索,包裹法的计算量也是很大的,只适合特征维数不太高的情况。包裹法的另一个问题是当训练样本较少时会造成过拟合,泛化性能变差。

嵌入式方法是在分类器的训练过程中包含特征选择功能,因此跟包裹法一样也是依赖于分类器的。一种经典的方法是最小绝对收缩和选择算子。近来有代表性的两种嵌入式方法是稀疏支持向量机和Boosting特征选择。混合式特征选择结合不同的方法以实现更好的计算复杂性与分类性能的折中,在初始特征数量非常大时经常使用,如有的方法在三个阶段先后用三种方法削减特征个数:过滤、聚类、组合式选择。过滤方法和包裹法也经常结合使用。

特征选择领域大部分的研究工作都集中于过滤式方法。模式识别领域早期的工作多把关注点放在搜索策略上,特征子集评价准则多采用基于高斯密度假设的距离准则,如费舍尔准则、马哈拉诺比斯距离等。其实,特征子集的评价准则更为重要,当准则较好地衡量特征子集的可分性且比较稳定时,简单的搜索策略就能产生良好的分类性能。下面分析两类比较有代表性的特征评价方法:基于间隔(Margin)的方法和基于互信息的方法。

RELIEF是一种被广泛引用的过滤式特征选择方法,基本思想是根据特征空间中每个样本在正确类别和不同类别中的最近邻距离之差迭代调整特征的权值。这两个距离之差即我们今天所说的间隔。不过RELIEF并没有对一个全局的目标函数进行优化。最近提出的一种迭代RELIEF(I-RELIEF)方法设计一种基于间隔的全局目标函数,用类似EM的算法对特征的权值进行优化。另一种方法则对特征子集空间中最近邻分类的间隔进行优化。

特征选择的基本原则是选择类别相关(Relevant)的特征而排除冗余的特征。这种类别相关性和冗余性通常用互信息(mutual information, MI)来度量。特征与类别之间的互信息很好地度量了特征的相关性,而特征与特征之间的互信细则度量它们之间的相似性(冗余性)。因此,基于互信息的特征选择方法一般遵循这样一种模式:在顺序前向搜索中寻找与类别互信息最大而与前面已选特征互信息最小的特征。其中提出的条件互信息用于度量在一个已选特征的条件下另一个新的候选特征对分类的相关性。通过分析一种相关度,对称不确定性(symmetrical uncertainty,SU)与特征的马尔可夫毯(Markov blanket)之间的关系,设计一种快速的两步特征选择方法:先根据单个特征与类别之间的相关度选出相关特征,再对相关特征根据特征-类别相关度和特征-特征相关度进行筛选。

4) 特征变换

特征变换也常称为特征提取,指由原始信号变换得到特征量的过程。传统的线性变换方法主要包括主成分分析(PCA)和线性鉴别分析(LDA),后者又叫费舍尔鉴别分析(FDA)。LDA 的子空间学习是有监督的,目的是使子空间中类间离散度(S_b)和类内离散度(S_w)的行列式之比达到最大。LDA 假设各类样本服从高斯分布且不同类的协方差矩阵相同,而且所有样本在总体上服从高斯分布。另外,LDA 提取的特征个数受到类别数的限制,而当训练样本数相对特征维数较小时,S_w 为奇异,会带来很多计算上的问题。

由于非高斯分布、小样本等问题的存在,特征变换也是近年来研究的一个热点,这方面的研究可以分为以下几个方向:①针对小样本的线性特征提取方法;②类内协方差矩阵不同时的异方差(Heteroscedastic)鉴别分析;③非高斯分布下的特征提取方法;④局部空间特性保持的特征提取方法;⑤非线性特征提取方法;⑥二维模式特征提取方法。

小样本学习的一个典型例子是图像分类,如果直接用图像中所有像素点的值作为特征量,矢量的维数非常高,而每一类的样本数又很少。克服 S_w 奇异性的一种直接方法是正则化(Regularized)鉴别分析,通过矩阵平滑使 S_w 变得非奇异。费舍尔费斯方法则用 PCA 把特征维数从 D 降到 $N-M$(N 是样本数,M 是类别数)使 S_w 变得非奇异。但是,S_w 的维数由 D 降到 $N-M$ 会损失一些鉴别信息,而降到 $N-1$ 维则不会有损失。而这时 S_w 仍然是奇异的,就需要从 S_w 的零空间(对应本征值为 0)提取一些特征。与一般的 LDA 方法先对 S_w 对角化然后对 S_b 对角化相反,一种 Direct LDA 方法是先对 S_b 对角化,再从变换后的 S_w 中提取对应较小本征值的鉴别矢量。

对于类别协方差矩阵不同的情况,异方差鉴别分析方法可以得到比 LDA 更好的分类性能。对于非高斯分布或任意分布的情况,非参数鉴别分析是提取鉴别特征的一个基本思路。由此发展起来的方法还包括基于决策边界的鉴别分析。在不假设参数概率密度的情况下,也可以用分类性能准则直接对鉴别投影矢量进行优化,这样的准则如最小分类错误(MCE)和特征与类别之间的交互信息。对于每类样本为多模态分布的情况可以采用基于混合高斯密度的鉴别分析。

局部性保持特征提取方法借鉴了流形学习(如 LLE 和 Isomap)的思想,目的是在子空间中保持样本点间的相邻关系。流形学习的问题是只对训练样本进行投影,要推广到测试样本就需要用一个参数模型或回归网络来表示投影的过程。He 等提出的局部性保持投影(LPP)方法通过优化一个局部性保持准则估计投影矢量,可转换为矩阵本征值分解问题。Yan 等提出一种基于样本邻近关系分析的特征提取的统一框架,称为嵌入图(Embedded graph),并在此基础上提出一种新的鉴别分析方法。LPP 是一种非监督学习方法,被推广到监督学习和核空间。另外,Isomap 流形学习方法也被推广到监督学习用于非线性特征提取。

几乎所有的线性特征投影方法都可以推广到核空间。肖克波夫等最先将核函数引入PCA，提出 Kernel PCA（KPCA）方法。类似地，将核函数引入 Fisher 鉴别分析，提出了Kernel FDA（KFDA）。对核空间中结合 PCA 降维和 FDA 特征提取进行了深入的分析并提出了有效的算法。核空间的特征提取方法还有 Kernel Direct LDA、Kernel LPP 等。

二维模式主成分分析(2D-PCA)或鉴别分析(2D-LDA)是近年提出的一种针对图像模式的特征提取方法。这类方法直接在图像矩阵上计算协方差（离散度）矩阵。该矩阵的维数等于图像的行数或列数，计算起来简便多了。另外，矩阵投影到每个本征矢量得到一个矢量，而不是一个值，这样得到的特征值个数也远远多于 LDA。在高维图像人脸识别实验中，2D-PCA 和 2D-LDA 的分类性能分别优于 PCA 和 LDA。二维变换方法实际上是基于图像行或列的变换方法，即对每行或每列分别投影得到特征，可以推广到基于图像块的投影。

5）分类器设计

模式分类是模式识别研究的核心内容，迄今为止提出了大量的分类方法。Jain 等把分类器分为三种类型：基于相似度（或距离度量）的分类器和基于概率密度的分类器、基于决策边界的分类器。第一种分类器的性能取决于相似度或距离度量的设计，同时取决于标板(Prototype)的学习。标板学习有多种方法，如聚类、LVQ（learning vector quantization）、经验风险最小化等。LVQ 和经验风险最小化可以看作是决策边界调整的学习方法，而聚类的作用类似概率密度估计。因此，我们把分类器分为以下三类：生成模型（包括概率密度模型）、判别模型（决策边界学习模型）和混合生成-判别模型。由于前面已专门介绍了概率密度估计，下面我们着重介绍后两类分类器。

判别学习分类器包括我们熟知的人工神经网络、LVQ、支持向量机（SVM）、Boosting等。其共同特点是在学习过程中最优化一个目标函数（准则），该函数表示训练样本集上的分类错误率、错误率的上界或与分类错误率相关的损失，称为经验风险（empirical loss）。常见的风险函数如神经网络中常用的平方误差函数、交叉熵（cross entropy，又称对数损失或对数似然度）、最小分类错误准则（MCE）、SVM 中的间隔（margin）、Boosting 中的指数损失，以及最近常用的条件似然度（conditional likelihood）等。指数损失即间隔的指数，是分类错误率的一个上界。对数损失也被用于 Boosting 学习，称为 LogitBoost。条件似然度是训练样本正确类别后验概率的对数。在二类情况下，条件似然度等同于对数似然度。

混合生成-判别学习的模式识别方法近年来受到广泛的关注。这种方法结合了生成模型和判别模型的优点：生成模型表示了类别的概率分布或内部结构、在少量样本上学习可得到较高的泛化性能、对噪声/异常模式具有抗拒性；判别模型在概率分布不容易用参数模型表示和训练样本较多时泛化性能优异，而且判别学习得到的模型一般较小（参数较少）。混合生成-判别学习的方法一般是先对每一类模式建立一个生成模型（概率密度模型或结构模型），然后用判别学习准则对生成模型的参数进行优化。学习的准则可以是生成模型学习准则（如最大似然准则）和判别学习准则（如条件似然度）的加权组合。结合判别学习的Bayes 网络也可以看作是混合生成-判别学习模型。

分类器模型和学习方法多种多样，性能各有特点。一般来说，SVM 和 Boosting 在大部分情况下分类性能优异，但也有它们自身的不足：SVM 的核函数选择和 Boosting 的弱分类器选择对性能影响很大，分类的计算复杂度较高（如 SVM 的支持向量数往往很大）。

多分类器方法被认为是结合不同分类器的优点、克服单个分类器性能不足的一种有效途径。早期的多分类器研究主要集中在对给定多个分类器的有效融合。由于单个分类器之间的发散性(divergence)或互补性对融合后的分类性能起重要作用,近年来的研究主要集中在如何设计互补性强的分类器组(ensemble 或 committee)。这方面的方法主要有集成神经网络(ensemble neural network)、Bagging、Boosting、随机子空间(random subspace)、特征选择法、纠错输出编码(error-correcting output codes,ECOC)等。Bagging 和 Boosting 都是通过对训练样本集进行重采样或加权训练多个分类器,不过 Bagging 是并行的,而 Boosting 是串行的。随机子空间法和特征选择法都是从原有的特征集选择多个特征子集,特征子集的独立性决定了分类器的互补性。

与其他学习方法对样本集或特征集进行分解不同的是,ECOC 是对类别集进行分解,通过组合多个二类分类器(这里的一类可以是一个类别子集)实现多类分类。另一种通过二类分类器实现多类分类的方法是把一对样本之间的关系分为"同类"(Intra-class)和"不同类"(Extra-class)两类,输入特征从两个样本提取(如两个样本对应特征的差),二类分类器的输出给出两个样本"同类"的概率或相似度,多类问题采用近邻规则进行分类。这种方法可以克服训练样本不足的问题,而且训练后可任意增加或减少类别而不必重新训练,近年来已广泛用于人脸识别等生物特征识别问题。

3. 发展趋势

除了上面介绍的最新研究进展外,模式识别领域的前沿研究方向还有 Bayes 学习、半监督学习、弱监督学习等。贝叶斯学习得到的分类器参数并不是一些固定值,而是参数的概率分布。参数的先验概率分布函数形式的选择、超参数(先验概率分布的参数)的确定在计算上是比较复杂的。在识别时,需要对分类器的参数进行随机采样,然后把很多个参数值得到的分类结果组合起来,因而识别的计算量也是很大的。近年来,基于 Bayes 学习的分类器设计取得了明显进展,得到了优异的分类性能。但是,这些方法的计算还是很复杂的,对于大类别数、大样本集的学习还难以实现。

在大部分应用情况下,模式分类器经过训练后会固定不变,或者使用相当长一段时间才重新训练一次。在训练分类器时,样本的数量和代表性总是不够的,这就希望分类器能不断地适应新的样本而不损失对训练过的样本的分类性能。这样的增量学习问题很早就受到了关注,提出了很多具体的方法,但还没有一个统一的理论框架。新增加的样本可能是没有类别标记的,因为无标记样本很容易得到,而标记过程费时费力。同时对标记样本和无标记样本进行学习的过程称为半监督学习,这是近年来机器学习领域的一个研究热点。在标记样本比较少的情况下采用无标记样本能有效提高完全监督学习的分类性能。

大多数模式识别问题假设模式是与背景信号和其他模式分离的且表示为一个特征矢量。实际上,模式的分割不是一件简单的事情,一个固定长度的特征矢量也不一定能很好地表示模式的特性。在实际应用问题中经常要将模式分类与分割问题统一考虑,有些模式被表示为结构性数据结构(如属性图、概率图)。在这些方面进行了大量的研究工作,这里不作细述。目前有一类广受关注的模式识别研究,识别对象是没有分割的图像,训练图像的标记是其中有没有某一类目标,而不知道目标的具体位置、大小和方位。对这种标记不足的样本进行训练和识别的方法统称为弱监督学习,可用于目标识别、图像检索、景物分类等。

研究计算机模式识别的目的是让机器具备人的感知和认知能力,代替人完成繁重的信息处理工作。把计算机的模式识别能力与人的模式识别(视觉、听觉感知)能力相比,就会发现,现有的模式识别方法与人的感知过程有很大区别,在性能上也相差很远,很多对人来说轻而易举的事情对计算机来说却很难做到。这是由于目前对人的感知过程机理和大脑结构还不是很了解,即使已经了解的部分也不容易在计算上或硬件上模拟。进一步研究人的感知机理并借鉴该机理设计新的模式识别计算模型和方法是未来的一个重要方向。

2.7.2　模式识别预测方法的优缺点

　　模式识别就是利用计算机对某些物理对象进行分类,在错误概率最小的条件下,使识别的结果与客观事实尽量相符。

　　在实际应用中,它要解决的问题是如何从样本出发,得到尚不能通过原理分析得到的规律,利用此规律去分析客观对象,对未来数据或无法预测的数据进行预测。由于地震学中许多问题的研究,尤其是地震预测潜在震源判定等问题的研究常常需要分析大量定性和定量的资料。而对传统的统计学而言,这些数据往往太少或者不服从经典的统计条件;若应用数学物理方法则又缺少相应的数学模型和方程。在这种情况下,用模式识别方法来研究这些问题必然成为有效的途径。

　　在勘探地球物理方面,当储层横向变化较大而厚度较薄时,其含油气性的变化在地震记录上反应很微弱,用常规方法进行储层预测十分困难,穿过目的层的地震记录是地震波对含油气层的综合反应,因此只有综合利用多方面信息才可能较准确地对出层进行预测,这样储层横向预测工作实质上就是对大量信息的综合处理并对综合处理的结果进行分类以确定含油气与否。这类问题正好适用模式识别的方法进行处理。

　　模式识别方法有三个主要部分——特征提取、聚类分析、分类判别。首先特征提取采用 K-L 变换方法进行,使原始数据各特征间除掉相关性,在保证原有各特征的主要信息前提下降低空间维数,即减少特征个数。然后采用 k-均值方法对经特征提取的数据进行聚类分析,作为已知数据进行训练之用。最后使用 FISHER 线性判别器对未知数据进行判别分析,建立区分各类数据的分类判别函数。并编制相应的三组程序,在计算机上对几组数据进行处理和判别,对实际处理中产生的问题进行分析,对参数、距离形式、散布矩阵的选取进行讨论,得出一些规律和结论。

2.7.3　模式识别预测方法的数学工具和理论基础

1. 模式识别原理

　　特征选择与特征提取:从 L 个度量值集合 $\{x_1, x_2, \cdots, x_L\}$ 中按某一准则选出分类用的子集,作为降维(m 维,$m < L$)的分类特征。所谓特征提取,是使 $\{x_1, x_2, \cdots, x_L\}$ 通过某种变换 $h_i(\cdot)$,$(i = 1, 2, \cdots, m, m < L)$ 而产生 m 个特征 $(y_1, y_2, \cdots, y_m)$。

　　它们的目的都是在尽可能保留识别信息的前提下,降低特征空间的维数,以达到有效分类。

　　由于特征选择方法是在一定准则下从 L 个特征中选出 m 个来反映原来模式,这种简单删掉 $L-m$ 个特征的方法总是不十分理想。因为一般来说,原来的数据各自在不同程度上反映识别对象的某些特征。简单的删去可能会丢失较多的有用信息,这时如将原来的特征做正交变换,则获得的每个新特征都是原来 L 个特征的线性组合,然后从新的特征中选出少数几个,使它们尽可能多地反映各类模式之间的差异,又尽可能互相独立,这比单纯的选择方法更灵活、效果也更好。

Karhunen-Loeve 变换,简称 K-L 变换,是一种常用的正交变换,它适用于任意概率密度的函数。

离散的有限 K-L 展开的形式:

$$x = \Phi a \tag{2.180}$$

式中: $x = (x(1), x(2), \cdots, x(n))^{\mathrm{T}}$

$$\Phi_j = (\Phi_j(1), \Phi_j(2), \cdots, \Phi_j(n))^{\mathrm{T}}, \quad j = 1, 2, \cdots, n \tag{2.181}$$

$a = (a_1, a_2, \cdots, a_n)^{\mathrm{T}}$, a 为展开式中随机系数。

实质上, Φ 是由向量 Φ_j 组成的正交变换矩阵,它将 x 变换为 a。

K-L 展开式的根本性质是将随机向量 x 展开为另一组正交向量 Φ_j 的线性和,且其展开式系数 a_j 具有不相关的性质。 $a = \Phi^{\mathrm{T}} x$。

K-L 展开式的系数求解步骤如下。

(1) 把数据整理平移,使其平均值移到原点。

(2) 选定一种散布矩阵,求随机向量 x 的散布矩阵。

(3) 求出散布矩阵的本征根 λ_i 和对应的本征向量 Φ_i,得矩阵 $\Phi = (\Phi_1, \Phi_2, \cdots, \Phi_n)$。

(4) 展开式系数即 $a = \Phi^{\mathrm{T}} x$。

说明:

在对模式总体做变换前,先将其均值作为新坐标轴的原点,这时采用协方差矩阵 C 或自相关矩阵 R 来计算其本征值,得出的结果是完全一致的,如果 $E[x] \neq 0$,则只能有次最佳效果。

作为特征提取,对于 $x = \sum_{j=1}^{n} a_j \Phi_j$ 现在只取 m 项。为使误差最小,不采用的本征向量,其对应的本征值应尽可能小,因此,将本征值按大小次序编号,即 $\lambda_1 > \lambda_2 > \lambda_3 > \cdots > \lambda_m > \cdots > \lambda_n \geqslant 0$(实对称矩阵的特征值必为非负数),若首先采用前面的本征向量变换,可使变换误差最小。

我们定义第 i 个特征成分的"方差贡献率"为 $\dfrac{\lambda_i}{\lambda_1 + \lambda_2 + \cdots + \lambda_n}$,而前 m 个特征成分的"累计方差贡献率"为 $\dfrac{\lambda_1 + \lambda_2 + \cdots + \lambda_m}{\lambda_1 + \lambda_2 + \cdots + \lambda_n}$,当前 m 个主成分的累计方差贡献率已经足够大时,就可以只取前 m 个主成分作为新的特征。这时有:

$$
\begin{bmatrix} y_1 \\ y_2 \\ \vdots \\ y_m \end{bmatrix} =
\begin{bmatrix} u_{11} & u_{12} & \cdots & u_{1n} \\ u_{21} & u_{22} & \cdots & u_{2n} \\ \vdots & \vdots & & \vdots \\ u_{m1} & u_{m2} & \cdots & u_{mn} \end{bmatrix}
\begin{bmatrix} x_1 \\ x_2 \\ \vdots \\ x_n \end{bmatrix} \tag{2.182}
$$

其后 $n\text{-}m$ 个新特征可以舍去,这样就达到了降低维数,使后面聚类分析和分类判别过程大为简化的目的。

通过 K-L 变换能获得互不相关的新特征,如采用大本征值对应的本征向量组成变换矩阵,则能对应地保留原模式中方差最大的特征成分。所以 K-L 变换起了减小相关性、突出差异性的作用。不过,采用 K-L 变换作为模式分类的特征提取方法时要特别注意不同类别的模式分类鉴别信息,单纯考虑尽可能准确地代表原来模式的主成分,有时并不一定有利于分类的鉴别。

各种形式的散布矩阵从不同角度表示了模式分布的统计特性,因而根据不同的散布矩阵进行 K-L 变换,对保留分类信息的效果亦各不相同。

1)按模式总体的协方差矩阵做变换

把多类模式合并起来看作一个总体分布,按其协方差矩阵做 K-L 展开。采用与大本征根对应的向量组成变换矩阵,使降维模式能在均方差最小的条件下逼近原来模式。这种散布矩阵称为总体散布矩阵:

$$S_t = E\{(x - m_0)(x - m_0)^T\}, \quad x \in \forall \tilde{\omega}_i; \ i = 1, 2, \cdots, x \tag{2.183}$$

采用总体矩阵保留模式原来分布的主要结构,如果原来的多类模式在总体分布上存在可分性好的特征,用总体散布矩阵的变换便能尽量多地保留可分性信息。

另一种应用是希望通过屏幕上的图形显示大致分析模式样本的聚类情况时,常采用总体矩阵的变换,即满足将高维模式向量在尽可能保持其主成分分布结构的条件下,映射到二维的显示屏面上。

此外,因为计算时无须模式样本具有分类信息,所以也适用于无人监督的分类器(如聚类分析)。

2)广义 K-L 变换

采用类内散布矩阵做变换,即

$$S_w = \sum_i^c p(\tilde{\omega}_i) E\{(x - m_i)(x - m_i)^T\} x \in \tilde{\omega}_i \tag{2.184}$$

它等于各类模式的协方差矩阵之和,为突出各类模式的主要特征,分类可选用大本征根的本征向量组成变换矩阵;反之,为使同一类模式能聚类于最小的特征空间范围,也可选用对应小本征根的本征向量组成变换矩阵。

类内散布矩阵适用于各类的模式分布都比较相似且某一维特征分量的可分性较好的场合。

3)以类间距离为出发点的 K-L 变换

为强调不同类别之间的差异,类别之间的平均距离是一项重要指标。因此采用类间散布矩阵:

$$S_b = \sum_{i=1}^c p(\tilde{\omega}_i)(\bar{m}_i - \bar{m}_0)(\bar{m}_i - \bar{m}_0)^T \tag{2.185}$$

其中,$\bar{m}_0$ 为 c 类模式总体的均值向量;S_b 由不大于 $c-1$ 个独立向量组成,只有 $c-1$ 个非零本征值,通常,模式维数 $n >$ 类数 c,所以 S_b 虽对称正定却是奇异矩阵。同样,求出 S_b 的本征值,排列成 $\lambda_1 > \lambda_2 > \cdots > \lambda_{c-1}(\lambda_c, \cdots, \lambda_n = 0)$,选出 m 个与大本征根对应的本征向量组成变换矩阵。

一般来说,类间距离比类内距离大得多的多类问题,采用类间距离较合适。

4）迹准则

不同模式分布，以及选用哪一种散布矩阵做展开，对特征提取的效果有很大影响，特别是模式的特征维数较高时，不易采用几何图形的分布想象，可采用散布矩阵的迹准则来判别哪一种特征提取有较好的可分性。

设 n 维原模式的类内和类间散布矩阵为 S_w 和 S_b，经过特征提取后得 m 维的降维模式，它的类内和类间散布矩阵为 S_{wm} 和 S_{bm}，则有
$$\left.\begin{array}{l} S_{bm} = \boldsymbol{\Phi}^T S_b \boldsymbol{\Phi} \\ S_{wm} = \boldsymbol{\Phi}^T S_w \boldsymbol{\Phi} \end{array}\right\}，\boldsymbol{\Phi}$$
为所选用的变换矩阵。

$J = \mathrm{tr}\,(S_{wm}^{-1} S_{bm})$，计算各种不同变换矩阵的 J 值，J 值最大者有较好的类别可分性。

小结：K-L 变换在最小均方误差的意义上是最优的正交变换。它在消除模式特征之间的相关性、突出差异性方面亦有最优的效果。它用于多类模式的特征提取时，应优先考虑保留类别的可分性的信息，但类别的数量越多，类别的可分性越差，要找出一个统一的散布矩阵作为提取类别可分性依据也就越困难。这是在实际应用中有待进一步研究的问题。

2. 聚类分析与 k-均值方法

一批没标出类别的模式样本基，按照样本之间的相似程度分类，相似的归为一类，不相似的归为另一类，这种分类称为聚类分析，也称为无监督的分类。

1）式相似性的测度

聚类分析是按不同对象之间的差异，根据距离函数的规律做模式分类。这种方法是否有效，与模式特征向量的分布有很大关系，所以对具体对象做聚类分析的关键是选取合适的特征。

（1）欧氏距离。

设 x 和 z 为两个模式样本，其欧氏距离定义为 $D = \|x - z\|$，显然 x 模式与模式 x 的距离越小，越相似。这与习惯用的距离概念一致，但使用时要注意模式各特征分量的量纲，样本的单位标尺取得不同时，对同样的点集会造成不同的聚类结果。为克服此缺点常使特征数据标准化，使它与变量的量纲标尺没有关系。

（2）马氏距离。

马氏距离表达式为
$$D^2 = (\bar{x} - m)^T C^{-1} (\bar{x} - m) \tag{2.186}$$
其中，$\bar{x}$ 为模式向量，$\bar{m}$ 为其均值向量，C^{-1} 为模式总体的协方差矩阵。

马氏距离的优点是排除了模式样本之间的相关性影响，只有当 C 为对角阵时，各特征分量才相互独立；当 C 等于单位矩阵 I 时，马氏距离才与欧氏距离相等；

采用马氏距离的关键是协方差矩阵的计算，只有在已知类别模式集给定的情况下，才能算出协方差矩阵，但这个条件常是难以满足的。

（3）一般化的明氏距离。

模式样本和间的明氏距离表示为
$$D_m(\bar{x}_i, \bar{x}_j) = \left[\sum_k (x_{ik} - x_{jk})^m\right]^{1/m} \tag{2.187}$$
其中，x_{ik}, x_{jk} 分别表示 x_i, x_j 的第 k 个分量。

当 $m = 2$ 时，明氏距离即为欧氏距离；

当 $m = 1$ 时，$D_m(\bar{x}_i, \bar{x}_j) = \sum\limits_k |x_{ik} - x_{jk}|$，亦称街坊距离。

（4）角度相似性函数。

角度相似性函数表示为 $S(\bar{x}, \bar{z}) = \dfrac{\bar{x}^{\mathrm{T}} \bar{z}}{\|\bar{x}\| \cdot \|\bar{z}\|}$ 是模式向量 $\bar{x}, \bar{z}$ 之间夹角的余弦，亦为 $\bar{x}$ 的单位向量 $\bar{x}/\|x\|$ 与 $\bar{z}$ 的单位向量 $\bar{z}/\|x\|$ 之间的点积。

夹角余弦的测度反映几何上相似性的特征，它对于坐标系的旋转及放大缩小是不变的，但对位移和一般的线性变换则并不具有不变性。

当特征的取值仅为 $(0,1)$ 两值时，夹角余弦度量具有特别的含义。如果向量的 i 分量为 1 时，认为该模式具有第 i 个特征，如为 0，则无此特征分量。此时 $S(\bar{x}, \bar{z})$ 等于 $\bar{x}, \bar{z}$ 中具有共同特征数目的相似性测度。

2）动态聚类法

动态聚类法是先行选择若干样本点作为聚类中心。再按某种聚类准则（通常采用最小距离原则）使各样本点向各个中心聚集，从而得到初始分类，然后判断初始分类是否合理，若不合理就修改分类⋯⋯以此反复进行修改聚类的迭代运算，直到合理为止。

最常用的聚类法是 k-均值算法。该方法基于使聚类性能指标最小化。其实现步骤为：

（1）确定类数并选择初始聚类中心。

k-均值算法要聚成的类数由人为给定，为了更合理地确定所分类数，可以对维原始数据总体协方差矩阵作散布矩阵，先经特征提取，消除特征间相关性后提取对应于前两个最大特征值的特征向量组成变换矩阵，把 n 维数据变换为二维数据，放到二维平面图上观察，确定大概要分的类数。

至于初始聚类中心，可利用各点"数据密度"来确定。

① 求各点"密度"。先确定一个正数 DIS_0 作为密度半径，以每个样品点 X_i 为中心，DIS_0 为半径做 n 维空间内的超球体，若某点 X_j 满足条件

$d(x_i, x_j) < \mathrm{DIS}_0$，则称 X_j 落在超球内，其中 $d(x_i, x_j)$ 为点 x_j 到 x_i 的距离，落在超球内的总点数称为 X_i 点的密度。显然，密度越大，X_i 点作为凝聚点的资格越大。

② 确定最小中心距离。再确定一个正数 $\mathrm{DIS}_{\mathrm{MIN}}$ 作为"最小中心距离"，初始聚类中心之间的距离必须大于 $\mathrm{DIS}_{\mathrm{MIN}}$，这样就不会出现初始聚类中心相距过近导致迭代无法收敛的情况。

（2）分类和调整。当 k 个凝聚点确定后，对于剩下的 $N\text{-}k$ 个样品点，分别计算每个点到 k 个凝聚点的距离 D，并将该点归入最近的凝聚点所代表的类：$D_j(k) = \min\{\|\bar{x} - \bar{z}_i(k)\|, i = 1, 2, \cdots, k\}$，则 $x \in \tilde{\boldsymbol{\omega}}_j(k)$。

当个点全部归入类后，计算各类的重心（均值），作为新的凝聚点。

$$\bar{z}_j(k+1) = \frac{1}{N_i} \sum_{x \in \tilde{\boldsymbol{\omega}}_j(k)} \bar{x}, \quad j = 1, 2, \cdots, k \tag{2.188}$$

（3）终止条件。

不断重复分类调整，直到下列两个条件之一满足时停止迭代。前后两次聚类结果相同。

前后两次凝聚点位置基本上重合，即 $\bar{z}_j(k+1) = \bar{z}_j(k), j = 1, 2, \cdots, K$。

3. 线性判别函数和线性分类判别器

成功地用判别函数对模式分类,依赖于两个因素:一是判别函数的几何性质;二是确定判别函数的系数。

1) 线性判别函数

线性判别函数的一般形式为

$$h(x) = c_1 x_1 + c_2 x_2 + \cdots + c_n x_n + c_0 = \bar{c}^\mathrm{T} \bar{x} + c_0 \tag{2.189}$$

(1) 两类情况

判别函数为

$$h(x) = \bar{c}^\mathrm{T} \bar{x} \begin{cases} > 0, & \text{则 } \bar{x} \in \tilde{\omega}_1 \\ < 0, & \text{则 } \bar{x} \in \tilde{\omega}_2 \end{cases} \tag{2.190}$$

(2) 多类情况

主要有以下两种划分方式。

① $\tilde{\boldsymbol{\omega}}_I / \bar{\boldsymbol{\omega}}_J$ 两分法。即用线性判别函数将属于 ω_i 类的模式与其余不属于 ω_i 类的模式分开。其判别函数为

$$h_i(\bar{x}) = \bar{c}_i^\mathrm{T} \bar{x} \begin{cases} > 0, & \text{若 } \bar{x} \in \tilde{\boldsymbol{\omega}}_i \\ < 0, & \text{若 } \bar{x} \notin \tilde{\boldsymbol{\omega}}_i \end{cases}, \quad i = 1, 2, \cdots, M \tag{2.191}$$

单个 $h_i(x) = 0$ 只能用于区分是否属于 $\boldsymbol{\omega}_i$ 的模式。由于模式空间中还可能存在不确定区域(IR),所以对于 M 类问题,需要 M 个判别函数。

当 $h_i(x) > 0, h_j(x) \leqslant 0 (j \neq i)$ 时,才能判定 $x \in \tilde{\boldsymbol{\omega}}_i$。

如果对某一模式区,$h_i(x) > 0$ 的条件超过一个,则这种分类形式失效;若对 $i = 1, 2, \cdots, M, h_i(x) < 0$,分类亦失效;图 2.21(a)为此情况的例子。

② $\tilde{\boldsymbol{\omega}}_i / \bar{\boldsymbol{\omega}}_j$ 两分法。即采用每对划分,一个判别界面只能分开两个类别,而不能用它把其余的所有类别分开。其判别函数的形式为 $h_{ij}(\bar{x}) = \bar{c}_{ij}^\mathrm{T} \bar{x}$,其中,$h_{ij} = -h_{ji}$。

当 $h_{ij}(\bar{x}) > 0 \, \forall j \neq i$,则 $\bar{x} \in \tilde{\boldsymbol{\omega}}_i$。

要分开 M 类模式,需要 $M(M-1)/2$ 个判别函数;图 2.21(b)为此情况的例子。

对于 M 类模式的分类,$\tilde{\boldsymbol{\omega}}_i / \bar{\boldsymbol{\omega}}_j$ 两分法需要 M 个判别函数,而 $\tilde{\boldsymbol{\omega}}_I / \bar{\boldsymbol{\omega}}_J$ 两分法需要 $M(M-1)/2$ 个判别函数。当 $M > 3$ 时,后者需要更多个判别式,这是一个缺点,但采用 $\tilde{\boldsymbol{\omega}}_i / \bar{\boldsymbol{\omega}}_j$ 两分法时,每个判别函数都要把一种类别的模式与其余 $M-1$ 中类别划分开来,而不是将一种类别仅与另一种类别分开。显然,一种类别的模式要比 $M-1$ 类模式的分布更为聚集。所以 $\tilde{\boldsymbol{\omega}}_I / \bar{\boldsymbol{\omega}}_J$ 两分法对模式线性可分的可能性大一些,如图 2.21(b)的情况就不宜用 $\tilde{\boldsymbol{\omega}}_i / \bar{\boldsymbol{\omega}}_j$ 两分法分类。这是 $\tilde{\boldsymbol{\omega}}_I / \bar{\boldsymbol{\omega}}_J$ 两分法的主要优点。因此,本研究在进行多类判别时选用 $\tilde{\boldsymbol{\omega}}_I / \bar{\boldsymbol{\omega}}_J$ 两分法。

2) FISHER 线性分类器

FISHER 线性判别函数就是把维空间中的样本投影到一条直线上,形成一维空间。

对任意样品,FISHER 线性分类器的形式为

$$h(\bar{x}) = \bar{c}^\mathrm{T} \bar{x} + c_0 \begin{cases} > 0 \\ < 0 \end{cases} \rightarrow x \in \begin{cases} \tilde{\boldsymbol{\omega}}_1 \\ \tilde{\boldsymbol{\omega}}_2 \end{cases} \tag{2.192}$$

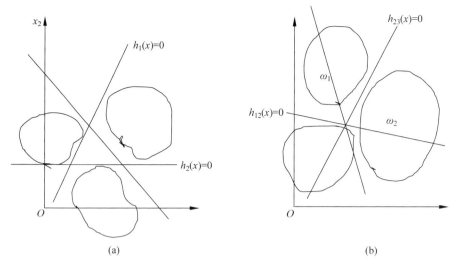

图 2.21   模式识别 $\tilde{\omega}_I / \bar{\omega}_J$ 两分法(a)和 $\tilde{\omega}_i / \bar{\omega}_j$ 两分法(b)示意图

其中, $\boldsymbol{x}^{\mathrm{T}} = (x_1, x_2, \cdots, x_m)$, $\boldsymbol{c}^{\mathrm{T}} = (c_1, c_2, \cdots, c_m)$。

即相当于把每个多维样本向量投影到方向的直线上,再乘以统一的比例因子 C,从而得到一维空间的样本。方向不同,相同样本对应的值也不同,从而使各样本投影后的分离程度不同。FISHER 线性判别器就是要找一个最佳方向,在这个方向上,不同类样本之间的投影分开程度最好,而 c_0 相当于决定两类归属的交界点。

FISHER 线性判别器的设计原则是:在一维空间内,两类样本经作用后分开程度越大越好,同时要求每类样本内部的离散程度越小越好。

设两类样品对应的 $h(\boldsymbol{x})$ 值的均值为 η_i,方差为 σ_i^2, $i = 1, 2$

则:

$$\eta_i = \frac{1}{N_i} \left[h(\boldsymbol{x}_{i2}) + h(\boldsymbol{x}_{12}) + \cdots + h(\boldsymbol{x}_{iN_i}) \right] = \boldsymbol{c}^{\mathrm{T}} \bar{\boldsymbol{x}}_I + c_0 \qquad (2.193)$$

$$\sigma_i^2 = \frac{1}{N_i} \sum_{j=1}^{N_i} \left[h(\boldsymbol{x}_{ij}) - \eta_i \right]^2 = \boldsymbol{c}^{\mathrm{T}} \boldsymbol{S}_i \boldsymbol{c}, \quad i = 1, 2 \qquad (2.194)$$

$\eta_1 - \eta_2$ 反映两类样品经作用后的分开程度,而 σ_1^2、σ_2^2 反映两类样品经作用后各自的密集程度。所以, c 和 c_0 的选取方法应使 $(\eta_1 - \eta_2)^2$ 尽量大,而 σ_1^2、σ_2^2 尽量小;或使 $f = (\eta_1 - \eta_2)^2 / (\sigma_1^2 + \sigma_2^2)$ 达到极大。

求 f 的极大值相当于解方程组: $\begin{cases} \dfrac{\partial f}{\partial c} = 0 \\[2mm] \dfrac{\partial f}{\partial c_0} = 0 \end{cases}$

通过求解得: $c = S^{-1}(\bar{\boldsymbol{x}}_1 - \bar{\boldsymbol{x}}_2)$

至于 c_0,可以人为决定,例如由经验得出。当两类中模式样本个数相差不大时,可以简单地认为两类样本的共同均值 $\bar{\boldsymbol{x}} = (N_1 \bar{\boldsymbol{x}}_1 + N_2 \bar{\boldsymbol{x}}_2) / (N_1 + N_2)$ 不属于任何一类,即在分界线上,也即

$$h(\bar{\boldsymbol{x}}) = \boldsymbol{c}^{\mathrm{T}} \bar{\boldsymbol{x}} + c_0 = 0 \qquad (2.195)$$

可得：

$$c_0 = -\boldsymbol{c}^{\mathrm{T}}\bar{\boldsymbol{x}} = -(N_1\boldsymbol{c}^{\mathrm{T}}\bar{\boldsymbol{x}}_1 + N_2\boldsymbol{c}^{\mathrm{T}}\bar{\boldsymbol{x}}_2)/(N_1+N_2) \tag{2.196}$$

4. 模式识别方法数值试验论证

模式识别方法数值试验论证方法，包括特征提取法、聚类分析法和分类判别法三种。下面分两组数据的应用实例，说明它们的不同。

第一组数据："城镇数据"，此组数据由 50 个四分量模式样本组成。

1) 特征提取

预先选定累计方差贡献率下限为 0.85。

本例中，散布矩阵采用总体自相关矩阵。因为在对总体做变换前，先将其均值平移至原点，这样采用自相关矩阵或协方差矩阵计算本征值时，得出的结果完全一致。

散布矩阵见表 2.6。

表 2.6　模式识别数值试验论证特征提取法"城镇数据"散布矩阵数据表

11.365	−5.023	−0.162	3.936
−5.023	3.103	0.175	−2.109
−0.162	0.175	1.404	−0.306
3.936	−2.109	−0.306	2.372

特征值与特征向量见表 2.7。

表 2.7　模式识别数值试验论证特征提取法"城镇数据"特征值与特征向量表

15.285	0.555	1.502	0.901
0.852	0.133	0.210	−0.460
−0.408	0.769	0.124	−0.476
−0.022	0.090	0.911	0.401
0.327	0.619	−0.332	0.633

按特征值排序后排序表见表 2.8。

表 2.8　模式识别数值试验论证特征提取法"城镇数据"特征值排序表

15.285	1.502	0.901	0.555
0.852	0.210	−0.460	0.133
−0.408	0.124	−0.476	0.769
−0.022	0.911	0.401	0.090
0.327	−0.332	0.633	0.619

实际累计方差贡献率为 0.920，最终特征值排序结果见表 2.9。

表 2.9　模式识别数值试验论证特征提取法"城镇数据"特征值排序结果表

0.852	0.210	−0.022	0.911
−0.408	0.124	0.327	−0.332

经特征提取处理后，原始数据转换为一组新的二维样本。

这组新的模式样本满足：①每个新特征是原有 4 个特征的线性组合，即 $y_i = u_{i1}x_1 + u_{i2}x_2 + u_{i3}x_3 + u_{i4}x_4, i=1,2$，其中，$u_{ij}$ 是常数；②各个新特征之间是不相关的，即相关系数为零；③y_1, y_2 的实际累计方差贡献率为 0.920，能够体现数组的主要特征。

2）聚类分析

将前面得到的新模式样本作为待聚类数据画成平面图（图 2.22），由图可见，样本数据大致分为两类比较合适。

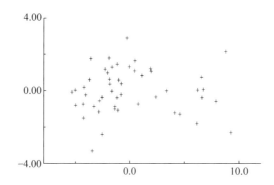

图 2.22   模式识别的聚类分析二维数据平面分布图

图示结果：样本大致分为两类比较合适

下面就密度半径 DIS_0 和最小中心距 DIS_{MIN} 的参数选取对分类结果和迭代次数的影响进行讨论，这两个参数都与决定初始聚类中心有关，而初始聚类中心的选取会对聚类结果产生影响。

表 2.10 显示了对不同参数值的迭代次数。

首先固定 DIS_0：

表 2.10   模式识别数值试验论证聚类分析法"城镇数据" DIS_0 和 DIS_{MIN} 迭代数据表

DIS_0	DIS_{MIN}				
	1.0	3.0	5.0	7.0	10.0
1.0	6	6	6	6	6
3.0	6	6	6	6	6
5.0	6	5	5	5	5
7.0	4	5	5	5	5

对以上取值情况，聚类结果相同，都是分成两类，分别含 36 和 14 个样本。聚类情况见图 2.23。

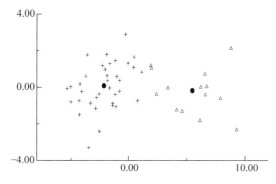

图 2.23   模式识别的聚类分析 DIS_0 单次取值迭代数据平面分布图

对单次取值聚类结果都是分成两类

由表 2.11 可见,DIS_{MIN} 的变化对迭代次数的影响不大:对结果无影响,只是对迭代次数略有影响。

表 2.11　模式识别数值试验论证聚类分析法"城镇数据" DIS_0 单次取值迭代数据表

DIS_{MIN}	$DIS_0 = 10.0$				
	1.0	3.0	5.0	7.0	10.0
迭代次数	4	3	3	3	3

DIS_0 取 10.0 时,全都聚成分别含 38 和 12 个样本的两类。聚类情况见图 2.24。

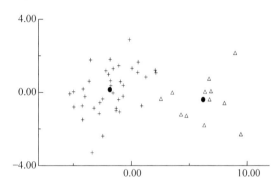

图 2.24　模式识别的聚类分析 DIS_0 取值 10 的迭代数据平面分布图

DIS_0 取 10.0 时全都聚成分别含 38 和 12 个样本的两类

接下来固定 DIS_{MIN},观察 DIS_0 对聚类过程的影响。DIS_{MIN} 固定后,每当 DIS_0 取 10.0 时,结果都会聚成图 2.24 情况。

由表 2.12 可见,DIS_0 的选取对聚类过程迭代次数和聚类结果的影响都比较大。在实际应用中要根据具体情况选取。

表 2.12　模式识别数值试验论证聚类分析法"城镇数据" DIS_0 不同取值迭代数据表

DIS_{MIN}	DIS_0				
	1.0	4.0	7.0	8.0	9.0
3.0	6	5	5	4	2
5.0	6	4	5	4	2

根据以上模式识别的聚类分析,将图 2.23 和图 2.24 进行比较,发现后者的聚类结果要好一些。这是因为本例中数据少的一类数据点分布比较分散,所以适当加大计算密度所用的密度半径对分类更合理一些。

3) 分类判别

在前面原理部分中提到,向量 C 决定判别直线的最佳方向,是由判别器本身的分类准则决定的。当训练样本确定后,C 也就确定了。而 c_0 是决定类别归属的分界点,是可以人为决定的。在实际资料处理中,有经验的专家往往能够根据实际情况给出合适的分界值。

这里选图 2.24 情况的聚类结果作为已知样本进行训练。

当 c_0 的取值采用前面原理部分的算法:认为总体样本的平均值不属于任何一类,即处在分界点上。这时,$c_0 = 0$,得到的分界直线如图 2.25 中的虚线所示,显然这样的分类结果是很不理想的。这是因为两类模式所含的样本数相差太大(12:38)。调节 c_0,当 $c_0 = 2.5$ 时,得到的分界直线如图 2.25 中的实线所示,可以看到这样的分类效果是比较理想的。

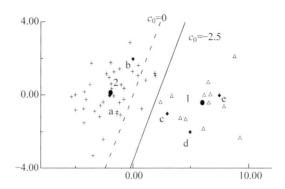

图 2.25　模式识别的聚类分析 DIS_{MIN} 固定取值数据平面分布图

DIS_{MIN} 固定后,每当 DIS_0 取 10.0 时结果

为验证分类判别器的工作情况,取 $a(-2.0, 0.0)$、$b(0.0, 2.0)$、$c(3.0, -1.0)$、$d(5.0, -2.0)$、$e(7.5, 0.0)$(图 2.25 中 5 个菱形点)让分类器分类判别。5 个点的判别函数值分别为 $h_{12}(a) = -2.32$;$h_{12}(b) = -1.39$;$h_{12}(c) = 4.17$;$h_{12}(d) = 7.18$;$h_{12}(e) = 8.68$。参照图上可以看到:这 5 个点分类完全正确,而且距分界线越近的点,其判别函数值越接近 0。

化石数据模式识别,此组数据由 85 个六分量模式样本组成。

1) 特征提取

散布矩阵见表 2.13。

表 2.13　模式识别数值试验论证特征提取法"化石数据"散布矩阵数据表

52.320	−48.345	−0.869	−17.657	4.223	20.982
−48.345	76.884	1.725	19.590	−3.679	−27.381
−0.869	1.725	2.827	−0.295	−0.174	−0.612
−17.657	19.590	−0.295	19.810	−5.294	−7.400
4.223	−3.679	−0.174	−5.294	4.132	1.136
20.982	−27.381	−0.612	−7.400	1.136	12.206

特征值与特征向量见表 2.14。

表 2.14　模式识别数值试验论证特征提取法"化石数据" 特征值与特征向量数据表

12.511	132.078	2.978	16.805	2.286	1.521
0.642	−0.572	−0.019	−0.477	0.051	−0.170
0.303	0.730	0.025	−0.559	−0.128	0.215
−0.025	0.014	0.825	−0.053	0.556	0.082
0.664	0.238	−0.150	0.622	0.297	0.064
−0.217	−0.052	−0.531	−0.248	0.709	0.322
0.082	−0.282	0.116	0.092	−0.286	0.900

按特征值排序数据表见表 2.15。

表 2.15　模式识别数值试验论证特征提取法"化石数据"特征值排序数据表

132.078	16.805	12.511	2.978	2.286	1.521
−0.572	−0.477	0.642	−0.019	0.051	−0.170
0.730	−0.559	0.303	0.025	−0.128	0.215
0.014	−0.053	−0.025	0.825	0.556	0.082
0.238	0.622	0.664	−0.150	0.297	0.064
−0.052	−0.248	−0.217	−0.531	0.709	0.322
−0.282	0.092	0.082	0.116	−0.286	0.900

实际累计方差贡献率为 0.885，最终特征变换矩阵结果见表 2.16。

表 2.16　模式识别数值试验论证特征提取法"化石数据"特征变换矩阵结果表

−0.572	−0.477	0.238	0.622
0.730	−0.559	−0.052	−0.248
0.014	−0.053	−0.282	0.092

经特征提取处理后，原始数据转换为一组新的二维样本。累计方差贡献率为 0.885，能够体现原六维数组的主要特征。

2）聚类分析

将前面得到的新模式样本作为待聚类数据，这组二维数据画成平面图（图 2.26），由图可看出，平面上的点可以聚为两类或三类。

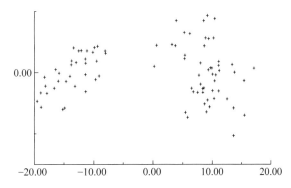

图 2.26　模式识别的聚类分析新二维样本迭代结果数据平面分布图

（1）聚成两类。聚成两类的情况见图 2.27。由于平面上两团点分得很开，所以这时参数的影响很小。参数的不同选取只是使迭代次数略有差异，聚类结果不会随之改变。

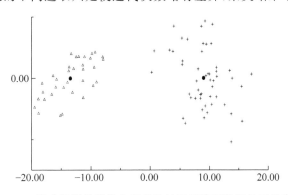

图 2.27　模式识别的聚类分析参数的不同选取数据平面分布图

表 2.17 显示了对不同参数值的迭代次数。

（2）聚成三类。当 DIS_0 取值合适时（$DIS_0 \leqslant 10.0$），聚成三类的情况见图 2.27。可以看到二维平面上的点被分成清晰的三类，这是理想的结果。

表 2.17　模式识别数值试验论证聚类分析法"化石数据" DIS_0 单值取值迭代数据表

DIS_{MIN}	DIS_0			
	1.0	5.0	10.0	15.0
1.0	5	4	4	4
5.0	5	5	5	4
10.0	5	5	4	4

表 2.18　模式识别数值试验论证聚类分析法"化石数据" DIS_0 不同取值迭代数据表

DIS_{MIN}	DIS_0		
	1.0	5.0	10.0
1.0	8	5	4
5.0	9	9	9
10.0	9	9	9

当 $DIS_0 = 15.0$ 时，得到的聚类结果见图 2.28。效果不理想，这是因为当 DIS_0 取得过大时，以之计算的数据密度已失去了原来的意义。说明初始凝聚点的选择对 k-均值聚类法的结果是有影响的。

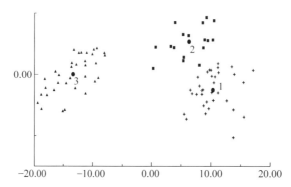

图 2.28　模式识别的聚类分析 DIS_0 取值 15 的迭代数据平面分布图

当 $DIS_0 = 15.0$ 时，得到的聚类结果图

3）分类判别

（1）两类情况。采用分两类的情况（图 2.29）进行判别。

当 $c_0 = 0$ 取默认值时，得到的分界线如图 2.30 中虚线所示。当人工调整 $c_0 = 3.0$ 时，得到的分界线如图 2.30 中实线所示。显然，后者要好得多。

作为检验，取 $a(-15.0, -5.0), b(-10.0, 5.0), c(5.0, 2.0), d(10.0, 5.0), e(15.0, 0.0)$ 代入判别式得：$h_{12}(a) = -11.506$；$h_{12}(b) = -7.146$；$h_{12}(c) = 7.816$；$h_{12}(d) = 12.576$；$h_{12}(e) = 17.792$。可见分类完全正确。

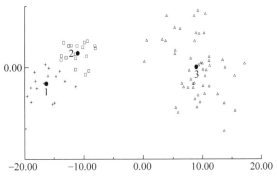

图 2.29 模式识别的聚类分析分类判别——两类情况数据平面分布图

采用分两类的情况判别示意图

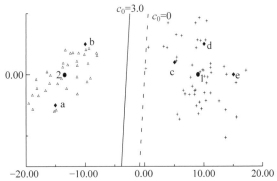

图 2.30 模式识别的聚类分析分类判别 $c_0 = 0$ 取值数据平面分布图

当 $c_0 = 0$ 取默认值时,得到的分界线如图中虚线所示

(2) 三类情况。采用图 2.28 所示的结果进行判别。

当采用默认的 c_0 值($c_0(12) = 3.700, c_0(13) = 1.441, c_0(23) = 8.881$)时,得到的分界线如图 2.31 中虚线所示。因为第一三类所含模式样本个数相当,所以值就比较理想,而另两条分界线则需要人为调整。

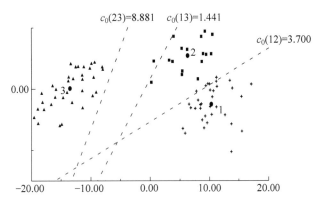

图 2.31 模式识别的聚类分析分类判别 c_0 自动默认取值数据平面分布图

当取值 $c_0(12)=-3.00, c_0(13)=1.441, c_0(23)=5.50$ 时,得到的分界线见图 2.32 中的实线。分界效果较好。

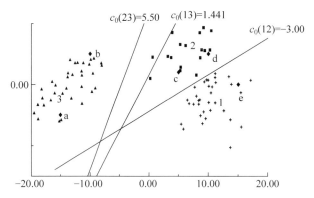

图 2.32   模式识别的聚类分析分类判别 c_0 为不同取值数据平面分布图

作为检验,仍取 $a(-15.0, -5.0), b(-10.0, 5.0), c(5.0, 2.0), d(10.0, 5.0),$ $e(15.0, 0.0)$ 这 5 个点代入判别式,见表 2.19。

表 2.19   模式识别数值试验论证分类判别法三类情况判别式数据表

分类	a	b	c	d	e
h_{12}	-5.8	-10.5	-2.3	-2.3	3.2
h_{13}	-19.1	-19.7	8.0	13.6	26.4
h_{21}	5.8	10.6	2.3	2.3	-3.2
h_{22}	-10.0	-8.5	10.5	15.1	23.2
h_{31}	19.1	19.6	-8.0	-13.6	-26.5
h_{32}	10.0	8.5	-10.5	-15.1	-23.2

由表 2.19 与图 2.32 对照可见,分类判别完全正确。

(1) 用 k-均值方法解决聚类问题时,初始聚类中心的选取会对聚类结果产生影响,这就要求根据实际情况选取适当的参数:密度半径 DIS_0 和最小中心距 $\mathrm{DIS}_{\mathrm{MIN}}$。而前者更为重要。

(2) 用 FISHER 线性判别器进行判别时,分界线的方向由已知训练样本的平均值和方差决定,分界点则需要根据实际情况人为确定。因此,在实际资料处理中,选取合适的分界点就成为很重要的问题。

(3) 只要参数选取合适,聚类时的迭代过程会很快收敛。计算量很小,这也是模式识别方法的优势之一。

2.7.4   模式识别预测方法在工农业中的应用

1. 模式识别方法在地震物理模型的试验论证

地震物理模型基本形态有两种,分别为五层模型和七层模型。我们已经做了五层模型的含油、五层模型的含气和五层模型的含水,七层模型的含油、七层模型的含气和七层模型的含水 6 组地震物理模型数据。

对比同一地震物理模型的油-水、油-气、气-水数据,分别选择对分类有利的若干属性,然后从每个数据文件中分别抽取 11 组属性数据,为了能更准确地反映各不同介质模型的性质,在模型数据中,具体的是从第 40 道至第 90 道,将选择出的油-水、油-气、气-水数据组成我们要用于分类的结构,五层模型的油-水、油-气和气-水,七层模型的油-水、油-气和气-水 6 个数据文件。比如,由五层含油模型的数据文件 z-gas-5si-0328-Atrb.dat 和含水的数据文件 z-wat-5si-0321_1_Atrb.dat,通过对比,得到 9 个有意义的属性,之后,从 z-gas-5si-0328-Atrb.dat 中和 z-wat-5si-0321_1_Atrb.dat 中分别选出 11 组数据,放在一起,组成 gas-wat.dat。

下一步利用前面的模式识别方法,对每个数据文件中的数据进行特征提取和聚类分析,看它们能否分为两类,分成的两类是不是按不同的流体性质划分。

第一个数据文件 gas-wat.dat(气和水),我们是从 z-gas-5si-0328-Atrb.dat 和 z-wat-5si-0321_1_Atrb.dat 中抽取的数据,其中对分类有利的属性为

(1) 瞬时真振幅 f

(2) 反射强度的斜率 SlopA

(3) 第 3 个频谱值频率 PeakFrq3

(4) 自相关峰值的比率 RioRxxF

(5) 第 4 个频区的分频能量 EgPerFreq04

(6) 第 10 个频区的分频能量 EgPerFreq10

(7) 第 1 个频区的分频相位 gmPerFreq01

(8) 第 7 个频区的分频相位 gmPerFreq07

(9) 第 8 个频区的分频相位 gmPerFreq08

如果将上列所有的属性都选上,进行识别,得到的结果和预期的一样,即数据被分为两类(见图 2.33)。第 1 组至第 11 组为一类,第 12 组至第 22 组为一类,刚好前 11 组数据是从 z-gas-5si-0328-Atrb.dat 中得到的数据,后 11 组数据是从 z-wat-5si-0321_1_Atrb.dat 中得到的数据,即把气和水很好地分开。同时可以得出:第 3、9、4、8 个属性对分类的贡献较大,因此在特征提取中它们被保留下来;但如果去掉其中的某些属性,有的能达到预期的效果,有的则不能达到,这说明属性的选择对分类很重要(见图 2.34)。

第二个数据文件 gas-oil.dat(油和气),我们是从 z-gas-5si-0328-Atrb.dat 和 z-oil-5si-0330-Atrb.dat t 中抽取的数据,其中对分类有利的属性为

(1) 自相关峰值的比率 RioxxF

(2) 采样值的算术平均 AvgsmPG

(3) 第 5 个频区的分频能量 EgPerFreq05

(4) 第 6 个频区的分频能量 EgPerFreq06

(5) 第 7 个频区的分频能量 EgPerFreq07

(6) 第 2 个频区的分频相位 gmPerFreq02

(7) 第 5 个频区的分频相位 gmPerFreq05

(8) 第 6 个频区的分频相位 gmPerFreq06

同样将所有上列的属性都选上,进行识别,得到的结果和预期的一样,即数据被分为两

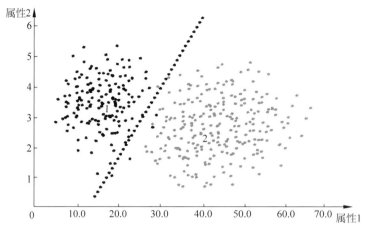

图 2.33　模式识别的地震物理模型属性两类平面分布图

地震物理模型得到的结果和预期的一样,即数据被分为两类

类,第 1 组至第 11 组为一类,第 12 组至第 22 组为一类,刚好是前 11 组数据从 z-gas-5si-0328-Atrb. dat 中得到的数据,后 11 组数据是从 z-oil-5si-0330_Atrb. dat 中得到的数据,将含气模型和含油模型很好地分开。同时还可以知道第 4、6、8 个属性对分类的贡献较大。

它们在特征提取中被保留了下来。如果去掉其中的某些属性,同样有的能达到预期的效果,有的则不能达到。

第三个数据文件、第二个数据文件 wat—oil. dat(油和水),我们是从 z-wat-5si-0321-1-Atrb. dat 和 z-oil-5si-0330-Atrb. dat t 中抽取的数据,其中对分类有利的属性为

（1）瞬时真振幅 f

（2）瞬时相位的余眩 CosGama

（3）视极性 Polarity

（4）自相关峰值的比率 RioxxF

（5）采样值的算术平均 AvgSmpF

（6）第 6 个频区的分频能量 EgPerFreq06

（7）第 7 个频区的分频能量 EgPerFreq07

（8）第 9 个频区的分频能量 EgPFreq09

（9）第 10 个频区的分频能量 EgPFreq10

（10）第 3 个频区的分频相位 gmPerFreq03

（11）第 1 个频区的分频相位 gmPerFreq01

（12）第 4 个频区的分频相位 gmPerFrq04

第一次运算仍然是把属性全部选上,经特征提取后,保留的属性为第 3、5、12 个。

聚类分析后也可以得到两类数据,1～11 为一类,12～22 为一类,即第一类为水,第二类为油,和我们的要求一致。

第四个数据文件是第七层的 gas-oil. dat （气和油）,是从 z-gas-7si-0329-Atrb. dat 和 z-oil-7si-0331-Atrb. dat 中选出的。其中对分类有利的属性为

（1）视极性 Polarity

（2）复合包络差 cmpPKDif

（3）第 7 个频区的分频瞬时振幅 fPerfreq07

（4）第 1 个频区的分频瞬时振幅 fPerFreq01

（5）第 2 个频区的分频瞬时振幅 fPerFreq02

（6）第 6 个频区的分频瞬时振幅 fPerFreq06

（7）第 3 个频区的分频相位 gmPerFeq03

（8）第 4 个频区的分频相位 gmPerFreq04

（9）第 5 个频区的分频相位 gmPerFreq05

（10）第 7 个频区的分频相位 gmPerFreq07

（11）第 8 个频区的分频相位 gmPerFreq08

（12）第 9 个频区的分频相位 gmPerFreq09

第一次的运算我们仍然是把属性全部选上，经特征提取后，保留的属性值为第 1、9、12 个。

聚类分析后也可以得到两类数据，1～11 为一类，12～22 为一类，即第一类为气，第二类为油，和我们的要求一致。

第五个数据文件是第七层的 gas-wat.dat（气和水），是从 z-gas-7si-0329-Atrb.dat 和 z-wat-7si-0323-Atrb.dat 中选出的。其中对分类有利的属性为

（1）瞬时正交振幅 q

（2）响应相位 RspPhase

（3）第 3 个频区的分频能量 EgPerFreq03

（4）第 2 个频区的分频能量 EgPFreq02

（5）第 2 个频区的分频相位 gmPerFreq02

（6）第 7 个频区的分频相位 gmPerFreq07

（7）第 8 个频区的分频相位 gmPerFreq08

这一组数据相对其他几组数据来说，稍微差一点，在进行数据的选择时，找到很好的有价值的属性不多，就以上的七组属性进行特征的提取和聚类，大致能分为两类，有极个别道的气和水不是太明显。说明属性的选择对分类成功很重要。

第六个数据文件是第七层的 oil—wat.dat（油和水），是从 z-oil-7si-0331—Atrb.dat 和 z-wat-7si-0323-Atrb.dat 中选出的。其中对分类有利的属性为

（1）峰值振幅的最大值 MaxPeakF

（2）复合包络差 CmPKDif

（3）具体的频率带宽能量 CnrtEngy

（4）振幅斜率 SlopF

（5）相关长度 Rxypdsts

（6）第 3 个频区的分频能量 EgPerFreq03

（7）第 2 个频区的分频相位 gmPerFreq02

（8）第 4 个频区的分频相位 gmPerFreq04

开始的运算我们仍然是把属性全部选上，经特征提取后，保留的属性值为第 2、6、8 个。

聚类分析后也可以得到两类数据，1～11 为一类，12～22 为一类，即第一类为水，第二

类为油，和我们的要求一致。

以上事实说明，如果我们的属性选择得准确，在模式识别过程中能够将最有价值的属性选择出来（见图 2.34）。从而得到正确的结果。

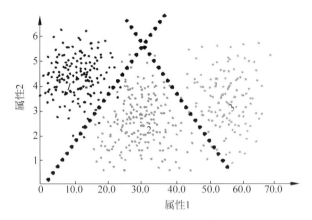

图 2.34   模式识别的地震物理模型属性三类平面分布图

七层地震物理模型属性油、气、水分类三类平面示意图

2. 模式识别方法在实际地震数据的试验论证

在实际工作中，共选择了杜 205、杜 322、古 2、古 202、古 431、古 932、古 95、古 98、古 931、金 3、金 10、金 20、金 22、金 23、金 24、金 25、金 33、金 391、金 393、金 53、金 55、龙 29、齐深 1，共 23 口井，23 条测线。

在这些剖面中，含油层有效厚度超过 3 米的井有古 2、古 932、古 95、古 931、金 20、金 22、金 23、金 24、金 25、金 393、金 53、金 55、龙 29，共 13 口井。

按照选取的属性值，根据相应的 CDP 道集，从每口井的叠加剖面中分别选取一组道集，再到 CDP 道集中，将这些数据合并为一个数据文件。在这次的识别分类中，由于没有大地坐标，给数据选取工作带来了不准确性，因为地震属性有明显的区域性。

根据实际情况，选择了如下的两组属性。

第一组：瞬时真振幅、瞬时真振幅乘以瞬时相位的余弦、分频相位、复合包络差、视极性、功率谱对称性、衰减敏感带宽、采样值算出算术平均、正振动和负振动之比。

第二组：瞬时真振幅、分频相位、复合包络差、视极性、衰减敏感带宽、采样值算出算术平均、正振动和负振动之比。

具体的描述见表 2.20。

表 2.20   不同井号地震测线模式识别法属性含油性预测统计表

井序号	井号	实际含油性	第一组属性理论含油性	第二组属性含油性
1	金 10	无	无	无
2	金 55	有	有	有
3	杜 322	无	有	有
4	金 25	有	有	有
5	金 23	有	有	有
6	金 24	有	有	无
7	古 2	有	无	有

续表

井序号	井号	实际含油性	第一组属性理论含油性	第二组属性含油性
8	古 202	无	有	有
9	齐深 1	无	无	无
10	龙 29	有	无	有
11	古 98	无	无	有
12	古 431	无	无	无
13	金 20	有	有	有
14	金 393	有	有	有
15	金 22	有	有	有
16	金 391	有	有	无
17	金 3	无	无	无
18	古 931	无	无	无
19	金 33	无	无	有
20	古 932	有	无	无
21	杜 205	无	无	有
22	古 95	有	有	有
23	金 53	有	有	有

总之,地震属性油气识别程序对理论模型和地震物理模型的预测计算表明了它的有效性,对实际地震数据的预测还需要做精细的工作。

3. 小结

地震属性油气识别方法目前有多种,聚类分析与 FISHER 判别是一种理论上较为成熟方法,且计算速度快。

可提取地震属性种类很多,其中大多数是相关属性。所以优选地震属性或属性降维尤为重要,在处理中的策略是由粗到精、由经验型到确定型、逐步推进的方法。首先,用交互处理的界面,人为去除相关性明显的属性。其次,人工剔除变化异常的属性。

用物理模型实验结果做指导,优选物理模型与实际地震资料重叠的地震属性,考虑到物理模型与实际地震资料采集环境不同,需补充一些独立性强的地震属性参与聚类分析。

在聚类分析前对地震属性进行平滑压制随机干扰,然后,由 KL 变换(确定型方法)降维,最终确定参与聚类分析的地震属性种类,一般不超过 10 种。

根据试算结果,分频相位、复合包络差、正振动和负振动之比对油气识别为有利的地震属性,因为聚类分析采用的地震属性综合效应,其中物理机理有待进一步深入研究。

其中,物理模型与实际地震资料处理过程中,在地震属性参数选择上是用物理模型参数指导,尽管有些地震属性名称不同,但都是相关性强的属性,这样做的目的是积累地震分类信息,为以后深入研究地震属性机理做准备。

在完成该项目的过程中,我们对理论模型、物理模型与大庆实际地震资料进行了试算,结果较准确。

2.7.5　模式识别预测方法在油气田预测中的应用及效果

在新疆 BBT 地区的一个油田,处理区目的层是侏罗系西山窑组(T_8^2)到八道湾组(T_8^4)。西山窑组是一套浅灰色砾状砂岩与灰、深灰色泥岩,碳质泥岩,黑色煤层不等厚互层,残厚

280m；三工河组（T_8^3）是一套灰色、杂色砾岩、砾状砂岩、砂岩与灰、深灰色泥岩互层，夹碳质泥岩及煤线，厚约 220m，中上部属于扇缘漫滩及漫湖类型为主的沉积。底部或下部为瓣状河道砂；八道湾组（T_8^4）是一套灰色、灰白色砾状砂岩，细砂岩夹灰色泥岩，碳质泥岩及煤层，厚约 300m。西山窑组、八道湾组均为漫滩、沼泽相的细碎屑岩类沉积。这样的沉积相，用常规地震方法进行储层和油气横向预测，难度是很大的。

使用"储层物性参数处理技术"，处理控制 BBT 地区 23 条测线的地震孔隙度、视渗透率、吸收系数、流体密度、层速度、密度 6 类物性参数。

以目的层 T_8^2 为顶界取 10 个样点的平均值，绘制物性参数平面图。然后用聚类分析与 FISHER 判别方法，分成三组进行识别。

储层的横向预测，用地震孔隙度和视渗透率两个参数。地震孔隙率大于 8% 的数值分为 5 个级别。由于在生产实践中，我们发现储层的质量还与视渗透率有关。为了找出最好的储集层需要进一步了解视渗透率的空间分布及与地震孔隙度的相关性，暂定地震孔隙度大于 10%、视渗透率大于 $200 \times 10^{-5} \mu m^2$，这两个条件作为质量好的储层，联合分析，可以对储层的质量进行评价。图左侧就是上述两种参数边界的分区，称为储层质量分析图。

考虑到处理区是煤层发育地区，在常规的波阻抗剖面中，煤系地层与含油气储层有类似性，但从我们处理的物性剖面可看出煤层的特点：低密度、低速度和低孔隙度，与含油气储层是有区别的。为了看清储层密度、速度的空间变化，同样绘制了层密度平面图和层速度平面图。

密度平面图取密度为 2.15 的等值线和层速度平面图中速度为 2500 的等值线作为与含油气储层有关的分界。但它是不是煤层的反映呢？我们与储层质量分析图进行聚类分析，发现这条低密度、低速度带正与高孔隙高渗透储层相对应，显然它不是煤层见图 2.35。因此认为这条密度低带可能反映一条古河道，或浊积砂体，而且与油藏分布有关。此外，还可以由吸收系数获得证实，一般煤层的顶界有强吸收现象，而煤层内部吸收系数很弱。

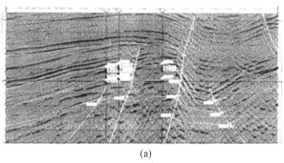

(a)

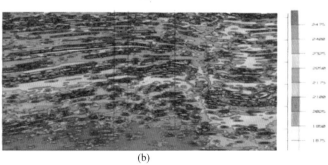

(b)

图 2.35　研究区 BBT 油田地震剖面对比图

(a) 原始地震剖面图；(b) 密度剖面图

　　根据这些物性参数平面图的特征,采用模式识别方法可以比较有把握地预测目的层油气富集区如图 2.36(b)所示,根据这张图可初步估算地质储量,部署开发井,降低钻井的风险,加快油田的开发速度。

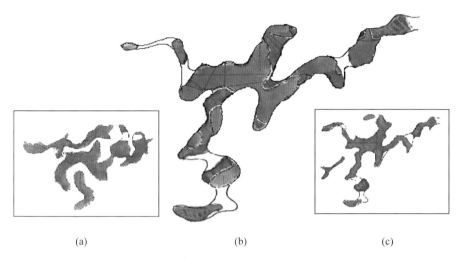

(a)　　　　　　　　　　(b)　　　　　　　　　　(c)

图 2.36　研究区 BBT 油田的不同属性对比图
(a) 孔隙度和渗透率叠合图；(b) 目的层有利油气富集区；(c) 密度和速度叠合图

2.8　克里金预测方法

2.8.1　克里金预测方法的起源和发展

　　克里金方法(Kriging)是以南非矿业工程师 D. G. Krige(克里格)名字命名的一项实用空间估计技术,是地质统计学的重要组成部分,也是地质统计学的核心。

　　克里金方法是伴随着采矿业的发展而兴起的一门新兴的应用数学的分支,最初起源于矿床估计问题。20 世纪 50 年代初,克里金最先发现金属分布具有空间上的相互联系,法国巴黎国立高等矿业学院的 G. 马特隆教授于 1962 年将克里金的发现升华为理论,一定程度上解决了矿床储量计算和误差估计问题,而他也提出了"地质统计学"概念(法文 Geostatistique)并发表了专著《应用地质统计学论》,阐明了一整套区域化变量的理论,为地质统计学奠定了理论基础。美国斯坦福大学应用地球科学系 A. G. Journel 教授于 1978 年出版了《矿业地质统计学》,对地质统计学进行了系统的叙述,并总结了地质统计学在矿业中应用的实际经验。我国 1977 年初步引入克里金方法以来,克里金方法在理论和应用上取得了前所未有的发展,在石油勘探开发领域也得到了广泛应用,成为储层和油藏参数的空间估计、建模及非均质性分析的有力工具。

2.8.2　克里金预测方法的数学工具和理论基础

　　设 $x_1, x_2, \cdots, x_n$ 为区域上的一系列观测点,$z(x_1), z(x_2), \cdots, z(x_n)$ 为相应的观测值。区域化变量在 x_0 处的值可采用一个线性组合来估计：$z^*(x_0)$

$$z^*(x_0) = \sum_{i=1}^{n} \lambda_i z(x_i) \tag{2.197}$$

无偏性和估计方差最小被作为 λ_i 选取的标准。

无偏：$E[Z(x_0) - Z^*(x_0)] = 0$；

最优：$\mathrm{Var}[Z(x_0) - Z^*(x_0)]$ 最小。

1. 无偏条件的克里金方法

从本征假设出发，可知 $E[Z(x)]$ 为常数，有

$$E[Z^*(x_0) - Z(x_0)] = E\left[\sum_{i=1}^{n} \lambda_i Z(x_i) - Z(x_0)\right]$$

$$= \left(\sum_{i=1}^{n} \lambda_i\right) m - m = 0 \tag{2.198}$$

可得到关系式 $\sum_{i=1}^{n} \lambda_i = 1$。

2. 方差最小估计的克里金方法

$$\min \sigma_k^2 = E\left[\{(Z^*(x_0) - Z(x_0)) - E(Z^*(x_0) - Z(x_0))\}^2\right]$$

$$= E\left[(Z^*(x_0) - Z(x_0))^2\right] \tag{2.199}$$

应用拉格朗日乘数法求条件极值 $\dfrac{\partial}{\partial \lambda_j}\left[E\left[(Z^*(x_0) - Z(x_0))^2\right] - 2\mu \sum_{i=1}^{n} \lambda_j\right] = 0, j = 1,$ $2, \cdots, n$ 进一步推导，可得到 $n+1$ 阶的线性方程组，即克里金方程组

$$\begin{cases} \sum_{i=1}^{n} \bar{C}(x_i - x_j)\lambda_i - \mu = \bar{C}(x_0 - x_j), \quad j = 1, 2, \cdots, n \\ \sum_{i=1}^{n} \lambda_i = 1 \end{cases} \tag{2.200}$$

当随机函数不满足二阶平稳，而满足内蕴（本征）假设时，可用变差函数来表示克里金方程如下：

$$\begin{cases} \sum_{i=1}^{n} \bar{\gamma}(x_i - x_j)\lambda_i + \mu = \bar{\gamma}(x_0 - x_j), \quad j = 1, 2, \cdots, n \\ \sum_{i=1}^{n} \lambda_i = 1 \end{cases} \tag{2.201}$$

最小的估计方差，即克里金方差可用以下公式求解：

$$\sigma_k^2 = C(x_0 - x_0) + \mu - \sum_{i=1}^{n} \lambda_i C(x_i - x_0) \tag{2.202}$$

$$\sigma_k^2 = \sum_{i=1}^{n} \lambda_i \gamma(x_i - x_0) + \mu - \gamma(x_0 - x_0) \tag{2.203}$$

3. 数学模型

变差函数（或叫变程方差函数，或变异函数）是地质统计学特有的基本工具。它既能描述区域化变量的空间结构性变化，又能描述其随机性变化。

一维情况下的定义：

假设空间点 x 只在一维的 x 轴上变化，则将区域化变量 $Z(x)$ 在 x，$x+h$ 两点处的值之差的方差之半定义为 $Z(x)$ 在 x 轴方向上的变差函数，记为 $\gamma(x,h)$

$$\gamma(x,h) = \frac{1}{2}\mathrm{Var}[Z(x) - Z(x+h)]$$

$$= \frac{1}{2}E[Z(x) - Z(x+h)]^2 - \{E[Z(x) - Z(x+h)]\}^2 \quad (2.204)$$

在二阶平稳假设，或做本征假设，此时：

$$\gamma(x,h) = E[Z(x) - Z(x+h)]^2 \quad (2.205)$$

上述公式涉及的物理意义如下：

(1) 变程(Range)：指区域化变量在空间上具有相关性的范围。在变程范围之内，数据具有相关性；而在变程之外，数据之间互不相关，即在变程以外的观测值不对估计结果产生影响。

(2) 块金值(Nugget)：变差函数如果在原点间断，在地质统计学中称为"块金效应"，表现为在很短的距离内有较大的空间变异性，无论 h 多小，两个随机变量都不相关。它可以由测量误差引起，也可以来自矿化现象的微观变异性。在数学上，块金值 c_0 相当于变量随机性的部分。

(3) 基台值(Sill)：代表变量在空间上的总变异性大小。即变差函数在 h 大于变程时的值，为块金值 c_0 和拱高 c_c 之和。拱高为在取得有效数据的尺度上，可观测得到的变异性幅度大小。当块金值等于 0 时，基台值即拱高。

地质变量相关性具有各向异性，变差函数在空间各方向上的变程不同，但基台值不变（变化程度相等）。这种情况能用一个简单的几何坐标变换将各向异性结构变换为各向同性结构。不同方向的变差函数具有不同的基台值，这种情况不能通过坐标的线性变换转化为各向同性，因而结构套合是比较复杂的。常见的变差函数理论模型包括球状模型、指数模型、高斯模型、幂函数模型、空洞效应模型等。可以通过区域化变量的空间观测值来构建相应的变差函数模型，以表征该变量的主要结构特征（求变差）。

2.8.3 克里金预测方法的优缺点

1. 克里金预测方法的优点

(1) 估计具有无偏性。

(2) 反映了变量的空间结构性。

(3) 能得到估计精度。

2. 克里金预测方法的缺点

(1) 克里金插值为局部估计方法，对估计值的整体空间相关性考虑不够，它保证了数据的估计局部最优，却不能保证总体最优，因为克里金估值的方差比原始数据的方差小。因此，当井点较少且分布不均时可能出现较大的估计误差，特别是在井点之外的无井区误差可能更大。

(2) 克里金插值法为光滑内插方法，为减小估计方差而对真实观测数据的离散性进行了平滑处理，虽然可以得到因光滑而更美观的等值线图或三维图，但一些有意义的异常带也可能被光滑作用而"光滑"掉了。所以，有时克里金方法被称为一种"移动光滑窗口"。

2.8.4 克里金预测方法的应用领域

自克里金方法创建以来,半个多世纪的发展使它日渐成熟,应用领域也逐渐由单一的地质统计预测转向各方面,诸如环境科学研究、渔业资源估计、储层和油藏参数的空间估计、建模及非均质性分析等均有克里金方法的用武之地。图 2.37 是我国西部地区(MXZ)一个油田,根据"储层物性参数处理技术",处理控制 MXZ 地区的三维流体密度数据,使用克里金方法获得的流体密度平面图,预测该油田的油气分布,取得了很好的地质效果。

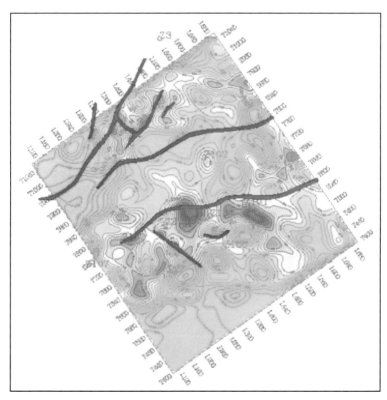

图 2.37 克里金方法的 MXZ 油田流体密度平面分布图

2.9 专家系统预测方法

2.9.1 专家系统预测方法的起源和发展

现代人工智能是 1956 年诞生的一门综合性学科,旨在研究如何利用计算机等现代化工具设计一种系统来模仿人类的智能行为。从图形、图像、语言、文字的识别到自然语言理解,从博弈、自动定理证明、自动程序设计、数据库的智能检索到机器人,人工智能的应用领域十分宽广。20 世纪 60 年代中期以后,人工智能由追求万能、通用的一般研究转入特定的具体研究,通用的解题策略与特定领域的专业知识与实际经验结合,产生了以专家系统为代表的基于知识的各类人工智能系统,使人工智能真正走向社会、走向实际应用研究。

1965 年,英国人费根鲍姆(E. A. Feigenbaum)开创了基于知识的专家系统(Expert

System,缩写为 Es)这一人工智能的新领域,并于同年开始研制世界上第一个专家系统——用于确定某类有机化合物的分子结构式的专家系统(DENDRAL)。明确了专家系统并不是试图发现强有力并通用问题的求解方法,他把研究范围缩小在一个特定的相对狭小的专业领域。人类专家之所以成为专家,是因为他拥有解决专业领域问题的大量专门知识,包括各种有用的诀窍和经验,专家系统实际上是在计算机上实现的这种领域专家的模仿物。麻省理工学院 1968 年开始研制的 MACSYMA 系统是一个大型的数学符号专家系统。该系统从应用数学家那里获得了几百条关于一个表达式与另一个表达式之间转换的规则,擅长于易引起组合爆炸的符号表达式化简,能执行微分、积分、解方程、台劳级数展开、矩阵运算、向量代数等 600 多种不同的数学符号运算。在 DENDRAL 和 MACSYMA 的影响下,一大批专家系统从化学、数学、医学、生物工程、化学工程、地质探矿、石油勘探、气象预报、地震分析、过程控制、系统设计、计算机配置、集成电路测试、电子线路分析、金融决策、情报处理、法律咨询和军事决策等方面涌现出来。著名的 MYCIN 系统便是斯坦福大学人工智能研究所于 1973 年开始研制的一个诊断和治疗细菌感染性血液病的专家咨询系统。该系统可以看成DENDRAL 系统的直接后继者,并具有更广泛的影响。其知识包括约 450 条"前提结论"型的关于细菌性血液感染的诊疗规则,系统根据事先提供的数据和主动向内科医生询问的数据,对照和运用相应的规则,最终给出诊断和治疗方面的咨询性建议。经专家小组对医学专家、实习医师及 MYCIN 系统的行为进行正式测试评价,认为 MYCIN 的行为超过了其他所有人,尤其是在诊断和治疗菌血症和脑膜炎方面,显示了该系统作为临床医生实际助手的前途。

专家系统的研制促进了人工智能理论和技术的发展,开辟了计算机求解非数值问题的有效途径。专家系统已成为世界各国最热门的竞争性研究课题,我国对于专家系统的研究工作起步较晚,但经过 20 年的艰苦努力,已经在理论研究和应用开发方面取得了很大进展,在中医治疗、油井记录分析、地震预测、气象预报、军事指挥、作战模拟、战场管理等方面研制了一批专家系统,取得了明显的经济效益和社会影响。

2.9.2　专家系统预测方法的优缺点

(1) 存储问题求解所需的知识。

(2) 存储具体问题求解的初始数据和推理过程中涉及的各种信息,如中间结果、目标、子目标及假设等等。

(3) 根据当前输入的数据,利用已有知识,按照一定的推理策略,解决当前问题,并能控制和协调整个系统。

(4) 能够对推理过程、结论或系统自身行为做出必要的解释,如解题步骤、处理策略、选择处理方法的理由、系统求解各种问题能力、系统如何组织和管理其自身知识等。

(5) 提供知识获取、机器学习及知识库的修改、扩充和完善等维护手段,只有这样才能更有效地提高系统的问题求解能力及准确性。

(6) 提供一种用户接口,既便于用户使用,又便于分析和理解用户的各种要求和请求。

2.9.3　专家系统预测方法的数学工具和理论基础

1. 专家系统结构的两个主要组成部分

(1) 知识库,由若干个不同功能的规则库组成。为了进行解释,要使用多种知识,其中既有定性的知识，也有定量的数据。一般专家系统拥有专家的几百条规则，还有分类树知识。要借助计算机自动解释各种信息和数据。每类知识都按固定格式书写，编辑成各类文件，构成知识文件库。

（2）推理库，记录解释结果，实现各类知识间的联系。从全局数据库中选择成分，使特征的匹配最优，并把解释结果显示给用户，供用户与实际的资料进行比较，以验证解释是否准确。

2. 知识表示与知识库的建立

专家系统的核心是强有力的知识库，它的建立依赖于知识表示方法。知识表示方法既要考虑知识的存储形式，又要考虑知识的使用，是数据结构和控制结构的统一体。常用的知识表示方法如下。

1）神经网络的知识表示

人工神经网络是由大量神经元节点广泛互连而组成的复杂网络拓扑，用于模拟人类进行知识和信息的表示、存储和计算行为。神经网络中的知识表示方式有两种：一种是局部知识表示方式，这是一种直接表示法，其每个神经元表示一个概念或符号，神经元之间的连接则与概念或符号之间的关系相对应，它可以根据问题的需要解释成一个概念或符号对另一个概念或符号的关联程度，或者解释为求解问题中的推理规则，等等；另一种是分布式的表示方式，信息、概念或符号通过多个神经网络的某些动作或动态模式表达，也就是说，一个概念或符号通过多个神经元，而不是单个神经元表达。优点：①容错性，即使部分网络丢失，对网络存储数据的影响也不大；②适应性，即使有些神经元丢失，只要剩有足够的神经元，网络就能重新训练而达到它的初始水平。缺点：一般不适用于精确计算或要求最优解的应用。

2）产生式系统

依据人类大脑记忆模式中各种知识块之间大量存在的因果关系或"条件—动作"式，用形式为 if〈前提〉then〈动作〉或〈结论〉型的产生式规则来表示知识。主要优点：①模块化，每条规则可以自由增删改；②自然性，可以方便地表示专家的知识和经验；③有利于表示启发式知识，易于知识获取。主要缺点：效率低，不灵活，规则结构对复杂、大型及动态概念不能很好地表示。目前已是专家系统中使用最广泛的一种表示方法，一般将这种系统称为基于规则的系统。

3）语义网络

语义网络作为人类联想记忆的显式心理学模型，用结点和有向弧组成的网络描述知识。结点表示事物、概念或事件，弧表示所连结点之间的特定关系。一种关系对应一种推理模式。这种显式表示直观清晰，便于理解。优点：具有灵活性，网络中的结点和有向弧可以按规定不加限制地定义。主要缺点：随着结点的增加，其管理变得十分复杂，很难给出某个对象或属性值的修改对整个系统的影响，使系统难于开发和维护。

4）逻辑系统

命题逻辑和谓词逻辑是最早用于知识表示的一种模式，是一种符合人类思维的叙述性知识表示方法。优点：精确，无二义性，与自然语言相似，易于理解。缺点：表示知识的能力有限，且工作效率低。

5）框架结构

框架结构反映人类通过一般性知识认识个别事物的特点，用称为框架的数据结构表示事物。每个框架含有若干代表事物属性的槽,属性值就是槽值,可以取数值、常量或某种符号结构,也可以调用另一框架,以进一步描述该属性,还可以附上动态特性的过程描述。槽值还可以缺省,取缺省值。具有类属关系的事物框架之间构成有某种继承关系的层次体系。这种表示法结构规整、处理简单。优点:①提供默认值显式表示,适合表示常识性知识;②容易附加过程信息;③其层次结构提供继承特性。主要缺点:①许多实际情况与框架原型不符;②对新的情况不易适应。

6)面向对象的表示法

在面向对象的知识系统中,各种资源和智能实体均称为对象。人们在认识问题和分析问题时,总是把问题分解为一些对象,以及对象之间的组合和联系。使用计算机进行问题求解时,本质上都是用某种程序语言规定对解空间的对象施加一系列操作,以此结果映射问题的解。在面向对象的系统中,问题的求解或程序的执行是依靠对象间传递消息完成的。而传递一个消息给某对象就需要应用适当的方法,以进行相应的消息处理或回答某些信息。消息是指发送者给出的信息,只告诉接受者需要做什么,但不指明其应怎样做。最初的消息通常来自用户的输入,某一对象在处理相应的消息时,如果需要,又可以通过传递消息请求其他对象完成某些处理工作或回答某些信息,其他对象在执行所要求的处理时同样可以通过传递与别的对象联系,如此下去,直到得到问题的解。用面向对象的方法描述知识具有封装性好、层次性强等明显优点。

通过对知识的表示方法、知识库建立的步骤进行系统深入的研究,考虑到油田管网改造设计方面的知识可以表示为相互独立且具有统一形式的规则,本系统知识库的建立采用产生式规则的知识表示方法。即从领域专家处获得的知识,经过组织后以规则 if〈前提〉Then〈动作〉或〈结论〉的形式存储在知识库中。根据经验,知识的良好组织是系统能够灵活应用的必要条件,为此知识库采用模块化结构,即把知识划分为若干相互独立的知识库,如管线连接知识库、问题诊断知识库、管网改造知识库、管网扩建知识库等。系统工作时,推理机根据实际情况将相应知识库调入内存使用,实现了知识库与推理机的分离,使解决问题的知识与使用知识的程序分离开来,保证了专家系统的透明性和灵活性,提高了系统的可移植性。

知识库建立的步骤依据以下几点:首先是知识的获取,即通过知识工程师深入分析,将现场专家及相关文献的重要知识和仿真运行后获取的计算数据转换为合适的符号形式;其次是将这些符号按类别整理成相应的知识库文件;最后是与仿真运行程序主体建立相应的连接,以便根据专家系统给出的改造建议进行注水管网的模拟改造。

3. 推理机

推理是从一个或几个判断中得出一个新判断的思维形式。任何推理都有这样两个组成部分,即推理依据的判断(已知判断)及推出的新判断。前者叫作前提,它包括知识库中的领域知识及问题的初始证据;后者叫作结论,是由已知判断推出的新判断。在智能系统中,推理是由计算机程序实现的,称为推理机。人类的智能活动有多种推理方式,人工智能作为对人类智能的模拟,相应地也有多种推理方式,下面分别从不同角度简要地介绍一下这些推理方式。

1)根据推理时所用知识的确定性来划分

(1)精确推理:是指前提与结论之间有确定的因果关系,并且事实与结论都是确定的。

（2）不精确推理：现实世界中的事物和现象大都是不严格的、不精确的，许多概念是模糊的，没有明确的类属界限，例如子叶、幼茎受害有程度轻重，病斑的边缘颜色也许不很明显等等；另外，为了推理而收集的事实和信息也往往是不完全的和不精确的。因此，由这些知识归纳出来的推理知识也往往是不精确的。基于这种不精确的推理知识进行推理，形成结论，称为不精确推理。

2）根据推理的方向划分

（1）正向推理。其基本思想是：从已有的信息（事实）出发，寻找可用知识，通过冲突消解选择启用知识，执行专家系统的理论研究启用知识，改变求解状态，逐步求解直至问题解决。

（2）反向推理。其基本思想是：首先提出某个假设，然后寻找支持该假设的证据，若所需的证据都能找到，说明原假设是正确的；若无论如何都找不到所需要的证据，说明原假设不成立，此时需要另作新的假设。

（3）混合推理。混合推理控制策略是一种综合利用正向推理和反向推理各自优点的有效方法。其思想为：先由正向推理帮助选择初始目标，即从已知事实演绎出部分结果，据此选择一个目标，然后通过反向推理求解该目标，在求解该目标时又会得到用户提供的更多信息，再正向推理，求得更接近的目标，如此反复，直到问题求解为止。

4. 全局数据库

全局数据库是反映当前问题求解状态的集合，用于临时存放求解问题所需的各种初始数据或证据。全局数据库中的各种事实、断言和数据组成的状态，既是推理机选用知识的依据，也是解释系统获得推理路径的来源。在管网改造专家系统中，全局数据库用于临时存放程序运行期间由专家系统产生的各种中间信息，以及仿真运行后获取的计算数据，如管线当前流量、节点压力等。

5. 解释系统

根据知识的语义，对找到的知识进行解释执行，并把结果记录到全局数据库的适当空间中。管网改造专家系统采用交互方式，根据用户的提问，对系统给出的改造建议、推理过程及系统当前的求解状态提供必要说明，便于用户理解系统针对问题的求解过程。在知识库的完善过程中还方便发现和定位知识库中的错误，使用户能够从问题的求解过程中得到直观学习。

6. 知识获取系统

（1）机械式知识获取。通过知识工程师与领域专家对话，把专家经验编入计算机程序、存入知识库。

（2）半自动知识获取。领域专家通过与编辑程序对话，把经验知识输入知识库，这种对话是按一定格式进行的。

（3）自动知识获取，也称机器学习。领域专家直接同系统对话而无须知识工程师介入，专家的对话内容通过具有自学习功能的系统自动变换成知识库中的知识，或进行知识库的修改。

本系统由于处于研制初期，主要精力投入专家系统整体结构的研究中，而且由于收集的经验知识量有限，不足以找出其共性规律，以致暂时无法进行高级知识获取方法的研究。

所以采用了最为简单实用的机械式知识获取方法。当进行管网改造时,用户将与现场专家交流、查阅文献并组织好仿真计算后获得的该领域独有的规则库和事实库,按照系统要求的格式输入。每当一套注水管网应用完善之后,专家系统将其中的事实库和规则库作为典型例库保存起来,方便以后进行相似情况的管网改造。另外,良好的用户界面,在输入知识库时可进行人机交互方式进行全屏幕操作并提供帮助,使用户完成专业知识的输入。知识本身的特性决定了知识的获取是一个反复进行、不断扩充和完善的过程。

7. 知识库管理系统

知识库管理系统提供了知识表达结构需要的编辑与管理功能。根据管网改造专家系统知识库的结构及知识的组织形式,具有针对性地编制了知识库管理系统,实现了对管网改造方面知识的组织和存储、知识的检索、知识的增加、删除和修改等功能。

2.9.4　专家系统预测方法在工农业中的应用

最初的专家系统是人工智能的一种应用,但由于其重要性及相关应用系统迅速发展,它已是信息系统的一种特定类型。专家系统一词系由"以知识为基础的专家系统"而来,这种系统应用计算机中储存的人类知识,解决一般需要专家才能处理的问题,它能模仿人类专家解决特定问题时的推理过程,因而可供非专家用来增进解决问题的能力,同时专家也可把它视为具备专业知识的助理。由于在人类社会中,专家资源相当稀少,有了专家系统,则可使此珍贵的专家知识获得普遍的应用。

近年来专家系统技术逐渐成熟,广泛应用于工程、科学、医药、军事、商业等方面,而且成果相当丰硕,甚至在某些应用领域,还超过人类专家的智能与判断。其功能应用领域概括如下。

(1) 解释(interpretation)——如肺部功能检测(PFT)。

(2) 预测(prediction)——如预测可能由黑蛾造成的玉米损失(如 PLAN)。

(3) 诊断(diagnosis)——如诊断血液中细菌的感染(MYCIN),又如诊断汽车柴油引擎故障原因的 CATS 系统。

(4) 故障排除(fault isolation)——如电话故障排除系统 ACE。

(5) 设计(design)——如专门设计小型马达弹簧与碳刷的专家系统 MOTORBRUSHDESIGNER。

(6) 规划(planning)——最出名的有辅助规划 IBM 计算机主架构的布置,重安装与重安排的专家系统 CSS,以及辅助财物管理的 PlanPower 专家系统。

(7) 监督(monitoring)——如监督 IBM MVS 操作系统的 YES/MVS。

(8) 除错(debugging)——如侦查学生减法算术错误原因的 BUGGY。

(9) 修理(repair)——如修理原油储油槽的专家系统 SECOFOR。

(10) 行程安排(scheduling)——如制造与运输行程安排专家系统 ISA,又如工作站(work shop)制造步骤安排系统。

(11) 教学(instruction)——如教导使用者学习操作系统的 TVC 专家系统。

(12) 控制(control)——帮助 digital corporation 计算机制造及分配的控制系统 PTRANS。

(13) 分析(analysis)——如分析油井储存量的专家系统 DIPMETER 及分析有机分子可能结构的 DENDRAL 系统,它是最早的专家系统,也是最成功者之一。

（14）维护（maintenance）——如分析电话交换机故障原因之后，建议人类维修的专家系统 COMPASS。

（15）架构设计（configuration）——如设计 VAX 计算机架构的专家系统 XCON 及设计新电梯架构的专家系统 VT 等。

（16）校准（targeting）——例如校准武器如何工作。

2.9.5　专家系统预测方法在油气田预测中的应用及效果

油气预测专家系统是模拟解释人员的智能，作出专家水平的推断解释。专家系统的结构主要有两个组成部分：①知识库，由若干个不同功能的规则库组成。为了进行解释，要使用多种知识，其中既有定性的知识，也有定量的数据。一般专家系统拥有专家的几百条规则，还有分类树知识。要借助计算机自动解释各种信息和数据。每类知识都按固定格式书写，编辑成各类文件，构成知识文件库。②推理库，记录解释结果，实现各类知识间的联系。从全局数据库中选择成分，使特征的匹配最优，并把解释结果显示给用户，供用户与实际资料进行比较，以验证解释是否准确。一般使用交互模块，是系统与用户的界面。下面介绍 SCHLUMBEGER 公司的一个专家系统，包括油井记录分析系统 DIPMETER 和油井数据解释系统 LITHO。

1. 油井记录分析 DIPMETER

这是一个分析油井记录的专家系统，要解释地质倾角和岩性。本系统由美国 SCHLUMBEGER 公司研制。系统用 INTERLISP 编写，在 XEROX1100 上运行。

油井记录来自下放入钻孔的工具（随着工具回升到地面所做的测量）。所得的记录是一系列标有深度的值，亦即以深度为自变量的函数值。测井工具测量了钻孔周围许多方向上岩石的传导率。传导率的变化可用于估计钻孔所穿过的种种构造地层的倾斜方位角和大小。

由于测井工具在垂直方向上有很高的分辨率（0.1～0.2 英寸）提供给石油地质学家有关沉积床的详细信息。这些信息对于确定碳氢库结构和设计排取方法是非常宝贵的。诚然，知道了钻孔附近函数值的变化，还不足以识别地质特征。然而，只要结合当地的地质学知识和岩石的性质（岩性：沙岩，页岩，…），就可以解释这些特征倾斜模式。

本系统 DIPMETER 就是要模拟解释人员的智能，利用特征倾斜模式和当地地质知识，以及其他记录，作出专家水平的推断解释。

本系统由 4 个模块组成。

（1）知识库。由若干块不同功能的规则库组成。例如有结构规则的库，地层学规则的库，等等。

（2）推理机。推理限于正向推理，规则顺序执行。

（3）特性检出算法库。检验倾斜和开孔数据，检出蝌蚪模式和识别岩性区段。

（4）用户图形接口。"菜单驱动式"，提供记录数据的纸卷。

本系统的工作流程分 11 步进行。

第 1 步，初始检验。用户（解释人员）可以把可用数据读入屏幕并从中选择记录。

第 2 步，验证检验。进一步检验记录，纠正工具故障或错误处理的误差。

第 3 步，检出绿色模式。识别那些其中正蝌蚪有类似数量和方位角的区段。

第4步,结构倾斜分析。归并和滤出绿色模式,确定固定的结构倾斜区段。

第5步,初步结构分析。应用结构分析规则,识别结构特性(例如断层等)。

第6步,检出结构模式。检验倾斜数据,检出结构特性附近的红色和蓝色模式。

第7步,最后结构分析。应用规则,把以前步骤中得到的信息组合起来,改进以前的结构特性的结论(例如,断层走向等)。

第8步,岩性学分析。检验开孔数据(如 b 射线),确定固定的岩性区段(例如,沙岩、页岩等)。

第9步,矿藏环境分析。应用规则推出矿藏环境的结论。例如,若矿藏环境是海洋,则应推断沉积时的水深。

第10步,检出地层模式。检验倾斜数据,检出已知矿藏环境诸区段中的红色、蓝色、绿色模式。

第11步,地层分析。应用规则,使用前面诸步骤中的信息,推断地层特性(例如,槽、扇、带等)。

以上 11 个步骤中,标有 ＊ 的利用知识库中的规则,不标 ＊ 的用算法进行计算。

本系统中各模块的大小比例如下:推理机 8％,知识库 22％,特性探出 13％,用户接口 42％,支撑环境 15％。整个系统共 612KB 字节(INTERLISP)。用户接口是图像接口。

2. 油井数据解释专家系统(LITHO)

LITHO 是由 Schlumberger(法国 Clamart 和 Montrouge)公司研制的一个油井数据解释专家系统。

石油勘探中的关键问题是解释地下岩石的某些物理量,诸如密度、电阻率、声音传输、放射线等。这些测得的物理量被表示成一条条曲线,反映了钻井穿过的种种岩石的特性。为了进行解释,地质学家要使用多种知识。其中既有定性的知识(例如,由于寒武纪是很古老的,所以应有很紧密的岩石),也有定量的数据(诸如磁导率、孔积率、方解石百分比等)。因为,某些岩石(例如,黑硅石和石英石)具有类似的记录,因而只能根据它们的地质环境(地理、地质、古生物)做出区别。

本系统采用专家系统技术,拥有地质专家的 500 条规则,还有分类树知识(岩类学、古生物学)。该系统要借助计算机自动解释钻探期间和以后记录的种种数据:岩心、切割、地理数据、地震信息、X 射线测量、岩颈、钻孔参数、记录数据(前面所说的曲线)。LITHO 输出的是一口井(垂直的岩性学柱体)中遇到的岩石的岩类描述,包括石油物理的和岩类学的。推岩类要根据孔积率,磁导率,岩石的化学和矿藏组成,不同粒子和质子的排列(组织),分层类型,出现透镜状油矿、卵石,层压结构、孔、裂缝,沟(结构)。如果说 PROSPECTOR 主要处理硬结晶岩石,则 LITHO 主要强调沉积岩。又 DIPMETER 只作一种记录的解释,而 LITHO 则要考虑全部的记录(声音,密度,磁导率,O 射线,等等),抽取的信息可能重叠或冲突,LITHO 要组合多种(不论是符号的还是数值的)信息源并处理可能的矛盾。

LITHO 的主要目的是要确定每个大区段最可能的岩类,诸如石灰石,冲积岩,铁砂,纹泥薄层理,等等。LITHO 采用不精确推理。目的属性的值由数据属性推理得出。这些数据或者来自咨询期间的提问的答复(地质观察,曲线形态,等等),或者来自推理的中间步骤(主要岩性类型,矿藏的古环境)。推理树的深度共 4 步。曲线形态指的是以下特性:是否有活动迹象（平坦否），出现平稳（γ射线，电阻率，中子，等等），斜坡（γ射线，等等），床（微电阻率，γ射线，等等），层（HDT，微电阻率），串（HDT）。平稳是指长于25米区间上的固定记录。大斜坡是指长于25米的持续上升或下降。块状的床是指5~25米区间上的固定记录。由以上数据，本系统推断出最可能的环境、主要岩性类型直至可能的岩相。咨询期间，用户还可以使用特性抽取手册，帮助识别种种曲线形态。本系统还拥有大量的"外部"知识，共分为8类。

- 地理学（地质领域，盆地，矿区）
- 地壳构造活动（褶皱，断层）
- 地层学（地质代，世）
- 古生物学（化石）
- 矿物学（方解石，黏土，石英）
- 岩类学（石灰石，页岩，沙）
- 沉积学（矿脉，潮路）
- 石油物理学（孔积率，磁导率）

系统 LITHO 不免要遇到谬误数据，因为记录不可能绝对准确，钻探条件不可能完全理想、尽善尽美，钻探过程中地层还可能下陷并导致错误位置。

系统 LITHO 对付谬误数据的办法，就是采用冗余重叠技术。冗余重叠的知识和数据，可以用于相互校正。一个强结论往往需要由5~10个弱结论组合得出（每个结论都不是绝对可信，都有一定的可信度）。

2.10 模糊数学预测方法

2.10.1 模糊数学预测方法的起源和发展

模糊数学是运用数学方法研究和处理模糊性现象的一门数学新分支。它以"模糊集合"论为基础。模糊数学提供了一种处理不确定性和不精确性问题的新方法，是描述人脑思维处理模糊信息的有力工具。它既可用于"硬"科学方面，又可用于"软"科学方面。

模糊数学由美国控制论专家 L. A. 扎德(L. A. Zadeh，1921—)教授创立。他于1965年发表了题为《模糊集合论》(Fuzzy Sets)的论文，从而宣告模糊数学的诞生。L. A. 扎德教授多年来致力于"计算机"与"大系统"的矛盾研究，集中思考了计算机为什么不能像人脑那样进行灵活的思维与问题判断。尽管计算机记忆超人，计算神速，然而当其面对外延不分明的模糊状态时，却"一筹莫展"。计算机为什么不能像人脑思维那样处理模糊信息呢？其原因在于传统的数学，例如康托尔集合论(Cantor's Set)，不能描述"亦此亦彼"现象。集合是描述人脑思维对整体性客观事物的识别和分类的数学方法。康托尔集合论要求其分类必须遵从形式逻辑的排中律，论域(所考虑对象的全体)中任一元素要么属于集合 A，要么不属于集合 A。这样，康托尔集合就只能描述外延分明的"分明概念"，只能表现"非此即彼"，而对于外延不分明的"模糊概念"则不能反映。这就是目前计算机不能像人脑思维那样灵活、敏捷地处理模糊信息的重要原因。为克服这一障碍，L. A. 扎德教授提出了"模糊集合论"，现在已形成一个模糊数学体系。

对于事物的认识，只有用数学的方法加以描述并能进行定量计算时，才能真正了解事物的本质。但是客观现实生活中的问题不少是错综复杂的，很难用简单的方程式或微分方程式来表达。数学的严密性和客观事物的复杂性形成一条所谓"不相容原理"，即"当一个系统复杂性增大时，要使它精确化的能力将减小。当达到一定的阈值限度时，复杂性和精确性将相互排斥"。因此一个复杂的大系统，若采用传统的方法可能需要解成千万个方程式，而用一套处理模糊性的数学方法可能会使问题变得更简单。人脑是一架精度很低（一般为 2～3 位 10 进制数字精度）的计算机，但工作却十分可靠。人对客观事物的识别，往往只要通过一些模糊信息的综合便可获得足够精确的结论。例如，从远方走来一个人，如果对这人平常较熟悉的话，只要从来人"高高的个儿""瘦瘦的身体""手臂摆动很大"……模糊信息，便可判断为"老刘"。这里并没有精确测量其身高、体重和手臂摆动的角度等数据，便能作出足够精确的判断。而这一切，如果单纯由电子计算机加以识别，则其复杂的计算、庞大的内存、时间的耗费是可想而知的。因此，如何用模糊信息进行处理，使计算机具有接近人类的智能，这对简化模式识别系统使其更实用可靠，无疑是具有战略性的科研课题。

模糊数学产生的直接动力与系统科学的发展有着密切的关系。在多变量、非线性、时变的大系统中，复杂性与精确性形成了尖锐的矛盾。L. A. 扎德教授从实践中总结出这样一条互克性原理："当系统的复杂性日趋增长时，我们作出系统特性的精确而有意义描述的能力将相应降低，直至达到这样一个阈值，一旦超过它，精确性和有意义性将变为两个几乎互相排斥的特性。"这就是说，复杂程度越高，有意义的精确化能力便越低。复杂性意味着因素众多、时变性大，其中某些因素及其变化是人们难以精确掌握的，而且人们又常常不可能对全部因素和过程都进行精确地考察，而只能抓住其中主要部分，忽略所谓的次要部分。这样，在事实上就给对系统的描述带来了模糊性。"常规数学方法的应用对于本质上是模糊系统的分析来说是不协调的，它将引起理论和实际之间的很大差距。"因此，必须寻找到一套研究和处理模糊性的数学方法。这就是模糊数学产生的历史必然性。模糊数学用精确的数学语言去描述模糊性现象，"它代表了一种与基于概率论方法处理不确定性和不精确性的传统不同的思想……，不同于传统的新的方法论。"它能够更好地反映客观存在的模糊性现象。因此，它为描述模糊系统提供了有力的工具。

L. A. 扎德教授于 1975 年发表的长篇连载论著《语言变量的概念及其在近似推理中的应用》(*The Concep to fa Linguistic Variable & Its Application to Approximate Reasoning*)，提出了语言变量的概念并探索了它的含义。模糊语言的概念是模糊集合理论中最重要的发展之一，语言变量的概念是模糊语言理论的重要方面。语言概率及其计算、模糊逻辑及近似推理则可以当作语言变量的应用来处理。人类语言表达主客观模糊性的能力特别引人注目，或许从研究模糊语言入手就能把握住主客观的模糊性、找出处理这些模糊性的方法。

模糊数学诞生至今仅有 22 年历史，然而它发展迅速、应用广泛。它涉及纯粹数学、应用数学、自然科学、人文科学和管理科学等方面。在图像识别、人工智能、自动控制、信息处理、经济学、心理学、社会学、生态学、语言学、管理科学、医疗诊断、哲学研究等领域都得到广泛应用。将模糊数学理论应用于决策研究，形成了模糊决策技术。只要经过仔细深入研究就会发现，在多数情况下，决策目标与约束条件均有一定的模糊性，对复杂大系统的决策过程尤其如此。在这种情况下，运用模糊决策技术，会显得更自然，也将获得更好的效果。

2.10.2　模糊数学预测方法的优缺点

在较长时间里,精确数学及随机数学在描述自然界多种事物的运动规律中取得显著效果。但是,在客观世界中还普遍存在大量的模糊现象。由于现代科技面对的系统日益复杂,模糊性总是伴随着复杂性出现。

各门学科,尤其是人文、社会学科及其他"软科学"的数学化、定量化趋向把模糊性的数学处理问题推向中心地位。更重要的是,随着电子计算机、控制论、系统科学的迅速发展,要使计算机能像人脑那样对复杂事物具有识别能力,就必须研究和处理模糊性。

研究人类系统的行为,或者处理可与人类系统行为相比拟的复杂系统,如航天系统、人脑系统、社会系统等,参数和变量甚多,各种因素相互交错,系统很复杂,它的模糊性也很明显。从认识方面说,模糊性是指概念外延的不确定性,从而造成判断的不确定性。

模糊数学是以不确定性的事物为研究对象的。在日常生活中,经常遇到许多模糊事物,没有分明的数量界限,要使用一些模糊的词句来形容、描述。比如,比较年轻、高个、大胖子、好、漂亮、善、热、远……在人们的工作经验中,往往也有许多模糊的东西。例如,要确定一炉钢水是否已经炼好,除了要知道钢水的温度、成分比例和冶炼时间等精确信息外,还需要参考钢水颜色、沸腾情况等模糊信息。因此,除了很早就有涉及误差的计算数学之外,还需要模糊数学。

人与计算机相比,一般来说,人脑具有处理模糊信息的能力,善于判断和处理模糊现象。但计算机对模糊现象识别能力较差,为提高计算机识别模糊现象的能力,需要把人们常用的模糊语言设计成机器能接受的指令和程序,以便机器能像人脑那样简洁灵活地做出相应的判断,从而提高自动识别和控制模糊现象的效率。这样就需要寻找一种描述和加工模糊信息的数学工具,推动数学家深入研究模糊数学。所以,模糊数学的产生有其科学技术与数学发展的必然性。

在模糊集合中,给定范围内元素对它的隶属关系不一定只有"是"或"否"两种情况,而是用介于 0 和 1 之间的实数来表示隶属度,还存在中间过渡状态。比如"老人"是个模糊概念,70 岁的肯定属于老人,它的隶属度是 1,40 岁的人肯定不算老人,它的隶属度为 0,按照查德给出的公式,55 岁属于"老"的程度为 0.5,即"半老",60 岁属于"老"的程度为 0.8。查德认为,指明各元素的隶属集合,就等于指定了一个集合。当隶属度为 0～1 时,就是模糊集合。

2.10.3　模糊数学预测方法的数学工具和理论基础

1. 模糊子集与隶属函数

设 U 是论域,称映射 $A(x):U \rightarrow [0,1]$。

确定了一个 U 上的模糊子集 A,映射 $A(x)$ 称为 A 的隶属函数,它表示 x 对 A 的隶属度。经典集合的隶属函数的值不是 0 就是 1。

若 $A(x) \equiv 0$,则 $A = \varnothing$;若 $A(x) \equiv 1$,则 A 为全集。

注 1:使 $A(x) = 0.5$ 的点 x 称为 A 的过渡点,此点最具有模糊性。隶属度为 0.5 的点是模糊性最高的点。

注 2:当映射 $A(x)$ 只取 0 或 1 时,模糊子集 A 就是经典子集,而 $A(x)$ 就是它的特征函数。可见经典子集就是模糊子集的特殊情形。

例，设论域 $U=\{x_1(140),x_2(150),x_3(160),x_4(170),x_5(180),x_6(190)\}$（单位：cm）表示人的身高，那么 U 上的一个模糊集"高个子"(A) 的隶属函数 $A(x)$ 可定义为

$$A(x)=\frac{x-140}{190-140} \tag{2.206}$$

也可用扎德(L. A. Zadeh)表示法：

$$A=\frac{0}{x_1}+\frac{0.2}{x_2}+\frac{0.4}{x_3}+\frac{0.6}{x_4}+\frac{0.8}{x_5}+\frac{1}{x_6} \tag{2.207}$$

2. 模糊集的运算

相等：$A=B\Leftrightarrow A(x)=B(x)$；

包含：$A\subseteq B\Leftrightarrow A(x)\leqslant B(x)$；

并：$A\cup B$ 的隶属函数为 $(A\cup B)(x)=A(x)\vee B(x)$（隶属度取大）；

交：$A\cap B$ 的隶属函数为 $(A\cap B)(x)=A(x)\wedge B(x)$（隶属度取小）；

余：A^c 的隶属函数为 $A^c(x)=1-A(x)$。

模糊集的并、交、余运算性质：

幂等律：$A\cup A=A,A\cap A=A$；

交换律：$A\cup B=B\cup A,A\cap B=B\cap A$；

结合律：$(A\cup B)\cup C=A\cup(B\cup C)$；

$\qquad(A\cap B)\cap C=A\cap(B\cap C)$；

吸收律：$A\cup(A\cap B)=A,A\cap(A\cup B)=A$；

分配律：$(A\cup B)\cap C=(A\cap C)\cup(B\cap C)$；

$\qquad(A\cap B)\cup C=(A\cup C)\cap(B\cup C)$；

0-1 律：$A\cup U=U,A\cap U=A$；

$\qquad A\cup\varnothing=A,A\cap\varnothing=\varnothing$；

还原律：$(A^c)^c=A$；

对偶律：$(A\cup B)^c=A^c\cap B^c$；

$\qquad(A\cap B)^c=A^c\cup B^c$。

注：模糊集不满足排中律，即不满足 $A\cup A^c=U\quad A\cap A^c=\varnothing$，模糊集不再具有"非此即彼"的特点，这正是模糊性带来的本质特征。

3. 模糊集的基本定理

λ-截集：$(A)_\lambda=A_\lambda=\{x\mid A(x)\geqslant\lambda\}$。模糊集的 λ-截集 A_λ 是一个经典集合，由隶属度不小于 λ 的成员构成（λ 为置信水平）。

例，论域 $U=\{u_1,u_2,u_3,u_4,u_5,u_6\}$（学生集），他们的成绩依次为 50,60,70,80,90,95，$A=$"学习成绩好的学生"的隶属度分别为 0.5,0.6,0.7,0.8,0.9,0.95，则

$A_{0.9}$（90 分以上者）$=\{u_5,u_6\}$

$A_{0.6}$（60 分以上者）$=\{u_2,u_3,u_4,u_5,u_6\}$

A 为模糊集合，但 $A_{0.9}A_{0.6}$ 为经典集合。

定理 1 设 $A,B\in\mathfrak{F}(U)(A,B$ 是论域 U 的两个模糊子集$),\lambda,\mu[0,1]$，于是有 λ-截集的性质：

(1) $A\subseteq B\Rightarrow A_\lambda\subseteq B_\lambda$。

(2) $\lambda \leqslant \mu \Rightarrow A_\lambda \supseteq A_u$。

(3) $(A \cup B)_\lambda = A_\lambda \cup B_\lambda$，$(A \cap B)_\lambda = A_\lambda \cap B_\lambda$。

定理 2　（分解定理）设 $A \in \Im(U)$，$\forall x \in A$，则

$$A(x) = \vee \{\lambda, \in \lambda[0,1], x \in A_\lambda\}$$

定义　（扩张原理）设映射 $f: X \to Y$，定义 $f(A)(y) = \vee \{A(x), f(x) = y\}$。

4. 隶属函数的确定

模糊数学的基本思想就是隶属函数的思想，应用模糊数学方法建立模型的关键是构造隶属函数。

（1）模糊统计方法。与概率统计类似，但有区别：若把概率统计比喻为"变动的点"是否落在"不动的圈"内，则把模糊统计比喻为"变动的圈"是否盖住"不动的点"。

此法构造隶属函数的步骤：①做模糊统计试验（如发放调查表）；②对获得的统计数据区间进行分组处理，并求组号、组中距、覆盖频率等；③列统计表，并求各分组区间的覆盖频率或隶属频率；④画隶属函数曲线图（即为所求的隶属函数的曲线）。

（2）指派方法。一种主观方法，一般给出隶属函数的解析表达式。

（3）择优比较法。

（4）二元对比排序法（用于实际不容易量化的指标）。

（5）利用 MATLAB 中的模糊工具箱。

2.10.4　模糊数学预测方法的应用领域

模糊数学是一门新兴学科，它已初步应用于模糊控制、模糊识别、模糊聚类分析、模糊决策、模糊评判、系统理论、信息检索、医学、生物学等各方面。在气象、结构力学、控制、心理学等方面已有具体的研究成果。然而模糊数学最重要的应用领域是计算机智能，不少人认为它与新一代计算机的研制有密切联系。

世界上发达国家正积极研究、试制具有智能化的模糊计算机。1986 年日本山川烈博士首次试制成功模糊推理机，它的推理速度是 1000 万次/秒。1988 年，我国汪培庄教授指导的几位博士也成功研制了一台模糊推理机——分立元件样机，它的推理速度达 1500 万次/秒。这表明我国在突破模糊信息处理难关方面迈出了重要的一步。

胜利油田 Z 工区的三维地震数据进行了模糊 C 均值地震属性聚类分析。沿目的层提取了瞬时振幅、瞬时相位、瞬时频率、主频、主频对应的功率谱和能量半时 6 种地震属性，聚为 6 类，取参数 $m = 1.3$，误差为 0.0001。

模糊 C 均值聚类（Fuzzy C Means，FCM），即众所周知的模糊 ISODATA，是用隶属度确定每个数据点属于某个聚类程度的一种聚类算法。1973 年 Bezdek 提出了该算法，作为对早期硬 C 均值聚类（Hard C Means，HCM）方法的一种改进。

FCM 把 n 个向量 $x_i(i = 1,2,\cdots,n)$ 分为 p 个模糊组，并求取每组的聚类中心，使非相似性指标的价值函数达到最小。FCM 与 HCM 的主要区别在于 FCM 用模糊划分，使每个给定数据点用 [0,1] 间的隶属度确定其属于各组的程度。与引入模糊划分相适应，隶属矩阵 U 允许取值为 [0,1] 间的元素。通过归一化数据集，其隶属度的和总等于 1。

FCM 算法需要两个参数（聚类数目 p，加权参数 m）。m 是一个控制算法的柔性参数，如果 m 过大，则聚类效果很差，而如果 m 过小，则算法接近 HCM 聚类算法。算法的输出

是 p 个聚类中心点向量和 $p \times n$ 的一个模糊划分矩阵,这个矩阵表示的是每个样本点属于每个类的隶属度。根据这个划分矩阵按照模糊集合中的最大隶属原则就能确定每个样本点归为哪个类。聚类中心表示的是每个类的平均特征,可以认为是这个类的代表点。

图 2.38 是胜利油田 Z 工区的三维地震 FCM 聚类结果,黄色区域(黑线所示)为砂体的分布范围。红色为含气砂体的位置。图 2.39 为单独绘制的该工区的砂体分布范围。

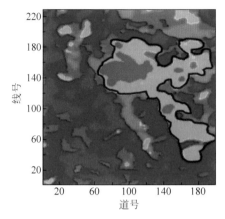 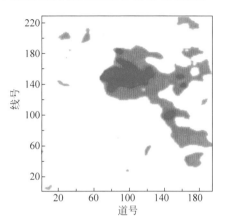

图 2.38　胜利油田 Z 工区的三维 　　　　图 2.39　胜利油田 Z 工区的三维
地震 FCM 聚类结果　　　　　　　　　　　　地震砂体分布范围

2.11　混沌理论预测方法

2.11.1　混沌理论预测方法的起源和发展

自牛顿发现运动定律后,整个物理学便被纳入牛顿力学体系。直到 19 世纪末以前,科学家们仍以简单唯物观看待世界,认为语言工具够的话,人类可以完全掌握并预测世界,甚至是它的过去与未来。但是,1905 年爱因斯坦提出相对论,敲响了牛顿物理学的丧钟。后来 1925 年的量子力学,批判因果律,几乎使决定论穷途末路,至此量子力学建立了非决定论在微观世界的发展基础。20 世纪 70 年代,混沌理论否定宏观事件的物理因果律,把非决定论推至成熟的里程碑。

在非线性动力学中,混沌指的是非线性动力学系统所处的无序状态。确定性的非线性物理系统从有序运动走向无序和混沌是有规律的,这些规律的总体称为混沌理论。

混沌与分形概念是在研究地学中提出的。美国数学家约克与他的研究生李天岩首先引入了"混沌"这个名称。

1963 年著名气象学家洛伦兹(Lorenz)将研究大气热对流的方程截断成洛伦兹方程,首先在计算机上计算出"确定性的非周期流",揭示出混沌现象具有不可预言性和对初始条件的极端敏感依赖性这两个基本特点。他还发现表面上看起来杂乱无章的混沌,仍然有某种条理性。1971 年法国科学家罗尔和托根斯从数学观点提出纳维-斯托克司方程出现湍流解的机制,揭示了准周期进入湍流的道路,首次揭示了相空间中存在奇异吸引子,这是现代科学最有力的发现之一。1976 年美国生物学家梅在对季节性繁殖的昆虫年虫口的模拟研究中首次揭示了通过倍周期分岔达到混沌这一途径。1978 年,美国物理学家费根鲍姆重新对梅的虫口模型进行计算机数值实验时,发现了称之为费根鲍姆常数的两个常数。这就引起了数学物理界的广泛关注。与此同时,曼德尔布罗特用分形几何来描述一大类复杂无规则的几何对象,使奇异吸引子具有分数维,推进了混沌理论的研究。20世纪70年代后期,科学家在许多确定性系统中发现了混沌现象。

非线性问题一般要先线性化,再调用线性算法求解。但是对大多数非线性问题而言,逐次线性化往往是不可避免的。对于这样的逐次线性化系统来说,其内熵就是计算误差(负信息),内熵由于计算机舍入误差积累等原因必定不断增加,系统状态参数的无序乃是系统出现混沌现象的重要标志之一。

在混沌理论中,李亚普诺夫指数是非线性动力学系统的重要表征量。对于非线性反演,定义和计算李亚普诺夫指数有可能帮助我们监测和控制反演迭代过程。

作为一门学科的混沌学目前正处在研讨之中,未形成一个完整的成熟理论。但有的科学家对混沌理论评价很高,认为"混沌学是物理学发生的第二次革命"。但有的人认为这似乎有些夸张。对于它的应用前景有待进一步揭示。但混沌理论研究与协同学、耗散结构理论紧密相关。它们在从无序向有序和由有序向无序转化这一研究主题方面有共同任务,因而混沌理论也是自组织系统理论的一个组成部分。近几年来,科学家们在研究混沌控制方面已取得重要进展,实现了第一类混沌,即时间序列混沌的控制实验。英、日科学家还在试验用混沌信号隐藏机密信息的信号传输方法。

2.11.2　混沌理论预测方法的优缺点

混沌理论具有以下6个方面的特性:确定性、非线性、对初始条件的敏感依赖性、非周期性、分叉性和分形性。

1. 确定性

在混沌系统中,描述系统演化的动力学方程的确定性,是指方程(常微分方程、差分方程、时滞微分方程)是非随机的,不含任何随机项。系统的未来(或过去)状态只与初始条件及确定的演化规则有关,即系统的演化完全是由内因决定的,与外在因素无关。这是至关重要的一条限制,所以我们现在讲的混沌也叫"确定性混沌"。正因为确定性的系统出现了复杂行为,也叫内随机性。从长远的观点来看,人们会研究带有随机项的更复杂系统的非周期运动。现在我们考虑的混沌主要是一种时间演化行为,不直接涉及空间分布变化,所以暂不考虑偏微分方程。

2. 非线性

产生混沌的系统一定含有非线性因素,从功能上看,非线性是通过线性定义的,设 G_1 和 G_2 是任意两个(向量)函数,a 和 b 是任意两个常数,若算子已满足如下叠加原理:

$$\mathrm{L}(aG_1 + bG_2) = a\mathrm{L}(G_1) + b\mathrm{L}(G_2) \tag{2.208}$$

则称 L 是线性算子,否则 L 是非线性算子。包含非线性算子的系统称为非线性系统。应当注意线性与非线性也不是绝对分明的。对于某些复杂现象,在一定条件下,既可以把它视为非线性现象,也可视为线性现象,这与人们看问题的角度和关心的变量时空尺度不同有关。现在看来,非线性是普遍存在的,多数问题不能通过线性的办法或线性化的办法解决,因而直接面对非线性是不可避免的。

3. 对初始条件的敏感依赖性

1963年，洛伦兹发表了关于混沌理论的开创性研究，并提出了形象的"蝴蝶效应"。被冷落了12年之后，1975年数学家吕埃尔和塔肯斯建议了一种湍流发生机制，认为向湍流的转变是由少数自由度决定的，经过两三次突变，运动就到了维数不高的"奇怪吸引子"上。这里所谓的"吸引子"是指运动轨迹经过长时间之后采取的终极形态：它可能是稳定的平衡点，或周期性的轨道；但也可能是继续不断变化、没有明显规则或次序的许多回转曲线，这时就称为"奇怪吸引子"。奇怪吸引子上的运动轨道，对轨道初始位置的细小变化极其敏感，但吸引子的大轮廓却是相当稳定的。今天，"蝴蝶效应"几乎成了混沌现象的代名词。

1961年，美国气象学家洛伦兹利用他的一台老爷计算机，根据他导出的描述气象演变的非线性动力学方程进行长期气象预报的模拟数值计算，探讨准确进行长期天气预报的可能性。

有一次，洛伦兹为检验上一次的计算结果，决定再算一遍。但他不是从上一次计算时最初输入的数据开始验算，而是以一个中间结果为验算的输入数据。他发现，经过一段重复过程后，计算开始偏离上次的结果，甚至大相径庭。

后来洛伦兹发现两次计算的差别只是第二次输入中间数据时将原来的 0.506127 省略为 0.506。洛伦兹意识到，因为他的方程是非线性的，非线性方程不同于线性方程，线性方程对初值的依赖不敏感，而非线性方程对初值的依赖极其敏感。正是初始条件的微小误差导致了计算结果的巨大偏离。由此洛伦兹断言：准确地做出长期天气预报是不可能的。对此，洛伦兹打了个形象的比喻：一只蝴蝶在巴西扇动一下翅膀，会在美国的得克萨斯州引起一场龙卷风，这就是蝴蝶效应。

4. 非周期性

在数学和物理学中，周期性的定义是很明确的。对于函数 $f(x)$，若能找到一个最小正数 t 满足关系 $f(x+t)=f(x)$，则称 $f(x)$ 是周期函数，t 为其周期；否则 $f(x)$ 就是非周期的，非周期性意味着构成奇怪吸引子的积分曲线从不重复原曲线而封闭。这样，向着奇怪吸引子演化的系统，从来不以同样的状态重新经过。非周期性说明，混沌运动的每一瞬间都是"不可预见的创新"的发生器。混沌运动要求有"混合"的性质，即"对初始条件的敏感依赖性"。但这并不能因此说混沌运动就是杂乱而无用的，相反，混沌不是无序和紊乱。一提到有序，人们往往想到周期排列或对称形状。

但是，混沌更像是没有周期性的次序。在理想模型中，它可能包含无穷的内在层次，层次之间存在"自相似性"或"不尽相似"。在观察手段的分辨率不高时，只能看到某一个层次的结构；提高分辨率之后，在原来不能识别之处又会出现更小尺度上的结构。

5. 分叉性

分叉（bifurcation）是有序演化理论的基本概念，这是混沌出现的先兆。在动态系统演化过程中的某些关节点上，系统的定态行为（稳定行为）可能发生定性的突然改变，即原来的稳定定态变为不稳定定态，同时出现新的定态，这种现象就是分叉。发生分叉现象的关节点叫作分叉点，在分叉点系统演化发生质的变化。动态系统演化中的分叉现象充分说明了量变引起质变的规律。分叉又是一种阈值行为，只要系统的非线性作用强到一定程度，就可能出现分叉。所以,凡是产生混沌的系统,总可以观察到分叉序列。

6. 分形性

分形性是指奇怪吸引子的结构具有自相似性和不可微性。它不是传统欧几里得几何中描述的直线、平面等整形几何形状所具有的可微性,而是分维的"分形"物,具有结构自相似性和不可微性(不连续性)。目前发现的奇怪吸引子,如马蹄铁吸引子、洛伦兹吸引子、埃农(Michel Henon)吸引子、若斯勒(Otto ROssler)吸引子等都具有分形性。所以分形并非纯数学抽象的产物,而是对普遍存在的复杂几何形态的科学概括。自然界中分形体无处不在,如起伏蜿蜒的山脉、凹凸不平的地面、曲曲折折的海岸线等等。它与混沌的内随机性、对初始条件的敏感依赖性有本质联系。所以我们说:"混沌本质上是非线性动力系统在一定控制参数范围内产生的对初始条件具有极度敏感依赖性的回复性非周期性行为状态"。

2.11.3　混沌理论预测方法的数学工具和理论基础

1. 通向混沌的道路——一维虫口模型(逻辑斯蒂映射)

马尔萨斯(T. R. Malthas)在其《论人口原理》一书中,分析了 19 世纪美洲和欧洲一些地区的人口增长规律,得出结论:"在不控制的条件下,人口每 25 年增加一倍,即按几何级数增长。"为此可把 25 年作为一代,把第 n 代的人口记为 x_n:

$$x_{n+1} = 2x_n \tag{2.209}$$

这是简单的正比例关系,还可以写得更一般些,即

$$x_{n+1} = \gamma x_n \tag{2.210}$$

其中,γ 是比例系数。不难验证,差分方程的解为

$$x_n = \gamma^n x_0 \tag{2.211}$$

x_0 是开始计算的那一代人口数。只要 $\gamma > 1$,x_n 很快就趋向无穷大,发生"人口爆炸"。这样的线性模型完全不能反映人口的变化规律,但是稍加修正,就可以称为描述某些没有世代交叠的昆虫数量的虫口方程。

这项修正就是计入限制虫口增长的负因素。虫口数量太多时,由于争夺有限的食物和生存空间发生咬斗,由于接触传染而导致疾病蔓延,争斗使虫口数量减少的事件,这些事件的数量比例于 x_n^2,于是式(2.210)可以修正为

$$x_{n+1} = \gamma x_n - \gamma x_n^2 \tag{2.212}$$

这个看起来很简单的方程却可以展现丰富多彩的动力学行为。其实它并不是一个描述虫口变化的模型,同时考虑了鼓励和抑制两种因素,反映了"过犹不及"效应,因而具有更普遍的意义和用途。

式(2.212)可写成一个抽象的、标准的虫口方程:

$$x_{n+1} = \gamma x_n (1 - x_n) \tag{2.213}$$

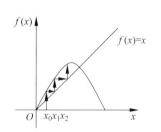

图 2.40　混沌理论关于 $y=f(x)$ 的迭代曲线示意图

图 2.40 用迭代法考察解的特性,做 $y=f(x)$ 及 $y=x$ 的图,给出任一初值 x_0,得 $f(x_0)$,将其赋值给 x_1,得 $f(x_1)$,…,如此循环下去。

当 $0<\gamma<1$ 时,从任一初始值 x_0 开始,代入式(2.213),可得 x_1,再把代入式(2.213),得 x_2,结果如图 2.41(a)所示,最终迭代结果 $x_{n\to\infty}=0$,其意义可以认为,由于环境恶劣,虫口的繁殖能力有限(γ 太小),使种群最终走向灭亡。实际上,γ 代表了函数的非线性化程度,γ 越大,γx_n^2 越大,非线性化程度越高,抛物线的拱型越凸出,这种迭代也称单峰迭代。

当 $1<\gamma<3$ 时,迭代结果如图 2.41(b)所示。比如取 $\gamma=2$,$x_0=0.9$,$x_1=0.18$,…,$x_n=0.5$ 时,它停在那儿不动了。即在 $x_n=0.5$ 处有一个点吸引子、一个稳定定态。若追踪这个种群,则会发现种群数量随着时间的演化而保持稳定的数值。

当 $\gamma=3.1$ 时,经过一定的步骤,迭代结果会稳定在两个值 x_{1n} 与 x_{2n} 之间,跳来跳去地振荡,如图 2.41(c)所示。这个漂亮的振荡称为周期 2 循环,即若跟踪种群,会发现种群数量每隔一年,数量重复循环一次,就像有些果树有大年小年一样,x_{1n} 和 x_{2n} 也是定点吸引子。

当 $\gamma=3.53$ 时,迭代结果将在 4 个值之间振荡,即振荡周期增加了一倍,称为周期 4 循环。继续增加 γ 值,还可得周期 8 循环、周期 16 循环等等。每一次解的周期都增加一倍。当 γ 达到某一临界值时,比如 $\gamma=3.58$ 附近,迭代结果再也不循环了,而是疯狂地振荡,永远也不会稳定下来,我们称为混沌态,如图 2.41(d)所示。

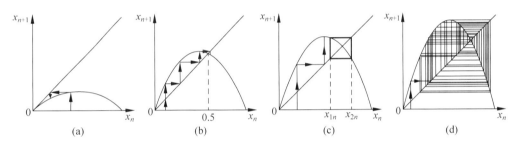

图 2.41 混沌理论关于不同 γ 参数的虫口迭代结果示意图

(a) $0<\gamma<1$;(b) $1<\gamma<3$;(c) $\gamma=3.1$;(d) $\gamma=3.58$

若以 γ 为横坐标,迭代结果为纵坐标,可得如图 2.42 所示的分岔图。从临界值 $\gamma=\gamma_\infty$ 开始,逻辑斯蒂映射进入了混沌区,在这种情况下,种群的数量就完全不能预测了。这种吸引子是不同于不动点和周期解的一种奇异吸引子。若追踪种群,你会认为种群的数量变化完全是随机的。然而仔细观察图 2.42 会发现,在复杂的混沌区,会发现一些具有周期解的窗口,如 3、6、12、…或 7、14、28、…,窗口内的分岔现象与整体有着相似的结构,即这种迭代分岔图有着无穷嵌套自相似的精细结构,如图 2.43 所示。一系列的倍周期分岔意味着混沌状态的到来。这是通过倍周期分岔进入混沌的典型模式。

混沌系统的重要特征是:改变某一参量,分岔一个接一个。终极形态由不动点向周期 2→周期 4→周期 8 等转化,实现一系列周期倍化分岔,最终走向混沌。

2. 混沌效应的几何特性——贝诺勒拉伸折叠变换

混沌系统长期行为对初值的敏感依赖性,相空间轨迹精致复杂的结构,无穷层次嵌套的自相似性这一切如何从简单的确定性系统中产生出来呢?理解这些惊奇现象的关键是认识混沌的几何特性,即系统演化过程中由于内在非线性相互作用造成的伸缩与折叠变换。

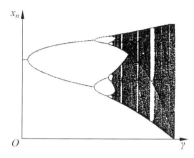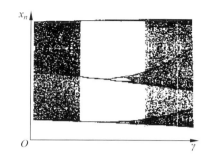

图 2.42　混沌理论的虫口模型分岔图　　　图 2.43　混沌理论的分岔图的自相似精细结构图

贝诺勒变换如下：

$$f(x) = x_{n+1} = \begin{cases} 2x_n, & 0 \leqslant x_n < 1/2 \\ 2x_n - 1, & 1/2 \leqslant x_n \leqslant 1 \end{cases} \tag{2.214}$$

给出三个相差很小的初始条件，在迭代至千次后所得结果相差甚远，即系统出现混沌。这样的变换过程，可认为：第一步，均匀伸长间隔[0,1]为原来的两倍，第二步将伸长的间隔折断，再折叠成原间隔。这种机制的一个通俗例子是所谓面包师变换。

所谓面包师变换，是受厨师揉面团的操作过程启发而进行数学抽象出来的。图 2.44 示意了面包师变换的基本操作手续。第一种操作是拉伸变换；第二种变换为折叠变换。设面团最初为一单位正方形图(a)，使面团在一个方向压扁成长方形图(b)，然后拉长了的面团两端对齐折叠(或从中间切开后叠置)起来，成为一个新的正方形图(c)，其中阴影区和非阴影区被分成 4 个隔开的区域，而不是图(a)中所示的两个隔开的区域。假定在操作过程开始前，面包师先在面团上滴一滴红着色剂，那么，在揉面团过程中液滴同时被拉长、变薄，再折叠起来。随着面包师的操作不断重复进行，液滴被不断伸缩和折叠。经过足够长时间反复操作，就会发现面团中很多红色和白色交替出现的层次，原来相邻的两个着色剂微粒越来越相互分离，原来不相邻的两个微粒可能越来越靠近。据估计，这样反复操作只需进行 20 次，最初的着色剂滴长度就会被拉长到 100 万倍以上，其厚度则减小到分子水平。这是着色剂与面粉已经充分混合均匀了。

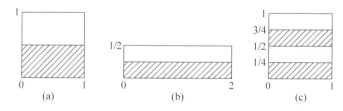

图 2.44　混沌理论的拉伸折叠变换示意图

由上面的分析可见，用面包师变换来比拟动力学系统相空间的状态变化过程还是很贴切的。而且很容易想象混沌轨道几何图像的复杂性是如何形成的。伸缩变化使相邻状态不断分离，这是造成轨道发散必需的内部作用。实际上系统不允许无限延伸，而被限制在有限区域之内。因此，系统本身还须有折叠变换机制。折叠是一种最强烈的非线性作用，能产生许多奇异特性。仅有伸缩还不足以产生复杂性，不足以搅乱相空间轨道，只有伸缩与折叠同时进行,并且不断反复,才可能产生轨道的指数分离、汇聚,形成对初始条件的敏感依赖性、像揉面团那样有限次的伸缩和折叠变换是不够的。在系统周期内,有限次变换后,系统就进入稳定的周期态,以确定的方式运行。而在混沌区内,相空间中的伸缩和折叠变换永不停止,而且以不同的方式进行,永不重复。其结果必然造成轨道永无休止地时而分离,时而汇聚,盘旋缠绕,但并不自交。于是,轨道被搅乱了,指数分离和敏感依赖性产生了。这种操作的每一步都是确定的、可预言的,但反复不断进行下去,长期行为却变得不确定、不可预测了。

2.11.4 混沌理论预测方法在工农业中的应用

天文学方面:先辈们认清了火星、木星间小行星带的科克伍德间隙起源问题,这些间隙对应于小行星混沌的运行轨道。拉斯卡尔给出了行星内部的混沌运动图像,推翻了太阳系稳定的观点。太阳系中地球混沌的特征时间大约是 500 万年。

1. 混沌理论在气象学中的应用

美国马萨诸塞理工学院的爱德华·洛伦兹 1963 年混沌行为的实验证明,使今天的气象学家承认大气的混沌使超过三两周到未来的精确天气预报成为不可能。但是一些人希望混沌模型最终可使它有可能预报长期的天气趋势。

2. 混沌理论在生理学中的应用

伯克利的瓦尔特·弗里曼说脑子利用混沌作为等待状态。他表示人类脑电图(EFG)的研究表明,当一位受试者在接受或处理信息时,脑电波图会变得有序。其余的脑研究者正在通过分析混沌的脑电图的图形寻找预报癫痫发作的方法。

3. 混沌理论在国际政治学中的应用

美国韦恩州立大学为敌对的两个国家之间的军备竞赛编制了一个模型,一个两国都有反导弹防御系统模型的实验表明,局势是混沌和不稳定的,最终将导致战争。

4. 混沌理论在交通运输中的应用

混沌理论最现实应用的奖赏应归于美国交通工程师小组,他们在 1988 年华盛顿会议期间把混沌与错综复杂的交通图形联系了起来,下次如果你被停停走走堵塞在高峰超速公路上,就把责任推给混沌。

5. 混沌理论在艺术上中的应用

科学对艺术来说通常没有多大关系,但关于混沌,却有着某种内在的吸引人的特质,美国 Kaos 艺术公司的董事长凯文说,他支持“艺术或科学上的古怪或不同寻常的努力”。Kaos 公司在 1995 年主办了混沌芝加哥艺术节。艺术家和建筑师的反响是热烈的,他们说混沌理论把意义和内容带回了装饰术中。混沌将有序无序巧妙地结合了起来。1995 年纽约当代艺术博物馆在纽约举办的“奇怪吸引子:混沌的符号”、在芝加哥举办的“奇怪吸引子:混沌的奇观”轰动美国。

2.11.5 混沌理论预测方法在油气田预测中的应用及效果

针对 BP 网络在储层油气预测中存在的不足及遗传算法优化神经网络连接权时存在的

局限性,引入变尺度混沌算法,将变尺度混沌优化方法与遗传算法相融合,构成新的混合遗传算法——混沌遗传算法(chaos genetic algorithms,CGA),可改善传统遗传算法的收敛速度与性能。改进后的遗传算法结合前馈型神经网络应用于储层油气预测,取得了较好的效果。

选用中国 S 区地震资料,并用该法对该区 F 地层进行储层预测试验。在层位标定的基础上,从包含 F 层的时窗内提取振幅属性、频谱属性、自相关属性等 N 种地震属性,再用该区 6 口井及井旁地震属性组成训练样本集,采用聚类分析法对 17 种地震属性进行选择,用变尺度混沌遗传算法训练的网络预测目的层储层发育状况。

1. 数据聚类

应用最小距离法优选地震特征参数组合,用作最终储层预测指标,其基本思想是:先将 17 种地震属性各作为一类,并规定类与类之间的距离,然后将距离最近的两类合并为一个新类,计算新类与其他类的距离;重复进行两个距离最近类的合并,每次减少一类,直至所有的地震属性合并为一类。本文类与类之间的距离为相似系数绝对值,相似系数绝对值越小,两类之间的距离越近,应用相似系数绝对值聚类过程如图 2.45所示。

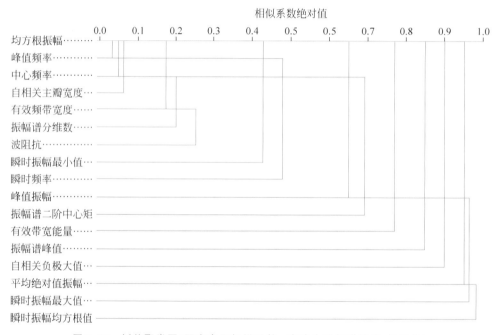

图 2.45　树状聚类图(距离表示相似系数:方法为组间联结法,标准化)

由图 2.45 分析得知,在相似系数的绝对值小于 0.5 的情况下,能够很好地识别目的层储层发育情况,起主导作用的地震特征参数是均方根振幅、峰值频率、中心频率、自相关主瓣宽度、有效频带宽度、振幅谱分数维、波阻抗、瞬时振幅最小值和瞬时频率 9 个特征参数。因此本研究选用这 9 种特征参数构成的特征组合作为最终储层预测的地震特征参数组合。表 2.21 为两类特征参数归类表。

表 2.21 两类特征参数归类表

入选的地震特征参数	类别	剔除的地震特征参数	类别
均方根振幅		瞬时振幅均方根值	
峰值频率		振幅谱峰值	
中心频率		有效带宽能量	
自相关主瓣宽度		振幅谱二阶中心矩	
有效频带宽度		自相关负极大值	
振幅谱分维数		平均绝对值振幅	
波阻抗		瞬时振幅最大值	
瞬时振幅最小值		峰值振幅	
瞬时频率			

2. 网络结构的建立

在应用测井数据对网络进行训练之前,必须首先确定网络输入层、隐层、输出层的单元个数和激活函数,建立网络结构。本研究采用三层前馈型网络模型,其拓扑结构如图 2.46所示。

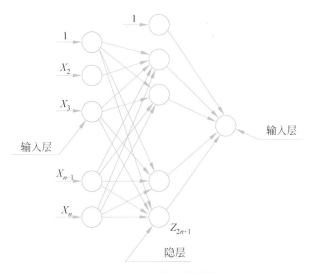

图 2.46 网络拓扑结构

神经网络预测结果和效果分析

本研究运用优选出的特征参数组合及变尺度混沌遗传算法优化的神经网络对所选工区内的 8 条测线进行储层预测,其预测结果如图 2.47 所示。

从图 2-47 中可知,在 P-1 井、P-2 井和 M-1 井所在的工区东北部地区储层发育总体较好,但也有局部的变化。而在 L-1 井、L-2 井和 C-8 井所在的工区西南部地区 F 储层发育总体较差。图 2.47 的预测结果与该区相关研究的储层发育研究结果是完全吻合的,即该地区的东北部地区 F 储层有大片总体发育较好的储层。

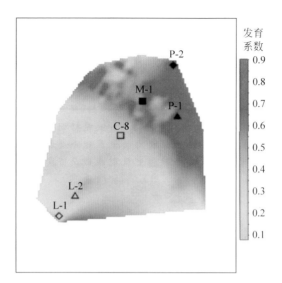

图 2.47　目的层的储层预测结果

3. 算法分析

在达到相同精度的情况下,分别应用变尺度混沌遗传算法与遗传算法训练网络,变尺度混沌遗传算法的训练时间为 2145.38s,遗传算法的训练时间为 10306.2s。图 2.48 为两种算法训练过程中最大适应度值随时间的变化曲线。

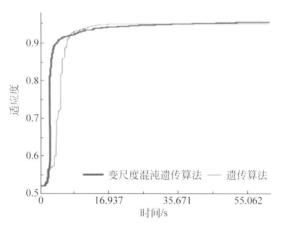

图 2.48　适应度变化曲线

遗传算法训练神经网络花费的时间远远大于变尺度混沌遗传算法训练神经网络的时间,主要是由于进化后期,遗传算法的群体进化能力降低,导致其收敛速度比变尺度混沌遗传算法的收敛速度慢,后期进化占用时间较多。这说明运用变尺度混沌算法首先对遗传算法的初始种群进行优化,在每一代群体采用遗传算法优化完毕后,再对较优个体进行混沌搜索,确实能够加快种群的进化进程,改善遗传算法的搜索效率。

该方法简单易用,编程方便,是一种很有潜力的优化方法。实际应用表明,运用该方法进行储层预测可以获得较好的预测结果。

第3章

灰色预测方法

3.1 概述

1982年，中国学者邓聚龙教授创立的灰色系统理论是一种研究少数据、贫信息不确定性问题的新方法。灰色系统理论以"部分信息已知，部分信息未知"的"小样本""贫信息"不确定性系统为研究对象，主要通过对"部分"已知信息的生成、开发提取有价值的信息，实现对系统运行行为、演化规律的正确描述和有效监控。社会、经济、农业、工业、生态、生物等许多系统，是按照研究对象所属的领域和范围命名的，而灰色系统却是按颜色命名的。在控制论中，人们常用颜色的深线形容信息的明确程度，如艾什比(Ashby)将内部信息未知的对象称为黑箱(black box)，这种称谓已为人们普遍接受。用"黑"表示信息未知，用"白"表示信息完全明确，用"灰"表示部分信息明确、部分信息不明确。相应地，信息完全明确的系统称为白色系统，信息未知的系统称为黑色系统，部分信息明确、部分信息不明确的系统称为灰色系统。它是基于数学理论的系统工程学科，主要解决一些包含未知因素的特殊领域的问题，广泛应用于农业、地质、气象等学科。

十几年来，经过邓聚龙及国内外广大灰色系统理论研究学者的不懈耕耘和开拓，其灰色系统理论体系愈加完善，得到了进一步的发展。

(1) 灰诊断理论：澳大利亚库内尔(Kuhnell)与Luo M采用灰关联分析，灰模式识别对旋转机器的故障(包括发动机轴承故障、机床故障、火车车轮故障)进行诊断。

(2) 灰混沌理论：美国大卫(David)与邓聚龙合作研究灰色系统中参数空间的混沌现象，以及灰色理论与混沌理论的接轨问题。已发表了有关 GM(1,1)禁区的混沌问题：GM(1,1)模型的混沌参数空间等理论。目前大卫(David)教授正从事 Topoloty、Grey、Chaos 三者关系问题的研究。

(3) 灰规划理论：1990年以来，贝茨(Baetz)和帕克蒂(Pakty)等研究和提出了：①灰色线性规划 GLP；②灰色模期线性规划 GFLP；③灰色模期动态规划 GFDP；④灰色动态规划 GDP；⑤灰色整数规划 GIP。

此外，灰色理论在灰推论(基予默认原理、吸收原理、联想原理、信息覆盖)、微分方程结构解、灰关联代数、灰关联搜索理论、影像压缩的 GM 理论、灰空间拓扑理论(局势拓扑、GM数据拓扑、GM 模型拓扑、域拓扑、命题信息域拓扑理论、键拓扑)等方面得到了新的发展。

3.2　理论基础

3.2.1　灰色系统的基本概念

1. 灰色系统基本概念

我们将信息完全明确的系统称为白色系统,信息未知的系统称为黑色系统,部分信息明确、部分信息不明确的系统称为灰色系统。

2. 灰色系统类型

系统信息不完全的情况有以下 4 种:

(1) 元素信息不完全;

(2) 结构信息不完全;

(3) 边界信息不完全;

(4) 运行行为信息不完全。

3. 灰色系统理论基本观点

(1) 灰色系统理论认为,系统是否会出现信息不完全的情况取决于认识的层次、信息的层次和决策的层次,低层次系统的不确定量是相当的高层次系统的确定量,要充分利用已知的信息揭示系统的规律。灰色系统理论在相对高层次上处理问题,其视野较为宽广。

(2) 应从事物的内部,从系统内部结构和参数去研究系统。灰色系统的内涵更为明确具体。

(3) 社会、经济等系统一般不存在随机因素的干扰,这给系统分析带来了很大困难,但灰色系统理论把随机量看作在一定范围内变化的灰色量,尽管存在无规则的干扰成分,经过一定的技术处理总能发现其规律性。

(4) 灰色系统用灰色数、灰色方程、灰色矩阵、灰色群等描述,突破了原有方法的局限,更深刻地反映了事物的本质。

(5) 用灰色系统理论研究社会经济系统的意义,在于一反过去那种纯粹定性描述的方法,把问题具体化、量化,从变化规律不明显的情况中找出规律,并通过规律分析事物的变化和发展。例如,人体本身就是一个灰色系统,身高、体重、体型等是已知的可测量的,属于白色系统,而特异功能、穴位机理、意识流等又是未知的难以测量的,属黑色系统,介于此间便属灰色系统。体育领域也是一个巨大的灰色系统,可以用灰色系统理论进行研究。

(6) 灰色理论认为系统的行为现象尽管是朦胧的,数据是复杂的,但毕竟是有序的,是有整体功能的。灰数的生成,就是从杂乱中寻找规律。同时,灰色理论建立的是生成数据模型,不是原始数据模型,因此,灰色预测的数据是通过生成数据的 GM(1,1) 模型得到的预测值的逆处理结果。

3.2.2　灰色系统与模糊数学、黑箱方法的区别

三种方法的主要区别在于对系统内涵与外延处理态度不同,研究对象内涵与外延的性质不同。灰色系统着重外延明确、内涵不明确的对象;模糊数学着重外延不明确、内涵明确的对象;黑箱方法着重系统外部行为数据的处理方法,是因果关系的推断方法,是注重外延

而忽略内涵,而灰色系统方法是外延内涵均注重的方法(表 3.1)。

表 3.1 三种不确定性系统研究方法的比较分析表

项 目	灰 色 系 统	概 率 统 计	模 糊 数 学
研究对象	贫信息不确定	随机不确定	认知不确定
基础集合	灰色朦胧集	康托集	模糊集
方法依据	信息覆盖	映射	映射
途径手段	灰序列算子	频率统计	交集
数据要求	任意分布	典型分布	隶属度可知
侧重点	内涵	内涵	外延
目标	现实规律	历史统计规律	认知表达
特色	小样本	大样本	凭经验

灰色系统模型对实验观测数据没有什么特殊的要求和限制,因此应用领域十分宽广。概率统计、模糊数学和灰色系统理论是三种最常用的不确定性系统研究方法。其研究对象都具有某种不确定性。模糊数学着重研究"认知不确定"问题,其研究对象具有"内涵明确,外延不明确"的特点问题,主要凭经验借助隶属函数进行处理。概率统计研究的是"随机不确定"现象,着重于考察"随机不确定"现象的历史统计规律,考察具有多种可能发生的结果的"随机不确定"现象中每种结果发生的可能性。其出发点是大样本,并要求对象服从某种典型分布。灰色系统理论着重研究"小样本""贫信息"不确定性问题,并依据信息覆盖,通过序列算子的作用探索事物运动的现实规律。其特点是"少数据建模",着重研究"外延明确,内涵不明确"的对象。例如,总人口控制在 15 亿人到 16 亿人。

通过数据挖掘数据的规律,灰色系统理论认为,尽管客观系统表象复杂、数据离乱,但其总是有整体功能的,因此必然蕴含某种内在规律。关键在于如何选择适当的方式去挖掘和利用信息。一切灰色序列都能通过某种生成弱化其随机性、显现其规律性。基于冲击扰动系统的理论分析,提出缓冲算子的公理、性质,及各种实用缓冲算子的构造。

1. 灰色系统的数学基础

(1) 层次变换灰生成方法:累加生成、累减生成、反向累加、反向累减等。

(2) 数值变换灰生成方法:初值化生成、均值化生成、区间值化生成、对数生成、方根变换生成、对数-幂函数生成、函数变换生成、Cotx 变换生成等。

(3) 极性变换灰生成方法:上限效果测度、下限效果测度、适中效果测度。

通过累加可以看出灰量积累过程的发展态势,使离乱的原始数据中蕴含的积分特性或规律充分显露。如家庭的支出,若按日计算,可能没有什么明显的规律;若按月计算,支出的规律性就可能体现出来,与月工资收入大体成某种关系;一个生产重型机械设备的厂家,由于产品生产周期长,其产量、产值若按天计算,没有规律;若按年计算,则规律显著。

2. 基本原理

通过对统计序列几何关系的比较分清系统中多因素间的关联程度,序列曲线的几何形状越接近,则其之间的关联度越大。灰色关联分析方法要求样本容量可以少到 4 个,对数据无规律同样适用,不会出现量化结果与定性分析结果不符的情况。灰色关联度的应用涉及社会科学和自然科学的各领域,尤其是在社会经济领域,如国民经济各部门投资收益、区域经济优势分析、产业结构调整等方面,都取得了较好的应用效果。

3. 基本功能

分析因子与行为的影响,判别主要和次要因子、识别模式、确认同构、鉴别效果、灰色关联聚类、灰色关联决策等。

第一步,确定分析数列。

第二步,使变量无量纲化。

第三步,计算关联系数。

第四步,计算关联度。

第五步,关联度排序。

3.2.3　灰色系统的基本原理

公理 1:差异信息原理。"差异"是信息,凡信息必有差异。

公理 2:解的非唯一性原理。信息不完全、不明确的解是非唯一的。

公理 3:最少信息原理。灰色系统理论的特点是充分开发利用已有的"最少信息"。

公理 4:认知根据原理。信息是认知的根据。

公理 5:新信息优先原理。新信息对认知的作用大于旧信息。

公理 6:灰性不灭原理。"信息不完全"是绝对的。

3.2.4　灰色系统理论的主要内容

灰色系统理论经过十多年的发展,已基本建立起一门新兴学科的结构体系,其主要内容包括:以"灰色朦胧集"为基础的理论体系;以晦涩关联空间为依托的分析体系;以晦涩序列生成为基础的方法体系;以灰色模型(又称为"GM 模型")为核心的模型体系;以系统分析、评估、建模、预测、决策、控制、优化为主体的技术体系。

1. 灰数的定义

灰数是指未明确指定的数,即处在某一范围内的数,灰数是区间数的一种推广。灰数实际上指在某个区间或某个一般的数集内取值的不确定数,通常用符号"$\otimes$"表示。

2. 灰数的分类

(1) 有下界而无上界的灰数 $\otimes \in [\underline{a}, \infty]$ 或 $\otimes(\underline{a})$,如大树的重量必大于零,但不可能用一般手段知道其准确的重量,所以其重量为灰数 $\otimes \in [0, \infty)$。

(2) 有上界而无下界的灰数 $\otimes \in (-\infty, \overline{a}]$ 或 $\otimes(\overline{a})$,如一项投资工程,要有个最高投资限额,一件电器设备要有个承受电压或通过电流的最高临界值。

(3) 既有下界 $\underline{a}$ 又有上界 $\overline{a}$ 的灰数称为区间灰数,记为 $\otimes \in [\underline{a}, \overline{a}]$。

如海豹的重量为 20~25 千克,某人的身高为 1.8~1.9 米,可分别记为

$$\otimes_1 \in [20, 25], \quad \otimes_2 \in [1.8, 1.9]$$

(4) 黑数:当 $\otimes \in (-\infty, \infty)$ 或 $\otimes \in (\otimes_1, \otimes_2)$,即当 $\otimes$ 的上、下界皆为无穷或上下界都是灰数时,称 $\otimes$ 为黑数。

(5) 白数:当 $\otimes \in [\underline{a}, \overline{a}]$ 且 $\underline{a} = \overline{a}$ 时,称 $\otimes$ 为白数。

3. 本征灰数

本征灰数是指不能或暂时不能找到一个白数作为其"代表"的灰数,比如一般的事前预

测值、宇宙的总能量、准确到秒或微妙的"年龄"等,都是本征灰数。

非本征灰数是指凭先验信息或某种手段,可以找到一个白数作为其"代表"的灰数。称此白数为相应灰数的白化值,记为$\widetilde{\otimes}$,并用$\otimes(a)$表示以a为白化值的灰数。如托人代买一件价格 100 元左右的衣服,可将 100 作为预购衣服价格$\otimes(100)$的白化数,记为$\widetilde{\otimes}(100)=100$。

例子:

(1) 气温不超过 36℃,$\otimes\in[0,36]$。

(2) 预计某地区今年夏粮产量在 100 万吨以上,$\otimes\in[100,\infty)$。

(3) 估计某储蓄所年底居民存款总额将达 7000 万元到 9000 万元,$\otimes\in[7000,9000]$。

(4) 如某人希望至少获得 10000 元科研经费,并且越多越好,$\otimes\in[10000,\infty)$。

(5) 有的数,从系统的高层次,即宏观层次、整体层次或认识的概括层次上看是白的,可从低层次上,即系统的微观层次、分部层次或认识的深化层次则可能是灰的。例如,一个人的身高,以厘米度量是白的,若精确到万分之一毫米就成灰的了。

4. 灰数白化与灰度

(1) 如今年的科研经费为 50000 元左右,可表示为$\otimes(50000)=50000+\delta$,或$\otimes(50000)\in(-,50000,+)$,它的白化值为 50000。

(2) 对于一般的区间灰数$\otimes\in[a,b]$,将白化值$\widetilde{\otimes}$取为

$$\widetilde{\otimes}=\alpha a+(1-\alpha)b,\quad\alpha\in[0,1] \tag{3.1}$$

一般灰色系统的行为特征预测值构成的灰数,难以给出其白化权函数。

定义　形如$\widetilde{\otimes}=\alpha a+(1-\alpha)b,\alpha\in[0,1]$的白化称为等权白化。

定义　在等权白化中,取$\alpha=\dfrac{1}{2}$而得到的白化值称为等权均值白化。

当区间灰数取值的分布信息缺乏时,常采用等权均值白化。

(3) 灰度即灰数的测度。灰数的灰度在一定程度上反映了人们对灰色系统行为特征的未知程度。如果考虑一个 4000 左右的灰数,给出其估计值的两个灰数$\otimes_1\in[3998,4002]$和$\otimes_2\in[3900,4100]$,显然$\otimes_1$比$\otimes_2$更有价值,亦即$\otimes_1$比$\otimes_2$灰度小。若再考虑一个基本值为 4 的灰数,给出灰数$\otimes_3\in[2,6]$,虽然$\otimes_1$与$\otimes_3$的长度都是 4,但$\otimes_1$比$\otimes_3$的灰度小是显而易见的。

5. 不确定量到量化(用确定量的方法研究)

灰色系统视不确定量为灰色量,提出了灰色系统建模的具体数学方法,能利用时间序列确定微分方程的参数。灰色预测不是把观测到的数据序列视为一个随机过程,而是看作随时间变化的灰色量或灰色过程,通过累加生成和累减生成逐步使灰色量白化,从而建立对应于微分方程解的模型并做出预报。

3.3　数学模型

3.3.1　灰色预测的概念

(1) 灰色预测法是一种对含有不确定因素的系统进行预测的方法。灰色系统是介于白

色系统和黑色系统之间的一种系统。

（2）白色系统是指一个系统的内部特征是完全已知的，即系统的信息是完全充分的。而黑色系统是指一个系统的内部信息对外界来说是一无所知的，只能通过它与外界的联系加以观测研究。灰色系统内的一部分信息是已知的，另一部分信息时未知的，系统内各因素间具有不确定的关系。

（3）灰色预测通过鉴别系统因素之间发展趋势的相异程度，即进行关联分析，并对原始数据进行生成处理，寻找系统变动的规律，生成有较强规律性的数据序列，然后建立相应的微分方程模型，从而预测事物未来发展趋势的状况。其用等时距观测到的反应预测对象特征的一系列数量值构造灰色预测模型，预测未来某一时刻的特征量，或达到某一特征量的时间。

3.3.2　灰色预测的类型

1. 灰色时间序列预测

即用观察到的反映预测对象特征的时间序列来构造灰色预测类型，预测未来某一时刻的特征量，或达到某一特征量的时间。

2. 灰色畸变预测

即通过灰色模型预测异常值出现的时刻，预测异常值什么时候出现在特定时区内。

3. 灰色系统预测

通过对系统行为特征指标建立一组相互关联的灰色预测模型，预测系统中众多变量间相互协调关系的变化。

4. 灰色拓扑预测

基于原始数据做曲线，在曲线上按定值寻找该定值发生的所有时点，并以该定值为框架构成时点数列，然后建立模型预测该定值发生的时点。

3.3.3　数据处理

为弱化原始时间序列的随机性，在建立灰色预测模型之前，需先对原始时间序列进行数据处理，经过数据处理后的时间序列即称生成列。灰色系统常用的数据处理方式有累加和累减两种。

3.3.4　关联度

1. 关联系数

设 $\hat{x}^{(0)}(k)=\{\hat{x}^{(0)}(1),\hat{x}^{(0)}(2),\cdots,\hat{x}^{(0)}(n)\}$，$x^{(0)}(k)=\{x^{(0)}(1),x^{(0)}(2),\cdots,x^{(0)}(n)\}$
则关联系数定义为

$$\eta(k)=\frac{\min\limits_{k}\min\limits_{k}|\hat{x}^{(0)}(k)-x^{(0)}(k)|+\rho\max\limits_{k}\max\limits_{k}|\hat{x}^{(0)}(k)-x^{(0)}(k)|}{|\hat{x}^{(0)}(k)-x^{(0)}(k)|+\rho\max\limits_{k}\max\limits_{k}|\hat{x}^{(0)}(k)-x^{(0)}(k)|} \tag{3.2}$$

式中：$|\hat{x}^{(0)}(k)-x^{(0)}(k)|$ 为第 k 个点 $x^{(0)}$ 与 $\hat{x}^{(0)}$ 的绝对误差；

$\min\limits_{k}\min\limits_{k}|\hat{x}^{(0)}(k)-x^{(0)}(k)|$ 为两级最小差；

$\max\limits_{k}\ \max\limits_{k}|\hat{x}^{(0)}(k)-x^{(0)}(k)|$ 为两级最大差；

ρ 称为分辨率，$0<\rho<1$，一般取 $\rho=0.5$；

对单位不一、初值不同的序列，在计算相关系数前应首先进行初始化，即将该序列所有数据分别除以第一个数据。

2. 关联度

$r=\dfrac{1}{n}\sum\limits_{k=1}^{n}\eta(k)$ 称为 $x^{(0)}(k)$ 与 $\hat{x}^{(0)}(k)$ 的关联度。

3.3.5 灰色预测模型

1. 灰色模型建模条件

灰色模型建模条件包括结构条件、材料条件、品质条件。

2. 建模机理

(1) 把原始数据加工成生成数。

(2) 对残差(模型计算值与实际值之差)修订后，建立差分微分方程模型。

(3) 基于关联度收敛的分析。

(4) GM 模型所得数据须经过逆生成还原后才能用。

(5) 采用"五步建模法"(系统定性分析、因素分析、初步量化、动态量化、优化)，建立一种差分微分方程模型 GM(1,1)预测模型。

3. 灰建模概念

灰色模型既不是一般的函数模型，也不是完全(纯粹)的差分方程模型，或者完全(纯粹)的微分方程模型，而是具有部分差分、部分微分性质的模型。

在序列的基础上，近似微分方程模型称为灰模型，包括 GM(1,1)模型、GM(1,N)模型、GM(0,N)模型、GM(2,1)模型和 verhulst 模型等。目前，最常用、研究最多的是 GM(1,1)模型。

1) GM(1,1)模型

令 $X^{(0)}$ 为 GM(1,1)建模序列

$$X^{(0)}=\{x^{(0)}(1),x^{(0)}(2),\cdots,x^{(0)}(n)\} \tag{3.3}$$

$X^{(1)}$ 为 $X^{(0)}$ 的 1-AGO(一次累加生成)序列

$$X^{(1)}=\{x^{(1)}(1),x^{(1)}(2),\cdots,x^{(1)}(n)\} \tag{3.4}$$

$$x^{(1)}(k)=\sum_{i=1}^{k}x^{(0)}(i),\quad k=1,2,\cdots,n \tag{3.5}$$

令 $Z^{(1)}$ 为 $X^{(1)}$ 的紧邻均值(MEAN)生成序列

$$Z^{(1)}=\{z^{(1)}(2),z^{(1)}(3),\cdots,z^{(1)}(n)\} \tag{3.6}$$

$$z^{(1)}(k)=0.5x^{(1)}(k)+0.5x^{(1)}(k-1) \tag{3.7}$$

即定义 GM(1,1)的灰微分方程模型为

$$x^{(0)}(k)+az^{(1)}(k)=b \tag{3.8}$$

式中，a 称为发展系数；b 为灰色作用量。设 $\hat{a}$ 为待估参数向量，即 $\hat{a}=(a,b)^{\mathrm{T}}$，则灰微

分方程的最小二乘估计参数列满足

$$\hat{\boldsymbol{a}} = (\boldsymbol{B}^{\mathrm{T}} \boldsymbol{B})^{-1} \boldsymbol{B}^{\mathrm{T}} \boldsymbol{y}_n \qquad (3.9)$$

其中

$$\boldsymbol{B} = \begin{bmatrix} -z^{(1)}(2) & 1 \\ -z^{(1)}(3) & 1 \\ \vdots & \vdots \\ -z^{(1)}(n) & 1 \end{bmatrix}, \quad \boldsymbol{y}_n = \begin{bmatrix} x^{(0)}(2) \\ x^{(0)}(3) \\ \vdots \\ x^{(0)}(n) \end{bmatrix}$$

定义：$\dfrac{\mathrm{d}x^{(1)}}{\mathrm{d}t} + ax^{(1)} = b$ 为灰色微分方程 $x^{(0)}(k) + az^{(1)}(k) = b$ 的白化方程，也叫影子方程。

如上所述，则有

（1）白化方程 $\dfrac{\mathrm{d}x^{(1)}}{\mathrm{d}t} + ax^{(1)} = b$ 的解也称时间响应函数为

$$\hat{x}^{(1)}(t) = \left[x^{(1)}(0) - \frac{b}{a} \right] \mathrm{e}^{-at} + \frac{b}{a} \qquad (3.10)$$

（2）GM(1,1)灰色微分方程 $x^{(0)}(k) + az^{(1)}(k) = b$ 的时间响应序列为

$$\hat{x}^{(1)}(k+1) = \left[x^{(1)}(0) - \frac{b}{a} \right] \mathrm{e}^{-ak} + \frac{b}{a}, \quad k = 1, 2, \cdots, n \qquad (3.11)$$

（3）取 $x^{(1)}(0) = x^{(0)}(1)$，则

$$\hat{x}^{(1)}(k+1) = \left[x^{(0)}(1) - \frac{b}{a} \right] \mathrm{e}^{-ak} + \frac{b}{a}, \quad k = 1, 2, \cdots, n \qquad (3.12)$$

（4）还原值

$$\hat{x}^{(0)}(k+1) = \hat{x}^{(1)}(k+1) - \hat{x}^{(1)}(k) \qquad (3.13)$$

上式即为预测方程。

（5）模型检验：灰色预测模型检验有残差检验、关联度检验、后验差检验。

残差检验：计算原始序列和原始序列的灰色预测序列之间的

绝对误差 $\varepsilon^{(0)}(i) = x^{(0)}(i) - \hat{x}^{(0)}(i)(i = 1, 2, \cdots, n)$；

相对误差 $\omega^{(0)}(i) = \left| \dfrac{x^{(0)}(i) - \hat{x}^{(0)}(i)}{x^{(0)}(i)} \right| (k = 1, 2, \cdots, n)$；

其中，$\hat{x}^{(0)}(i) = \hat{x}^{(1)}(i) - \hat{x}^{(1)}(i-1)(i = 1, 2, \cdots, n)$。

相对误差越小，模型精度越高。

后验差检验：首先计算原始序列 $x^{(0)}(i)$ 的均方差

$$S_0 = \sqrt{S_0^2}，而\ S_0^2 = \frac{1}{n-1} \sum_{i=1}^{n} \left[x^{(0)}(i) - \hat{x}^{(0)} \right]^2，\hat{x}^{(0)} = \frac{1}{n} \sum_{i=1}^{n} x^{(0)}(i)。 \qquad (3.14)$$

然后计算残差序列 $\varepsilon^{(0)}(i)$ 的均方差：

$$S_1 = \sqrt{S_1^2}，而\ S_1^2 = \frac{1}{n-1} \sum_{i=1}^{n} \left[\varepsilon^{(0)}(i) - \bar{\varepsilon}^{(0)} \right]^2，\bar{\varepsilon}^{(0)} = \frac{1}{n} \sum_{i=1}^{n} \varepsilon^{(0)}(i)。 \qquad (3.15)$$

再计算方差比 $c = \dfrac{S_1}{S_0}$，最后计算小误差概率 $p = \{ |\varepsilon^{(0)} - \bar{\varepsilon}^{(0)}| < 0.6745 S_0 \}$。

根据表 3.2 所示的预测精度等级划分表确定模型的精度。

表 3.2 预测精度等级划分表

小误差概率 p 值	方差比 c 值	预测精度等级
>0.95	<0.35	好
>0.80	<0.5	合格
>0.70	<0.65	勉强合格
$\leqslant 0.70$	$\geqslant 0.65$	不合格

2) GM(1,1)模型应用实例

例 某大型企业 1999—2004 年的产品销售额见表 3.3,试建立 GM(1,1)预测模型,并预测 2005 年的产品销售额。

表 3.3 灰色预测年度与产品销售额对应表

年 份	1999	2000	2001	2002	2003	2004
销售额/亿元	2.67	3.13	3.25	3.36	3.56	3.72

解:设 $X^{(0)}(k) = \{2.67, 3.13, 3.25, 3.36, 3.56, 3.72\}$

第 1 步 构造累加生成序列

$$X^{(1)}(k) = \{2.67, 5.80, 9.05, 12.4, 15.97, 19.69\} \tag{3.16}$$

第 2 步 构造数据矩阵 $\boldsymbol{B}$ 和数据向量 $\boldsymbol{y}_n$

$$\boldsymbol{B} = \begin{pmatrix} -\frac{1}{2}[x^{(1)}(1) + x^{(1)}(2)] & 1 \\ -\frac{1}{2}[x^{(1)}(2) + x^{(1)}(3)] & 1 \\ -\frac{1}{2}[x^{(1)}(3) + x^{(1)}(4)] & 1 \\ -\frac{1}{2}[x^{(1)}(4) + x^{(1)}(5)] & 1 \\ -\frac{1}{2}[x^{(1)}(5) + x^{(1)}(6)] & 1 \end{pmatrix} = \begin{pmatrix} -4.235 & 1 \\ -7.425 & 1 \\ -10.73 & 1 \\ -14.19 & 1 \\ -17.83 & 1 \end{pmatrix}, \tag{3.17}$$

$$\boldsymbol{y}_n = \begin{pmatrix} x^{(0)}(2) \\ x^{(0)}(3) \\ x^{(0)}(4) \\ x^{(0)}(5) \\ x^{(0)}(6) \end{pmatrix} = \begin{pmatrix} 3.13 \\ 3.25 \\ 3.36 \\ 3.56 \\ 3.72 \end{pmatrix} \tag{3.18}$$

第 3 步 计算 $\hat{\boldsymbol{\alpha}} = \begin{pmatrix} a \\ b \end{pmatrix} = (\boldsymbol{B}^{\mathrm{T}} \boldsymbol{B})^{-1} \boldsymbol{B}^{\mathrm{T}} \boldsymbol{y}_n$

$$\boldsymbol{B}^{\mathrm{T}} \boldsymbol{B} = \begin{pmatrix} 707.46375 & -54.41 \\ -54.41 & 5 \end{pmatrix}$$

$$(\boldsymbol{B}^{\mathrm{T}} \boldsymbol{B})^{-1} = \begin{pmatrix} 0.008667 & 0.094319 \\ 0.094319 & 1.226382 \end{pmatrix}$$

$$\hat{\boldsymbol{a}} = (\boldsymbol{B}^{\mathrm{T}}\boldsymbol{B})^{-1}\boldsymbol{B}^{\mathrm{T}}\boldsymbol{y}_n = \begin{pmatrix} -0.043879 \\ 2.925663 \end{pmatrix} \tag{3.19}$$

第 4 步 得出预测模型

$$\frac{\mathrm{d}x^{(1)}}{\mathrm{d}t} - 0.043\,879x^{(1)} = 2.925\,663$$

$$\hat{x}^{(1)}(k+1) = 69.3457\mathrm{e}^{0.043\,879k} - 66.6757$$

$$\left(x^{(0)}(1) = 2.67; \frac{b}{a} = -66.6757\right) \tag{3.20}$$

第 5 步 残差检验

(1) 根据预测公式,计算 $\hat{X}^{(1)}(k)$,得

$$\hat{X}^{(1)}(k) = \{2.67, 5.78, 9.03, 12.43, 15.97, 19.68, 19.69\}(k = 0, 1, \cdots, 6) \tag{3.21}$$

(2) 累减生成 $\hat{X}^{(0)}(k)$ 序列,$k = 1, 2, \cdots, 6$

$$\hat{X}^{(0)}(k) = \{2.67, 3.11, 3.25, 3.40, 3.54, 3.71\} \tag{3.22}$$

原始序列:$X^{(0)}(k) = \{2.67, 3.13, 3.25, 3.36, 3.56, 3.72\}$

(3) 计算绝对残差和相对残差序列

绝对残差序列:$\Delta^{(0)} = \{0, 0.02, 0, 0.04, 0.02, 0.01\}$

相对残差序列:$\phi = \{0, 0.64\%, 0, 1.19\%, 0.56\%, 0.27\%\}$

相对残差不超过 1.19%,模型精确度高。

预测:$k = 7, x^{(0)}(8) = x^{(1)}(8) - x^{(1)}(7) = 4.23$

4. 灰色预测方法的优点和缺点

灰色预测方法的优点体现在:首先把离散数据视为连续变量在其变化过程中所取的离散值,从而利用微分方程式处理数据;不直接使用原始数据,而是由其产生累加生成数列,对生成数列使用微分方程模型。这样可以抵消大部分随机误差,显示出规律性。

灰色预测的缺点体现在其特点集中在处理小样本数据条件下的随机误差,而对大样本则无任何优势。

3.4 应用实例及效果

3.4.1 灰色预测方法在工农业中的应用

在灰理论发展的同时,其实际应用日趋广泛,应用领域不断拓宽,已先后在生命科学、地质、农业、环保、电力、IT 等数十个领域得到广泛应用。

1. 灰色预测方法在影像压缩中的应用

1998 年温坤礼的博士论文《灰色系统理论的研究及其与影像边界搜索及压缩上的应用》中研究了应用灰色理论预测影像边界以确定影像基本框架,进而进行压缩。

2. 灰色预测方法在灰色控制中的应用

1998 年杨晨(Jert Yang Chen)将模糊理论与灰色预测控制器结合,在非最小相位系统

中获得了满意的精度(JGS,1995,1,9-22)。

3. 灰色预测方法在通信和计算机科学中的应用

1999 年 Ding An Chiang,Yi Fan Wang 等建灰预测模型 GM(1,1)模型用于移动通信中瑞雷衰减(Rayleigh Fading)的评估,该研究表明当 GM(1,1)模型发展系数-0.6 时,若功率控制周期不超过 1.4 毫秒,则精度可达一级。

4. 灰色预测方法在质量管理中的应用

1998 年 Sinh Hsing Chang、Jiun Ken Hwang 等将灰关联分析的模式识别成功地用于天然气辅助喷射铸模过程,获得了优化的参数和优秀的品质(JGS,1998,4,371)。

5. 灰色预测方法在环境方面中的应用

1996 年,加拿大的 Huang O. H.、贝娅塔 B. W.(Beata B. W.)、帕克蒂 O. O.(Pakty O. O.)、莫克 K. D.(Mooke K. D.)等将灰色系统理论应用于加拿大城市固体废物处理等,得到了合理的解答。

6. 灰色预测方法在电力系统中的应用

1996 年,日本学者 Morita H.、Kase I.、Tamura Y. 等应用 GM(1,1)模型从点预测、区间预测、拓扑预测三方面对电力负荷进行预测,非常有效。

7. 灰色预测方法在模式识别中的应用

1998 年,中国台湾 Hung Ching Lu 对灰色关联分析方法提出了 Grey Mouu—tain Method 用以寻找模式的中心,为技术上与理论上研究 Pattern 的关系提出一种新的思路。

8. 灰色预测方法在矿藏地质中的应用

1996 年,徐忠祥将灰色综合关联定位方法应用于新疆香山铜锡矿(属隐伏矿)所设计孔位,经实钻发现 50 多米的铜锡矿床。

9. 灰色预测方法在石油探测中的应用

1996 年,徐忠祥等提出了滑动灰色关联分析方法,成功地用于新疆塔里木地区油气圈闭预测。所设计的 L 井位已获工业油气流。

3.4.2 灰色预测方法在油气田预测中的应用

灰色预测在目前油气预测中应用最为广泛,从油田产量预测到孔隙度预测,从含水率预测到油田多目标规划决策,处处都有灰色预测的身影。

地层的沉积过程是一个时间序列,地震记录道则反映了地层的数字特征。灰色系统预测法对时间序列的预测有较高的精度。利用地震剖面建立一个灰色系统模型,通过对该模型的分析,在剖面上圈出油气异常区域,从而为直接寻找油气藏提供一种辅助手段。

灰色系统 GM 是抽象系统的基本模型,针对地震资料的特点,选用 GM(1,1)模型作为预测模型。

设 S 为一地震道数据列,$S(t)$ 为 t 时刻的振幅采样值,N 为采样点数。为便于进行灰色预测,对 $S(t)$ 做了非负性平移处理,这种处理对提取振幅中的信息没有本质的影响,可视为一种转换后的相对振幅异常信息。用 t 时刻之前的数据,利用 GM(1,1)模型对 t 时刻的数据作出预测,即用 t_i 以前的值预测 t_i 值,如果地层是连续均匀介质,则灰色预测无偏差,如地层含断裂和油气等因素的影响,则灰色预测偏差较大。因此,利用灰色预测法可间接指出由于地层含油气性等因素引起的异常特征。利用灰色预测法对过已知油气井的剖面进行处理,取得了一些效果。

图 3.1 为某地区经保持振幅处理的叠偏地震剖面图,该剖面过 3 口已知井——井 1(CDP1804)、井 2(CDP1790)和井 3(CDP1678),从图中可以看到,井 1 和井 2 位于局部构造高点上(3.2~3.4s),具有较好的圈闭条件,井 3 位于构造次高点上。根据钻井资料,3.3s 附近的地层是储层,井 1 和井 2 在 3.3s 附近钻遇工业油气流,而井 3 在该储层仅出水。根据速度资料,井 1 和井 2 在储层附近位于低速异常区,而井 3 则位于低速异常区的边缘。图 3.2 是用 GM(1,1)模型处理的地层异常剖面图,井 1 和井 2 在 3.3s 附近有较大的灰色异

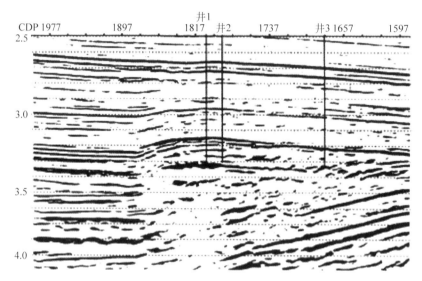

图 3.1 保持振幅处理的叠偏地震剖面图

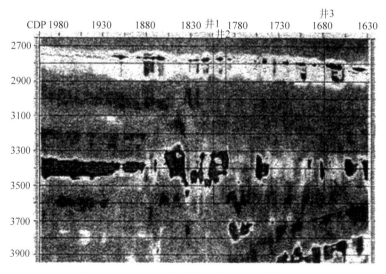

图 3.2 GM(1,1)模型处理的地层异常剖面图

常,而井 3 在 3.3s 附近灰色异常明显较小,由图还可看到,3.3s 附近的储层存在灰色异常,这些都与实际地质情况基本吻合。

用灰色系统 GM(1,1)模型进行地层异常信息的提取,作为直接寻找油气异常的一种尝试,实际资料处理的效果较好。结果表明,Z 值的大小与油气含量成一定程度的正比关系。综合勘探区的地质、物探和钻井资料,利用本法除了可对已知的含油气情况进行验证外,还可对未知区域的含油气情况进行预测,为设计新井位提供参考意见。

第4章

毕奥双相介质预测方法

4.1 双相介质理论的历史发展

20 世纪 50 年代,加斯曼(Gassman)等提出了关于流体对弹性波在疏松介质中传播影响的理论(参见参考文献中加斯曼 1951 年发表的论文和毕奥(Biot)1956 年发表的两篇论文)。自此之后,很多人就对这个问题展开了大量的理论和实验方面的研究。根据毕奥-加斯曼的理论曾经预测出,含盐水或含油达到饱和程度的孔隙空间中的少量气体主要使 P 波速度降低,这是因为气体及液体在可压缩性方面存在很大的差别。从根本上说,由于孔隙流体在波经过时能部分支持其引起的弹性载荷,因此,当流体模量较大的流体(盐水 = 0.022 兆帕,油=0.002～0.02 兆帕)完全充满孔隙空间时 P 波的速度就会升高。但是,只要有少量气体存在(流体模量=1×10^{-8}～2×10^{-4} 兆帕),就能使平均流体模量大大降低,因此,也就会使 P 波速度随之降低。毕奥-加斯曼的理论还预言,剪切波的速度不受饱和流体压缩性的影响。

毕奥-加斯曼的理论假定,流体的压缩率是气体及液体压缩率的体积平均值。多姆尼科(Domnenico)和望月(Mochizuki)分别在 1976 年和 1982 年提出,在高频条件下可以由体积模量的体积平均值得出平均流体模量。这预言了 V_p 值几乎随气体饱和度的增加而呈线性下降。在超声频率下,用波长求取的流体平均压缩率的体积相当于若干个孔隙的量级。因此,在气体饱和度比较低的情况下,很多这样的"平均体积"很可能不含气体,其速度值将比根据毕奥-加斯曼理论预测的速度值高。这种情况一直要到所有平均体积内部充满气体的时候才会发生改变。

1986 年,耶鲁(Yale)曾经指出,所发表的因部分气体饱和而引起速度变化的大部分资料都与根据毕奥-加斯曼理论预测的变化情况符合得很好。但是,耶鲁同时发现,对于胶结得很好的岩石来说,只有在气体饱和度大于 50% 的情况下,所得结果才与理论结果相符(参见参考文献中 Gregory 1976 年发表的论文)。因此,耶鲁认为,只有在这个饱和度以上,孔隙空间中的气体才是均匀分布的。

1984 年,德维比斯(DeVilbiss)发表的在跨越水和水汽过渡带的超声速度测定结果表明,少量水汽的存在确实会使 P 波速度大大下降。将德维比斯的测定资料(参见参考文献中德维比斯 1984 年发表的论文)与根据毕奥-加斯曼理论所作的预测结果进行对比后可以看出,实测资料与预测结果符合得很好。这就说明,在高频条件下毕奥-加斯曼的理论是实用的,但孔隙空间内的气体必须是均匀分布的,就好像气体是从溶液中逸出而不是从溶液中蒸发出的(通常在实验室中用于改变气体饱和度时使用的就是属于蒸发)。1984年,布尔比(Bourbie)和津泽纳(Zinszner)发现,在部分饱和的样品中,气体从溶液中逸出时,其分布情况比从水中蒸发出来时形成的分布均匀得多。1981年,蒂特曼(Tittmann)等发现,在几千赫的低频范围内进行声测定时,如果发现有 CO_2 从溶液中逸出,那么,速度值就会急剧下降。

在确定某些储集层中天然气含量的情况时,Biot-Gassman 模型确实是一种非常有用的工具。但是,在计算预期的速度或阻抗的变化时,必须使用正确的骨架模量及流体模量。理论研究和实验结果都表明,对胶结得很好的储层(具有很高的骨架模量)或者是埋藏得很深的含轻油储集层(液体和气体的压缩率差别很小),都无法观测到由气体造成的速度上的变化。在开发中,确定一个储集层是油浸的还是水浸的特别重要。在速度分析中,弄清楚岩石和水的相互作用也显得非常重要。

为更进一步弄清岩石、孔隙空间及流体如何影响对岩石特性所作的测定,以及为了对野外及实验室的测定结果更好地进行解释,近来在多孔介质模型实验方面曾经做过一些研究。对于从毕奥等的"体孔隙模型"(参见参考文献中毕奥1956年发表的两篇文章及威利(Wyllie)等1956年发表的文章)到库斯特(Kuster)等提出的具有特殊孔隙几何形态的速度模型(参见参考文献中库斯特和托克索兹(Toksoz)1974年、马夫科(Mavko)及努尔(Nur)1978年、奥康尼(O'Connell)及布迪安斯基(Budiansky)1974年,以及科林加(Korringa)等1979年发表的论文),笔者都曾经进行过讨论。对于某些电学模型,则采用了类似的有效介质逼近法(参见参考文献中伯格曼(Bergman)1982年、森(Sen)等1981年、科林加1984年、门德尔森(Mendelson)及科恩(Cohen)1982年、布西安(Bussian)1983年发表的论文)。1984年,沈平及卡莱加里(Callegari)采用"差分有效介质法"模拟多孔介质的速度、衰减及导电性。

怀特(White)(1975)、努尔(1971,1979)、斯宾塞(Spencer)(1979)、托克索兹(1979)、约翰斯顿(Johnston)(1980)等证实流体的相对运动,它产生的黏滞损失确实是地震波衰减的重要根源。

1980年,T. J. 普洛纳(T. J. Plona)等在实验室发现了毕奥预言的慢纵波,拉索洛福桑(Rasolofosaon)(1988)用砂岩重复 Plona 的试验也观察到毕奥理论的现象。

马夫科(1979)等又进一步把毕奥理论推广到喷射流,这两种理论被称为 BISQ 理论(Biot-Squirt),能更好地描述岩石的微观结构和弹性波传播的特点。

毕奥流动和喷射流动是孔隙介质中流体流动的两种主要形式。毕奥流动具有宏观性,而喷射流动是由于孔隙受某种因素的影响发生变形,如弹性波传播使孔隙受挤压,致使细小孔隙中流体向粗大孔隙挤出而形成,因而具有局部性。基于毕奥流动形式、毕奥(1956a、b)口建立了孔隙介质中的弹性波传播理论,并已得到广泛应用,但是毕奥理论难以对许多岩石中存在的强衰减和高频散射现象作出合理的解释。许多研究表明,孔隙介质中流体的喷射流动是造成地震波强衰减和高频散射的主要原因。

西亚马克·哈桑扎什(Siamak Hassanzadeh)(1988)用毕奥理论计算各种几何条件下的合成地震记录。这些合成记录证明在流体充填的非均匀孔隙介质中,孔隙度和渗透率严重地影响地震波的特性。他指出毕奥关于孔隙介质流体与固体相对运动,在不均匀介质中是十分显著的,是地震波弥散和能量损耗的主要原因。在地震频带上观测慢纵波的问题方面,根据他的研究材料,慢纵波不仅能在孔隙中产生,而且可以在不同流体充填的孔隙介质之间的任何界面上,以及流体和孔隙弹性固体之间的任何界面上产生。特别是在多层组成的储层中,从快纵波至慢纵波能量转换累积的影响很大。可以利用地震波的这种影响识别孔隙度和渗透率的空间变化,以改进目前的储层描述。

美国斯坦福大学的阿莫斯·努尔(Amos Nur)(1989)根据毕奥的速度和衰减模型,用不同孔隙度和不同黏土含量的样本,研究地震波的频散,发现毕奥这种频散效应随孔隙度的增加而加强,随黏土含量的增加而减弱。因为波速的频散与衰减有直接关系。毕奥指出,岩石中地震波的衰减暗示着孔隙度的某种关系。毕奥还研究频散与渗透率的关系,满怀信心地认为,如果能用宽频带的地震系统测量储层的波速和频散,就可以推导出储层渗透率等参数。G. M. 戈洛舒宾(G. M. Goloshubin)(1993)等已测量到地震频带中的慢波。

沃尔什(Walsh)和约翰斯顿等认为,岩石中微裂隙的存在及颗粒之间的摩擦是地震波衰减的主要因素,李子顺认为,双相介质中地震波的传播引起流体和骨架质点的相对运动造成多重散射波,这些波相互干涉和叠加引起了地震波的衰减,并通过数值模拟研究了含气和含水两种情况下地震波的衰减问题;同时指出,含水双相介质只有轻微的衰减,而含气时衰减较大。博尔达科夫(Bordakov)等利用基于平面波和反傅里叶变换的半解析方法对毕奥理论和考虑喷射流动机制的 BISQ 理论进行对比,结果表明 BISQ 理论不能正确地描述双相介质中快、慢纵波的相对振幅特性,而毕奥理论则能得到相对可靠的结果。阿恩特森(Arntsen)等将松弛机制引入毕奥方程,建立了具松弛耗散机制的黏弹双相介质地震波方程,更好地描述了地震波的衰减。

多年来,毕奥理论得到许多学者的验证和应用,例如格尔茨马(Geertsma)和斯密特(Smit)(1961)等应用毕奥的理论研究平界面的反射,计算孔隙介质的特性参数,导出纵波速度的频率方程;加德纳(Gardner)(1974)用于多孔杆的研究;罗森鲍姆(Rosenbaum)(1974)用于声学速度测井;F. 哈姆迪(F. Hamdi)和 D. T. 史密斯(D. T. Smith)(1982)用于研究海上沉积物的渗透率等。

在国内,虽然双相介质理论与应用较国际上晚一些,但由于国际上双相介质理论的迅速发展和国内实际问题的需要,自 20 世纪 90 年代起,有关双相介质中地震波传播理论及其应用的研究也得到加强和发展,并已取得一批重要成果。王尚旭(1990)研究了双相介质中地震波的传播规律,并实现了双相介质中地震波传播的有限元解法;乔文孝等(1992)研究了声波在两种孔隙介质界面上的反射和透射规律;张应波(1994)探讨了毕奥理论在地震勘探中的应用;牟永光(1996)通过地震物理模型实验,同时观测并证实了双相介质中慢速纵波和慢速横波的存在;刘克安等(1997)利用时间正则化方法对二维双相介质波动方程中的三个主要参数(孔隙率、固相密度和流相密度)同时进行反演。1996—1998 年,杨顶辉提出了固-流耦合效应具有各向异性的思想。基于这一思想,从固-流耦合双相系统单位体积的能量出发,应用牛顿定理和静力平衡条件及一维 BISQ 模型,建立了一般双相各向异性介质中同时包含固-流耦合各向异性效应、毕奥流动和喷射流动两种力学机制的统一的 BISQ 模型,获得了基于固-流耦合效应各向异性的应力波方程和基于微观流场的弹性波传播方程利用傅里叶变换,给出了双相各向异性介质中 4 种拟波(快拟 P 波、慢拟 P 波、拟 SV 波和拟 SH 波)的相速度和衰减因子与毕奥流动张量、喷射流动张量、固-流耦台质量密度张量、渗透率张量、固体骨架弹性张量、频率、波传播方向等参数之间的关系,数值例子说明双相 PTI 介质中,拟 P 波和拟 SV 波的相速度和衰减均具有各向异性,且衰减最强方向依赖于最大渗透率方向。这一结论的直接结果是:也许能够通过构造某种算法从衰减资料上拾取具有方向性的渗透率。席道瑛等(1999)研究了在实验室条件下流体的黏性系数与波衰减、模量和速度色散之间的关系;韩华等实现了流体饱和多孔介质参数反演的遗传算法。雍学善等进行了双相介质 AVO 方程及参数简化研究。高建虎等(2007)在前人研究的基础上,在利用双相介质理论进行储层参数反演方面进行了一些尝试,结果表明该方法是有效的。这些成果的获得为深入系统地研究双相各向异性介质及其波动理论提供了良好的基础。张会星等(2010)指出,双相弹性介质对平面波能量具有衰减作用,衰减系数与频率有关;单相介质对平面波能量无衰减,衰减系数 a 同时受 f 和耗散系数 b 的影响(f 越高,则 a 越大;b 越大,a 随 f 的变化越大),表明地震波穿过双相介质时,其不同频率成分对应的能量要发生变化,低频能量衰减小,高频能量衰减大,在频谱上表现为低频能量相对增强、高频能量相对减弱。若忽略介质的黏弹性,视地下介质为完全弹性介质,由于地下介质含油、气、水等流体时表现为双相特性,且介质含水时的地震波能量衰减微弱,因此可依据这一特性,利用地震资料分析地下介质的双相性或含油气性。

4.2 毕奥理论的数学基础

毕奥理论认为地下介质由固体和流体组成,且两种相态之间存在相对运动,并引起黏滞摩擦损耗。毕奥方程是描述双相介质中地震波传播的最经典方程,当介质在统计意义上具有各向同性介质特征时,双相介质中的纵波方程表达式为

$$\begin{cases} H\nabla^2\varphi_1 + \alpha M\nabla^2\varphi_2 = \rho\dfrac{\partial^2\varphi_1}{\partial t^2} + \rho_{\mathrm{f}}\dfrac{\partial^2\varphi_2}{\partial t^2} \\ \alpha M\nabla^2\varphi_1 + M\nabla^2\varphi_2 = \rho_{\mathrm{f}}\dfrac{\partial^2\varphi_1}{\partial t^2} + m\dfrac{\partial^2\varphi_2}{\partial t^2} + \dfrac{\eta}{\kappa}\dfrac{\partial^2\varphi_2}{\partial t^2} \end{cases} \tag{4.1}$$

并有

$$H = \lambda + 2\mu = K + \frac{2}{3}\mu = a^2 + K_{\mathrm{m}} + \frac{2}{3}\mu$$

$$\rho = \rho_{\mathrm{s}}(1-\beta) + \beta\rho_{\mathrm{f}}$$

$$M = K_{\mathrm{s}}\left[\alpha - \frac{\beta(K_{\mathrm{s}} - K_{\mathrm{f}})}{K_{\mathrm{f}}}\right]^{-1}$$

$$m = \frac{s\rho_{\mathrm{t}}}{\beta}$$

$$s = 1 - \frac{1}{2}\left(1 - \frac{1}{\beta}\right)$$

式中,φ_1 为骨架的波场函数,φ_2 为孔隙内流体相对于骨架的波场函数;ρ、ρ_{s} 和 ρ_{f} 分别为双相介质密度、固体颗粒密度和流体密度;H 是双相介质的等效平面波模量,K 是双相

介质的等效体变模量，K_s、K_f 和 K_m 分别为固体、流体和骨架的体变模量；s 为与孔隙结构和走向有关的因子，其表达式只在孔隙为球形时才成立；η 为流体的黏滞系数；k 为渗透率；β 为有效孔隙率。

4.3　毕奥理论的开拓

事实上，当地震波在多孔双相介质中传播时，Biot 流动力学机制描述的是宏观现象，而喷射流动机制反映的是局部特征，两种机制对地震波的衰减和频散均产生重要影响。

1993 年，Dvorkin 和 Nur 基于孔隙各向同性一维问题，将这两种流体—固体相互作用的力学机制有机地结合起来，提出了统一的 Biot-Squirt(BISQ)模型。

在 BISQ 模型中，Dvorkin 和 Nur 取一圆柱体，其轴平行于波传播方向。假设岩石形变只沿着波传播方向，而流体的流动既可平行于波传播方向（反映了毕奥流动机制）。也可垂直于波的传播方向（喷射流动机制）。对于喷射流动机制的描述，BISQ 理论引入了特征喷射流动长度参数，并定义为一个不依赖于频率和流体性质的岩石基本量基于这些假设，Dvorkin 和 Nur 利用毕奥理论的弹性波动力学方程和流体力学质量守恒方程，以及流体轴对称流动基本性质，导出了含可压缩黏性流体双相介质中压缩波相速度和衰减品质因子的计算公式，这种波速度、品质因子和衰减系数与频率、流体黏滞度、流体压缩性、孔隙度、渗透率、特征喷射流动长度等参数之间的关系，反映了流体两种不同流动形式和流体特性对波速、衰减和频散的影响规律。

考虑纵波沿 z 方向传播，根据毕奥理论的双相孔隙弹性动力学，孔隙流体中的压强 p 为

$$p = C\nabla\mu + M\nabla w = M(\nabla w + \alpha\,\nabla\mu)$$
$$C = \alpha M, \alpha = 1 \cdot K_b / K_s \tag{4.2}$$

对于喷射流，骨架位移和渗流位移在垂直于纵波传播方向（径向，用下脚标 r 表示）的分量：

$$\mu_r = 0, \quad w_r = 0 \tag{4.3}$$

由孔隙流体的运动方程即广义达西定律

$$\nabla p = \rho_f \frac{\partial^2 \mu}{\partial t^2} = \frac{\eta}{K(\omega)} \frac{\partial w}{\partial t} \tag{4.4}$$

依据式(4.3)、式(4.4)的径向方程为

$$\frac{\partial p}{\partial r} = \frac{\eta}{K(\omega)} \frac{\partial W_t}{\partial t} \tag{4.5}$$

设下面的形式解满足该方程：

$$W_r(z, r, t) = W_{r0}(r) e^{i(\partial_z \cdot \omega_p)}$$
$$p(z, r, t) - P_0(r) e^{i(\partial_z \cdot \omega_p)} \tag{4.6}$$

将式(4.6)代入式(4.5)，得到流体压力梯度与径向渗流的关系为

$$W_{r0}(r) = \frac{1}{\omega^2 \bar{\rho}(\omega)} \frac{\partial P_0(r)}{\partial r} \tag{4.7}$$

其中，$K(\omega)$、$\rho(\omega)$分别是 Biot 理论的等效动态渗透率和流体相对运动之等效密度。

可见式(4.7)可直接在喷射流的假设下由广义达西定律式(4.4)给出，而不需要考虑孔隙流体的连续性方程进行冗长的推导而获得。

Dvorkin 假设 z 向的固相位移和流体位移受 $P_0(r)$ 和 $W_{r0}(r)$ 对 r 平均值的影响仅仅是平均局域流参数影响总的 Biot 流，设固相位移 μ 和渗流位移 w 在 z 方向的分量为

$$\mu(z,t) = D_1 \mathrm{e}^{\mathrm{i}(\partial_z \cdot \omega_r)}, \quad W_z(z,t) = D_2 \mathrm{e}^{\mathrm{i}(\partial_z \cdot \omega_r)} \tag{4.8}$$

其中，D_1，D_2 是两个常数。将式(4.8)代入式(4.2)，且 $\sigma/\sigma\theta = 0$，利用式(4.7)得到描述流体压强依赖 r 坐标的一般微分方程：

$$\frac{\mathrm{d}^2 P_0}{\mathrm{d}r^2} + \frac{1}{r}\frac{\mathrm{d}P_0}{\mathrm{d}r} + \frac{\omega^2 \bar{\rho}(\omega)}{M}P_0 = -\mathrm{i}/(D_2 + \alpha D_1)\omega^2 \bar{\rho}(\omega) \tag{4.9}$$

解此零阶贝塞尔方程并利用恒定压强的边界条件的假设，如 $r = R$ 处 $P_0 = 0$，R 是特征喷射流长度，则式(4.9)的解为

$$P_0(z,r,t) = -M\left[1 - \frac{J_0(\lambda_r)}{\lambda_R J_0(\lambda_R)}\right]\left(\frac{\partial w_z}{\partial_z} + \alpha\frac{\partial \mu_z}{\partial_z}\right)$$

其中，

$$\lambda^2 = \omega^2 \bar{\rho}/M \tag{4.10}$$

$P_0(r)$ 对 r 的平均值为

$$P_{av}(z,t) = \frac{1}{\pi R^2}\int_0^R 2\pi r P(z,r,t)\mathrm{d}r = -M\left[1 - \frac{2J_1(\lambda R)}{\lambda R J_0(\lambda R)}\right]\left(\frac{\partial w_z}{\partial_z} + \alpha\frac{\partial \mu_2}{\partial_z} + \frac{\partial \mu_z}{\partial_z}\right) \tag{4.11}$$

将式(4.11)与式(4.2)比较知：

$$M_{sq} = M\left(1 - \frac{2J_1\lambda_R}{\lambda R J_0\lambda_R}\right) \tag{4.12}$$

若在上面的推导过程中忽略孔隙流体高频黏滞修正，则动态渗透率表达式中的高频黏滞修正系数 $F(\omega) = 1$，就退化为德沃金(Dvorkin)和努尔 1993 年给出的结果。

德沃金等利用这种 BISQ 模型预测了某些岩石中压缩波相速度和衰减，并与实验结果进行比较，证实了其可行性。1997 年，帕拉(Parra)□。基于频率域的弹性波基本方程组，将德沃金等基于一维各向同性的 BISQ 模型推广到横向各向同性情况，获得了频率域内同时包含 Biot 流动和喷射流动两种力学机制的波传播方程和固体位移-压力方程，给出了二维平面波相速度和衰减品质因子的计算方法，将平面波相速度和衰减与频率、各向异性渗透率、固相弹性参数、波传播方向及不同方向的特征喷射流动长度联系起来，为进一步研究从测井或跨井地震资料拾取各向异性渗透率迈出了重要一步。

4.4　毕奥理论在地震勘探应用的探索

现在我们简述运动方程，并测试应力场如何穿过弹性固体。可以看出对于小的位移和速度，在忽略作用在包围一点的体积上的力如重力的情况下，牛顿第二运动定律给出的位移分量 μ：

$$\rho \frac{\partial^2 u}{\partial t^2} = \frac{\partial P_{xx}}{\partial x} + \frac{\partial P_{xy}}{\partial y} + \frac{\partial P_{xz}}{\partial z} \tag{4.13}$$

式中，ρ 为密度。根据胡克定律，有：

$$P_{xx} = \lambda \Delta + 2\mu e_{xx} \tag{4.14}$$

$$P_{xy} = 2\mu e_{xy} \tag{4.15}$$

和

$$P_{xz} = 2\mu e_{xz} \tag{4.16}$$

将这些方程代入式(4.13)，并假设弹性参数 λ 和 μ 为常数，得到：

$$\rho \frac{\partial^2 u}{\partial t^2} = \lambda \frac{\partial \Delta}{\partial x} + 2\mu \frac{\partial e_{xx}}{\partial x} + 2\mu \frac{\partial e_{xy}}{\partial y} + 2\mu \frac{\partial e_{yz}}{\partial z} \tag{4.17}$$

利用主应变定义和膨胀系数的定义，后者可以用位移分量表达：

$$\Delta = \frac{\partial u}{\partial x} + \frac{\partial v}{\partial y} + \frac{\partial w}{\partial z} \tag{4.18}$$

接着，将式(4.18)和位移表达的应变分量关系代入式(4.17)，得到：

$$\rho \frac{\partial^2 u}{\partial t^2} = \lambda \frac{\partial}{\partial x}\left(\frac{\partial u}{\partial x} + \frac{\partial v}{\partial y} + \frac{\partial w}{\partial z}\right) + 2\mu \frac{\partial^2 u}{\partial x^2} + \mu\left(\frac{\partial^2 v}{\partial y \partial x} + \frac{\partial^2 u}{\partial y^2}\right) + \mu\left(\frac{\partial^2 w}{\partial z \partial x} + \frac{\partial^2 u}{\partial z^2}\right) \tag{4.19}$$

重新调整右边的各项，得到下面的表达式：

$$\rho \frac{\partial^2 u}{\partial t^2} = (\lambda + \mu) \frac{\partial}{\partial x}\left(\frac{\partial u}{\partial x} + \frac{\partial v}{\partial y} + \frac{\partial w}{\partial z}\right) + u\left(\frac{\partial^2 u}{\partial x^2} + \frac{\partial^2 u}{\partial y^2} + \frac{\partial^2 u}{\partial z^2}\right) \tag{4.20}$$

最后，将式(4.18)和拉普拉斯算子的定义 ∇^2：$(\partial^2/\partial x^2 + \partial^2/\partial y^2 + \partial^2/\partial z^2)$ 代回式(4.20)，得到关于位移分量 u 的运动方程：

$$\rho \frac{\partial^2 u}{\partial t^2} = (\lambda + \mu) \frac{\partial \Delta}{\partial x} + \mu \nabla^2 u \tag{4.21}$$

同理，得到关于位移分量 v 和 w 的运动方程：

$$\rho \frac{\partial^2 v}{\partial t^2} = (\lambda + \mu) \frac{\partial \Delta}{\partial y} + \mu \nabla^2 v \tag{4.22}$$

和

$$\rho \frac{\partial^2 w}{\partial t^2} = (\lambda + \mu) \frac{\partial \Delta}{\partial z} + \mu \nabla^2 w \tag{4.23}$$

定义位移向量 u：(u, v, w)，合并式(4.21)～式(4.23)，得到：

$$\rho \frac{\partial^2 u}{\partial t^2} = (\lambda + \mu) \nabla \Delta + \mu \nabla^2 \mu \tag{4.24}$$

这是均质、各向同性、弹性介质中的波传播方程。

根据弹性波的特性和常规地震勘探只考虑垂直方向，应力应变的关系式可简化成：

$$\frac{\partial_p}{\partial_z} = -\rho_b \frac{\partial_{2\mu}}{\partial_{t2}} \tag{4.25}$$

式中

$$\rho_b = \varphi \rho_f + (1 - \varphi)\rho_s \tag{4.26}$$

ρ_b 为地层密度；φ 为孔隙度；ρ_f 为流体密度；ρ_s 为固体颗粒密度。

考虑到地下储层的双相性质，岩石的孔隙空间可看成由软性和刚性两种孔隙组成，软性孔隙类似于地质上的细微裂缝，刚性孔隙类似于岩石的孔洞，当地震波在这种孔隙系统传播时，由于波的激励，刚性孔隙应力变化较小，软性孔隙的应力变化较大，往往会把较多的应力传递至流体，也可能使裂缝被压缩，形成压力梯度，引起流体的喷射或相对岩石的骨架流动，造成波散和衰减，可导出体积元的应力表达式为

$$P = \frac{\left[2W\left(\dfrac{1}{K} + \dfrac{1}{M}\right) - 1\right]^{\frac{1}{2}}}{\dfrac{1}{K} + \dfrac{1}{M}} \tag{4.27}$$

其中，W 是介质体积变形能，K 是体积模量，M 是平面波模量。

根据加斯曼(1951)，作用在体积元的应力(P)与体积应变($\Delta V/V$)可通过体积模量(K)建立关系，即

$$P = -K\Delta V/V \tag{4.28}$$

其中，V 是体积元的体积，ΔV 是体积元的形变。

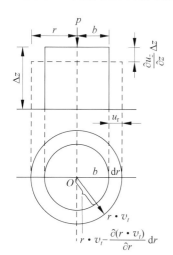

图 4.1 体积元的体积形变示意图

体积元的体积形变，从几何变化上可以看成由轴向压缩形变和侧向拉伸形变组成，我们通过静力学推导可得，如图 4.1 的体积元的体积形变示意图。

$$\Delta V/V = U_z/Z + 2U/b \tag{4.29}$$

式(4.29)中的 $2U/b$ 可用兰姆(Lamb)(1960)的静力学公式表示为

$$2U/b = P/M \tag{4.30}$$

其中，$P = P_f + P_s$，P_f 是孔隙流体应力分量，P_s 是固体应力分量。

则式(4.29)可表示为

$$\Delta V/V = U_z/Z + (P_f + P_s)/M \tag{4.31}$$

另一方面，体积元的形变 ΔV 从物质构成上，是由流体体积变化 ΔV_f 和固体体积变化 ΔV_{s1}，以及由流体压力变化引起固体的另一个体积变化 ΔV_{s2} 三部分组成，分别为

$$\Delta V_f = -\phi V P_f/K_f \tag{4.32}$$

$$\Delta V_{s1} = -(1-\phi)V P_f/K_s \tag{4.33}$$

$$\Delta V_{s2} = -\phi V P_s/K_s \tag{4.34}$$

这三部分相加整理得：

$$\frac{\Delta V}{V} = -\left[\frac{\phi}{K_f} + \frac{1-\phi}{K_s}\right]P_f - \frac{P_s}{K_s} \tag{4.35}$$

其中，K_f 是流体体积模量，K_s 是固体体积模量。

式(4.31)和式(4.35)表示的体积形变是等价的，即两式相等，整理得：

体积元位移表达式为

$$\frac{\partial_{\mu_z}}{\partial_z} = 1\left[\frac{\phi}{K_f} + \frac{1-\Phi}{K_s} + \frac{1}{M}\right]P_f - \left(\frac{1}{K_s} + \frac{1}{M}\right)P_s \tag{4.36}$$

根据材料力学的克拉贝依隆原理,弹性体的变形能等于外力与其相应位移乘积的一半。用式(4.36)乘以式(4.27)获得介质体积元变形能 W 的另一种表达式:

$$W = \frac{1}{2}\left[(-P)\frac{\partial_{\mu_s}}{\partial_z}\right] = \left[\frac{\phi}{K_f} + \frac{1-\phi}{K_s} + \frac{1}{M}\right]P\frac{P_f}{2} + \left(\frac{1}{K_s} + \frac{1}{M}\right)P\frac{P_s}{2} \tag{4.37}$$

式(4.37)可表示成:

$$W = W_p + W_s \tag{4.38}$$

其中

$$W_p = \left[\frac{\varphi}{K_f} + \frac{1-\varphi}{K_s} + \frac{1}{M}\right]P\frac{P_f}{2} \tag{4.39}$$

$$W_s = \left(\frac{1}{K_s} + \frac{1}{M}\right)P\frac{P_s}{2} \tag{4.40}$$

W_p 主要和岩石的孔隙有关,称为孔隙变形能,W_s 主要与岩石骨架有关,称为岩石骨架变形能。这样地震记录的能量不再是 Dobrin(1960)所定义的界面波阻抗差,而是与地层物性参数、弹性参数有关的量。野外采集的地震记录不仅表示地震子波与发射系数的褶积,而且可理解为弹性体的能量变化,根据这种认识,使用地震资料提取物性参数,不单纯以地震记录的褶积模型为依据,其信息领域更宽。

从式(4.37)可看出,其中不少参数是目前地震方法难以获得的,这就是问题的难点。但由式(4.27)可知,地震应力仅与三个参量有关,只要从这里突破,把地震记录反演为地震应力,则解释式(4.39)和式(4.40)就成为可能。

其中,M 是平面波模量,推广怀特(White)(1965)的方法:

$$M = \frac{3(1-\sigma)K_m}{1+\sigma} + \frac{\left(1-\dfrac{K_m}{K_s}\right)2}{\left[\dfrac{\phi}{K_f} + \dfrac{1-\phi}{K_s} - \dfrac{K_m}{K_{s2}}\right]} \tag{4.41}$$

其中,σ 为泊松比;ϕ 为孔隙度;K_m、K_s、K_f 分别表示骨架、固体、流体的体积模量。

由式(4.41)可看出,岩石地震应力是介质变形能、品质因子、岩石骨架体积模量、平面波模量和地震应力等参数有关的量。

关于品质因子 Q 的计算,由富特曼(Futterman)(1962)的地震模型导出,即把地震波的振幅表示为

$$A(t) = A_0(t)e - \frac{\pi t f}{Q} \tag{4.42}$$

通过希尔伯特(Hilbert)变换并用频谱比法得:

$$\frac{1}{Q} = -\frac{2\left(\ln\dfrac{A_2(T)}{A_1(T)} - \ln\dfrac{G_2}{G_1}\right)}{\pi\Delta t[f_1(T) + f_2(T)]} \tag{4.43}$$

式中,$A(T)$ 为瞬时振幅;$f(T)$ 为瞬时频率;G 为几何扩散;Δt 为传播时差;T 为取数时窗。

这样地震应力反演使用的参数,主要可由实测地震记录提供,但也需要一些已知的地质数据,例如,固体的体积模量和流体的体积模量计算,使用已知的密度测井资料进行拟合计算,并求出随地层压力的变化系数。如果是一个勘探新区,在没有井资料的情况下,需要在有测井资料的邻区提供。

4.5 储层物性参数反演的流程

反演过程示意如图 4.2 所示。

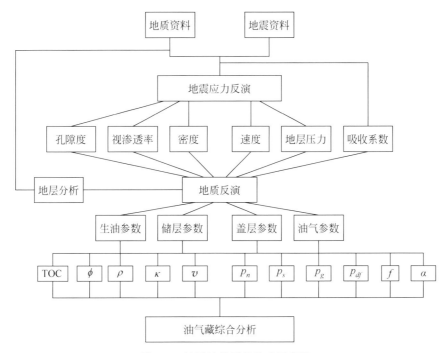

图 4.2 地震地质反演技术示意图

注:TOC—有机碳总量;ϕ—地震孔隙度;ρ—地层密度;κ—视渗透率;υ—层速度;p_n—地层压力异常;

p_s—岩石地震应力;p_g—压力梯度;p_{df}—孔隙流体压力;f—流体密度;α—吸收系数

反演过程可分为三个阶段。

4.5.1 地震应力反演

地震应力反演要有两类数据:一类是地震数据,另一类是地质数据。地质数据包括处理区的沉积类型、地温梯度、时-深转换数据、测井密度数据,目的层的孔隙度、渗透率的标定值等。

处理过程示意如图 4.3 所示。

地震应力反演可分两个阶段。

1. 参数联合调试

图 4.3 中,A 表示经精细保幅处理的地震纯波数据;对地震数据前置处理的基本要求是:不重采样、不去噪、不滤波,最大可能地做保幅处理;R 表示经子波处理并作标定的反

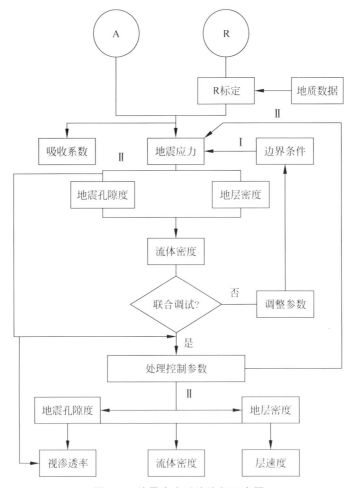

图 4.3   地震应力反演流程示意图

射系数数据。

这个处理过程是利用已知的地质数据作为初值,计算地震应力;由地震应力和其他地质参数计算地震孔隙率和层密度;再由地震孔隙率和密度计算流体密度。这三者应符合关系式(4.44),即

$$\rho_b = \varphi \rho_f + (1 - \varphi)\rho_s \tag{4.44}$$

式中,ρ_b 为地层密度;φ 为地震孔隙度;ρ_f 为流体密度;ρ_s 为固体颗粒密度。

同时,ρ_b、φ、ρ_f 应与已知目的层的数据相符,或者在允许的误差之内,这个过程就完成了;否则,重新调整边界参数,重复上述过程的计算。

2. 数据整体处理

当上述调试符合要求之后,第一阶段所有的约束参数、边界条件等就作为整体处理的控制参数。

如果没有特殊情况,则第二阶段处理不再做参数调整和测试。

地震应力的反演是本方法的关键,调整参数的实质是使先验地质数据参加反演过程,不断矫正或弥补地震信息的缺陷或不足。

图 4.4 是有井控制的地震应力剖面。

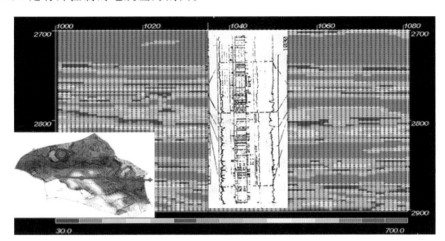

图 4.4 地震应力剖面

在完成地震应力反演后,第Ⅱ阶段是储层物性参数反演。根据地震应力与物性参数的数学关系,计算地震孔隙率、层密度、视渗透率、层速度、地层压力等。

4.5.2 地质反演

即利用地质测井信息对单个物性参数进行标定、修正,取得与井资料相符的物性参数并计算新的参数,如流体密度、有机碳等。经过第二阶段的处理,可获得质量更高的生油参数、储层参数、盖层参数和油气参数等 11 类物性参数剖面。

4.5.3 油气藏综合分析

这个阶段是利用平面图绘制技术,拾取目的层 11 类物性参数分别绘成物性参数平面图,了解目的层物性的空间变化,再利用平面图综合分析技术和模式识别方法把油气富集区预测出来。为油气勘探、开发部署井位及初步估算地质储量提供最有效的油气预测图件。这 11 类参数数据又可为精细油藏描述提供珍贵的基础资料。

4.6 储层物性参数简介

定义由 W_p 和 W_s 及 P 导出的物性参数为Ⅰ类物性参数;由Ⅰ类物性参数导出的为Ⅱ类物性参数;由Ⅰ、Ⅱ类物性参数导出的为Ⅲ类物性参数。可获得地震孔隙度、岩石地震应力、流体孔隙应力(地层压力)、地层密度、视渗透率和流体密度、速度、压力梯度、压力系数、有机碳、油气饱和度、油气层厚度等重要参数,大大扩大地震信息的领域。下面介绍几种重要物性参数。

4.6.1 由地震应力两个分量导出的Ⅰ类物性参数

1. 地震孔隙度

W_p 主要与岩石的孔隙有关,称为孔隙变形能,由 W_p 可导出地层的孔隙率;W_s 主要与岩石骨架有关,称为岩石骨架变形能。由 W_s 可导出岩石地震应力,由岩石地震应力和地震应力可导出地层压力,由地震应力可导出地层密度。

根据式(4.2)和式(4.3)导出的地震孔隙度为

$$\varphi = F_1 \Delta P_f - 1 - F_2 \tag{4.45}$$

其中:

$$F_1 = \frac{W_p K_f K_s}{P(K_s - K_f)}$$

$$F_2 = \frac{K_f(M + K_s)}{M(K_s - K_f)}$$

流体孔隙应力分量 P_f:

$P_f = P - P_s$,即

$$P_f = P - \left\{ W(1-\alpha) K_s \frac{M}{P(M + K_s)} \right\} \tag{4.46}$$

其中,地层体积模量由已知的密度测井资料求取,计算过程采取迭代拟合的方法。

这个方法反演出来的地震孔隙度值,理论上是反映储层流体可以相对流动的那部分孔隙,近似于地质上的有效孔隙度。为了与地质上的孔隙度区别,把这种孔隙度称为地震孔隙度。数值大于8%的地震孔隙度可分为五个级别,岩性基本上对应砂岩储集层,与测井孔隙度的误差小于4%;如图4.5构造主要含油砂岩预测的地震孔隙度为29%～32%,而实测油层孔隙度为29.2%～32.6%。

地震孔隙度剖面分辨的储层厚度都比常规地震剖面分辨的厚度小。与采样率有关,一般2ms采样的地震数据反演出来的地震孔隙率可分辨的厚度为10ms左右。

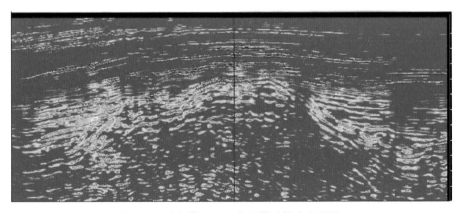

图 4.5　过文昌 13-1-1 井地震孔隙度剖面图

2. 地层密度

地震波激发所产生的地震应力是地层单位面积的内力,应力是地层密度的函数(哈伯特(Hubbert),鲁比(Rubey),1959),地层密度(ρ_b)可表示为

$$\rho_b = p/(ch) \tag{4.47}$$

其中,c 是常数(由井资料确定);h 是深度。

地层密度对研究某些特殊地质现象有独到之处。例如,在陆上东部地区油气勘探的目的层是一套细碎屑岩沉积,用高分辨率地震方法也很难分辨目的层结构(见图 4.6(a)橘黄色),而在密度剖面上(图 4.6(b))很清楚地看到目的层分解成薄层,而且其横向分布也一目了然。

*龙201井

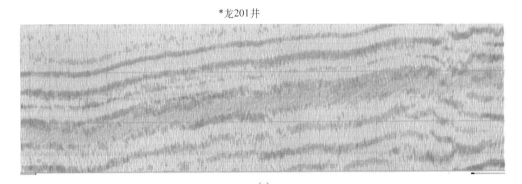

(a)

(b)

图 4.6 大庆油田 Y 区高分辨率地震剖面(a)与密度剖面图(b)对比图

3. 地震地层压力

将地震应力分离为两个应力分量:p_f 分量和地质上的地层压力的概念是一致的瓦尔特·H. 费尔特尔(Water H. Fertl,1976),称为地震地层压力。地层压力是油气层能量的反映,是推动油气在油层中流动的动力,在油气勘探开发中,是一个十分重要的参数,也是储层物性参数反演方法的一个特色物性参数。

4.6.2 由 Ⅰ 类物性参数导出的 Ⅱ 类物性参数

1. 视渗透率

根据 Biot 理论和杜塔(Dutta)、奥德(H. Ode)(1979)的推导,弹性波的衰减与水力扩散率(hydraulic diffusivity)有关:

$$Q - 1 = f(\omega, C) \tag{4.48}$$

其中,C 是水力扩散率,$C = f(k, K_e, \varphi, \eta)$,$k$ 是渗透率,K_e 是地层有效弹性模量,φ 是孔隙度,η 是流体黏滞系数。

这样通过波动了解流体流动,获得计算地层渗透率的另一套公式。

其中的孔隙度与渗透率不是一种简单的线性关系。这种方法计算的地层渗透率与实际岩心测定的渗透率比较,相对大小是相符的,但具体数据有差别,故称这种渗透率为视渗透率。

在油藏工程中,孔-渗参数是评价油层条件优劣的两个参数,我们提取的地震孔隙度和视渗透率也具有这种特性。根据井资料对比,地震孔隙度和视渗透率都好的储层对应好的含油气层;地震孔隙率好而视渗透率差的储层,则对应差的含油气层或干层;视渗透率变差反映储层所含流体性质的变化,如 Y13-1 气田的陵水组砂岩,或胶结成分有变化,如大庆 ZU 地区扶余砂岩;或是砂岩分选差,如辽河双南构造东营组砂岩;如图 4.7 所示。

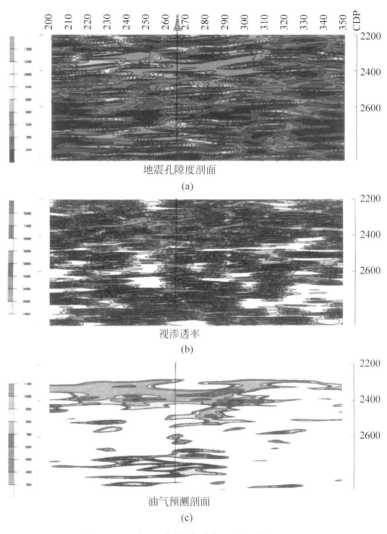

图 4.7　辽河双南构造过詹 1 井物性剖面

图 4.7 就是辽河双南构造一条过詹 1 井物性剖面,地震孔隙度剖面(图 4.7(a))在 2.3s 附近有一套地震孔隙度很好的层(东营组砂岩),但在视渗透率剖面(图 4.7(b))对应深度却是一套低渗透层;在流体密度剖面(图 4.7(c))对应深度是一套含水层;但在 2.7s 附近有一套地震孔隙度很好,视渗透率也好的层,在流体密度剖面上对应一套油气层。用户对东营组砂岩孔隙度好而视渗透率差的原因解析为砂岩分选差。

2. 流体密度

由于地层体密度与孔隙度有如下关系:

$$\rho_b = \varphi\rho_f + (1-\varphi)\rho_s \tag{4.49}$$

其中，ρ_b 为地层密度；φ 为地震孔隙度；ρ_f 为流体密度；ρ_s 为颗粒密度。

由式(4.4)、式(4.5)和式(4.49)联立可得流体密度为

$$P_f = \rho_s - \frac{\rho_s - \rho_b}{\varphi} \tag{4.50}$$

在已知沉积类型条件下，矿物固体颗粒 ρ_s 是已知的(但需考虑地层压缩系数对其影响)；式(4.50)中的 φ 和 ρ_b 都是根据地震应力由式(4.4)、式(4.5)独立计算，其值为相对值。在计算流体密度时，必须利用井资料对 φ 和 ρ_b 进行标定，这样计算的流体密度才比较准确。用其相对小值预测油气效果更好。

一般其相对低值预测油气层有很好的地质效果，特别是气藏型，油气混合型及含轻质油层，效果最好，含油水层或油水混合型，效果差些。

图4.8是四川盆地过GA构造地震剖面图(右上图)，地震剖面上时间深度 $950\sim$ 1150ms 是含气勘探目标(三叠系须六段)，这个目标在地震剖面上几乎是空白。用 GA101 井提供的密度数据做物性参数反演，在流体密度剖面(右下图)，可看到一层流体密度很低的层(黄色)，预测为含气层，且其横向变化范围与三口检验井测试完全一致。

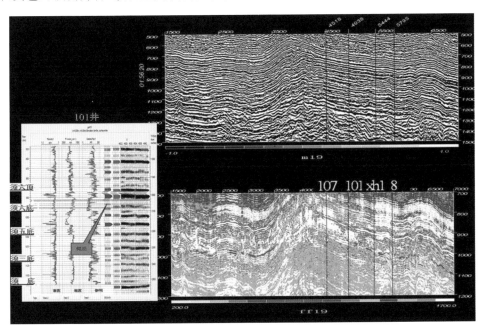

图 4.8　四川盆地过 GA 构造地震剖面图
地震剖面图(右上图)，流体密度剖面(右下图)

3. 地层速度

通过 Gardner 公式做逆变换可得层速度另一种关系式：

$$v = \frac{\rho_b}{m}\frac{1}{n} \tag{4.51}$$

其中系数 m、n 由井资料确定，在完成层速度转换之后，再通过深度约束条件进行迭代，由于层速度满足平均速度准则：

$$H_n + \xi = H_0 + \frac{1}{2} \sum (V_i T_i) \tag{4.52}$$

其中：H_n 和 H_0 分别是已知的深度约束条件，ξ 是允许的误差，当迭代深度误差小于允许的误差时输出结果值，如图 4.8 所示。

图 4.9 是四川盆地过三口井地层速度剖面图，其不仅反映小层的速度变化，也反映出大套构造层、断裂走向及不整合面等变化。

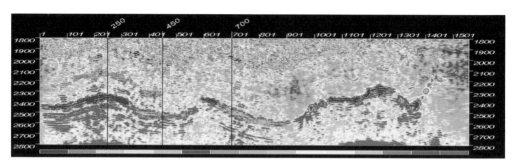

图 4.9   四川盆地过三口井地层速度剖面图

4. 地层压力梯度

根据牛顿第二定律可以得出不同流体密度饱和的地层压力与深度有如下关系：

$$p = 0.01 \rho_H \tag{4.53}$$

其中，ρ 为流体密度，H 为地层深度。

式（4.53）对 H 求导数，得压力梯度表达式为

$$G_p = \mathrm{d}p/\mathrm{d}H = 0.01\rho \tag{4.54}$$

可以看出压力梯度与地层流体密度成正比，这就可以利用压力梯度随深度的变化来判断地层流体的性质。

同时，根据地震地层压力与正常静水压力（P_w）比较，可得地层压力系数为：

$$\Delta p = p_f / p_w \tag{4.55}$$

其中，Δp 为地震地层压力系数。

一般情况下，正常地层压力等于地表到地层水的静水压力。如果偏离静水压力就是异常地层压力，异常高压地层一般表现出高孔隙率、低密度、低速度、低电阻率等特点。异常高压带本身就是能源富集带。地震地层压力系数大于 1 是指地层流体压力超过正常静水柱压力，其对油气生成、运移及钻探过程中泥浆的配置有很大作用。

压力梯度和压力系数是这套物性参数的两个特色参数，在油气勘探开发中，查明一些隐蔽的地质问题可发挥很好作用。例如图 4.10 是中国西部地区 SN 油田的一条压力梯度剖面，其上有两口井。该区的含油层分布在煤层上下的砂体中，煤层在常规地震剖面上具有明显的反射特征，而含油砂体很弱，几乎是空白，识别十分困难，对其分布范围未能划分；在压力梯度剖面上煤层（绿色）和含油砂体（蓝色）数值不一样，可以区分。在三维压力梯度数据体中，拾取目的层数据绘制压力梯度平面图，即可清楚识别出含油砂体的分布。

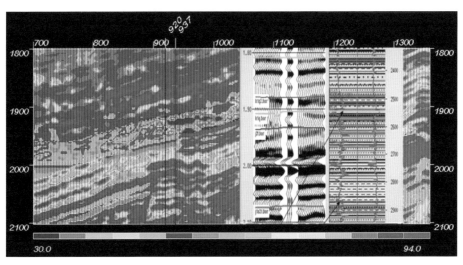

图 4.10　中国西部地区 SN 油田过井压力梯度剖面图

4.6.3　由 Ⅰ、Ⅱ 类物性参数导出的 Ⅲ 类物性参数

Ⅲ 类物性参数最重要的是含油气饱和度、储层厚度、有机碳和岩性。含油气饱和度和储层厚度在后一节介绍,这节重点介绍有机碳(TOC)和岩性。

1. 有机碳

一个沉积盆地是否具备油气勘探的前景,首要的决定因素是生油条件。生油条件的分析主要依据地层所含的有机质的状况,如有机碳总量、氢指数、干酪根类型及干酪根向烃类转化程度的成熟度等,这些参数最直接的测定是用地层露头或钻井取芯,在室内进行地球化学分析,这些都是事后技术,而且是一孔之见,在沉积盆地中心的地层埋藏很深,钻井没法达到,只能依据较浅处的钻井资料去猜测其沉积中心的生油参数,其依据不够可靠。而应用地震方法识别有机碳是使用储层物性参数获得生油条件的主要参数——有机碳剖面,根据有机碳的含量评价地层生油条件的好坏。

有机碳总含量与地层的体密度、干酪根和矿物基质密度之间存在如下关系:

$$\mathrm{TOC} = C_k \frac{\rho_k}{\rho_b \left(\dfrac{A\phi + B}{D} \right)} \tag{4.56}$$

其中,$A = \rho_f - \rho_m$; $B = \rho_m - \rho_b$; $D = \rho_m - \rho_k$。

C_k 是与干酪根含量相关的一个系数,ρ_k 是干酪根的密度,ρ_b 是地层的体密度,ρ_m 是矿物基质的密度,ρ_f 是孔隙流体的密度,φ 是孔隙度。

在有井地区该方法可以验证沉积中心的生油条件,分析油气运移路径。在无井地区可为含油气远景评价做参考,降低钻探的风险。

图 4.11 是海上 YC 地区一条过凹陷的地震测线,高部位已钻有一口井,发现油气,为预测凹陷的生烃能力,处理了有机碳剖面。从该剖面分析,凹陷有机碳含量较高,有生烃能力。

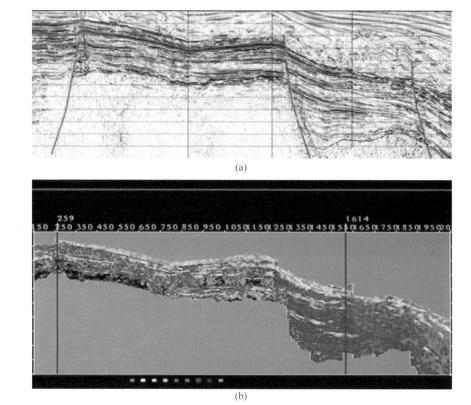

图 4.11   YC 凹陷常规地震剖面(a)与有机碳剖面(b)对比图

有趣的是在高部位 14-1-1 井的含油气层也反映较高含量的有机碳,受此启发可以利用这个信息预测油气的存在并分析油气运移路径。如在常规地震剖面 2600ms 处有一强振幅异常,有人认为是含油气层的反映,主张钻 14-2-1 井。但在有机碳剖面上强振幅异常对应较低的有机碳含量(浅绿色),和 14-1-1 井含油气层的有机碳含量(灰黑色)相比可知,该目标含油气有风险。最终该井开钻后,目的层没有发现油气。

2. 地震岩石应力

利用地震方法寻找岩性油气藏,从 20 世纪 70 年代至今一直是地球物理界的一个难题。由于岩性油气藏比构造油气藏的形成条件更加复杂,如岩相变化、局部孔隙率和渗透率的变化、地层尖灭、透镜状砂体、砂洲、砂坝、古河道、不整合面、礁块等。它们在地下往往随机分布,根据常规地震剖面的波形信息难以识别。

长期以来,人们利用反射地震资料进行岩性预测,主要从速度出发,层速度虽然与岩性有关,但其关系是非线性的,任何一种岩性,其层速度都不是唯一的,而且根据地震资料计算层速度,还受到分辨率和精度的限制。人们期望通过横波勘探(或多波勘探)获得横波速度取得突破。但由于横波勘探施工困难、费用高昂,加上对横波信息的处理、解释等环节还存在一些疑难问题,至今仍然不能像纵波勘探那样被广泛应用。

反演出岩石地震应力可以用于岩性预测。地震应力剖面与常规地震剖面呈现出两种不同的面貌,已脱离常规地震剖面波形与振幅的特征。

有人误认为地震剖面的强振幅对应强的地震应力,以下为 Y35-1 构造的岩石地震应力剖面与常规地震剖面对比图（图 4.12）和 QH36-2 构造岩石地震应力剖面与常规地震剖面对比图（图 4.13）；下图是岩石地震应力剖面，上图是常规地震剖面。

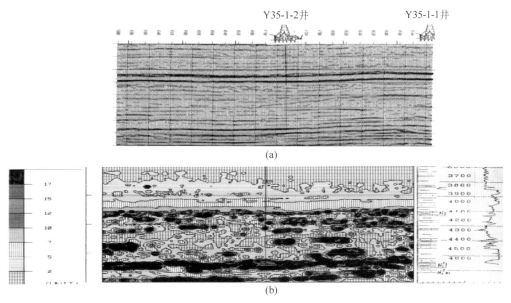

图 4.12　Y35-1 构造的常规地震剖面（a）与岩石地震应力剖面（b）对比图

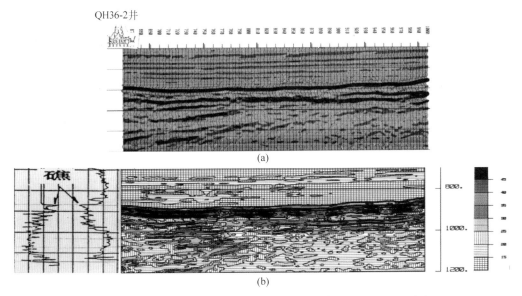

图 4.13　QH36-2 构造常规地震剖面（a）与岩石地震应力剖面（b）对比图

　　Y35-1 构造井位处深度为 3020ms（3980m）的 T_{30} 是一组振幅很强的反射，岩性分界是 2985～3130ms（3912～4150m），为莺歌海组底部的一套砂泥岩互层；对应的岩石地震应力是相对低带（2～3 级），其分界与井岩性分层完全吻合，横向呈现高低不平，与下伏黄流组的岩石地震应力特征截然是两种面貌，反映两种不同沉积特征的构造层，显示它们中间存在一个沉积间断。

QH36-2 构造井位处深度为 880ms 也是一强振幅反射(图 4.13(a)),对应的岩性分界为 873～1032ms(井深 825～1084m)是一礁灰岩;对应的岩石地震应力(图 4.13(b))是相对高带,并呈自上而下递减的特征;这个特征与声波测井资料获得的层速度变化是吻合的。

这两个实例的常规地震剖面目的层都是强反射波,但在岩石地震应力剖面上却反映出不同的特征,岩石地震应力反映出组成岩石骨架的矿物特征,为岩性判别提供了一个重要的信息。

4.7 物性参数在疑难地质问题的应用

上述这些物性参数可采用剖面形式显示,十分直观地反映出地质现象的横向变化,解决钻探中"一孔之见"的疑难问题,在油气勘探开发中,对于查找隐蔽油气藏、判别不明地质体有很好效果。下面介绍三个典型例子。

实例 1

MXZ 油田是一个非构造圈闭,含油层是侏罗系三工河组,是辫状河河道砂体,在常规地震剖面上几乎分辨不出层次,目的层很难识别(图 4.14(a)),而地震孔隙度剖面图上十分清楚地显示出这个河道砂体的横向变化(图 4.14(b))。用户在三维地震孔隙度数据体上追踪这个层位,制作地震孔隙度平面图,孔隙度范围 6%～20%,孔隙度较高的地方,其砂体相对发育,分布特征与辫状河河道砂体一致,在三维地震孔隙度数据体中追踪目的层做成的孔隙度平面图(图 4.15),显示砂岩的分布,为该河道砂体油田开发提供有力的依据。

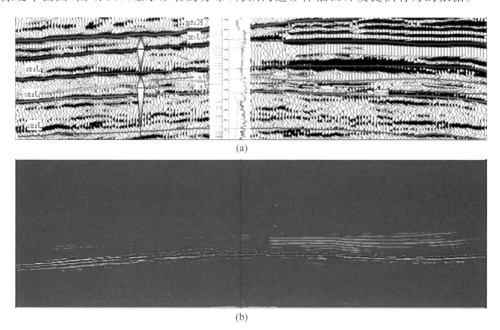

图 4.14 地震解释剖面(a)与地震孔隙度剖面(b)

实例 2

BN 油田南部斜坡带,主要含油层为沙三段浊积砂体,图 4.16 是过 8 口井的连井剖面,

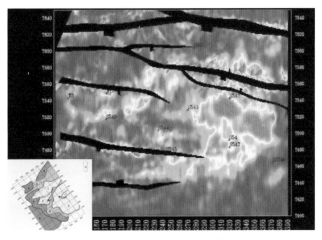

图 4.15 孔隙度平面图(河道砂体分布图)

该砂体的录井普遍见显示,但横向变化很大,困扰着地质家对含油砂体分布的认识,有人认为是被断层分割,也有人认为是岩性变化造成独立砂体单独成藏。但在常规地震剖面上难以分辨(图 4.16(a))。

应用上述处理技术反演的压力梯度剖面(图 4.16(b)),低值(深蓝色)是含油层,与 8 口井的录井资料完全一致。

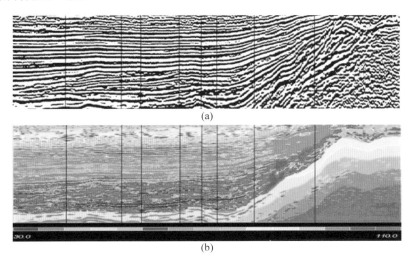

图 4.16 常规地震剖面(a)和压力梯度剖面(b),低值(深蓝色)是含油层

图 4.17 是岩性预测的连井剖面图,在该剖面上可一目了然地看出这些浊积砂体(黄-黄绿色)的横向分布。

在三维岩性数据体上追踪沙三段这个砂体,制作平面图,可看到 BN 油田南部斜坡带该浊积砂体的分布范围,预测了 Y141 井区油田分布范围(图 4.18),为该油田开发提供了重要的研究资料。

实例 3

图 4.19 为 PY 研究区 AVO 属性反演平面图。PY 研究区位于南海东部海域勘探区,

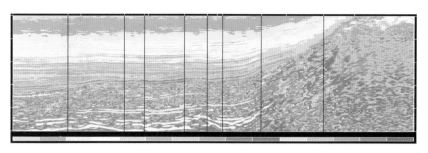

图 4.17   岩性预测的连井剖面图

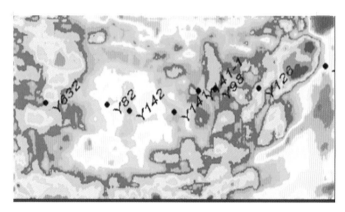

图 4.18   岩性预测平面分布图

该含气区的勘探水深逐渐增大、目标规模减小、圈闭类型复杂。天然气区 G 圈闭的主要目的层段沉积体是一个岩性复合圈闭构造。先后钻探两口井,其中 A 井钻遇高产工业气流,该井钻遇的主要目的层的振幅、AVO 响应及吸收系数均具有明显的含气异常特征。于是以 A 井的含气异常特征预测该区的有利区带,并在 A 井东偏南 2.7km 处钻探了 B 井,结果钻遇水层。说明利用 AVO 属性在该地区判别气水特征时出现了 AVO 陷阱,使利用叠前道集判断储层流体性质出现误区,进而使 B 井钻探失利(图 4.20)。

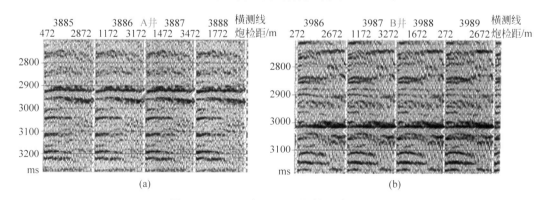

图 4.19   PY 研究区 AVO 属性反演平面图

(a) A 井目的层道集的 AVO 响应;(b) B 井目的层道集的 AVO 响应

应用储层物性参数处理技术,在反演的流体密度剖面和压力梯度剖面清楚看出两口井气、水的差别和气藏的横向变化,如图 4.21 所示。

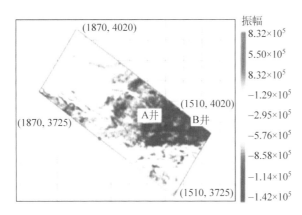

图 4.20　PY 研究区 AVO 属性反演平面图

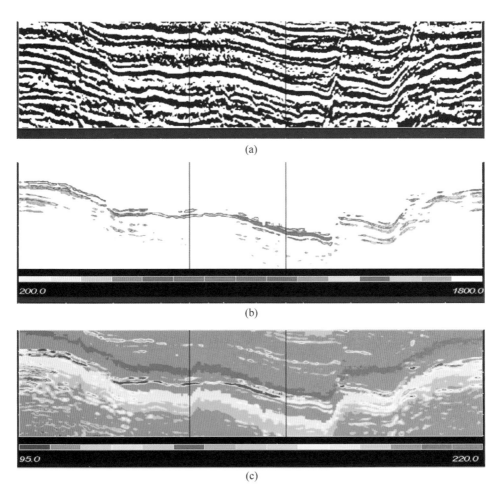

图 4.21　储层物性参数地震反演剖面图

（a）常规地震剖面；（b）流体密度剖面；低值（黄—橘黄色）是含气层；

（c）压力梯度剖面，低值（深蓝色）是含气层

4.8　在油气藏勘探开发中的应用实例

4.8.1　勘探中的应用实例

珠江口盆地是中国南海北部大陆架的一个裂谷式新生代沉积盆地,盆地内拗、隆相间,断裂发育。在北部边缘有一滚动背斜带,曾作为美国一家石油公司合作勘探的一部分。根据常规的地震勘探方法落实这些背斜的形态,指导油气勘探,经约十年的努力,至1995年因没有重大发现而放弃该区。

1995年6月,应用上述处理技术,过WC13-1、WC13-2、WC8-3、WC25-1等构造高点的地震十字测线,提取储层物性参数剖面,从物性剖面的特征分析,指出最好的含油气目标是WC13-1和WC13-2,其次是WC8-3,而WC25-1在构造高部位有个天窗,认为其含油气有风险。

1995年10月,首先在WC8-3构造上钻探WC8-3-1井,在预测层位上,经测试,油层厚度37.6m,日产原油1378m^3,天然气36.3m^3。

1997年7月,WC13-1-1井开钻,在预测层位,油层累积厚度44m,日产原油2083t,天然气13075m^3,获得重大突破。

同年9月乘胜钻探WC13-2-1井,在预测的层位上又获高产油气流,大大地加快了文昌地区的勘探开发步伐,促进了文昌地区油气田群的连片开发。这种勘探的成功率和勘探速度是世界罕见的。

由于连续三个构造出油,有人认为,只要靠近生油拗陷的背斜都有油,而且根据过WC25-1构造的常规地震剖面上出现了一个较平的反射,认为是"平点",是油气界面的反映(图4.22(a)),主张钻探WC25-1;但在处理的油气预测剖面上(图4.22(b))构造高点有个天窗,而且流体密度值较大(紫色),认为其含油气可疑,钻探有风险。1999年9月WC25-1-1井开钻,证实该构造不含油气,与预测相符。

这个实例说明背斜理论找油的片面性和新方法勘探油气资源的有效性。这种查找地下油气藏的方法首先查找的不是背斜构造,而是查找与油气相关的储集层。不管这些储集层是属于构造圈闭,还是岩性圈闭,都简化了油气勘探的环节,大大降低了生产成本,提高了钻探成功率。本处理技术为开拓珠三拗陷油气田的新领域做出了贡献。

4.8.2　开发中的应用实例

大牛地气田是上古生界大型煤成气气田,位于鄂尔多斯盆地北部,构造条件比较简单。含气层从二叠系下石盒子组至石炭系太原组共七套地层,处理目的层段跨度大。而且储层非均质性强,横向变化大,含气砂岩与泥岩速度相近(波阻抗差值小),含气层厚度较薄,山西、太原组处于煤层之下,储层预测难度大。这些因素制约了勘探开发的进程。

针对勘探开发的难点,应用储层物性参数处理技术,用三维地震数据反演出三维储层物性数据体。这些物性参数是开发地震不可缺少的数据,数据剖面或平面更细致说明了一般地震资料无法说明的地质问题,揭示了隐蔽、复杂的地质现象,不仅可分析储层的储集性能,及其空间变化,发现新的含气富集区,而且可较精确地计算油气藏的地质储量,进一步指导气田的开发。大牛地气田开发上的应用充分说明了这一点。

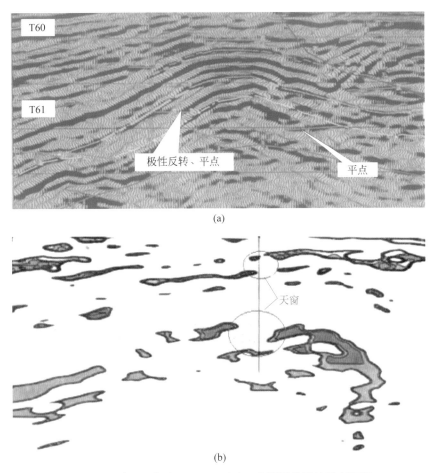

(a)

(b)

图 4.22 珠江口盆地 WC25-1 过过 1 井预测油层地震剖面图

图 4.23 是过 DK2 井的储层物性参数对比图,用于检验储层物性参数处理技术在大牛地气田的效果。物性参数剖面与井资料对比都符合。

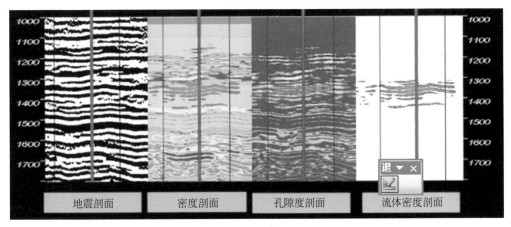

图 4.23 鄂尔多斯盆地大牛地气田过 DK2 井的储层物性参数对比图

在这种基础上投入三维地震数据体的物性参数处理,当完成气层预测的三维数据体时,用户要求切出过刚刚钻完的 D23-1 井气层预测剖面(inline537),与测井资料对比。在井位处时间深度为 1457～1462ms,换算深度为 2729.389～2741.449m,厚度为 12.06m,预测气层与钻遇的气层相符(钻井实测厚度为 12.1m,误差为 0.04m)。如图 4.24 所示。

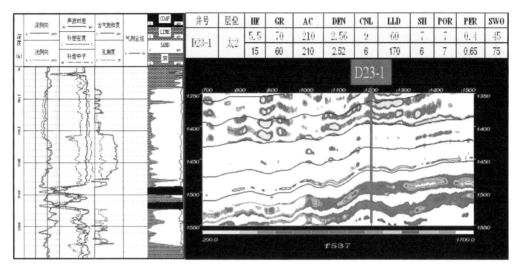

井号	层位	HE	GR	AC	DEN	CNL	LLD	SH	POR	PER	SWO
D23-1	太2	5.5	70	210	2.56	9	60	7	7	0.4	45
		15	60	210	2.52	6	170	6	7	0.65	75

图 4.24　鄂尔多斯盆地大牛地气田过 D23-1 井预测气层地震剖面图

根据 537 线气层预测剖面,我们在气层预测的三维数据体中追踪该气层,绘制太 2 气层平面图(图 4.25),清楚地反映该气层的空间变化,在处理区东部含气面积比其他地质层位含气面积都大,是这次处理的新发现。

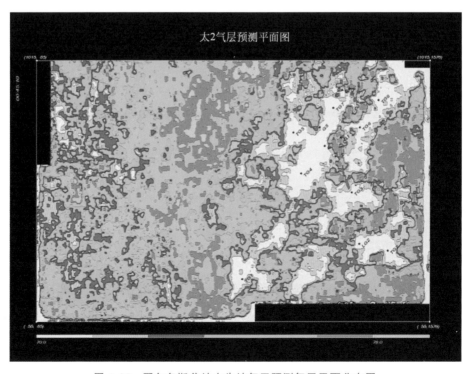

图 4.25　鄂尔多斯盆地大牛地气田预测气层平面分布图

D23-1 井是在完成三维油气预测时完钻的,这也是对油气预测效果的检验。

1. 含气饱和度和产层厚度计算

在开发地震中,含油气饱和度和产层厚度是两个重要参数。由于含气储层的体积密度(ρ_r)可表示为

$$\rho_r = (1-\varphi)\rho_s + (1-S_g)\varphi\rho_f + S_g\varphi\rho_g \tag{4.57}$$

式中,φ 为储层的孔隙度,ρ_s 为岩石密度,ρ_f 为水的密度,ρ_g 为天然气密度,S_g 为含气饱和度。

则由水饱和与天然气不完全饱和的密度差,可由式(4.57)与式(4.26)相减得:

$$\rho_b - \rho_r = S_g\varphi(\rho_f - \rho_g) \tag{4.58}$$

由式(4.58)整理得含气饱和度为

$$S_g = (\rho_b - \rho_r)/\varphi(\rho_f - \rho_g) \tag{4.59}$$

在 φ(孔隙度)已知的情况下,利用储层密度差可计算 S_g(含气饱和度)。如图 4.26 所示。

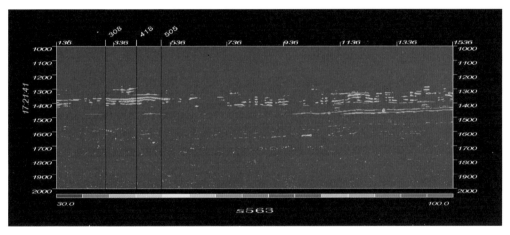

图 4.26　鄂尔多斯盆地大牛地气田过 DK2 井含气饱和度剖面

图 4.26 是过 DK2 井的含气饱和度剖面,凡是含气饱和度大于 30% 的层位,在剖面上都有显示,图中盒三含气饱和度比其他层位高,但其横向变化很大。

当孔隙度参数和含气饱和度确定之后,产气层由这两个参数联合决定。这次我们取孔隙度大于 3%、含气饱和度大于 30%,确定为产气层;否则为非产气层。对于产气层,找其顶、底深度,两者相减,得产层厚度。如图 4.27 所示。

图 4.27 是在三维综合物性参数数据体中切出来的过 DK2 井剖面图,和图 4.27 有相似性,都是含气饱和度大于 30% 的层,但下图是平均孔隙度、平均含气饱和度和含气层厚度 3 个参数的乘积,层的顶、底时间深度差就是层厚度。按这个方法计算的厚度,精度很高。例如,对 D23-1 井钻遇太 2 含气层,用这个方法找到产层顶、底时间深度为 1457~1462ms,换算深度为 2729.389~2741.449m,厚度为 12.06m,与钻井实测厚度 12.1m,误差为 0.04m。

2. 储层综合评价

为便于油气藏综合分析和评价,编制了一套物性参数平面图绘图软件,拾取目的层每类物性参数,绘成平面图。通过这些物性参数平面图,了解目的层物性的空间变化和含气

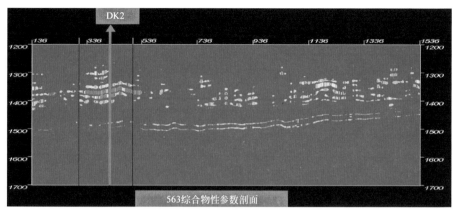

图 4.27　鄂尔多斯盆地大牛地气田过 DK2 井综合物性参数剖面图

砂体有利区的展布。其中的综合物性参数平面图是同一目的层多物性参数的平面图。用于油气藏综合分析和评价,计算油气藏储量,提供勘探开发井位等。如图 4.28 所示。

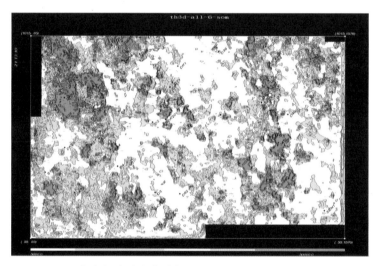

图 4.28　鄂尔多斯盆地大牛地气田太一至盒三综合物性参数平面图

图 4.28 是大牛地气田太一至盒三综合物性参数平面图,分为 5 类含气储层,如表 4.1 所示。

表 4.1　大牛地中 2 区气层综合分类

储 层 分 类	物 性 参 数			说　明
	$S_g/\%$	$\Phi/\%$	$\rho_f/(g/cm^3)$	(在综合参数平面图中)
I	>80	>9	<0.3	红色
II	80~60	9~7	0.3~0.6	橘黄~黄色
III	60~50	7~5	0.6~0.9	草绿~绿色
IV	50~30	5~3	0.9~1.02	天蓝色
V	<30	<3	>1.02	白色

Ⅰ、Ⅱ类是可靠含气区,Ⅲ、Ⅳ类是可能含气区,Ⅴ类是可疑含气区。

也可以针对某一目的层绘制单层位的综合物性参数平面图(图 4.29)。

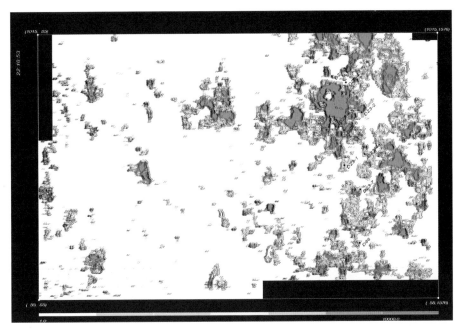

图 4.29 鄂尔多斯盆地大牛地气田盒一综合物性平面图

图 4.29 是某一目的层综合物性参数平面图,从图中可看出,大牛地气田中区盒一含气目的层的分布东部比西部好。

钻后 D64 井获气层 11 层,厚度约 30m,其中盒 1 段为本井油气显示最好、储层岩性较纯、物性较好的气层;D 65 井获气层 5 层,厚度约 20m,其中也是盒 1 段显示最好、储层物性较好的气层。这两口井钻探的结果都与预测相符。

3. 油气藏地质储量计算

在完成和验证地震孔隙度、地层密度和流体密度等物性参数都符合要求之后,处理含气饱和度、气层厚度等开发参数,绘制目的层含气饱和度、气层厚度平面图和综合物性参数平面图,计算气藏的地质储量。

大牛地中 2 区天然气富集的控制因素不是构造,计算油气藏地质储量的含气面积不能根据构造等高线来确定。我们采用综合图物性参数的平面图计算油气藏储量,我们选用Ⅰ、Ⅱ类含气区,并用下式计算:

$$Q = \sum_{n=1}^{n-1}(AH\phi S_{\mathrm{g}}) \tag{4.60}$$

式中,Q 为地下油气藏储量(指地下油气藏储量,可以根据气态方程,换算为地面储量);A 为目的层综合物性参数平面图的面元面积;H 为 A 的产层厚度;ϕ 为 A 的产层平均孔隙度;S_{g} 为 A 的平均含油气饱和度。

这种计算方法有两个特点。

(1)含气面积是综合物性参数平面图上Ⅰ～Ⅳ类有效面元的积分,这就剔除了无效面元的储量,使含气储量更符合实际。

（2）三维综合物性参数数据体是平均孔隙度、平均油气饱和度和含油气层厚度 3 个参数的乘积,这个乘积再与有效面元面积相乘,我们称它为储量预测面元。把这些面元累加起来就是气藏储量,计算简单、快速,工作效率高。

若参加计算的参数不一样,则油气藏储量不同,这就要合理选取参加计算的参数。

4. 快速提供勘探开发井位

采用滚动开发时,要在发现井周围找出最有油气希望的井位,需要勘探开发专家费一番脑筋。我们设计了一种能自动审找最有油气希望的井位,既不与已知井位重叠,有一定的距离,又是油气预测的富集区,能够快速地把井位坐标、测线位置都列出来,提供勘探开发的专家决策。

用户要求对气藏进行综合分析和评价,找出最有油气希望的井位,既不与已知井位重叠,有一定的距离,又是油气预测的富集区,快速地把井位坐标、测线位置都列出来。

我们利用平面图处理技术,把处理时窗内的有利目标综合为叠合图（图 4.30）很快找出5 口较有利的井位,提供他们进行决策。如图 4.31 所示。

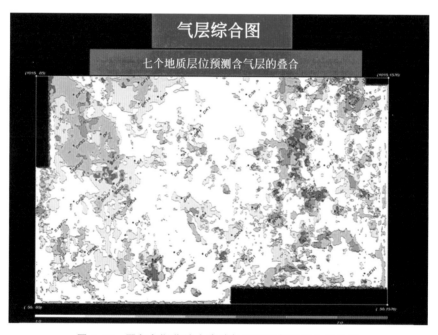

图 4.30　鄂尔多斯盆地大牛地气田预测气层综合叠合图

我们建议的 3 口井（大 64 井、大 65 井和大 65 井）的钻探结果就出来了（图 4.31）,3 口井均取得非常好的效果。

大 64 井全井段共解释气层 3 层 8.3m,低产气层 1 层 2.9m,含气层 7 层 18.6m。其中,盒 1 段为本井油气显示最好、储层岩性较纯、物性较好。

大 65 井全井段共解释气层 2 层 8.3m,含气层 3 层 11.6m。其中,盒 1 段显示最好、储层物性较好。

大 66 井全井段共解释气层 1 层 4.2m,低产气层 7 层 18.0m,含气层 6 层 13.0m。其

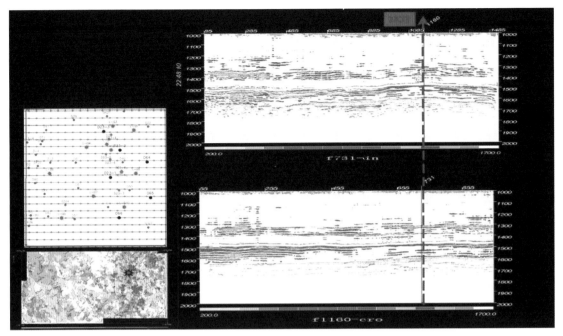

图 4.31 鄂尔多斯盆地大牛地气田过 3 口预测井剖面图

中，盒 3 段地层油气显示最好、储层岩性较纯、物性较好。

3 口井含气情况都与预测相符。储层物性参数处理技术在 DND 气田的开发中做出了贡献，加速了该气田开发的速度。

储层物性参数处理技术在大牛地气田开发的应用中，突破储层非均质性的制约，发现新的含气砂体，扩大了天然气的地质储量，并能快速提供最有油气希望的勘探、开发井位，节省大量工时，加速了气田勘探开发的速度。这项技术是当今油气勘探开发的新创，有良好的应用前景。

大牛地气田的储层非均质性制约了勘探开发的进程。应用储层物性参数处理技术，可获得储层孔隙度、地层密度、流体密度、地层压力和压力梯度等重要储层物性参数，预测大牛地气田中区含气层的分布；发现新的含气砂体，扩大了天然气的地质储量。特别是利用三维综合物性参数数据体，对气藏进行较准确的综合分析和评价，计算含气层的厚度；较精细地计算气藏地质储量；有效、快速和有依据地找出最有油气希望的一批开发井位，加速油田开发的速度。

第5章

波形结构特征预测方法

5.1 引言

地球物理勘探的主要任务是为油气田勘探与开发提供能够找到含有油气区块的有效证据,目的在于找到具有商业价值的油气富集区。由于地震勘探资料勘察面积广大,可连片研究,一直以来不管是找构造还是找储层,都是必不可少的资料。作为油气勘探开发的最基本的资料,从中提取的各种信息目前还不够充分,如果能够挖掘出更多、更有效的信息,必将为寻找油气提供更有价值的信息。

一直以来,人们应用地震资料进行油气预测技术,如亮点技术、模式识别技术、AVO技术、人工智能、神经网络技术和多属性地震油气技术,通常都是通过提取不同地震物理参数后、用色标分级的色彩图显示出来的,进而对不同色彩图进行推理、分析和判断。虽然色彩图美观,人们可以从平面图上或剖面图上识别出储层的走向、形态、连续性等,但是,色彩图与油气区特征的直接关联程度低,对油气判别的不确定性大,所以可信度差。

地震数据体波形结构特征法含气性预测,是一种完全新型的油气预测方法,应用地震数据波形结构特征预测油气层,就是通过提取每一地震道的振幅数值,研究其数据的组合排列特征与含油气性的关系(如拐点、斜率、夹角等),最终达到预测油气藏的目的。

本文通过对普光气田地震数据体结构特征的研究,以及对普光气田含气性判别标准及分类进行量化,在普光气田研究区有明显的震数据体结构特征异常范围内,部署了4口探井和38口开发井,实钻表明,均获得了巨厚的气层,成功率高达100%,取得了显著的经济效益,对指导普光气田井位部署方案和井位设计,为"不打无效井"及高效开发普光气田提供了有效的科学依据。

5.2 波形结构特征预测方法简介

5.2.1 基本概念

每个地震道的地震数据元素都不是孤立的,其之间存在某种关系,这种数据元素相互之间的关系称为地震数据体结构。所谓地震数据体结构特征,专指每一地震道离散数据点按时间顺序排列显示的波形特征(图5.1),分单道和多道两种表现形式。单道的地震数据体结构特征是指每一地震道离散数据点按时间顺序排列显示的单道波形结构特征;多道的地震数据体结构特征是指道与道之间离散数据点按时间顺序排列显示的众多波形组相邻数据点集合的结构特征。

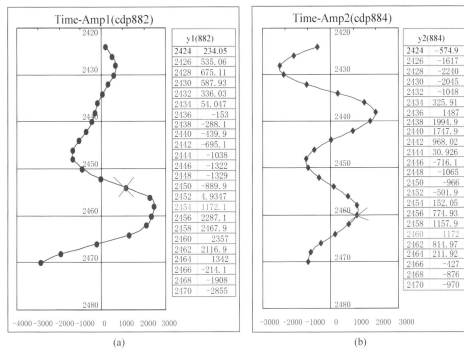

图 5.1　两个不同的 CDP 点在邻近时间段内的地震数据体结构对比分析

这里具备两层意思:纵向的时间顺序排列;横向的空间组合变化特征,有了时空关系,就可以进行研究。

具体地说,对于单道地震数据体结构特征描述如下:如图 5.1 所示,该图由一条地震测线抽取并经高倍放大的两个地震道,横坐标为反射振幅值,纵坐标为时间 t_0,地震道右侧 y_1 和 y_2 数据表分别是由 CDP882 和 CDP884 经 SEGY 转换后的实际时间 t_0 对应的振幅值,采样率为 2ms。对比两个地震道可以看到:在 $2430\sim2445$ms 时间段内地震道的波形是不同的,2440ms 处图 5.1(a)为波谷,图 5.1(b)为波峰,且波的斜率不同。在此时间段内,不仅波形不同,而且地震数据体的结构在时间及空间上也有差异。此外,在 2454ms(图 5.1(a))和 2460ms(图 5.1(b))邻近时间点上数值基本一致,为 1172.1 和 1172,但是它们的组合、排列是不同的,图 5.1(a)2454ms 处往上数值减少为 4.9,往下数值增加到 2287.1;图 5.1(b)2460ms 处往上数值减少为 1157.9,往下数值减少到 814.9。数值基本相同,排列不同,同样体现了地震数据体中数据结构在时-空上的差别。

5.2.2　基本原理

地震勘探资料的主要作用在于提供地下构造信息,然而,由于不同的地层物质对地震反射波具有不同的滤波作用,不同物质之间的反射界面产生的反射响应也不同,因此,地震反射数据中除能反映地下岩层界面的深度和构造形状外,反射波的能量(震幅)、形状(波形)、频率成分等还包含大量关于地下岩石性质及所含流体情况的信息。

当地下岩层层序结构、岩性和含油气等发生纵横向变化时,地震反射波必定发生相应的变化,这些变化表现在地震波的振幅、频率、相位等方面,特别是当含油气性变化时,地震波不仅会发生地震参数的变化,还会出现地震数据体波形结构特征异常。

由于含油气砂岩、碳酸盐岩等储集层物性与围岩物性的不同,以及流体性质的不同,导致地震波(主要指纵波)穿过该油气层时地震参数发生变化,从而出现不同的地震相,同时出现不同的地震数据体结构特征,所以,从地震数据体中提取与这些有关的信息参数,进行地震数据体结构特征的含油气识别是有充分理论依据的。

地震数据体结构特征预测油气的基本依据是地震反射震幅数据与目的层油气之间的关系(当然,与油气有关的地震参数还有相位和频率等),虽然振幅的数据能提供地层和储层的有关信息,但是这种关系尚无法用确定的模型描述,或是从严密的数学物理推导方面说明地震振幅数据体结构特征与油气的变化规律,而且对于不同地区又有很多特殊性,因此十分适合采用灰色系统理论有关预测模型的分析方法,在实际应用中具有广泛性,且在某种程度上能够定量地识别油气。

通过定量描述地震数据体结构特征,即从地震数据体中每一地震道离散数据点按时间顺序排列显示的波形特征研究出发,找出地震数据体结构异常与油气的关系,从而实现直观预测油气的目标。直接利用地震资料预测油气,尽可能减少或不受层位和井控制等边界条件的限制,减少人为干扰因素,这也是当今人们利用地震资料直接预测油气的一个发展趋势。

5.2.3　技术优势

应用"地震数据体结构特征法"预测油气,可以增加识别油气的敏感性,原因有三点。

1. 精细的结构特征分析可增加对油气判别的确定性

传统上用不同的色彩图表示不同的数值,不能把每个数值点用一种颜色表现出来,颜色只能反映一个数值段,不能反映某个数值点与上下数值点排列的结构变化特征和横向相邻道数值段排列的空间结构变化特征,所以,带色彩的地震相变图虽然会增强光学动态范围(消息量不增加),图形漂亮直观,但是,也会增加对油气判别的不确定性因素,而油气检测原则要求人们尽可能减少不确定因素,可见,用地震数值预测油气,因为油气的信号在大量地震信息中只占很小部分,因此用结构这种微妙的变化特征来反映油气更为现实(图5.2)。而用数据结构(而不是数据数值)则可直接在地震数据体上(只要地震品质是好的)定量解释出油气层,而且准确率要比传统的用数值预测法高三倍以上。

2. 不同的结构特征类型具有不同的地质内涵

相变图显示,有相同或相似色调的不同部位的地质体包含的地质含义是不同或完全不同的,即相同地震相可有不同的地质内涵。因为只要两个地质体与其围岩数值相差一样的,就会出现相同的色彩显示结果,比如,"亮点"可以含气,也可以不含气,就是一个例证。

3. 结构特征可以反映波形的一些微细变化

图5.3为一张黑白地震剖面图,其对于追踪层位、构造研究是合适的,但很难用于油气预测,因为它不能反映图5.4中 f_a、f_b、f_c、f_d 和 f_e 不同波峰波形的结构特征,不同的波峰

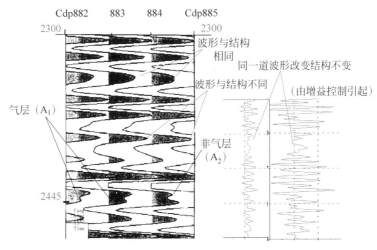

图5.2 地震数据体结构特征与波形特征比较图（结构不等同于波形）

波形特征代表的地质含义是完全不同的，所能反映这种变化特征的数据结构也是不同的。所以，作者近15年深入地研究地震数据结构，并且应用10多种预测方法（如回归分析法、趋势外推法、指数平滑法和灰色预测法等）的上千次油气预测实验，发现地震数据结构与油气关系极为密切，通过研究地震数据结构并引入新型的灰色计算模型，可以在地震剖面图上较为准确地识别出油气层，还可以定量地确定油气层分布面积、厚度，最后算出储量。

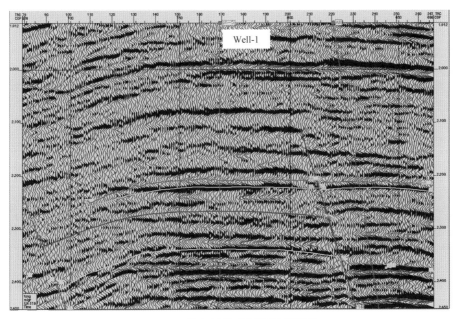

图5.3 常规叠偏成果地震剖面图

5.2.4 应用特点

应用"地震数据体结构特征法"预测油气技术，其自身技术优势如下。

（1）直接从沉积地层与人工激发的地震波的关系出发，寻找一些与油气有关联的证据

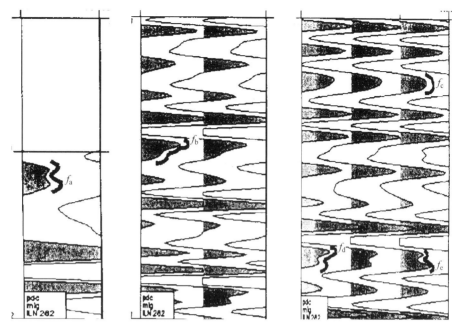

图 5.4   地震波形变化特征图

图中的不同 f 的波峰波谷结构特征代表的地质含义
是完全不同的,能反映这种变化特征的数据体结构也是不同的

(特征),无需事先的钻井资料和一些解释,再寻找一些与油气有关系的证据(特征)。

(2) 基于原始地震数据体进行研究,具有很好的预测性。

(3) 结果定量、直观,能够较好地刻画含油气储集体空间分布。

(4) 不受断层、层位和井控制,应用范围广。没打过井的新区可做油气预测(只要有可利用的地震资料),对于老区扩边、深(浅)层也可以预测,所以,勘探阶段可以用,开发阶段也可以用。

5.2.5   该方法的创新性

"地震数据体波形结构特征法"预测油气的创新性体现在三个方面。

(1) 理论方法研究方面。在国际上首次将灰度理论引入油气预测,提出"地震数据体波形结构特征法预测油气层"的基本原理和算法,以及油气层划分标准,提高了钻前油气预测的准确率。

(2) 探测技术方面。在油气探测技术上,实现了地震资料纵向与横向可同时量化标定、图与表可相互对比的定量解释油气的新技术,拓宽了油气预测技术手段,增加了油气预测的显示方式。

(3) 应用效果和推广方面。对 300 多口井的统计结果显示,钻井符合率总体高达 80% 以上。此项技术成功地推广应用于东方 1-1 气田、秦皇岛 326 油田、克拉 2 气田、塔河油田、普光气田、大牛地气田、长岭腰英台气田和长庆气田等中国三大石油公司不同沉积盆地、不同岩性和不同圈闭类型的油气田,成为油公司布井或优选井位的重要参考依据之一,经济效益显著。

5.3 波形结构特征描述

通过直接对地震数据进行分析寻找油气,是多年来石油勘探工作者梦寐以求的事情。地震波波形的变化建立在地震波传播的物理机制、岩石物理特征和地层结构特征的基础之上。在正常传播情况下,地震波形应与地震子波的形状相似,当地层厚度、岩性、含流体性质变化时,地震波形特征将随之变化。因此,地震波形特征中包含地下地质特征的综合信息,使直接分析地震波形特征寻找油气藏成为可能。

实际地震勘探中影响地震波形特征的因素很多,如岩性、孔隙度、含流体性等,因而对波形特征进行分类,研究波形形成过程及影响因素对油气勘探工作有重要价值。

5.3.1 方法原理

1. 褶积模型波形模拟

褶积模型是地震正演模拟方法中较为简单又实用的一种方法。褶积模型是将地震反射信号 $s(t)$ 看作地震子波 $w(t)$ 与地下反射系数 $r(t)$ 的褶积,$s(t)$ 为实际地震记录的波形,如图 5.5。

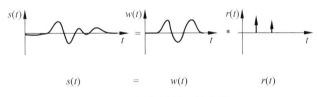

图 5.5 褶积模型正演模拟

地震子波 $w(t)$ 是用实际地震系统记录的单个平反射面的波形,是地震记录褶积模型的一个分量,在地震勘探领域子波通常指的是 1~2 个周期组成的地震脉冲,由于大地滤波器的作用,尖脉冲变成了频率较低、具有一定延续时间的波形,即为地震子波 $w(t)$。一般情况下,地震子波在地层中随着传播距离的增加,振幅和波形都要发生变化,但理想情况下可忽略。

反射系数 $r(t)$ 是用理想的尖脉冲子波记录的实际波阻抗分布的波形,用于描述一个波阻抗突变界面的反射特性,是模拟地震记录的一个重要分量。如果一个平界面上下两种介质的波阻抗是突变的,当地震波垂直入射到反射界面上时,反射系数为 $R = \dfrac{\rho_2 v_2 - \rho_1 v_1}{\rho_2 v_2 + \rho_1 v_1}$,其中,$\rho_1$、$v_1$、$\rho_2$、$v_2$ 分别为反射界面上、下地层的密度和速度。

地震波形记录模拟的计算过程可描述为:

首先,褶积模型表达式为 $s(t) = r(t) * w(t)$

上式的积分形式为 $s(t) = \displaystyle\int_{-\infty}^{\infty} w(t) r(t-\tau) \mathrm{d}\tau$

对积分方程做傅里叶变换,使时间域褶积变换为频率的乘积:

$$S(w) = \int_{-\infty}^{+\infty} s(t)\mathrm{d}t = \int_{-\infty}^{+\infty} \left[\int_{-\infty}^{+\infty} w(\tau) r(t-\tau)\mathrm{d}\tau \right] \mathrm{d}t$$

$$= \int_{-\infty}^{+\infty} \left[\int_{-\infty}^{+\infty} r(t-\tau) \mathrm{e}^{-\mathrm{i}\omega t} \mathrm{d}t \right] w(t) \mathrm{d}t$$

$$= \int_{-\infty}^{+\infty} R(\widetilde{\omega}) \mathrm{e}^{-\mathrm{i}\omega\tau} w(\tau) \mathrm{d}\tau$$

$$= R(\widetilde{\omega}) \int_{-\infty}^{+\infty} \mathrm{e}^{-\mathrm{i}\omega\tau} w(\tau) \mathrm{d}\tau$$

$$= R(\widetilde{\omega}) W(\widetilde{\omega}) \tag{5.1}$$

由上式可知,地震波形记录的振幅谱为反射系数与地震子波的振幅谱乘积,地震波形记录的相位谱为两者相位谱的和。

2. 参数选取

由褶积模型波形模拟方法原理可知,地震记录的波形主要由子波和反射系数确定,选取不同的子波或反射系数序列,对模拟的地震记录波形有直接的影响。

在建立正演模型、制作合成地震道记录时,经常选用雷克子波。雷克子波形状简单,只有一个正峰,两侧各有一个旁瓣,延续时间很短、收敛快,旁瓣幅度为主瓣的 44.63%(见图 5.6)。雷克子波的表达式为

$$R(t) = \left[1 - 2(\pi f_0 t)^2\right] \exp\left[-(\pi f_0 t)^2\right] \tag{5.2}$$

上式表示的脉冲波是反映波在非吸收介质中传播到无穷远处的地震波形。根据常规地震记录频带特征,选取 30Hz 雷克子波进行波形模拟。

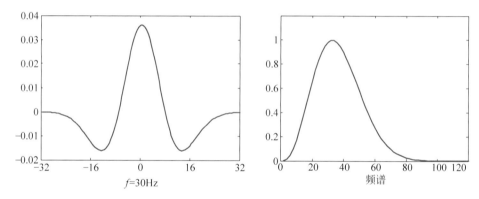

图 5.6   30Hz 雷克子波及频谱

反射系数同时包含地层介质的速度和密度信息,在地震子波确定的情况下,不同的反射系数序列直接决定正演结果的波形结构特征。本研究首先考虑不同反射系数组合时,形成的地震波中出现的基本波形;并在此基础上,进一步考虑不同流体性质、不同含流体饱和度对地震波形结构特征的影响,为利用地震波形结构特征进行油气预测提供一定的参考。

3. 波形结构特征模拟

在模拟地震记录波形结构特征时只要知道地震子波波形和地层界面反射系数序列即可,计算过程包含几个假设条件:第一,地层由横向上均匀的、纵向(深度)上具有不同反射系数的地层构成;第二,地震子波是以平面波的形式垂直向下入射到反射界面;第三,所有波的转换及吸收绕射等能量的损失都不考虑,这样就可以模拟得到 840 种波形类型。

5.3.2 波形结构特征的分类

根据半周期地震波波形特征可以将波形分为元类 8 种波形结构特征模型(包含正负相位各 4 种),通过元类 8 种波形结构特征的组合可形成 32 种亚类波形结构特征模型,进一步将半周期 8 种元类与 32 种亚类波形结构特征进行组合,最终形成不同波形相位(一个周期)的 800 种微类波形结构特征模型。而无论地下地质(地层)结构如何复杂、如何变化,只要数值排列结构不变,生成的地震波波形都包含在这 800 种一个完整波形结构特征模型之中。

一个周期的地震波形(包括一个简单复波)可以由表 5.1～表 5.3 的正、负半个相位相互组合而形成。如果将地震波形分成正、负两个相位分别进行深入分析研究,可以总结出一些波形的微细变化特征,这样就可基于此建立起地震波形模型的最基本单元特征模型。如表 5.4 和表 5.5 分别为地震波形正、负相位的基本模型及其组合模型。表中第一列(Ⅰ)类的波形为正负相位的最基本模型,共 8 种模型,称之为"元类",且分别对应半圆形(P1、N1)、漏斗形(P2、N2)、钟形(P3、N3)和方形(P4、N4);而表 5.4 和表 5.5 中的第 2～5 列为各正负相位的 4 种基本模型的相互组合,共 32 种模型,称之为"亚类"。

表 5.1　地震子波正、负相位(半周期)元类 8 种波形结构特征模型组合示意表

类　型		第一列Ⅰ类	第二列Ⅱ类	第三列Ⅲ类	第四列Ⅳ类
元类第一行	正相位半周期(半瓣)4 个	P1	P2	P3	P4
元类第二行	负相位半周期(半瓣)4 个	N1	N2	N3	N4

表 5.2　地震子波正相位(半周期)亚类 16 种波形结构特征模型组合示意表

类　型		第一列 Ⅰ类——亚类	第二列 Ⅱ类——亚类	第三列 Ⅲ类——亚类	第四列 Ⅳ类——亚类
亚类第一行	正相位半周期 4 个	P1P1	P1P2	P1P3	P1P4
亚类第二行	正相位半周期 4 个	P2P1	P2P2	P2P3	P2P4

续表

类　　型		第一列 I类——亚类	第二列 II类——亚类	第三列 III类——亚类	第四列 IV类——亚类
亚类第三行	正相位半周期4个	P3P1	P3P2	P3P3	P3P4
亚类第四行	正相位半周期4个	P4P1	P4P2	P4P3	P4P4

表 5.3　地震子波负相位（半周期）亚类 16 种波形结构特征模型组合示意表

类　　型		第一列 I类——亚类	第二列 II类——亚类	第三列 III类——亚类	第四列 IV类——亚类
亚类第一行	负相位半周期4个	N1N1	N1N2	N1N3	N1N4
亚类第二行	负相位半周期4个	N2N1	N2N2	N2N3	N2N4
亚类第三行	负相位半周期4个	N3N1	N3N2	N3N3	N3N4
亚类第四行	负相位半周期4个	N4N1	N4N2	N4N3	N4N4

　　地震波形的这种变化关系是因地层的岩性、含气性、速度和密度等地震参数（或称地震属性参数）变化不同而形成的，而且，地震波形的这种变化特征不仅反映下岩性的变化，还反映地层中所含不同流体的变化，因此，在地震剖面见到的所有波形都是由以上"元类"和"亚类"正、负相位相互组合而形成的。正负相位的两类基本模型分别为20种，所以，由正负相位相互组合而形成的一个完整周期波形（包括最简单的一个复波波形周期）所有波形模型总数为800种，称之为微类800种，即正相位与负相位组合400种（表5.4），负相位与正相位组合400种（表5.5），表5.6和表5.7是由表5.4和表5.5不同组合波形相位（一个周期）的800种波形结构特征模型示意图。微类800种（一个周期），加上元类8种（半周期）和亚类32种（半周期）波形结构特征，将这840种地震波形的变化特征称为地震数据体结构特征模型最基本的模型特征（图5.7）。每个油田都可以找到与之对应的局部波形结构特征，

其与数学模拟、物理模型和实际地震道波形是一致的,可以量化标定出来。

表 5.4　地震子波正相位(半周期)元类和亚类共 20 种波形结构特征模型组合示意表

第一列 Ⅰ类——元类		第二列 Ⅱ类——亚类		第三列 Ⅲ类——亚类		第四列 Ⅳ类——亚类		第五列 Ⅴ类——亚类	
第一行 P1		P1P1		P1P2		P1P3		P1P4	
第二行 P2		P2P1		P2P2		P2P3		P2P4	
第三行 P3		P3P1		P3P2		P3P3		P3P4	
第四行 P4		P4P1		P4P2		P4P3		P4P4	

表 5.5　地震子波负相位(半周期)元类和亚类共 20 种波形结构特征模型组合示意表

第一列 Ⅰ类——元类		第二列 Ⅱ类——亚类		第三列 Ⅲ类——亚类		第四列 Ⅳ类——亚类		第五列 Ⅴ类——亚类	
第一行 N1		N1N1		N1N2		N1N3		N1N4	
第二行 N2		N2N1		N2N2		N2N3		N2N4	
第三行 N3		N3N1		N3N2		N3N3		N3N4	
第四行 N4		N4N1		N4N2		N4N3		N4N4	

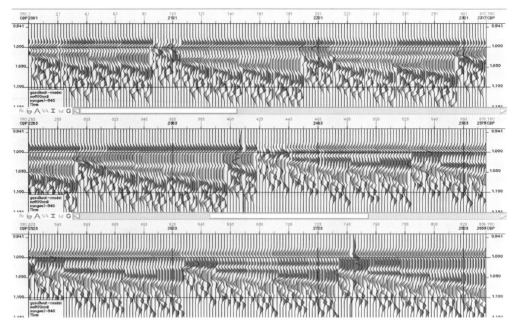

图 5.7   不同组合波形相位(一个周期)的 840 种微类波形结构特征模型示意图

表 5.6   地震子波正、负相位(半周期)元类和亚类共 40 种波形结构特征模型组合示意表

第一列 Ⅰ类——元类		第二列 Ⅱ类——亚类		第三列 Ⅲ类——亚类		第四列 Ⅳ类——亚类		第五列 Ⅴ类——亚类	
第一行 P1		P1P1		P1P2		P1P3		P1P4	
第二行 P2		P2P1		P2P2		P2P3		P2P4	
第三行 P3		P3P1		P3P2		P3P3		P3P4	
第四行 P4		P4P1		P4P2		P4P3		P4P4	
第五行 N1		N1N1		N1N2		N1N3		N1N4	

续表

第一列 Ⅰ类——元类	第二列 Ⅱ类——亚类	第三列 Ⅲ类——亚类	第四列 Ⅳ类——亚类	第五列 Ⅴ类——亚类
第六行 N2	N2N1	N2N2	N2N3	N2N4
第七行 N3	N3N1	N3N2	N3N3	N3N4
第八行 N4	N4N1	N4N2	N4N3	N4N4

5.3.3　波形结构特征预测油气的方法

根据上述总结出的一套三类共 840 种地震数据体波形结构特征模型,其中,元类 8 种是最基本类型,亚类 32 种由元类 8 种的变种和不同组合得到的,元类和亚类共 40 种,构成一个周期的基本单元(元素)。微类 800 种是由上述元类和亚类不同排列组合形成的一个周期的地震波形,所以,可以对比地层中含油气和不含油气时的地震数据体波形结构特征模型的情况(微细变化特征,可以通过统计数据),量化分析地震数据体波形结构特征模型的局部微细变化是否与油气有关,预测储层的含油气性。归纳起来为 7 步。

第 1 步,进行 2D/3D 地震数据体波形结构异常特征的特殊处理。

第 2 步,建立 2D/3D 地震数据体波形结构异常特征模型。

第 3 步,分析对比原始/常规处理模型与特殊处理结构特征模型。

第 4 步,地震数据体波形结构异常特征模型量化研究。

第 5 步,求解地震数据体波形结构异常特征模型量化值。

第 6 步,根据波形结构异常特征模型量化值与油气关系深入分析研究。

第 7 步,确定与含油气性有关的地震数据体波形结构特征异常模型。

5.4　预测方法数学模型的建立

5.4.1　建立预测数学模型的基本方法

地震数据体结构特征法预测油气满足灰色预测模型原理,因为局部地震数据体结构特征异常与油气的关系不是一一对应的确定性关系,而是某种准确性不十分确定的灰色关系,故利用灰色系统理论进行研究是非常合适的。

通过将灰色系统理论与局部地震数据体结构特征异常的基本理论相结合,从而形成一种新的油气预测方法。其基本原理可简单表述为在地震道局部(一个同相轴)范围内,利用

指数拟合公式:

$$x(t) = \mu \exp[-a(t - t_0)] \tag{5.3}$$

拟合地震道 $x(t)$ 的背景,使 $x(t)$ 垂向积分拟合残差的统计分布满足高斯分布规律。其中,a 为数据行为发展系数,u 为灰色作用量。这种残差分布与波阻抗反演时(类似于垂向积分)的最小二乘拟合残差分布假定一致,但由于是局部拟合,故又与需要很好低频分量的整条曲线反演波阻抗不同。这种拟合模型的局部频谱为对称中心为 0 的低通谱:

$$X(w) = F(x(t)) = \frac{\mu \exp(\mathrm{i}wt_0)}{\mathrm{i}w + a} \tag{5.4}$$

$X(w)$ 为地震道的局部频谱,$F(x(t))$ 表示傅里叶变换。根据自回归算子谱分解与 o'Doherty 公式得:

$$1 + X(w) + X(-w) = \frac{1}{A(w)A(-w)} = \exp\left(-\left|\sum_{n=1}^{N} r_n \exp(\mathrm{i}wn\Delta t)\right|\right) \tag{5.5}$$

r_n 为上覆层反射系数,此时假定:

$$\left|\sum_{n=1}^{N} r_n \exp(\mathrm{i}wn\Delta t)\right| = \log\left[\mu \frac{a\cos(wt_0) + w\sin(wt_0)}{w^2 + a^2}\right] \tag{5.6}$$

即反射系数 r_n 的频谱是一种低通的谱。因此,本研究方法相当于利用地层含油气对地震道振幅与频谱的影响,尽可能检测缓变(垂向)上覆层下面快速变化的反射(灰色异常值),然后对这些反射进行灰关联分析,进而达到油气预测的目的。

5.4.2   实现油气预测过程的基本步骤

其实现过程可分为两大步骤:首先建立灰色模型,即地震振幅数据列参数预测模型,用以确定局部地震数据体结构特征异常的灰色异常值;其次对灰色异常值进行关联分析,并通过排序识别油气水层。

针对地震数据体结构特征异常油气预测异常值计算特点,可将其建模工作归纳总结为 6 个步骤,具体实现如下。

第 1 步,设有任一地震振幅数据列,首先建立灰色模型 GM(1, n),其中,1 表示一阶,n 为变量的维数,实际中通常采用 GM(1,1)模型。若给定原始地震数据的振幅数据列:

$$X(0) = \{X_{(1)}^{(0)}, X_{(2)}^{(0)}, X_{(3)}^{(0)}, \cdots, X_{(N)}^{(0)}\} \tag{5.7}$$

其中,下标 N 表示时间点数,上标(0)表示操作次数。选择任一子数列,并记作

$$X^{(0)} = \{X_{(2)}^{(0)}, X_{(3)}^{(0)}, X_{(4)}^{(0)}, \cdots, X_{(N)}^{(0)}\} \tag{5.8}$$

第 2 步,对子数列做一次累加生成;对子数列式(5.8)做一次累加生成,其目的是使数据更有规律性,可得新的子序列 $X^{(1)}$:

$$X^{(1)} = \{X_{(2)}^{(1)}, X_{(3)}^{(1)}, X_{(4)}^{(1)}, \cdots, X_{(N)}^{(1)}\} \tag{5.9}$$

其中:

$$X_{(1)}^{(1)} = X_{(1)}^{(0)}$$

$$X_{(t)}^{(1)} = \sum_{k=1}^{t} X_{(k)}^{(0)}, \quad t = 2, 3, \cdots, N$$

第 3 步，用式(5.9)建立由下式表示的灰色模型 GM(1,1)：

$$\frac{\mathrm{d}X^{(1)}}{\mathrm{d}t} + aX^{(1)} = u \tag{5.10}$$

式中，a 为数据行为发展系数，反映原始数列和累加数列的发展态势；u 为灰色作用量，一般情况下，系统作用量可以是外生的或预设的，而 GM(1,1) 是单列建模，只用到系统的行为序列，而没有外作用序列。GM(1,1) 中的灰色作用量是从背景值挖掘出的数据，它反映数据变化的关系，其确切内涵是灰的。灰色作用量是内涵外延化的具体体现，它的存在是区别灰色建模与一般建模的分水岭，也是区分灰色系统观点与灰箱观点的重要标志。

第 4 步，用最小二乘法求解灰参数列 $\hat{a}$，由 $\hat{a} = \begin{pmatrix} a \\ u \end{pmatrix}$ 得：

$$\hat{a} = (\boldsymbol{B}^{\mathrm{T}}\boldsymbol{B})^{-1}\boldsymbol{B}^{\mathrm{T}}\boldsymbol{y}_N \tag{5.11}$$

式中：

$$\boldsymbol{B} = \begin{bmatrix} -\dfrac{1}{2}(X_{(1)}^{(1)} + X_{(1)}^{(2)}) & 1 \\ -\dfrac{1}{2}(X_{(1)}^{(1)} + X_{(1)}^{(2)}) & 1 \\ \vdots \\ -\dfrac{1}{2}(X_{(1)}^{(1)} + X_{(1)}^{(2)}) & 1 \end{bmatrix} \tag{5.12}$$

$$\boldsymbol{y}_N = (X_{(0)}^{(1)}, X_{(0)}^{(2)}, \cdots, X_{(0)}^{(n)})^{\mathrm{T}} \tag{5.13}$$

第 5 步，将灰参数代入式(5.10)，求得模型值序列：

$$\hat{X}_{(t+1)}^{(0)} = -a\left(X_{(1)}^{(0)} - \frac{u}{a}\right)\mathrm{e}^{-at} \tag{5.14}$$

即

$$\hat{X}^{(0)} = \{\hat{X}_{(2)}^{(0)}, \hat{X}_{(3)}^{(0)}, \cdots, \hat{X}_{(N)}^{(0)}\} \tag{5.15}$$

第 6 步，计算 $X_{(t)}^{(0)}$ 与 $\hat{X}_{(t)}^{(0)}$ 之差，得到用灰色预测模型计算的地震振幅数据灰色异常值 $e_{(t)}^{(0)}$，同时求出其相对误差 $q^{(t)}$；

$$e_{(t)}^{(0)} = X_{(t)}^{(0)} - \hat{X}_{(t)}^{(0)}, \quad q^{(t)} = \frac{e_{(t)}^{(0)}}{X_{(t)}^{(0)}} \tag{5.16}$$

求出局部指数拟合异常的灰色异常值后，接下来就要进一步找到与油气密切相关的异常层段，即对求出的灰色异常值进行关联分析。

同样，实现局部指数拟合异常油气预测灰关联分析也包含几方面内容，针对其特点，可分为 5 步。

第 1 步，对原始地震振幅数据进行无量纲化处理，如初值化、均值化等。

第 2 步，求关联系数中的两级差。

第 3 步，求关联系数。设母序列记为 x_0，即 $x_0 = \{x_0(1), x_0(2), \cdots, x_0(n)\}$；子序列为 x_j，即 $x_j = \{x_j(1), x_j(2), \cdots, x_j(n)\}$，$j = 1, 2, \cdots, m$。各数列间的联系称为灰关系。灰关系的紧密程度可以用灰关联系数体现，其表达式为

$$\gamma_j(k) = \frac{\min\limits_{j}\min\limits_{k} |x_0(k) - x_j(k)| + \boldsymbol{\xi}\max\limits_{j}\max\limits_{k} |x_0(k) - x_j(k)|}{|x_0(k) - x_j(k)| + \boldsymbol{\xi}\max\limits_{j}\max\limits_{k} |x_0(k) - x_j(k)|} \tag{5.17}$$

表明子序列 x_j 的第 k 个元素 $x_j(k)$ 与母序列 x_0 中相应元素 $x_0(k)$ 的相对差值，ξ 为分辨系数。

第 4 步，求关联度。两条曲线的形状彼此越相似，关联度越大；反之，则关联度越小。其中的关键是对灰关联矩阵进行分析，找出其中起主导作用的因素。

由于关联系数的数量较多，信息不集中，不便于比较。为此对各元素下的关联系数取平均值 $\bar{r}_j$。将 $\bar{r}_j$ 定义为子序列对母序列的关联度：

$$\bar{r}_j = \frac{1}{n}\sum_{k=1}^{n} r_j(k) \tag{5.18}$$

第 5 步，排出关联序列确定油气层。当参考数列不止一个、被比较因素也不止一个时，可进行优势分析。下面称参考数列为母数列（或母因素）、比较数列为子数列（子因素），由母数列（或母因素）与子数列（子因素）构成关联矩阵。通过关联矩阵各元素间的关系，分析哪些因素是优势，哪些因素不是优势，最后确定一个关联序列，进行油气的预测。

5.4.3　工作流程——结构特征处理流程和控制参数

1. 结构特征处理基本思路

(1) 依据油气藏存在于地下一定地质条件的圈闭之中，由于地面接收到的地震反射波的振幅、相位、频率等与地下岩石物性、所含的流体内容、油气饱和度等有关，所以，必有某种外在表现特征的自然规律，这种表现特征就是地球物理的响应特征，具体表现为可供分析、研究的地震反射波形、地震振幅数据体结构特征异常等的地球物理参数响应特征。

(2) 由于地震数据体结构特征异常与油气的关系不是一一对应的确定性关系，而是某种准确性不十分确定的灰色关系，所以，地震数据体结构特征法预测油气满足灰色预测模型原理，故利用灰色系统理论进行研究是非常合适的。剖析这些地球物理响应的灰色特征值，因为这些特征值（集）或模型不仅是地下地质体的外在表现，同时包含油气的内在有效信息，当然也包含无效信息，所以，就要展开地震数据体结构异常特征值（集）与油气灰色关联的研究。

(3) 运用油气地震数据体结构异常特征单元（圈闭）灰色预测系统分析方法，提高油气地震数据体结构异常特征单元（圈闭）系统信息的完整性，确立预测的确定性（唯一性）。

归纳起来，总体思路为

数据体处理　　　　　预测模型建立　　　　　关联排序

地震数据体→→数据体结构特征异常→→灰色特征结构集分类→→含油气性的确定

2. 结构特征特殊处理工作流程

针对普光高酸性气田研究区的复杂性和特殊性，本研究专门为其设计了地震数据体结构特征预测油气的特殊处理流程。应用地震数据体结构特征法预测气层的技术路线，见图 5.8。

3. 结构特征特殊处理控制参数

根据大量实验室和野外测定，地震波的波速、振幅、频率、相位、极性、反射系数等等与岩石的物理性质、所含的流体内容、饱和度及压力等有关（Hicks 和 Berry，1956）。所以，本区碳酸盐岩储集层利用地震资料（数据体结构特征）直接预测地层含油性的处理参数如下。

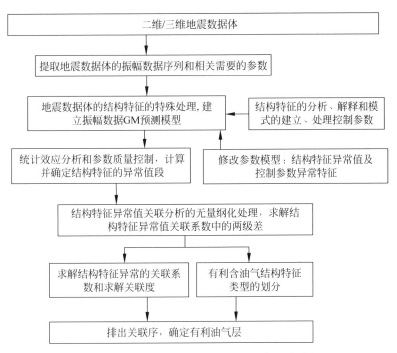

图 5.8　地震数据体结构特征法预测油气工作流程图

1）碳酸盐岩储集层基岩密度控制参数

密度最大值：2.87（常规白云岩密度，最大值设定，g/cm^3）。

密度最小值：2.71（常规灰岩密度，最小值设定，g/cm^3）。

2）几个特殊地层物性控制参数

地温梯度：1.67～2.30（℃/100m）（1.94～2.21）。

地压系数：0.80～1.30（dyn/cm^2）；0.94～1.18（飞仙关组）/0.98～1.1（长兴组）。

流体压缩系数：8.6999964E－05（dyn/cm^2）。

岩石压缩系数：1.1999979E－05（dyn/cm^2）。

3）含气饱和度控制参数

含气饱和度最大值：95％。

含气饱和度中间值：50％。

含气饱和度最小值：5％。

（含气饱和度按每增加5％调整控制：分别按5％、10％、15％、…、85％、90％、95％调整控制，以便观测地震数据体结构特征的变化规律）

4）有效频率段控制参数

频率最大值：60Hz。

频率最小值：5Hz。

有效主频率段范围：15～45Hz。

（频率段分别按两个小层调整控制——分别以飞仙关组和长兴组两个小层调整控制）

5）振幅数值控制参数

振幅最大值：2.12082E＋4。

振幅最小值：$-2.10469E+4$。

振幅平均值：$-7.48034E-1$。

（振幅数值大小控制参数，完全根据提供的三维地震数据体实际数值运用，并分两个小层段实际数值调整控制）

5.5　应用实例——以普光气田为例

5.5.1　普光气田气层的波形结构特征

首先，应用地震数据体结构特征分析方法对地震数据体时空上的变化进行了实际分析，并提供了相应的油气预测结果。首先选取典型单井进行地震数据体结构特征模型量化分析，建立结构特征与油气的关系。图5.9是普光气田过Pg5井的常规地震剖面，由于波峰相互叠置，因此无法显示不同地震道之间波形的微细变化，也无法区分目的层与其他层地震道间波形的差异。强振幅波峰反映的是岩层与围岩间的变化，而不是同一岩层内含气与含水的变化。双极性彩色剖面增强了光学动态范围，从而提高了判断振幅异常范围的效果，但是，在某些方面也增加了识别油气水关系的不确定因素。图5.10为普光气田过Pg4井目的层地震数据结构的斜率变化图，地震波从波峰变化到波谷（或从波谷变化到波峰）时，波形曲线的斜率变化较快，显得较杂乱，没有规律，通过地震波斜率的定性分析，可以很好地看出同一地震道在目的层内外地震波形的变化。图5.11显示的是普光气田过Pg5井井旁11道目的层附近的波形特征。表5.7普光气田过Pg5井附近10道目的层定量计算了图中对应的斜率值，它更清楚地说明了不同地震道之间波形及地震数据体结构特征的细微变化，同时充分说明不同的波形必然有不同的地震数据结构。通过对同一目的层地震波斜率的计算及分析，可以更好地找到目的层内横向的变化，更有利于地震横向分辨率的提高。

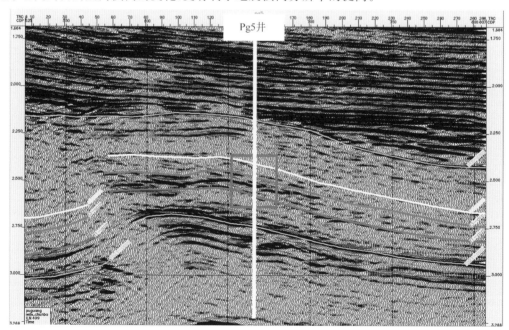

图5.9　普光气田过Pg5井的常规地震剖面

横坐标为CDP号，纵坐标为时间，单位为ms。横坐标通常都在图片的顶部

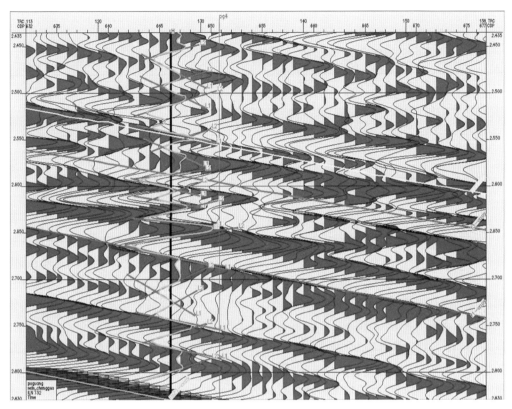

图 5.10　普光气田过 Pg4 井目的层地震数据结构的斜率变化图

横坐标为 CDP 号，纵坐标为时间，单位为 ms。横坐标通常都在图片的顶部

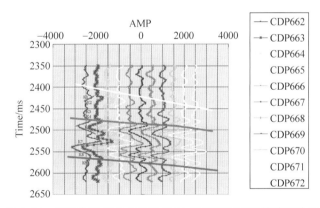

图 5.11　普光气田过 Pg5 井井旁 11 道目的层附近的波形特征

横坐标为振幅值，纵坐标为时间，单位为 ms

表 5.7　普光气田过 Pg5 井附近第一道 CDP662 目的层附近的波形斜率变化表

斜率	662	663	664	665	666	667	668	669	670	671
K_1	0.0294	0.0702	0.0269	0.0255	0.0213	0.048	0.0667	0.0844	0.0509	0.0421
K_2	−0.0525	−0.0714	−0.0413	−0.0503	−0.0715	−0.0611	−0.0279	−0.0214	−0.0212	−0.0334
K_3	0.0446	0.0626	0.0407	0.0353	0.0636	0.1984	0.0036	0.0224	0.018	0.0208

续表

斜率	662	663	664	665	666	667	668	669	670	671
K_4	−0.0668	−0.0302	−0.0306	−0.0331	−0.0282	−0.0367	−0.031	−0.0235	−0.0303	−0.0221
K_5	0.0211	0.0199	0.0172	0.0148	0.0146	0.0137	0.0161	0.0191	0.0155	0.0123
K_6	−0.02	−0.0171	−0.0122	−0.0135	−0.0278	−0.0283	−0.0305	−0.0222	−0.0122	−0.0146
K_7	0.010	0.0085	0.008	0.0092	0.0197	0.0222	0.0272	0.024	0.0214	0.0177
K_8	−0.0242	−0.0325	−0.0299	−0.0329	−0.0142	−0.0118	−0.095	−0.0141	−0.0242	−0.021
K_9	0.1171	0.0892	0.071	0.0548	0.0334	0.0254	0.0197	0.0544	0.0382	0.0313

其次,应用单井地震数据体结构特征模型量化分析结果,建立普光气田全区 Pg2 井、Pg3 井、Pg4 井、Pg5 井、Pg6 井和 Pg7 井等的地震数据体结构特征量化模型和异常剖面。以 Pg2 井为例,图 5.12 显示了普光气田过 Pg2 井主测线的叠偏地震剖面图,井点位于背斜构造上。图 5.13 为过 Pg2 井的地震数据结构特征剖面模型图,在含气层段中,地震道的数据体结构特征变化大(其斜率及夹角变化都比较大),自上而下一致性较差,没有规律可循。而在不含气的层段,自上而下地震道的变化不大,无论斜率或夹角均较为规律、一致。这就说明地层含气情况影响了地震数据体结构特征的变化,与不含气层段的地震数据结构特征变化不同。而此时波形和振幅值的大小都变化无常,这也说明数据结构变化与波形变化是有区别的。图 5.14 和图 5.15 为普光气田过 Pg2 井井约束地震反演属性剖面与地震数据体结构特征剖面对比图(Inline596)。其中,图 5.14 为普光气田过 Pg2 井气层井约束地震反演属性剖面图,图 5.15 为普光气田过 Pg2 井气层地震数据体结构特征剖面图。从两张剖面对比图可以明显看到,Pg2 井气层(T1f4 − T1f3 − T1f1)地震数据体结构特征剖面突

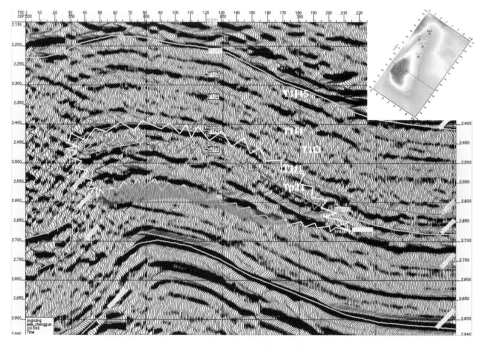

图 5.12　普光气田过 Pg2 井主测线的叠偏地震剖面图

横坐标为 CDP 号,纵坐标为时间,单位为 ms

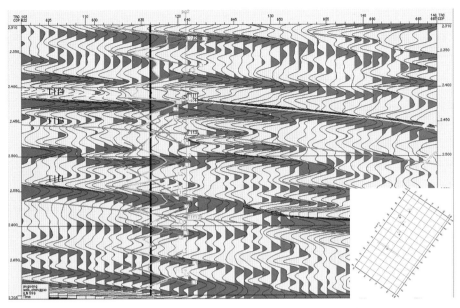

图 5.13 普光气田过 Pg2 井地震数据体结构特征剖面模型图

横坐标为 CDP 号,纵坐标为时间,单位为 ms

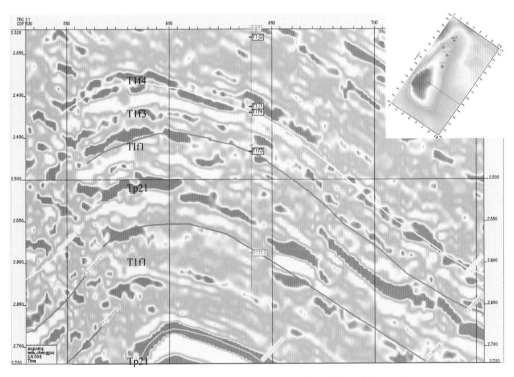

图 5.14 普光气田过 Pg2 气层井约束地震反演属性剖面图

横坐标为 CDP 号,纵坐标为时间,单位为 ms

出、明显,而井约束地震反演属性剖面不明显。图 5.15 更为清晰地体现出了含气层段在纵向具有的数据结构异常变化,并可由此圈定出含气层段的数据结构异常边界。

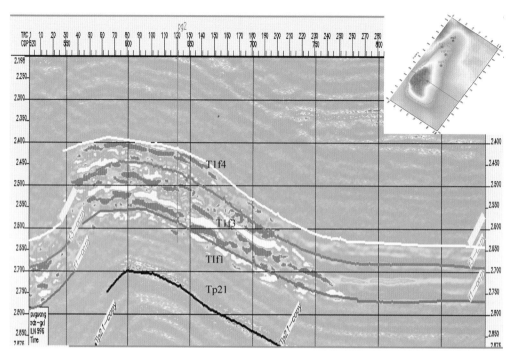

图 5.15　普光气田过 Pg2 气层地震数据体结构特征剖面图

横坐标为 CDP 号,纵坐标为时间,单位为 ms

5.5.2　地震数据体结构预测模型数值特征

表 5.8~表 5.11 分别为普光气田过已钻井 Pg1 井、Pg2 井、Pg3 井和 Pg4 井各井点气层的地震数据体结构特征异常值(GM 异常值)表,表中 t 表示时间(ms),第一行中的 1、2、3、…为时间序列,红色粗字体为异常段的灰色异常值。其中,过 Pg1 井点的地震数据体结构特征异常数值分布范围为 17.58~21.83(无量纲)(表 5.8);过 Pg2 井点的地震数据体结构特征异常数值分布范围为 18.01~27.33(无量纲)(表 5.9);过 Pg4 井点的地震数据体结构特征异常数值分布范围为 11.78~29.80(无量纲)(表 5.10);而过 Pg3 井点全井都没有明显地震数据体结构特征异常数值分布(表 5.11),地震数据结构特征异常数值都比较低,分布范围为 2.05~5.77(无量纲)。

从上述地震数据体结构特征异常数值分布大小可以明显看出,无论是钻井已证实的气层或预测的气层,都有明显的结构特征异常段;如果没有明显的地震数据结构特征异常值段,则不含油气。在已知井含气层段处理的地震道显示出明显的灰色异常,这些异常值段在地质上的含义可能是异常体,但不能明确是岩性异常还是含油引起的异常,需进一步关联分析。通过实钻井对比解释,异常体在地震剖面上普遍反映为较强的同相轴,有些反映在较弱相位上,但为了方便追踪对比和做图,仍标定在强相位上。

表 5.8 普光气田过 Pg1dx 井地震数据结构异常值表

t	1	2	3	4	5
实测值	3990.24	5107.68	4775.28	6863.76	6240.96
模型值	5666.04	10135.26	14963.76	20909.70	27664.02
还原值	4469.22	4828.50	5945.94	6754.32	7572.06
误差	478.98	279.18	1170.66	109.44	1331.10
相对误差/%	10.72	5.78	38.26	1.62	17.58
t	6	7	8	9	10
实测值	6721.20	8992.08	7341.36	5427.36	
模型值	35236.08	43605.36	51156.90	57182.76	
还原值	8369.28	7551.54	6025.86	6025.86	
误差	1648.08	1440.54	1315.50	598.50	
相对误差/%	19.69	19.08	21.83	9.93	

表 5.9 普光气田过 Pg2 井地震数据结构异常值表

t	1	2	3	4	5
实测值	5616.72	8092.32	9115.92	8089.92	7402.56
模型值	5063.40	11232.72	19596.24	28970.82	37516.50
还原值	6169.32	8363.52	9374.58	8545.68	6991.92
误差	552.60	271.20	258.66	455.76	410.64
相对误差/%	8.96	31.94	2.76	5.33	5.87
t	6	7	8	9	10
实测值	6967.68	6629.76	4350.24	6531.12	
模型值	44508.42	50412.78	55878.12	61684.02	
还原值	5904.36	5465.34	5985.90	5985.90	
误差	1063.32	1164.42	1635.66	545.22	
相对误差/%	18.01	21.31	27.33	9.11	

表 5.10 普光气田过 Pg4 井地震数据结构异常值表

t	1	2	3	4	5
实测值	4230.24	5107.68	6071.28	6863.76	7008.96
模型值	5666.04	10135.26	14963.76	20909.70	27664.02
还原值	4469.22	4828.50	5945.94	6754.32	7572.06
误差	238.98	279.18	125.34	109.44	563.10
相对误差/%	5.35	5.78	2.11	1.62	7.44
t	6	7	8	9	10
实测值	7383.60	9136.08	7821.36	5427.36	
模型值	35236.08	43605.36	51156.90	57182.76	
还原值	8369.28	7551.54	6025.86	6025.86	
误差	985.68	1584.54	1795.50	598.50	
相对误差/%	11.78	20.98	29.80	9.93	

表 5.11　普光气田过 Pg3 井地震数据结构异常值表

t	1	2	3	4	5
实测值	4048.72	4147.84	4604.80	5229.36	5880.88
模型值	5486.22	9335.52	13584.42	18412.92	23899.86
还原值	3849.30	4248.90	4842.50	5486.94	5560.02
误差	199.42	101.06	223.70	257.58	320.86
相对误差/%	5.18	2.38	4.63	4.69	5.77
t	6	7	8	9	10
实测值	5587.84	5295.52	4963.12	4687.12	
模型值	29459.88	34837.38	40026.60	44874.72	
还原值	5337.50	5189.22	4848.12	4848.12	
误差	210.34	106.30	115.00	161.00	
相对误差/%	3.91	2.05	2.37	3.32	

5.5.3　地震数据体结构预测模型图形特征

1. 地震数据体结构预测模型剖面特征

地震数据体结构预测模型过井剖面特征研究,包括普光气田过 Pg1 井、Pg2 井、Pg3 井和 Pg4 井各井井点上的原地震数据体结构特征剖面模型图和过 Pg1 井、Pg2 井、Pg3 井和 Pg4 井气层和无气层地震数据体结构特征属性剖面图的分析研究(图 5.16～图 5.24)。

从 Pg1 井、Pg2 井和 Pg4 井原地震数据结构特征剖面模型图可以看到,在含气层段内,其斜率及夹角变化都比较大,没有规律或规律性差,纵向上主要分布在 T1f4～T1f1 层位(图 5.16～图 5.18),详见普光气田过已钻井 Pg1 井、Pg2 井和 Pg4 井各井点上的气层地震数据体结构特征属性剖面图(图 5.20～图 5.22)。在不含油气的层段内,其斜率及夹角变化都比较有规律(图 5.19),详见普光气田过已钻井 Pg3 井井点上的无气层地震数据体结构特征属性剖面图(Iln911)(图 5.23)。图 5.24 为普光气田过连井气层地震数据体结构特征剖面图(折线)。从地震资料处理后的地震数据体结构特征异常剖面图上可以看出,剖面上有地震数据体结构特征的边界清楚,纵向小薄层分开、清晰,与部分新部署的井钻后效果

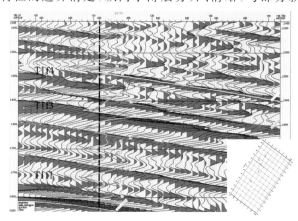

图 5.16　普光气田过 Pg1dx 井原地震数据体结构特征剖面模型图

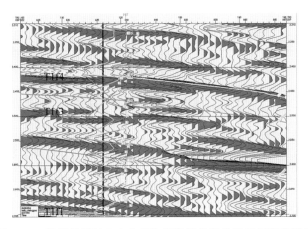

图 5.17 普光气田过 Pg2 井原地震数据体结构特征剖面模型图

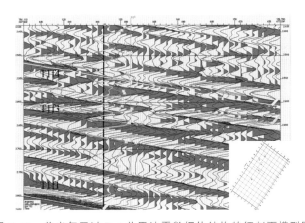

图 5.18 普光气田过 Pg4 井原地震数据体结构特征剖面模型图

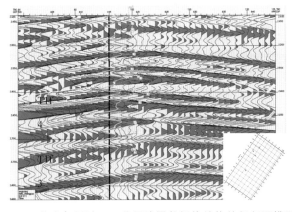

图 5.19 普光气田过 Pg3 井原地震数据体结构特征剖面模型图

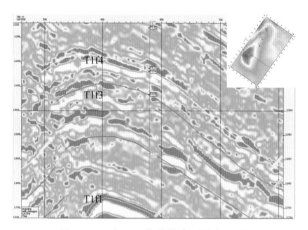

图 5.20　过 Pg2 井井约束反演剖面图

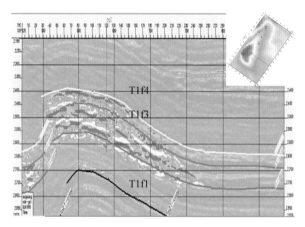

图 5.21　过 Pg2 井结构特征剖面图

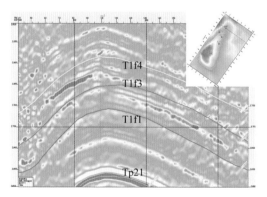

图 5.22　过 Pg3 井井约束反演剖面图

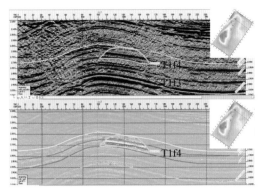

图 5.23　过 Pg3 井地震结构特征剖面图

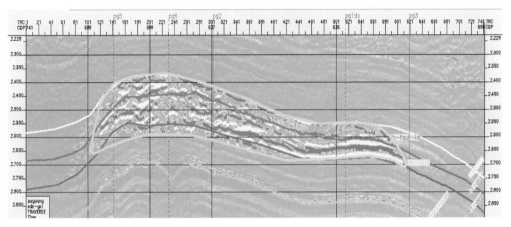

图 5.24　普光气田过连井气层地震数据体结构特征剖面图(折线)

对比来看,吻合性很好,说明结构特征法预测油层的有效性和可靠性,如 Pg5 井和 Pg6 井均取得了很好的效果。进一步展开地震数据体结构异常特征的研究,取得以下成果。

(1) 总体地震数据体结构异常特征与实际开发主体区结果基本一致,而且层内细节刻画清晰。

(2) 主体区的地震数据体结构异常特征主要呈北东—南西向葫芦状分布,实际开发的气层分布特点也是这样。

(3) 地震数据体结构异常特征分辨率提高,而且不破坏原始三维地震资料的分辨率,研究区三个小层位预测效果好,纵向薄气层分开清楚。

(4) 在原 27.2km² 面积含气范围外扩的有利含气性系统单元上部署了新井,取得了很好的效果(Pg5 井、Pg6 井、Pg8 井和 Pg9 井),表明了结构特征法预测油层的有效性和可靠性。

2. 地震数据体结构预测模型平面特征

图 5.25～图 5.28 为普光气田全区三叠系下统飞仙关组(T1f)和二叠系上统长兴组(P2c)三个气层处理的地震数据体结构特征异常值分布叠合图(其 T1f1 往下取 150ms,T1f4 往上取 30ms)。处理和解释的工区范围为 ILN:355～1035;XLN:520～885;面积为

$156\mathrm{km}^2$，全区地震数据体结构特征异常值分布范围为 $200\sim680$，主异常值分布范围为 $400\sim680$（图 5.25）。图 5.26 为普光气田全区地震数据体结构特征异常值等值线叠合分布图（色彩图），图 5.27 为普光气田全区地震数据体结构特征异常值叠合分布图，图 5.28 为普光气田全区预测有利气层分布范围边界图。通过这 4 张图中地震数据体结构特征异常值分布结果可以清楚看出，普光气田有含气分布特征，主要分布在 Pg2 井-Pg4 井-Pg1 井上，平面上呈带状北东南西方向展布。尤其 Pg2 井区上地震数据体结构特征最为明显（图 5.26～图 5.28）。

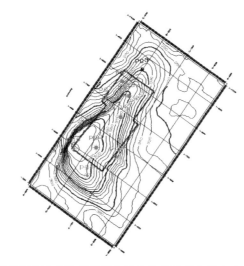

图 5.25　普光气田全区地震数据体结构特征异常值叠合分布图（黑白图）

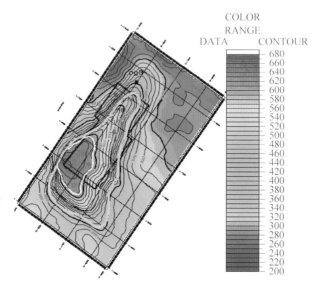

图 5.26　普光气田全区地震数据体结构特征异常值叠合分布图（色彩图）

5.5.4　地震数据体结构预测模型特征

从普光气田过井点剖面模型图（图 5.16～图 5.24）和全区地震数据体结构特征平面模型图（图 5.25～图 5.28）可以看出，在含气层段中，地震道的特征变化大，斜率、夹角自上而下一致性差；在不含气的层段，自上而下地震道的变化不大，无论斜率或夹角均较为规律、一致。

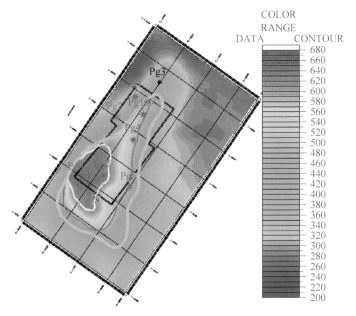

图 5.27　普光气田全区地震数据体结构特征异常值叠合分布图

图 5.28　普光气田全区预测有利气层分布范围边界图

在本地区已知井段处,含油气层段对应的地震数据结构特征归纳起来有以下特点。

(1)地震道显示出明显灰色结构异常。

(2)地震道波形为不归零的多峰。

(3)地震反射波形从上至下斜率变化较大。

这些特征与本区已经实钻气藏的地震反射特征相符,说明该地区的地震资料符合地震结构特征分析技术使用的前提条件,因此,可用此技术对本地区的三维资料进行分析,结合圈闭分析结果进行气层的空间分布预测,圈定含气层的分布区域和层位。

通常含油气的井段地震道波形出现不归零的多峰现象(连续出现正波峰,波峰不圆滑),而不含油气的井段出现单峰现象(波峰圆滑)。在本区通过矢量关联分析,在含气的井段地震道波形出现不归零的多峰现象(连续出现正波峰,波峰不圆滑),从这些剖面图上可以看出,本区含油气井段的地震道波形特征也具有其他地区的普遍特征。

地震灰色结构分析显示,所定井位及其周围地震灰色异常明显,计算每道异常值的分布情况,通过剖面追踪,就可以由此圈闭其分布范围,剖面时间则按实际计算结果标定,读法均按表 5.8 进行,地震波数据体结构特征与已知井处油气藏反射波数据体结构特征相符。图 5.25 为一张普光气田地震数据体结构 GM 异常值的平面分布黑白图,图 5.26 和图 5.27 为普光气田地震数据体结构 GM 异常值的平面分布彩色图。

普光气田预测三个有利气层分别为普光气田长兴组(P2c),飞仙关组一、二段(T1f1-T1f3)和飞仙关组三段(T1f3-T1f4);各层保守的预测含气面积分别为 $20.28km^2$(长兴组)、$33.32km^2$(飞仙关组一、二段)、$31.57km^2$(飞仙关组三段)。保守的单层最大面积为 $33.32km^2$,乐观的单层最大面积为 $40.27km^2$(表 5.12)。

表 5.12　飞仙关组和长兴组气藏不同类型含气面积及异常值分布范围表

层位	取值名称	异常分类取值				
		Ⅰ 类	Ⅱ 类	Ⅲ 类(乐观/保守)	乐观值	保守值
T1f3	面积(km^2)	12.27	9.49	10.72/9.81	33.08	31.57
	异常值(无量纲)	330～500	310～490	250～495	250～525	250～525
T1f1-2	面积(km^2)	13.27	10.1625	16.84/9.89	40.2725	33.3225
	异常值(无量纲)	430～580	400～530	290～510	290～600	330～600
f1-P2c	面积(km^2)	10.495	6.7025	6.47/3.08	23.68	20.28
	异常值(无量纲)	360～480	320～430	260～400	260～500	260～500
T1f+P2c	面积(km^2)	9.49	18.40	12.38/6.86	40.27	34.63
	异常值(无量纲)	540～670	460～660	350～650	400～680	450～680

5.5.5　普光气田含气性量化判别标准及分类

1. 有利含气范围类别划分标准

应用地震数据体结构特征法预测普光气田气层,主要任务是根据已有钻井资料(如 Pg1 井、Pg2 井、Pg3 井、Pg4 井、Pg5 井、Pg6 井和 Pg7 井等)的实际情况,预测普光气田可能的含气圈闭的范围,其目的是提高钻井成功率,为气田地质储量估算和储量评价提供准确数据。

普光气田预测有利含气范围级别划分标准如下。

（1）地震数据体结构异常特征的平滑程度。

（2）地震数据体结构异常值大小及与周围结构数值大小的关系。

（3）结构异常值与井关联程度的对比结果。

分类的层位为整个飞仙关组，沿层 T1f4 上 30ms、T1f1 下 150ms，在 Pg2 块包含部分长兴组。

2. 有利含气类别的划分

根据上述对普光气田全区 Pg2 井、Pg3 井、Pg4 井、Pg5 井、Pg6 井和 Pg7 井等井的地震数据体结构特征模型量化分析后，最后，建立起普光气田全含气层段长兴组——飞仙关组（P2c-T1f4）预测有利含气层的地震数据体结构特征量化识别标志。普光气田全区共分 4 类，各类有利含气异常值为：Ⅰ类区结构特征异常值（VSDS）大于 580，结构特征相对误差（VSDS%）大于 85%；Ⅱ类区结构特征异常值为 420～580，结构特征相对误差为 65%～85%；Ⅲ类区结构特征异常值为 360～580，结构特征相对误差为 50%～65%；Ⅳ类区结构特征异常值小于 360，结构特征相对误差小于 50%（表 5.13）。其中，Ⅰ、Ⅱ类含气区是高效井井位部署的主要区域。

表 5.13　普光气田全区地震数据体结构特征异常分类表

序号	结构特征异常值（VSDS）	结构特征相对误差（VSDS%）	类型
1	>580	>85	Ⅰ类
2	420～580	65～85	Ⅱ类
3	360～420	50～65	Ⅲ类
4	<360	<50	Ⅳ类

注：VSDS%＝（结构特征值－原始地震道值）/结构特征值×100%

根据上述分类标准，把普光气田全区含气圈闭分为三类：Ⅰ类 1 个，Ⅱ类 1 个，Ⅲ类 1 个（图 5.29）。

Ⅰ类：主要分布于 Pg2 井区，呈块状分布，位于普光构造顶部。

Ⅱ类：主要分布于 Pg2 井区至 Pg1 井和 Pg4 井之间，呈环状分布，构造北翼缺蚀，所以，也可称为半环状分布。

Ⅲ类：主要分布于 Pg2 井，Pg1 井和 Pg4 井至 Pg3 井之间，呈环状分布，环内 Pg2 井、Pg1 井和 Pg4 区主要为Ⅰ类储层和Ⅱ类储层；环外即 Pg3 井以外的广大区域。

通过对普光气田含气有利区进行对比评价，总体结构异常体符合目前的钻井情况。含气边界向西至 Pg7 井断层，向南至相变线，向东至 Pg8 井—Pg9 井—Pg101 井一线，向北在 Pg3 井附近，整个含气区域位于构造高部位。Pg2 井区块气水过渡带在 Pg8 井—Pg304-1 井—Pg10 井—Pg101 附近。Pg3 井区块气水过渡带在 Pg7 侧 1 井—Pg106-2H 井—Pg3 井附近，与预测结果相吻合（图 5.30）。

根据地震数据体结构异常预测有利含气范围级别划分，完全按地震数据体结构异常值特征分类，其与其他地质分类方法不同；整个飞仙关组沿层 T1f4 上 30ms—T1f1 下 150ms 进行分类；当然，Ⅰ类中含有Ⅱ类，只是以Ⅰ类为主；同理，Ⅱ类中含有Ⅰ类，只是以Ⅱ类为主。

3. 长兴组至飞仙关组不同类别含气范围的确定

1）长兴组至飞仙关组含气圈闭类型结构异常特征

普光气田全区地震数据结构异常值分布范围在 200～680。异常值小于 350，按目前资

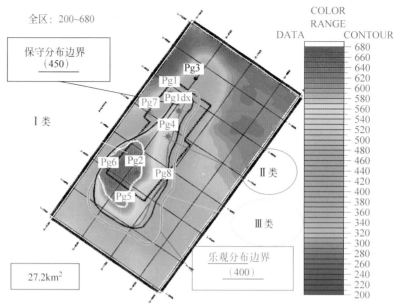

图 5.29　普光气田长兴组至飞仙关组（T1f1～T1f4）全区地震
数据体结构特征异常值分布分类综合边界图

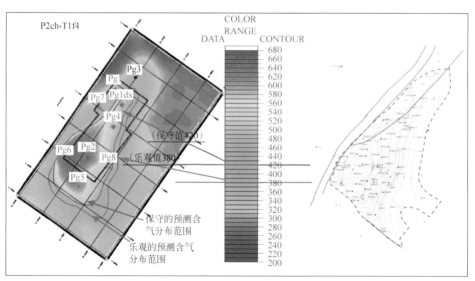

图 5.30　普光气田地震数据体结构特征异常值分布动用含气面积对比图

料划分标准则归为Ⅳ类；异常值大于 350 以上，按不同大小分为 3 类，分别为Ⅰ类、Ⅱ类和
Ⅲ类（图 5.29），各自的特征如下。

　　（1）Ⅰ类的异常值分布范围为 540～670，主要分布在构造顶部的 Pg2 井周围（图 5.30 和
图 5.31），其地震数据体结构异常特征的平滑程度最好，没有突然变大变小的特点，结构异
常值与周围结构数值大小关系明确，与井关联程度也明显表现为气层；图 5.21 为普光气田
过 Pg2 井地震数据体结构特征属性剖面图（Iln596），图 5.24 为普光气田过连井气层地震数
据体结构特征剖面图（折线），Pg2 井含气性最好，实钻结果，其含气性最好，Pg2 井测试验结
果比 Pg1 井和 Pg4 井都好，为最好，所以，划分为Ⅰ类地震数据体结构特征，当然内部仍然

有小的变化。其含气面积为 9.49km²（表 5.14）。

表 5.14 普光气田飞仙关组和长兴组气藏不同层位不同类型含气面积及异常值分布范围表

类型层位	项目	Ⅰ类	Ⅱ类	Ⅲ类（乐观/保守）	乐观值	保守值
T1f3	面积（km²）	12.27	9.49	10.72/9.81	33.08	31.57
	异常值（无量纲）	330~500	310~490	250~495	250~525	250~525
T1f1-2	面积（km²）	13.27	10.1625	16.84/9.89	40.2725	33.3225
	异常值（无量纲）	430~580	400~530	290~510	290~600	330~600
f1-P2c	面积（km²）	10.50	6.70	6.47/3.08	23.68	20.28
	异常值（无量纲）	360~480	320~430	260~400	260~500	260~500
T1f+P2c	面积（km²）	9.49	18.40	12.38/6.86	40.27	34.63
	异常值（无量纲）	540~670	460~660	350~650	400~680	450~680

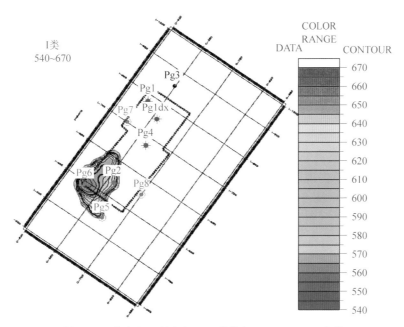

图 5.31 普光气田长兴组至飞仙关组（T1f1～T1f4）Ⅰ类
地震数据体结构特征异常值分布分类图

（2）Ⅱ类的异常值分布范围为460～660，主要分布在的 Pg1 井和 Pg4 井周围（图5.29，图5.32），其地震数据结构异常特征的平滑程度为中等程度，变化不大，结构异常值与周围结构数值大小关系明确，与井关联程度也表现为气层；图5.21和图5.24为普光气田过 Pg4 井（Iln728）和 Pg1 井（Iln808）地震数据体结构特征属性剖面图，其含气性好，但测试验结果整体比 Pg2 井稍差，所以，划分为Ⅱ类地震数据体结构特征，当然内部也有小的变化，其含气面积为 $18.4km^2$（表5.14）。

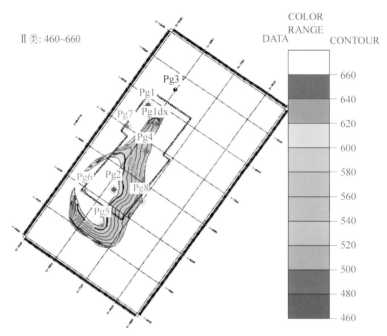

图 5.32　普光气田长兴组至飞仙关组（T1f1～T1f4）Ⅱ类
地震数据体结构特征异常值分布分类图

（3）Ⅲ类的异常值较低，范围为350～650，主要分布在的 Pg1 井和 Pg4 井外围（图5.29，图5.33），其地震数据结构异常特征也表现平滑，结构异常值与周围结构数值大小关系明显，与井关联程度也表现为气层，但不是很明显，主要预测为气层，所以，划分为Ⅲ类地震数据体结构特征。其保守含气面积为 $6.86km^2$（表5.14）。

2）长兴组含气圈闭类型结构异常特征

普光气田长兴组全区地震数据体结构特征异常值分布范围为0～500。普光气田长兴组异常值小于260，按目前资料划分标准则归为Ⅳ类；异常值大于260以上，按不同大小分为3类，分别为Ⅰ类、Ⅱ类和Ⅲ类（图5.34），各自的特征如下。

（1）Ⅰ类的异常值分布范围为360～480，主要分布在构造顶部的 Pg2 井周围，其地震数据体结构异常特征的平滑程度最好（图5.35），没有突然变大变小的特点，结构异常值大小与周围结构数值大小关系明确，与井关联程度也明显表现为气层；图5.21为普光气田过 Pg2 井地震数据体结构特征属性剖面图（Iln596），图5.24为普光气田过连井气层地震数据体结构特征剖面图（折线），Pg2 井含气性最好，实钻结果，Pg2 井测试验结果比 Pg1 井和 Pg4 井都好，是最好的，所以，划分为Ⅰ类地震数据体结构特征，当然内部仍然有小的变化。

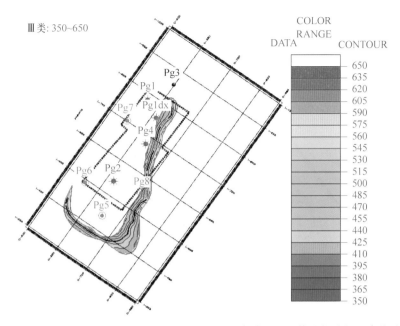

图 5.33　普光气田长兴组至飞仙关组（T1f1～T1f4）Ⅲ类地震数据体结构特征异常值分布分类图

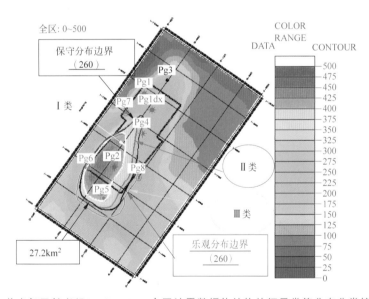

图 5.34　普光气田长兴组（T1f1～P2c）全区地震数据体结构特征异常值分布分类综合边界图

其含气面积为 10.495km²（表 5.14）。

（2）Ⅱ类的异常值分布范围为 320～430，主要分布在的 Pg1 井和 Pg4 井周围，其地震数据结构异常特征的平滑程度中等程度，变化不大，结构异常值与周围结构数值大小关系明确（图 5.36），与井关联程度也表现为气层，但测试验结果整体要比 Pg2 井稍差点，所以，划分为Ⅱ类地震数据体结构特征，当然，内部也有小的变化。其含气面积为 6.7025km²（表 5.14）。

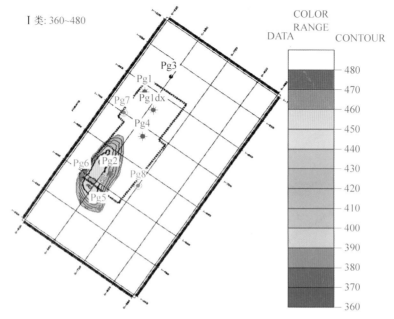

图 5.35　普光气田长兴组（T1f1～P2c）Ⅰ类地震数据体结构特征异常值分布分类图

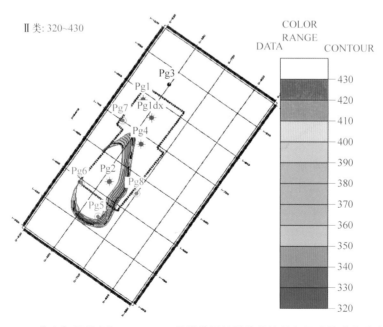

图 5.36　普光气田长兴组（T1f1-P2c）Ⅱ类地震数据体结构特征异常值分布分类图

（3）Ⅲ类的异常值较低，范围为 260～400，主要分布在的 Pg1 井和 Pg4 井外围（图 5.37），其地震数据结构异常特征也表现平滑，结构异常值与周围结构数值大小关系明显，与井关联程度也表现为气层，但不是很明显，主要预测为气层，所以，划分为Ⅲ类地震数据体结构特征。其保守含气面积为 3.08km^2（表 5.14）。

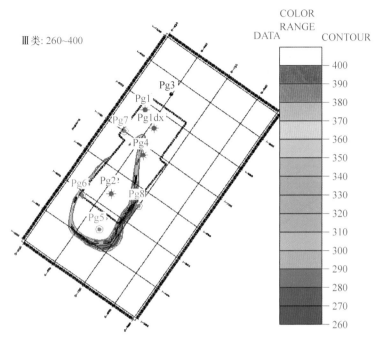

图 5.37　普光气田长兴组（T1f1-P2c）Ⅲ类地震数据体
结构特征异常值分布分类图

3）飞仙关组一、二段含气圈闭类型结构异常特征

普光气田飞仙关组一、二段全区地震数据体结构特征异常值分布范围为 75～600（图 5.38）。异常值小于 290，按目前资料划分标准归为Ⅳ类；异常值大于 290 以上，按不同大小分为 3 类，分别为Ⅰ类、Ⅱ类和Ⅲ类，各自的特征如下。

（1）Ⅰ类的异常值分布范围为 430～580，主要分布在构造顶部的 Pg2 井周围，其地震数据体结构异常特征的平滑程度最好，没有突然变大变小的特点（图 5.39），结构异常值与周围结构数值大小关系明确，与井关联程度也明显表现为气层；图 5.21 为普光气田过 Pg2 井地震数据体结构特征属性剖面图（Iln596），图 5.24 为普光气田过连井气层地震数据体结构特征剖面图（折线），Pg2 井含气性最好，实钻结果显示其含气性最好，Pg2 井测试验结果最好，所以，划分为Ⅰ类地震数据体结构特征，当然内部仍然有小的变化。其含气面积为 13.27km^2（表 5.14）。

（2）Ⅱ类的异常值分布范围为 400～530，主要分布在的 Pg1 井和 Pg4 井周围，其地震数据结构异常特征的平滑程度中等程度，变化不大，结构异常值与周围结构数值大小关系明确（图 5.40），与井关联程度也表现为气层；图 5.21 和图 5.24 为普光气田过 Pg4 井（Iln728）和 Pg1 井（Iln808）地震数据体结构特征属性剖面图，其含气性好，但测试验结果整体要比 Pg2 井稍差，所以，划分为Ⅱ类地震数据体结构特征，当然内部也有小的变化。其含

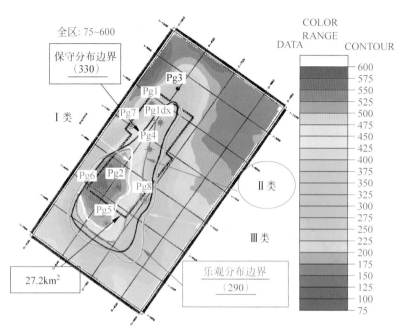

图 5.38　普光气田飞仙关组一、二段（T1f1～T1f3）全区地震数据体
结构特征异常值分布分类综合边界图

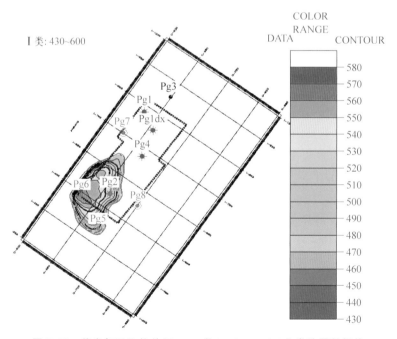

图 5.39　普光气田飞仙关组一、二段（T1f1～T1f3）Ⅰ类地震数据体
结构特征异常值分布分类图

气面积为 10.1625km² (表 5.14)。

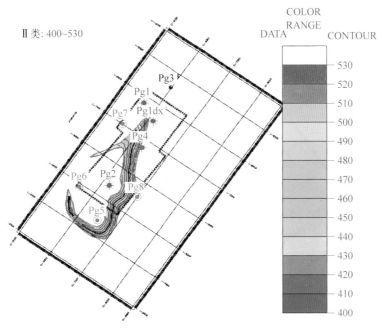

图 5.40　普光气田飞仙关组一、二段 (T1f1～T1f3) Ⅱ 类地震数据体
结构特征异常值分布分类图

（3）Ⅲ 类的异常值较低，范围为 290～510，主要分布在的 Pg1 井和 Pg4 井范围之内，其地震数据结构异常特征也表现为平滑，结构异常值大小与周围结构数值大小关系明显（图 5.41），与井关联程度也表现为气层但不是很明显，主要预测为气层，所以，划分为 Ⅲ 类地震数据体结构特征。其保守含气面积为 9.89km² (表 5.14)。

4）飞仙关组三段含气圈闭类型结构异常特征

普光气田飞仙关组三段全区地震数据体结构特征异常值分布范围为 0～525。异常值小于 250，按目前资料划分标准则归为 Ⅳ 类；异常值大于 250 以上，按不同大小分为 3 类，分别为 Ⅰ 类、Ⅱ 类和 Ⅲ 类（图 5.42），各自的特征如下。

（1）Ⅰ 类的异常值分布范围为 330～500，主要分布在构造顶部的 Pg2 井周围，其地震数据体结构异常特征的平滑程度最好，没有突然变大变小之特点，结构异常值与周围结构数值大小关系明确（图 5.43），与井关联程度也明显表现为气层；图 5.21 为普光气田过 Pg2 井地震数据体结构特征属性剖面图（Iln596），图 5.24 为普光气田过连井气层地震数据体结构特征剖面图（折线），研究结果显示，Pg2 井含气性最好，实钻结果显示其含气性最好，Pg2 井测试验结果比 Pg1 井和 Pg4 井都好，为最好，所以，划分为 Ⅰ 类地震数据体结构特征，当然内部仍然有小的变化。其含气面积为 12.2725km² (表 5.14)。

（2）Ⅱ 类的异常值分布范围为 310～490，主要分布在的 Pg1 井和 Pg4 井周围，其地震数据结构异常特征的平滑程度中等程度，变化不大，结构异常值大小与周围结构数值大小关系明确（图 5.44），与井关联程度也表现为气层；但测试验结果整体比 Pg2 井稍差，所以，划分为 Ⅱ 类地震数据体结构特征，当然内部也有小的变化。其含气面积为 9.4875km²（表 5.14）。

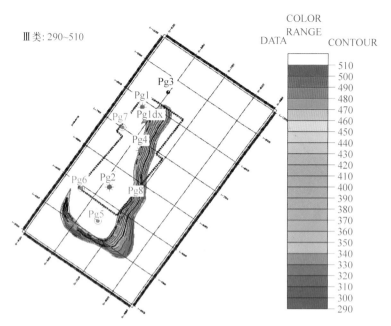

图 5.41　普光气田飞仙关组一、二段（T1f1～T1f3）Ⅲ类地震数据体
结构特征异常值分布分类图

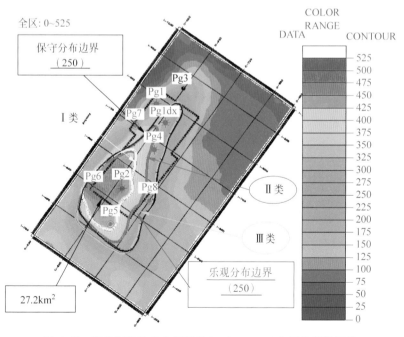

图 5.42　普光气田飞仙关组三段（T1f3～T1f4）全区地震数据体
结构特征异常值分布分类综合边界图

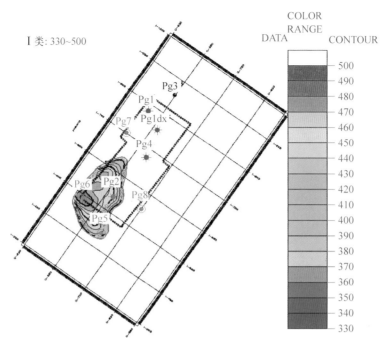

图 5.43　普光气田飞仙关组三段(T1f3～T1f4)Ⅰ类地震数据体结构特征异常值分布分类图

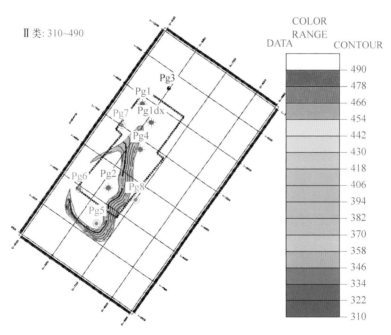

图 5.44　普光气田飞仙关组三段(T1f3～T1f4)Ⅱ类地震数据体结构特征异常值分布分类图

（3）Ⅲ类的异常值较低,范围为 250～495,主要分布在的 Pg1 井和 Pg4 井外围,其地震
数据结构异常特征也表现为平滑,结构异常值与周围结构数值大小关系明显(图 5.45),与
井关联程度也表现为气层但不是很明显,主要预测为气层,所以,划分为Ⅲ类地震数据结
构特征。其保守含气面积为 $9.81km^2$(表 5.14)。

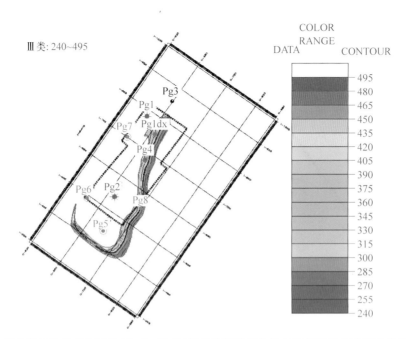

图 5.45   普光气田飞仙关组三段(T1f3~T1f4)Ⅲ类地震数据体结构特征异常值分布分类图(色彩图)

5.6   预测方法应用效果的综合评价

5.6.1   勘探上的应用效果——以 Pg7 井等井为例

2005 年 4 月至 2006 年 6 月,应用地震数据体结构特征法预测油气层的油气预测技术,先后在普光气田 150km² 左右的三维地震资料上,开展了"普光气田地震数据体结构特征法油气储集层预测研究"和"普光气田地震数据体结构特征法含气性预测及气田地质储量评价"两个项目的含气性研究工作。利用地震数据体波形结构特征法预测油气层技术,进一步落实并扩大了普光气田目的层各主力气层平面分布格局及形态,搞清了普光气田主力气层储层纵向、横向的展布规律,较大幅度地扩大了普光气田储量,为普光气田的滚动勘探开发提供了有利的科学依据,研究取得了丰硕的成果。

Pg7 井,钻前预测直井位置的飞仙关组至长兴组没有明显地震数据体结构特征异常,其在有利含气分布范围Ⅲ类的异常之外(图 5.29),钻后结果显示在直井位置的飞仙关组至长兴组无明显气层显示(图 5.46),后经侧钻,在飞仙关组二段灰质云岩、白云岩,射孔井段 5484.7~5503.0m,取得了很好的效果(测得日产气量为 57.34×10⁴m³/d,飞仙关组三段测得日产气量为 9.63×10⁴m³/d)。

另外,在普光气田研究区内,有明显地震数据体结构特征异常主体区块,随后部署勘探井 Pg5、6、8 和 9 井 4 口,在飞仙关组至长兴组均获得了较厚的气层(图 5.47),其中,Pg5 飞仙关组至长兴组叠合气层厚度为 366.3m;Pg6 飞仙关组至长兴组叠合气层厚度为 411.2m;Pg8 飞仙关组至长兴组叠合气层厚度为 102.6m;Pg9 飞仙关组至长兴组叠合气层厚度为 204.2m。Pg5 和 Pg6 经测试,Pg5 在飞三段,测试深度为 4830~4868m,气产量为 15.52×10⁴m³/d;Pg5

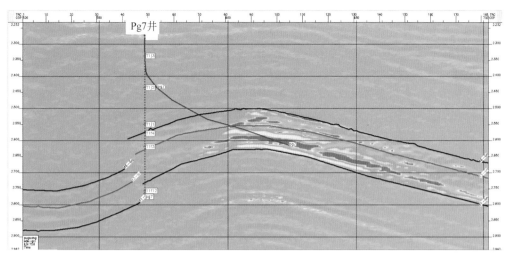

图 5.46 普光气田过 Pg7 井地震数据体波形结构特征异常剖面图

的长兴组,测试深度为 $5141\sim5243.8m$,气产量为 $67.42\times10^4 m^3/d$。Pg6 的飞三段,飞一～二和飞一～二中,测试深度分别为 $4850.7\sim4892.8m$、$4992.5\sim5158m$ 和 $5030\sim5180m$,测试气产量分别为 40.22×10^4、128.15×10^4 和 $75.25\times10^4 m^3/d$。

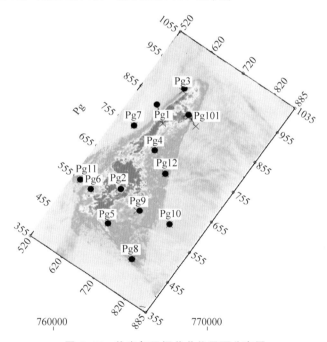

图 5.47 普光气田探井井位平面分布图

5.6.2 开发上的应用效果——38 口开发井位轨迹的优化

研究结果紧密结合生产,对中原油田提供的普光气田 38 口开发井井位(图 5.48),根据地震数据体结构特征,并结合其他研究成果,及时进行井位优化及井轨迹优选,还对个别井点提出了更改井位的建议,如 Pg303-2 井、Pg304-3 井、Pg305-2 和 204-2H 等井,并提出建议,如图 5.49 为普光气田过 Pg301-1 井、Pg301-2 井、Pg301-3 井、Pg301-4 井和 Pg301-5 井结构特征异常剖面图,其井口位置在 Pg6 井上,虽然都处于构造高部位,而且也在高含气区域中,但由于普光气田非均质性强,并不是在构造高部位或在高含气区中都含气,Pg301-3 井如果往左偏移,效果就不会很好。普光气田 38 口开发井分别为 Pg101 井、Pg102 井、Pg103 井、Pg104 井、Pg202 井、Pg204 井、Pg301 井、Pg302 井、Pg303 井、Pg304 井、Pg305 井等,最终使普光气田 38 口开发井成功率达到 100%。为实现中石化油田部提出的"不打无效井""少打低效井""多打高效井"战略指导思想,高效快速开发普光气田提供有力的科学依据。

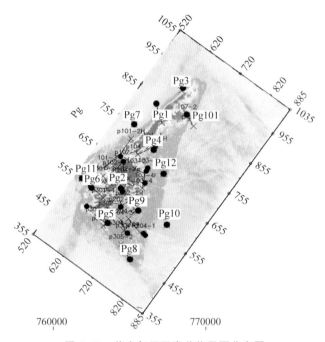

图 5.48   普光气田开发井位平面分布图

5.6.3   应用效果综合评价

研究结果表明,应用"地震数据体波形结构特征法"在普光气田三叠系下统的飞仙关组(T1f)和二叠系上统的长兴组(P2c)进行的含气性预测完全适用的,无论从 7 口过井原始地震数据结构特征剖面模型,还是从 7 口过井地震数据体波形结构特征数值模型,都可以证实这一点,而且含气层段的地震数据体结构特征剖面模型和地震数据体结构特征数值变化都比较大。

建立的普光气田飞仙关组气层地震数据体结构模型特征明显,预测的三个有利含气层(圈闭)落实可靠。因为,通过对过 4 口实钻井的解释对比可知,4 口井实钻气层与处理过的地震数据体结构特征解释层段基本上都能吻合,可以证明研究结果有一定的可靠性。

在 2005 年 4 月全区范围(150km²)研究基础上,通过增加钻完 Pg5 井、Pg6 井和 Pg7 井后,进一步深入含气分类研究。根据前期研究结果,向中原油田提供普光气田主力气层主要分布在 Pg2 井区,长兴组仍然有较大的含气分布面积,面积可达 25.46km²,Pg5 井和 Pg6

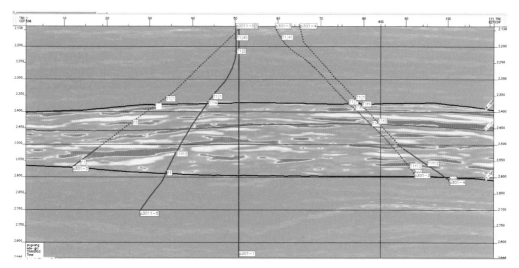

图 5.49　普光气田过 Pg301-1 井＋Pg301-2 井＋Pg301-3＋Pg301-4 井和 Pg301-5 井结构特征异常剖面图

井在普光气田主力气层分布之内，Pg7 井在普光气田主力气层分布之外，钻井结果均得到了证实，所以，此次对普光气田地震数据体结构特征法含气性预测是可行的，公司对气田地质储量评价也认为是落实可靠的。

通过对普光气田的地震数据体结构特征处理和对飞仙关组和长兴组气层的解释结果对比，认为用此方法在本区预测油气层有如下特点。

（1）通过地震数据结构特征进行预测，而不是井模型。

（2）预测过程严格受时间顺序控制。

（3）结果为油气分布而不是一般的地震属性。与其他方法（反演、属性研究结果）有一定的可比性，可作为互补，消除彼此的局限性。所以，地震数据体结构特征预测气层方法可作为本区的气层预测方法之一，并加以推广应用，预测结果可以对钻前油气预测起到参考作用。

（4）根据普光气田地震数据体结构特征估算的飞仙关组和长兴组有利含气面积有两种：①面积取 34.63km²，在Ⅰ类和Ⅱ类最有利含气分布范围之内；②面积取 40.27km²，部分在Ⅲ类气水边界上。但无论面积取 34.63km² 还是 40.27km²，都有充分的根据，因为完钻的 Pg5 井、Pg6 井和 Pg7 井证实了预测的准确性。

（5）研究结果具有一定的复杂性：具体表现在个别部位也有地震数据体结构特征异常显示；分析可能是由具有多个地震数据体结构系统和较好的储层物性引起的，各含油气区块划分标准不一样。由于普光气田个别小部位有岩性异常较高现象，如 Pg3 井区有的地震数据体结构特征异常的变化特征主要是由岩性引起的，所以，用其他属性预测油气要慎重。

第6章

新近预测方法

6.1 多波勘探技术

6.1.1 多波勘探技术的历史发展

多波地震勘探是采用三分量检波器采集地震波场,研究地下地层的响应,分析及反演储层岩性及含油气性的一种新地震勘探方法。多波勘探方法是当今世界正在兴起的具有广阔前景的勘探技术。它可以弥补纵波勘探的不足,为直接寻找油气提供思路。科学地说,多波地震勘探方法是一种综合利用纵波、横波(或转换波)等多种地震波对地层进行勘探,为寻找油气提供可靠依据的有效地球物理方法,主要有陆上二维三分量(2D-3C)、三维三分量(3D-3C)和海洋三维三分量(OBC 海底拖缆,OBS 海底地震仪)等。此外,还有二维二分量、三维二分量等。

多波多分量地震勘探与通常采用的单一纵波勘探相比,所能提供的地震属性(如时间、速度、振幅、频率、相位、偏振、波阻抗等)信息将成倍地增加,并能衍生出各种组合参数(如纵横波速比、各种弹性系数等)。利用这些参数估算地层岩性、孔隙度、裂隙等将比只用单纯波的可能性更大、可靠性更高。通过三分量地震资料的观测,人们利用三分量地震记录上的运动学与动力学特征以快横波的偏振方向指示裂缝带的优势方位;利用分裂时差推算裂缝与裂隙密度等物理与几何参数。利用纵横波速度比、传播时间比、振幅比、泊松比等研究岩石孔隙度的变化、孔隙流体性质、裂隙发育区、岩性变化等等这些参数的预测,对储层研究具有直接的物理意义。利用横波双折射(横波分裂)研究介质的各向异性。转换波在高速岩体之下的成像能力明显地高于 P 波。从长远来看,多分量接收,多波勘探,发展矢量解释,可能形成所谓的矢量勘探方法。上述这些优势导致多分量地震勘探技术近年来的快速发展。多分量地震勘探技术发展历程主要经过以下三个过程。

1. 纯横波勘探

1828 年泊松从弹性体运动方程中推证横波,1897 年奥尔德姆(Oldham)在天然地震信号中证实了横波的存在,直至 1911 年勒夫(Love)提出另一类勒夫波,横波勘探逐渐地走进研究与实际应用中。苏联较长时间是进行 P-SV 转换横波的研究,在这方面贝尔宗(Belzon)做出了重大贡献。她著有《地震反射转换波》一书,并于 20 世纪 70 年代将转换波用于石油勘探,由于转换波的处理比较复杂,苏联在 1982 年提出了非对称观测系统以解决共反射点叠加问题,在横波震源问题解决了之后,现在同时研究水平极化横波。1985 年普兹列夫(Puzlevc)等出版了《横波和转换波的地震勘探方法》一书,这是一本全面阐述横波勘探的专著,它标志着苏联的横波勘探已达到比较成熟的阶段。

美国和西欧国家对横波的研究较苏联晚一些,比较有意义的工作是 20 世纪 70 年代初开始的。由于要用地震勘探直接寻找油气田,所以美国、法国和联邦德国(西德)都纷纷开展了对横波的研究。近年来,由于横波震源及处理解释方法有了新的突破,使横波地震勘探有了很大进展。1977—1978 年,美国大陆石油公司在美国得克萨斯综合利用纵波纵横波研究了碎屑岩的剥蚀情况;1977—1979 年以大陆石油公司及赫德森湾石油及天然气公司为主扩大到 13 家公司,在北美的 7 个地区进行了 SH 波的地震勘探,同时阿科公司也有三支队伍在北美进行横波勘探。法国 CGG 公司从 1969 年开始在泰国、北美和法国等地进行了横波勘探。采用两分量接收,同时记录 P 波和 P-SV 波,求出泊松比,用彩色剖面显示,它们在转换波的处理方面有一定特色。西德于 1971 年在西德北部进行横波试验研究。用炸药震源进行了三分量观测,在不同距离上获得了横波记录;1976 年在北部再次进行了更深入的试验研究。此外,西德的 PARKAL-SEISMOS 公司在研究生产横波震源和接收装置方面有一定的优势。我国横波勘探工作起步较晚,主要工作始于"六五"期间。四川石油管理局从 1980 年开始在川中遂宁地区开展横波试验工作,采用三排井对称激发的方式获取 SH 波,继而研究了一套处理程序,并进行了纵横波资料的联合解释。1985 年石油部物探局用引进的横波可控震源在河南、内蒙古等地进行了 SH 波资料采集的野外试验。

2. 纵横波联合勘探

在纵波勘探难以发挥作用的地区,可使用横波进行构造勘探,如在高速灰岩裸露区,往往很难得到好的纵波记录,而横波却可以获得。这主要是由于高速高频干扰了纵波,而横波速度低、到时晚,常可避开干扰。美国得克萨斯西部的三个盆地就在纵波未果的情况下使用了横波方法,得到了较好的资料。概括起来,与常规纵波勘探相比,纵、横波联合勘探具有以下特点:可以提取更多的物性参数信息,减少地球物理反问题的多解性;对比分析,可以提取更可靠的构造和岩性参数,确定储层特性,实现直接检测油气;在某些地区,纵波勘探无法得到好的记录,横波可以弥补;研究介质的各向异性。纵横波联合勘探的主要缺点是投资力度大,在深目的层情况下,横波采集困难。

3. 多波多分量地震勘探

近年来,随着多分量检波器的研制成功及多波多分量地震方法研究的深入,多分量转换波地震技术有了新的进展,在数据采集、处理、解释等方面都有很大突破,并在实验和实际生产中取得了明显的效果。

多波多分量地震勘探有其独特的优点:采集费用增加不多,但得到三倍于常规纵波勘探的地震数据,包含的反射波信息量极大提高,这是因为三分量地震勘探仍然采用常规纵波震源激发,震源的费用没有增加,记录的数据量增加了两倍;同时记录了三种波(P-P 波、P-Sv 波和 P-HS 波),可以得到纵波速度、横波速度及三种波的成像剖面,提高了构造解释的精度(如气烟囱区的构造成像,填补纵波弱反射区和陡倾界面成像等);由于利用纵波速度研究岩性存在严重多解性,利用纵波与横波的速度比值,可以降低这种多解性;可以联合利用纵波和转换波的旅行时、振幅等特性,进行气藏识别研究;可利用上行转换横波的分裂研究裂缝,进行裂缝参数提取等。

从国家"七五"科技攻关计划开始,我国就开始了多分量转换波地震勘探技术的研究工作。在十几年理论方法研究的同时,实验室的物理模型、岩样、岩芯的多分量数据观测和野外实际资料的处理、解释实践中,不断地修正、改进,逐渐完善这一系统的研究。到"八五"结束时,已经实验了多个区块的单分量转换波提取研究;1997 年,与美国德士古公司合作,在已知的煤层气富存区开展了煤炭系统第一块较为完备的三维九分量的地震勘探研究;1998 年以来,中国矿业大学连续在河北、安徽及河南的几个煤矿进行了三维二分量及三维三分量的地震勘探研究,取得了丰富的理论方法研究成果和经验。地矿部所属单位则主要用现有纵波勘探装置进行 P-VS 转换波的试验研究。20 世纪 90 年代,我国也将煤层气的勘探开发研究列入国家能源开发的重点投资项目。先后有多个部门开展了与煤层气相关的项目研究,其中最关键、最有效的技术是基于地震各向异性理论的多分量转换波地震勘探技术。

6.1.2　多波勘探技术的性质特点

多波勘探技术有如下 7 个方面的性质特点。

(1) 横波传播与岩石弹性性质和密度相关,纵波传播与岩石弹性性质、密度和岩石韧性性质相关。多波勘探为岩性、岩石孔隙度、流体性质与饱和度解释等提供可能。另外,在一些纵波成像困难的区域开展横波勘探也小失为一种解决此类特殊地区问题的方法。

(2) 考虑到下分量数字检波器的应用仍处于初期阶段,部分试验项目用下分量数字检波器采集,同时用传统纵波检波器进行采集,以保证纵波资料质量,并可以将常规纵波检波器获得的资料与下分量获得的纵波资料进行对比,但这要求高带宽和高精度的遥测数字地震仪。

(3) MEMS(micro electro mechanical system)多波数字采集系统的应用在保证采集质量的同时,可以降低采集成本。据估算,在相同观测系统的条件下进行三维多波地震采集,其成本只比常规下维纵波地震采集成本增加 15%。MIMS 多波数字采集系统具有直接数字传输、精确的矢量保真、低变形和精确的倾斜校正等优点。

(4) 由于转换波信噪比相对纵波低及与纵波的其他相同点,三维 3 分量多波采集需要做大量和更加细致的工作。观测系统的设计要考虑转换波转换点向接收点的偏移而加大接收排列,同时要照顾到纵波的接收而保证近炮点接收,兼顾纵波和转换波要求比较大的接收范围。由于转换波在接近地表时速度变化剧烈,如果采用多个检波器组合接收,组合距尽可能减小,最好采用点组合接收。采用何种震源激发(炸药、可控震源、气枪)及何种设备接收,不同地区要进行详细对比试验研究。

(5) 多波资料处理已经初步成型,转换点的确定、转换波速度分析、干扰压制及静校门技术等都得到进一步发展。经过六七十年的发展,纵波资料处理虽然日趋成热,但仍然面临一些挑战。因此,想要完善转换波资料处理需要大量的工作和相当长的时间。由于转换波和纵波的速度不同而引起静校正的不同和困难,在某些地区相当严重;转换波相对来说信噪比低、干扰大,目前资料处理压制干扰的方法同时损害其有效信号;目标层以上地层复杂的各向异性会给目标层各向异性参数提取等处理带来困难。

（6）多波资料解释软件在原来常规纵波解释工作包的基础上增加纵、横、转换波，联合解释确定岩石参数和流体性质、饱和度等模块。

（7）多波地震技术有利于岩性参数解释和流体性质、饱和度解释，有望提高钻井成功率。但多波地震技术应用仍处于初期阶段，其采集、处理和解释等技术还有待进一步发展。

6.1.3　多波勘探技术的数学基础

多波勘探是对各种不同类型波的综合利用，对充分认识和了解各种波的运动学和动力学特征是十分必要的。根据不同种波的运动学和动力学之间的差异可更好地推断和研究地下介质的属性。

横波具有传播速度低、分辨率高的特点与现在广泛使用的纵波相比有以下几点不同：第一，传播规律不同；第二，在实际地质介质中 v_P 和 v_S 速度分布明显不同；第三，纵波和横波的吸收参数不是完全吻合的。利用以上几点差异，综合纵波和横波解决勘探问题，一是可以提高地质解释的精度，二是可以获得关于地下介质的新信息。在这些新信息中，处于第一位的是同时取得两种类型波波速及其比值，以及与比值有单值联系的泊松系数。此外，还可以通过速度的各向异性确定岩性，如利用纵波速度差异区分岩性时，对陆源沉积与结晶岩的区别是可靠的，因为两者的纵波速度相差 2～3 倍，但根据纵波速度区分同一类型（如陆相沉积岩石时），问题要复杂得多，如黏土和未固结的砂岩具有同样的纵波速度——2000m/s 左右，但是如果同时测量 v_P 和 v_S，情况就不一样了。黏土的 v_S 为 500～700m/s，而砂岩的 v_S 约为 1000m/s，因此，着眼于二维关系就能更可靠地将弹性参数与沉积层的岩性联系起来。

根据速度比 v_S/v_P 确定泊松系数 σ 是各向同性均匀介质的两个弹性模量之一，它对地质剖面的岩性成分非常敏感，如在一定条件下，σ 的状况可作为孔隙岩石含气程度的指标，在矿区则可作为含石英矿物比例的指标，后者常与固体矿产相联系。

转换波携带丰富的介质信息，它的传播路径与反射波很接近，因此对其进行深入的研究意义重大。地下的波阻抗界面是地震波的反射界面，波阻抗界面反射系数的大小对转换波的影响极大。一般只要存在波阻抗界面，就存在转换波，只不过存在的强弱不同。反射系数越大，转换出现位置离激发点越近，反之越远。超声物理模型试验研究结果表明，在小于或等于界面深度的接收距离上即可以同时接收反射纵波和转换波，有复杂构造时也能同时得到转换绕射波，转换波速度低于纵波，分辨能力应强于纵波，它反映地质构造时的偏移小于纵波。

采用横波等获取介质新信息还有一个重要的情况，就是将速度各向异性作为岩石的辅助特性，据此可以确定微细层理、粒子定向、微裂隙等。众所周知，三种弹性波——P、SH、SV 都可能有各向异性，但是指数明显有差异。在纵波地震时，只能借助专门的井中研究才能发现和观察各向异性。一些学者通过理论研究，认为许多沉积岩都具有方向各向异性，它会引起 1%～3% 的横波速度的方位变化，这种方位各向异性对纵波的影响是微不足道的。多年来的研究表明，大部分地壳上，部分岩层具有的方位各向异性主要是由垂直的平行裂隙引起的，横波通过这种介质传播，将出现分裂现象。利用横波的这种特征，可以确定裂隙方位和密度，这对裂隙区油气储集层的研究具有重要的理论和实际意义，这是因为裂隙区储集层的油气藏中所占的比例很大，而且现在还有不断增长的趋势，特别是越来越多的碳酸盐岩油气藏投入勘探开发,使这种方法的应用前景更加广阔。利用各种波的运动学参数的同时,再利用动力学参数,那么就会获得一些十分重要的信息。对于横波和 PS 转换波,最重要的是极化,它对各种宏观的、微观的不均匀性,包括各向异性,都很敏感,这在解非构造问题时将会起很大的作用。

除了横波和转换波的极化外,不同类型波,特别是传播路径相近的波的振幅比,在多波勘探中会有重大的意义。这主要与界面上下 V_P 和 V_S 的跳变值不同有关,也与 P 波、SV波、SH 波的(反射)振幅-炮检距不相同有关。当岩石和孔隙中充满液体和气体时,P 波和 S波的反射系数变化是不同的。

多次反射波在现行的纵波反射波法地震勘探中,常常将其视为一种规则的干扰波加以压制,其实多次反射波并不一定是纯的干扰波,也可以利用它了解地下的构造和岩性信息。理论研究和实践都表明,多次反射波并不是在任何情况下都能观测到很强的能量,只有在某些特定的地质情况下,强的多次反射波才能被接收到超声物理模型试验的结果证实。多次反射波的振幅在一定条件下比一次反射波的振幅大得多。多次反射波的振幅随着介质层厚的变化呈不单调的变化,在某一厚度处达到极大值,借助这种特性可以反演地下地层的厚度变化情况。另外,在超声物理模型试验中,还观察到界面的不平整度对折射波首波振幅影响较大:凸形引起振幅减小,凹形引起振幅增大,界面若有相当于首波视波长 10％～20％的变化时,振幅即可有 10％～20％的变化。由此可见,完全有可能通过对折射波的振幅分析获取界面的相关信息。

进行多波勘探,各种不同波的准确识别及其分析处理是至关重要的。超声物理模型试验及野外实际地震记录都表明,地震波是多震相的,因此多分量多震相野外采集是开展多波勘探的必要保证,而全波震相分析的理论和方法则是识别和分析多种震相的有力工具。

地震记录上的各不同的震相都是时间函数,随着时间的变化,各个震相先后到达接收点,准确地将各震相进行分离,一般来讲是比较困难的。全波震相分析法的震波瞬态谱分析是借助频谱分析的方法来分析确认全波列震相的一种较好方法。

地震波激发后,地下质点的振动是在三维地质体内一个整体动态的过程,现在地震勘探中使用的单分量记录、单波型应用都不能将质点的振动当作一个整体研究。全波震相分析中质点振动分析,主张采用三分量或多分量记录地震波,通过多分量结果的综合分析了解地下介质的信息,通过合成的全波振动矢量图的质点振动轨迹图了解地震波的运动学和动力学特征。

与常规三维纵波勘探方法相比,三维 3 分量(以下简称 3D3C)地震勘探方法的野外作业更复杂,成本也随之升高。如果采集设计不当,则后续的数据处理和解释质量很难得到保证,甚至造成不可挽回的损失。更何况 3D3C 地震勘探总费用的 60％～70％用于野外采集,因此采集设计的优劣对整个 3D3C 地震勘探项目十分重要。所以为确保达到 3D3C 地震勘探的地质目标,首先要做好采集设计。3D3C 地震勘探不仅可以完成常规三维地震勘探以查明构造为中心的任务,还可以进行岩性与各向异性介质的研究。

1. 共转换点面元推导

入射 P 波在地层边界上分为反射 P 波、反射 S 波、透射 P 波和透射 S 波。分量分析图 6.1(a)中震源 S_1 与水平反射面产生的入射 P 波的射线路径呈几何形状。PP 波的反射角等于入射角;而 PS 波的反射角小于入射角,PP 反射波将沿对称的射线路径传播,在检波

点 R_2 记录,而 PS 反射波将沿不对称的射线路径传播,在接收点 R_1 记录。

分析图 6.1(b)震源-检波点对 S_1—R_1 的 CMP 射线路径为几何形状。在接收点 R_1 有两个反射波至,分别是 PP 波射线路径和 PS 波射线路径。入射 P 波转换为 S 波的反射点 B 横向移动,距离入射 P 波反射点 A 约为 d,然后和转换 S 波一样在同一接收点 R_1 记录。这表明对于水平层状地质模型,PP 波反射点与中心点一致(图 6.2(a));而 PS 转换点与中心点不一致(图 6.2(b))。作为这一观察的直接结果,CMP 道集的概念以抽取 PP 波资料从采集坐标系,即震源和检波点,变换到处理坐标系,是以中心点和偏移距为基础(因此道集内的各道具有相同的中心点坐标)的,不能应用于 PS 波资料。相反 PS 波资料需要抽取得到共转换点(CCP)道集,从而使道集内的各道具有相同的转换点坐标。

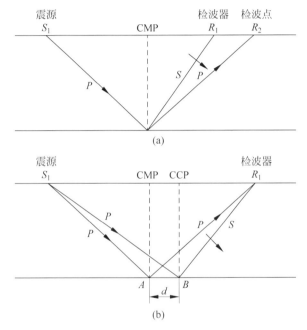

图 6.1　震源-检波点示意图

(a) 入射 P 波转换为反射 S 波;(b) 水平反射界面上的 PP 波反射和 PS 波反射

CCP 分选的一个重要方面,是 PS 反射波的不对称射线路径,引起 CCP 道集中覆盖次数的周期性变化。对常规 P 波资料,覆盖次数的变化是由于记录观测系统的不规则引起的,而反过来叠加 PS 资料的振幅受 CCP 覆盖次数的影响(伊顿(Eaton)和劳顿(Lawton),1992;李(Li)和袁(Yuan),1999)。如 3D 地震资料处理中借助面元大小的改变,适应覆盖次数的变化一样,同样的方法可以应用于 PS 波资料处理。

面元 PS 数据得到 CCP 道集需要转换点坐标 x_p 的信息。参考图 6.2(b)可以看出,转换点坐标沿虚线(一般取决于反射面的深度)所示的轨迹(Tessmer 和 Behle,1988)。要得到 x_p 的表达式,参考 PS 射线路径的几何形状(图 6.3)。根据斯奈尔定律

$$\frac{\sin\varphi_0}{\alpha} = \frac{\sin\varphi_1}{\beta} \tag{6.1}$$

其中,α 和 β 分别为 P 波和 S 波速度。φ_0 为 P 波入射角,φ_1 为转换 S 波的反射角。

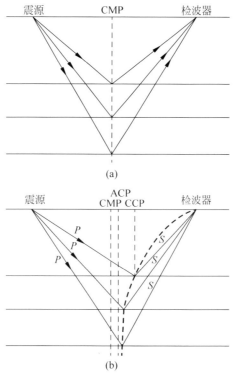

图 6.2　观测系统

(a) 共中心点(CMP)射线路径；(b) 共转换点(CCP)及射线路径。

根据图 6.3 的几何形状可知：

$$\sin\varphi_0 = \frac{x_P}{\sqrt{x_P^2 + z^2}} \tag{6.2}$$

和

$$\sin\varphi_1 = \frac{x_S}{\sqrt{x_S^2 + z^2}} \tag{6.3}$$

其中，x_P 和 x_S 分别为 CCP 到震源和检波点的横向距离。将式(6.2)、式(6.3)代入式(6.1)，平方后重新安排各项得到：

$$\frac{x_S^2}{x_P^2} = \frac{\beta^2}{\alpha^2} \frac{x_S^2 + z^2}{x_P^2 + z^2} \tag{6.4}$$

应用某些代数变换，求解式(6.4)得到 x_S：

$$x_S = \frac{x_P}{\sqrt{\gamma^2 + (\gamma^2 - 1)\frac{x_P^2}{z^2}}} \tag{6.5}$$

式中，$\gamma = \alpha/\beta$。最后将关系式 $x_S = x - x_P$，其中，x 为震源-检波点偏移距，代入式(6.5)得到期望表达式：

$$x_{\mathrm{P}} = \frac{\sqrt{\gamma^2 + (\gamma^2 - 1)\dfrac{x_{\mathrm{P}}^2}{z^2}}}{1 + \sqrt{\gamma^2 + (\gamma^2 - 1)\dfrac{x_{\mathrm{P}}^2}{z^2}}} \tag{6.6}$$

从图 6.2 可以看出,随着反射面深度的增加,CCP 点距离 CMP 点越来越近。在无限深处,CCP 点到达渐进转换点(ACP)(Fromm 等,1985)。在 $z \to \infty$ 时,式(6.6)用震源位置表示出 ACP 坐标 x_{P}:

$$x_{\mathrm{P}} = \frac{\gamma}{1 + \gamma} x \tag{6.7}$$

因为 $\beta < \alpha$,转换点距离接收点比距离炮点更近(图 6.2)。渐进转换点到中心点的位移 $d = x_{\mathrm{P}} - x/2$,用式(6.7)表示为

$$d = \frac{1}{2}\left(\frac{\gamma - 1}{\gamma + 1}\right) x \tag{6.8}$$

CCP 面元可以利用式(6.7)给出的 ACP 坐标进行显示,而更准确的面元显示技术说明以式(6.6)的解为基础的 CCP 坐标 x_{P},是随深度变化的(特斯默(Tessmer)和贝利(Behle),1988;张(Zhang)和罗宾逊(Robinson),1992)。由于式(6.6)是 x_{P} 的四次方形式,应用中可能更喜欢迭代解(张和罗宾逊,1992;张,1996;袁和李,1997),迭代从 x_{P} 的渐进形式(式(6.7))代入式(6.6)的右边开始。新的 x_{P} 值可以重新代入式(6.6),继续进行迭代。

无论估计过程如何,从式(6.6)中可以看出,x_{P} 取决于到反射面的深度和速度比 $\gamma = \alpha/\beta$。除非速度比值给定,否则 CCP 面元显示需要 PS 资料的速度分析来确定速度比 γ。而且,严格地讲,精确的面元显示需要知道反射面的深度;因而需要隐含要求的支持,即应在深度域进行 4C 地震资料分析。如果我们像下一小节一样仅考虑水平层状地质模型,这一要求可以放弃。

2. 转换波速度分析

如图 6.3 所示。炮点产生的下行 P 波。遇到界面后转换形成 S 波,然后上行传播到地面。

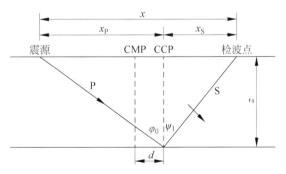

图 6.3　P-S 波传播路径示意图

图 6.3 用于推导 PS 波反射旅行时方程(式(6.7))的共转换点(CCP)射线路径的观测系统,从图 6.3 的射线路径几何图形可得:

$$t = \frac{1}{\alpha}\sqrt{x_P^2 + z^2} + \frac{1}{\beta}\sqrt{(x - x_P)^2 + z^2} \qquad (6.9)$$

式中，t 为从震源到转换点到接收点的双程 PS 反射旅行时，z 为反射面深度。

令式(6.9)中的 $x = x_P = 0$，则双程零偏移距 PS 旅行时为

$$t_0 = \left(\frac{1}{\alpha} + \frac{1}{\beta}\right) z \qquad (6.10)$$

将式(6.10)代入方程(6.9)得到深变量 Z：

$$t = \frac{1}{\alpha}\sqrt{x_P^2 + \frac{\alpha^2}{(\gamma + 1)^2}t_0^2} + \frac{\gamma}{\alpha}\sqrt{(x - x_P)^2 + \frac{\alpha^2}{(\gamma + 1)^2}t_0^2} \qquad (6.11)$$

其中，$\gamma = \alpha/\beta$。

式(6.11)描述了 CCP 道集上观察到的 PS 波时差。尽管它是按常速介质中的单一水平地层得到的，这一方程也可应用于水平层状地质模型。在那种情况下，α 和 β 指 P 波和 S 波的均方根速度。

从式(6.11)可以看出，PS 反射波的渐进射线路径产生非对称时差，即使常速介质中的水平反射面也是如此。避免涉及非对称时差的一种方法，是对 CCP 道集上的 PS 反射波的旅行时轨迹进行最小排列近似，并考虑最佳拟合双曲线：

$$t = t_0^2 + \frac{x^2}{v_{NMO}^2} \qquad (6.12)$$

得到在 CCP 道集(特斯默和贝利，1988)上与 PS 反射层相关的旅行时轨迹。式(6.12)中，t 和 t_0 在式(6.11)中表示同一旅行时。v_{NMO} 是根据最佳拟合双曲线得到的 PS 波时差速度；这样，它既不是 P 波速度 α，也不是 S 波速度 β。事实上，式(6.9)的泰勒展开，得到关系式 $v_{NMO} = \sqrt{\alpha\beta}$ (弗罗姆(Fromm)等，1985)。假设给定式(6.12)描述的双曲线时差，PS 波资料可以像 PP 波资料一样进行时差校正和叠加。

PS 波资料非双曲线时差校正的需要使我们不得不进行多参数速度分析。利用双曲线时差式(6.12)进行速度分析仅需要一个参数 v_{NMO}，而利用非时差式(6.11)进行速度分析建议扫描三个参数，即 PP 波速度 α、速度比 $\gamma = \alpha/\beta$ 和 CCP 位移 x_P，但实际应用中不必扫描所有的参数，可以按照下面的迭代流程。

(1) 开始 PP 波速度直接通过 PP 波数据体自身的速度分析估计。

(2) 假设速度比 $\gamma = \alpha/\beta$ 的初始值，利用式(6.7)估计 x_P 的初始值。

(3) 知道 α 和 x_P，利用非双曲线时差式(6.11)扫描，作为 t_0 函数的 γ。用 $\gamma(x, t_0)$ 剖面和 PP 波速度 α，根据式(6.6)计算 $x_P(t_0)$ 的调整值。

(4) 将更新值 $x_P(t_0)$ 和估计的 γ 与 α，代入式(6.11)，做非双曲线时差校正。

6.1.4　多波勘探技术的应用

多波勘探技术已广泛地应用于工程地质的各领域，例如地下隐蔽物质的探测、石油勘探中的应用，现在在渤海勘探也取得了较好的效果。

在常规海上地震勘探中，记录不到 PS 转换波能量，即使布置的检波器能够记录剪切波能量。这是因为上行的转换波能量并没有透过水体到达记录电缆，因为流体不支持剪切应力。因此要采集转换波能量，需要利用海底电缆(OBC)在水底进行记录，利用地震检波器

记录垂直波传播方向的微粒运动速度。因为上行波主要在垂直方向,需要利用地震检波器记录水平方向的微粒运动。

为通过水听器记录压力波,我们也希望通过垂直水听器记录微粒运动的垂直分量。因此,OBC 记录系统中沿电缆的每个检波器单元都包括三个地震检波器和一个水听器,称为四分量(4C)地震勘探。4C 勘探资料分析的最终成果是 P 波和 S 波成像剖面(2D 勘探的情况下)或数据体(3D 勘探的情况下)。严格地说,P 波资料是 PP 反射波,而 S 波资料为 PS 转换波。迄今为止,可以将这两类波分别看成 PP 波和 PS 波,这样可以清楚地表明它们都是由 P 波震源产生的(S 波震源产生 SS 波和 SP 波数据)。

大部分的转换 PS 波发生在具有明显弹性性质差异的地层界面上,而不是水底(汤姆森(Thomsen),1998)。这种不规则现象是由密闭沉积物中极低的剪切波速度引起的(泰伦(Theilen)等,1997;李(Li)和袁(Yuan),1999)。

下面概括了当前人们熟知的转换波资料的潜在应用(考德威尔(Caldwell),1999;朱(Zhu)等,1999;盖泽(Gaiser),1999)。

(1)在天然气羽状之下成像。

(2)盐丘底部成像。

(3)玄武岩底部成像。

(4)利用 S 波阻抗差比 P 波阻抗差高的特点确定储层边界。

(5)区分砂岩和页岩。

(6)监测从含油砂岩到含水砂岩的流体相位变化。

(7)监测垂直裂缝方向。

(8)绘制碳氢化合物饱和度。

(9)绘制油水界面。

现在通过一些例子说明 PS 资料的应用。图 6.4 显示了部分生产油田的偶极子声测井曲线。S 波速度曲线在顶部储层单元 A 和底部储层单元 B 表现出明显的差异。然而,在油水界面(OWC)上并没有表现出明显的差异。在上面储层单元和储层单元内,P 波速度曲线出现梯度的差异,但在顶部储层单元边界 A 上并没有像 S 波速度曲线一样表现出明显的差异。这是因为缺少上面储层单元的页岩和储层单元内含油砂岩间的波阻抗差。另外,油水界面在 P 波速度曲线上相应出现明显差异。油水界面的位置和几何形状对油田生产历史很重要,但油田的开发不仅仅需要地层信息。特别是对于生产,顶部储层单元边界需要准确地划定,从而使水平井轨迹靠近储层顶部,避免丢掉重要的垂直油体。

比较常规拖缆 3D 测量得到的 PP 波剖面和 4C OBC 测量得到的 PS 波剖面,两者时间相同(图 6.5(a)和(b))。一方面,PP 波剖面在 2s 处存在强同相轴,对应 P 波速度曲线上大的油水差异(图 6.4 中 A)。然而这张剖面上几乎不可能断定顶部储层的位置。另一方面,PS 剖面在 3.6s 和 3.8s 处显示两条不规则形状的强同相轴。这些同相轴分别对应与顶底储层边界(图 6.4 中用 A 和 B 表示)有关的 S 波速度曲线上的大的差异。

重要的一点是 PS 剖面不能取代 PP 剖面,相反它们是互相补充的。PP 剖面提供了关于油水界面的信息,而 PS 剖面提供的是顶储层边界的信息。两者都是油田最优化开发必需的。另一个转换波资料的例子见图 6.6 和图 6.7。

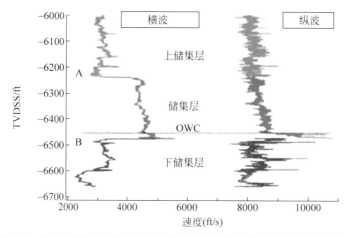

图 6.4　部分偶极子声测井曲线.横波速度曲线和纵波速度曲线对比图

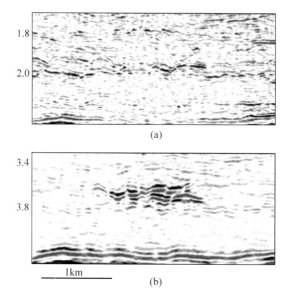

图 6.5　PP 波偏移剖面(a)和 PS 波偏移剖面(b)对比图

　　PP 波剖面显示了下部泄漏储层引起的天然气羽状带。饱含气岩层引起 P 波穿过异常带时振幅和旅行时发生扭曲。这使下伏储层的几何形状难以确定。天然气羽状带实际上表示引起大的横向速度变化的复杂盖层。这样盖层的复杂性问题可以通过深度地质模型解决。在某些情况下,下伏储层带可以用叠前深度偏移进行成像,准确性也是可以接受的。另外,S 波由于盖层内气的存在而相对没有损失,因此,与 PP 波资料得到的储层带时间成像相比,PS 波资料提供了更准确的时间成像。

　　从图 6.8 和图 6.9 的 3D 成像数据体还可以看出,天然气羽状带上方盖层内的反射面在 PP 资料中比在 PS 资料中强。这是因为只有入射 P 波能量的一部分在地层边界上转换为 S 波能量。同样,PP 波和 PS 波资料相互补充,总有一个满足需要。PS 剖面提供了更好的储层结构成像,而 PP 剖面则明确指出上述天然气羽状带的存在。在钻井计划中要认真对待这种异常压力带。

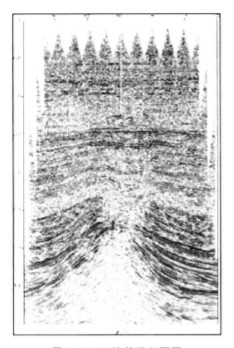

图 6.6　PP 波偏移剖面图

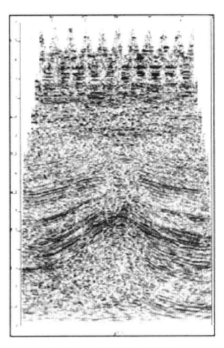

图 6.7　PS 波偏移剖面图

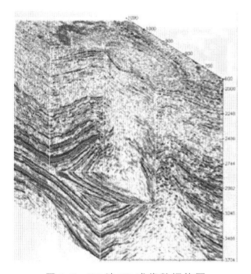

图 6.8　PP 波 3D 成像数据体图

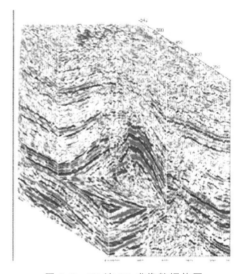

图 6.9　PS 波 3D 成像数据体图

6.1.5　多波勘探的问题讨论

多波多分量地震勘探是 20 世纪 80 年代发展起来并逐渐得到应用的地震勘探方法。在 20 世纪 70 年代以前，人们企图利用横波速度低的特点获得比纵波相对高的分辨率，从而兴起了横波的研究热潮，但由于横波速度和频率都低，而未能取得预期的提高分辨率的效果。70 年代后期至 80 年代中期，人们利用纵横波联合勘探提取岩性信息获得成功，再一次掀起地球物理勘探工作者对多波勘探技术研究的高潮，一个最明显的标志是利用横波分裂研究介质的各向异性。到了 80 年代中后期，海上多分量采集设备的出现掀起了第三次技术发展的高潮，至今方兴未艾。多波多分量技术已从研究转入生产实施，如纵波震源三分量检波器接收的纵横波（转换波）联合勘探技术，已发展成海上三维观测的主要技术，取得了明显的勘探效果。相比之下，我国在这方面也开展了一些研究，但成效不大。

制约多波多分量技术发展的关键因素是横波震源。当前地震震源大致可归结为冲击（炸药爆炸、气枪、重锤等）和振动两类，无论哪一类要产生可靠和可重复的横波，都是很困难的。即使能制造出横波震源，在陆上施工也十分困难，海上就无法激发横波。因此，纵波震源激发、三分量检波器接收是多波多分量技术发展的主要方向，对转换波的研究将逐渐取代对纯横波的研究，转换波处理解释方法的完善已成为当今十分迫切的任务。当前，海上三维 3 分量接收日益普及，这必将推进陆上三维 3 分量接收技术的发展。另外，地面多分量观测与井中 VSP 三分量观测的结合必将日益紧密，这无疑将大大提高地震技术探测隐蔽油气藏的能力。

与当今常规地震技术相比，陆上野外采集需要较大的投入，要购置三分量检波器，并保障埋置三分量检波器的精度，生产效率将受到影响；要增加定量的辅助工作，例如为了做好静校正，有时需要增加横波小折射调查等。有人测算，其投入大约为当今常规技术投入的 1.5 倍。数据处理更加复杂，为当今常规数据处理工作量的 3～5 倍，一方面要完善方法，另一方面还要做大量的试验，积累处理的经验。解释更侧重于岩性解释和油气信息检测，因此在解释思路上应有所更新。

多波多分量技术的发展还涉及许多理论问题，有待进一步研究，如不均匀介质和各向异性介质弹性波波场理论，黏弹性介质及双相和多相介质中的弹性波波场理论。而当今更迫切的是在实际生产中还有许多具体问题需要解决，如实际介质中反射、绕射、散射波场，以及各种新的转换波波场如何处理和解释。因此在今后的 5～10 年甚至更长的时间内，理论研究与应用研究必将同时发展，而首当其冲的是应用技术的发展与完善。

多波多分量的含义来自分别用纵波和横波（偏振沿测线方向和垂直测线方向）震源激发、用三分量检波器接收，得到的 9 个分量的地震记录。9 分量地震勘探又称全波地震勘探或矢量地震勘探。不同的组合方式可以得到不同数量的分量记录。当前使用较多的是，纵波震源激发三分量检波器接收，垂直分量视为纵波，两个水平分量视为横波（P-SV 和 P-SH 波），也有转换波之称。

多波多分量地震技术的发展主要基于以下几点：①单分量纵波或横波反射法是建立在地下均匀各向同性半无限弹性空间理论基础之上的，实际上地下介质是不均匀的，也不是各向同性和完全弹性的，波场十分复杂，多波多分量可以减少地质解释的多解性；②多波多分量数据对于复杂构造、岩性识别、裂缝检测，以及流体显示均有明显的效果，因此它不仅在油气勘探阶段有其特殊的作用，而且在油田开发阶段有着广泛的用途；③在各向异性介质中，只在某些特定的方向才会产生单纯的纵波或横波，在一般方向上总是各种波同时存在或成对出现。固体材料具有弹性特性时，各向异性现象就会发生；地壳表层许多岩石，均表现出纵波、横波速度各向异性。

6.2　时移(四维)地震技术

6.2.1　时移地震技术的历史发展

四维地震又称时延 3D 地震(或时间推移 3D 地震),是指在同一油田上方,在相隔一段时间后重复进行三维地震测量,通过求取二次测量之间的地震属性差值,分析开采和注入造成的油藏内流体运动、流体成分变化、流体饱和度变化、压力变化、孔隙度变化和温度变化等油藏特性变化,进而查明死油区,识别末波及区块,为制订或更新开发方案提供有效依据。

时移地震(四维地震)是近几年新发展起来的前缘地震勘探技术,它是指在一个地区不同时间重复进行地震勘探工作,以监测出地下油藏因生产海上时移地震数据处理技术研究而引起的油气水饱和度变化的地震响应,从而确定剩余油气的变化和分布,为及时调整注采方案、优化油田开发提供可靠的科学依据,最大限度地降低采油成本和提高采收率。

时移地震技术思路由来已久,最早可追溯到 20 世纪 50—60 年代,有学者对同一地区两次地震反射记录的振幅变化进行研究;70 年代国外油公司开始应用此法了解油田注水前后的变化;80 年代初此法成为石油工业油气藏动态监测的一项技术措施;进入 90 年代,三维地震技术逐步发展起来并得到广泛应用,在相当多的地区重复采集不同时间的三维地震资料(GabrielsPw,1999;WattsGFT,1996;Eikeno,2002)。如何利用这些资料解决油藏工程中感兴趣的问题,成为专家关注的焦点。在此阶段,工业界开发了许多处理、分析和解释技术,并对采集方式提出了相应的建议,使此法发展成为一种现代油气藏动态管理(time-lapse seismic reservoir monitor,缩写为 TLSRM)方法。1997 年世界用于时移地震的经费约 5 亿美元,占当年地震总费用的 1/7,有人预计 2005 年将达到 35 亿美元,而地震总费用增长幅度比这小得多。20 世纪 80 年代以前,二维地震技术使油气储量采收率达到 20%～30%,80 年代三维地震技术使油气采收率提高到 30%～40%;时移地震方法有望在 21 世纪使采收率提高到 40%～50%,甚至更高。

进入 21 世纪后,工业界提出了 E-Field 概念(LumleyDE,2001),即在油藏开发的初期,就将检波器安装于与油藏对应的地表和井中,并在不同的时间相应的位置进行地震激发,这样就形成了真正的四维地震数据。如果对油藏进行全开发过程的监测,从成本和效益的角度来看,这种做法是最适宜的。虽然并不一定在所有的油田都实施此技术,但它确实代表了未来发展的方向。

以上数据说明,时移地震技术是油气田进入开发阶段提高采收率的一项重要技术,是油气藏开发动态监测的重要手段。经过 40 多年的发展,目前该技术逐步走向成熟,现已出现许多成功的实例,产生了巨大的开发效益。

时移地震主要分析研究油气藏开采过程中造成的储层流体运动、流体成分变化、饱和度变化、压力变化、孔隙率和温度等油藏特性变化引起的地震响应的变化,并由地震响应反演油藏特性。由此可见,前部分内容属于正演问题,后部分内容属于反演问题。从整体思路看,只有通过充分的正演(可行性)研究,才能进入反演,其中关键的技术是地震数据的一致性和重复性。

1. 时移地震的作用

时移地震的作用是监测油气藏特性在油气藏开发过程中的变化,实现油气藏开发动态管理。具体地说,时移地震有如下两方面的作用。

(1) 寻找剩余油分布,确定加密井或扩边井井位。

(2) 监测注入流体动向和前缘位置,调整开采井和注入井井位。

2. 时移地震的种类

时移地震顾名思义就是在不同时间同一地点进行的地震观测,按其观测方式可分为5种。

(1) 时移三维地震观测,常称四维地震。

(2) 时移二维地震观测,常称重复地震观测。

(3) 时移 VSP 观测,研究井史及井旁油藏变化特征,通常用三分量技术,目前出现 9 分量技术并取得成功。

(4) 井间时移地震,重复井间地震观测实现油藏动态管理。

(5) 时移一维地震观测,用于天然地震观测台站(油气田开发不用)。

时移地震是目前油气田开发中应用效果较好的一种地震方法。壳牌(Shell)和英国石油公司(BP)的专家认为,时移地震技术的应用有可能会使油气田的采收率提高 15% 左右。油田技术服务公司和石油公司在此方面投入了相当大的力量,因而近年来得到迅速发展。

从国内外时移地震的应用情况来看,陆上应用较少在海上应用的比较多,而且主要集中在墨西哥湾和北海。这主要是由于海上地震资料的信噪比高,数据采集可重复性较高、易实现。

我国时移地震技术研究与实践起步相对较晚。1988 年,胜利油田首次在国内开展了时移地震试验,在单家寺地区进行蒸汽吞吐与蒸汽驱稠油热采地震监测;1993—1995 年,新疆石油管理局开展了时移地震监测稠油开采的先导性试验,利用监测资料改变了海上时移地震数据处理技术研究注采方式,取得了较明显的效果;辽河油田对 Q12 块 Q64-54 井区进行了蒸汽驱稠油热采的时移地震监测,由于分辨率不满足成像要求,两次采集差异无法反映储层信息的变化,没有取得预期效果。中石油勘探开发研究院从 1999 年开始一直从事时移地震研究,他们以渤海湾高孔、中高渗油藏的岩石物理数据为基础,结合冀东时移地震采集资料,从可行性论证、地震资料叠前和叠后互均化处理及动态油藏描述等方面对水驱时移地震技术进行了系统的研究,取得了许多重要成果,初步形成了时移地震的相关配套技术,并在高 29 断块、高 104-5 和柳 102 油藏进行了试验应用,基本达到了工业生产能力。与此同时,许多国内的物探专家学者都对时移地震的理论方法进行了不同程度的研究,在众多油田进行了先导试验。中国石油大学(北京)与大庆物探研究所合作在时移地震可行性方面进行了深入探讨,开展了薄互层注水开采条件下时移地震应用可行性研究,并针对大庆油田薄互层油气藏注水开发的具体地质条件,从理论上对注水开发时移地震监测的可行性做了深入的研究与分析,同时对历史的地震资料进行了处理分析。"八五"期间,国家自然科学基金重大研究项目"陆相薄互层油储地球物理理论与方法"中设置了"储层条件下油储岩石物性测量和规律"课题,对岩心物性进行了地层条件下的实验测量和规律分析,用于时移地震先导性试验,取得了一定的应用成果。

我国海上油田时移地震技术的应用研究始于21世纪初。2005年开展了国家高技术研究发展计划("863"计划)项目——"海上时移地震油藏监测技术"研究。在渤海湾开展了水驱稠油油藏的时移地震监测试验,地震岩石物理学实验研究表明:因油藏开采造成的原油脱气(储层内出现游离气)引起的地震异常和地震波速度变化,比单纯流体替换引起的地震异常和速度变化大得多。中海石油湛江分公司针对海上气田的开发与气藏监测开展了长期的时移地震技术攻关研究,比较有代表性的工作是承担了"DF气田时移地震技术研究及应用"生产性科研综合项目,在岩石物性、可重复性地震数据采集、地震均衡处理技术及特殊解释技术等方面开展了系统研究,取得了良好的地质效果和宝贵的经验。

时移地震技术包括岩石物理技术、采集技术、处理技术和解释技术。时移地震技术的关键首先是数据的一致性,即获得油藏变化的响应,同时使海上时移地震数据处理技术研究得到的非油藏因素的地震信号一致,其中包括采集一致性技术、处理一致性技术及互均衡技术;其次是获得可靠的差异,利用岩石地球物理资料结合油藏生产动态解释这些差异,获得油藏开发过程中储层特性、流体性质变化的信息。

6.2.2 时移地震技术的性质特点

时移地震技术已逐步发展成为油藏监测的一种极有价值的工具,并已在全球各地许多油田得到应用,但时移地震技术在应用中还有一些困难需要克服。首先,采集的可重复性很难保证,主要问题为激发、接收环境难以保持一致,背景噪声的变化不可预测等。其次,由于时移地震资料十分复杂,处理和解释也存在许多困难,主要表现在:一是岩石物理原理的要求难以达到,开采和驱替引起的声阻抗变化很微弱,低于岩石物理实验的背景噪声,造成时移信号识别困难;二是注水水流纵向不均匀,冲刷效果不够理想,平均剩余油值偏高,注水引起的孔隙压力增加没能在冲刷带引起足够的声波阻抗变化。最后,时移地震的成本和效率仍是制约其广泛应用的重要因素。

时移地震资料的定量分析手段日趋成熟,时移地震技术正向着定量化和精细化方向发展。时移地震的信号源越来越丰富,微地震、VSP(多级变偏)、多波等资料的采用扩大了地震技术的应用范围,提高了应用效果。时移地震在海上应用成功的实例较多,也取得了较好的经济效益。由于陆上地震地质条件更为复杂,时移地震信号识别的难度也更大。

时移地震技术已逐渐发展成为油藏监测的一种极有价值的工具,并已在全球各地许多油田得到应用。时移地震资料解释的目标不再是储层,它是在识别有效储层的基础上,通过研究注采等油气开发活动引起的油藏弹性特性的变化,确定过水区域、油气水接触面变化、注水前缘等,调整开采方案,优化油藏管理策略,提高油气采收率。

时移地震可通过对油区剩余油的精确成像增加可采储量,通过对注入流体的实时监测减少油田的操作费用,还可通过改进油藏模型减少钻探风险。油田的采收率通过二维地震勘探可达25%～30%,三维地震能提高到40%～50%,而四维(时移)地震勘探可高达65%～75%。目前为止,估计因四维地震技术而增加的纯利润已达到25亿美元以上。四维地震得到成功应用的地区有北美墨西哥湾、北海Sognefjord、加拿大艾伯塔冷湖、挪威Njord、印度尼西亚Duri及西非等。

6.2.3　时移地震技术的数学基础

时移地震研究的是地下储层流体变化引起的地震响应的变化,其本质为波阻抗的变化。波阻抗为速度和密度的乘积,地震响应的变化实际上反映了储层密度和速度的变化。也就是说,储层流体的变化是通过密度、速度的变化转换为地震响应的变化。岩石物理学研究的是在油藏条件下和采油过程中流体与岩石特征的变量及其对地震特性的影响。因此,岩石物理学既是连接地震与油藏工程的纽带,是时移地震能否实现的物理基础,也是把地震特征转换为油藏特征的物理基础。

目前,以揭示岩石物理机制为目的的岩石物理学实验研究,以及以揭示地震波在孔隙性岩石中传播特性的理论研究都取得了较大的进展(迈克尔·巴特兹尔,1992;阿莫斯·努尔,1989;王志敬,1997)。可以用于描述孔隙流体对岩石密度和地震速度影响的数学模型很多,但在时移地震储层正演模拟中应用比较广泛的是 Gassmann 理论和毕奥双相介质理论。

时移地震是利用油气田在不同开发生产阶段获得的地震资料属性之间的差异来研究油气田开发导致的流体场、压力场等变化的一项技术,是现代油气藏动态管理手段。从时移地震勘探中我们可以测量出这些变化的效应,并且可以识别出储层变化发生的位置,并根据这些变化调整油气田的开采方案,优化油藏管理策略,提高油气采收率。

时移地震对油气藏的监测通常是在同一地点不同时间间隔记录的地震数据,并对这些数据进行分析。分析油气藏开采的过程中造成的储层流体运动、流体成分的变化、流体饱和度的变化、压力的变化、孔隙度及温度的变化等油气藏特性引起的地震响应的变化,并由地震响应的变化反演油气藏特性随时间的变化。通常情况下,油气藏周围的岩石骨架等地层不随开采时间的变化而变化。图 6.10 列出了时移地震方法的简单物理原理。

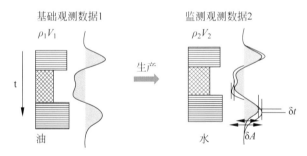

图 6.10　时移地震方法的简单物理原理

从图 6.10 中可以看出,由于开采造成的储层 V_P、V_S 和密度的变化,图示中给出的响应变化表现为地震道上的振幅和计时的变化。如果在生产之前或者生产期间探测油气田,就可以估计出储层的变化。当碳氢化合物用水来代替,以及压力变化时,储层的速度及密度也随之改变。从时移勘探中可以测量出这些变化的效应,并可以识别出储层变化发生的位置。因此,时移地震最终的方程式如下:

小的开采变化＝(监测数据＋误差 2)－(基础数据＋误差 1)

误差 1 和误差 2 分别是不同时期的采集环境、采集参数和采集设备等造成的系统误差的总和。我们的最终目的是使误差 1 和误差 2 接近,并且差值与获得的最小开采变化不相等,如果相等,监测的结果将是错的。

常规标准的地震采集和处理方法,通常不能适应时移监测的需要。对于以 3D 最优成像为目的的两次传统勘探,可能解释诸如"气顶"地层等处产生的大的变化,它们不适用于测量小的差异或者确定可信的注水的详细信息。"传统"勘探是用于描述那些没有仔细考虑时移分析而已经采集和处理的勘探的委婉说法。

如果勘探在采集过程中没有针对性地考虑时移地震分析并需要可重复的观测系统,其结果通常是很差的,即使处理了很长的时间。对具有重复性很差的海上时移地震数据处理技术研究采集进行时移地震分析,几乎是在浪费时间和金钱。如果具有很好的重复性观测,数据处理就会简单快捷,而且可以得到及时的结果。

不同的观测系统不能实现完全相同的勘探效果,工业界目前使用的方法还存在一定的问题,不是不能消除随机噪声,也不是不能进行相关信号的同相叠加,而是不能消除震源引起的系统的、半相关性效应,例如上覆地层的畸变和多次波等。在时移监测中应该尽量重复这些影响,把它们带来的差异消除。

但是,人们在实践中清楚地认识到,时移地震数据是间隔性采集和处理的,尤其是以海上拖缆为采集方式的时移勘探技术,两次采集很难保证完全重复。环境的变化会造成环境噪声不一致;地下水位的变化会造成地表条件不一致;采集仪器的不同会导致不同的仪器噪声和不同的频谱特征;震源形状、瞬时位置或放炮方式的不精确会导致能量分布的不一致;观测系统的差别会导致两个数据体难以比较,等等。所有这些不一致都会导致反演结果之间的差异可能仅代表噪声而无实际物理意义。特别是由于技术的进步,新的重复地震的采集设备必定先进于原有的地震采集设备。不一致是绝对的,一致是相对的,这就要求时移地震监测必须在采集、处理上下大功夫,将各种非地质因素引起的不一致降到最低。

6.2.4　时移地震的岩石物理学基础

四维地震主要是依据储层界面反射的时间和振幅变化监测流体特性的变化。反射时间主要取决于波速,反射振幅则取决于波阻抗,而波阻抗又取决于波速和介质的密度。因此,四维地震主要是基于油藏开采引起的储层速度和密度的变化。

在油气的开采过程中,随着流体的抽提及注入,孔隙压力、孔隙流体和温度都可能发生相应的变化。对于孔隙压力,随着流体的抽提,靠近生产井的油藏压力可能下降,而随着气体或流体的注入,靠近注入井的油藏压力可能增加。而油藏的孔隙流体肯定随着油气的抽提而发生变化,例如砂岩中典型的初始油饱和度注水前为 $0.65\sim0.9$,注水后为 $0.2\sim0.3$。油藏温度在常规开采情况下通常是不变的,但是冷水的注入会造成注水前缘后面的温度下降,在初始注水前缘后面通常滞留些冷水带;在进行热驱时,储层温度会提高很多。那么压力、流体和温度的变化对速度和密度又有什么影响?

体密度是孔隙密度乘以孔隙度加上基质密度效应之和。在低孔隙度油藏岩石中,从水到油到气的流体变化不会使体密度发生多大的变化;在高孔隙度油藏岩石中,由于岩石的骨架和流体具有可压缩性,当油藏压力减小时,上覆岩层造成压实,使储层孔隙度减小、密度增加。原始孔隙度越高,压力减小的影响越大。但压力增加不可能产生相反的效应(见图 6.11)。

图 6.11 所示为压力变化对体密度的影响。初始孔隙度越高,受压力衰减的影响越大,但压力增大不能产生相反的影响。

温度对密度的影响较小,但温度会造成岩石刚性的变化,而速度和岩石刚性成正比,因此温度变化最终会引起岩石速度的变化(见图 6.12)。

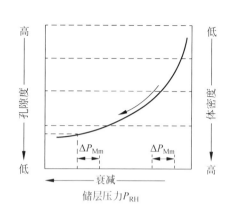

图 6.11　储层压力变化图

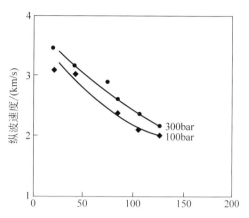

图 6.12　100%油饱和末固结砂岩在两种有效
压力下纵波速度随温度的变化图

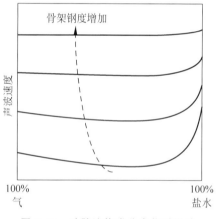

图 6.13　孔隙流体成分变化对纵波
速度的影响图

储层流体成分的变化除了对总密度有较小的影响外,还可能对速度产生影响。因为速度和岩石刚性成正比,如果岩石骨架刚性比孔隙流体刚性大得多,那么孔隙流体刚性对整个刚性的影响不大;如果岩石和流体刚性的大小级别相同,那么流体成分变化就可能被检测出来(见图 6.13)。

许多试验研究结果都证实,用四维地震监测地下储层变化是具有岩石物理基础的。

6.2.5　时移地震资料处理

四维地震结合多个新近开发的三维地震技术,如油藏表征、油藏模拟和地震模拟,监测流体前缘随时间的变化情况。但四维地震还需要三维地震以外的工具和技术,如振幅、频率、相位的归一化软件,以更好地均等多个三维地震数据体,并获取它们之间可靠的同一性和差异性信息。由于四维地震中非重复性的信号、噪声和各种依赖于数据的不同处理算子等影响,四维地震数据处理是一个重要的问题。

四维地震资料处理、反演和解释受不断发展的 3D 地震勘探技术的影响。用于四维地震项目的不同时期的 3D 地震资料的记录,常常具有不同的船只、震源与排列观测系统、震源与检波器类型和组合形式。实际上,某些四维地震项目,可以包括两次时移 3D 地震测量,一次用常规等浮电缆完成,一次用海底 4C 技术完成。3D 测量大部分用不同的记录方向和面元大小进行(里基特(Rickett)和拉姆利(Lumley),1998)。1979 年与 1991 年的测量资料在网格方向上存在 34°差异。还有 1979 年测量的面元大小为 80m×27.5m,而 1991 年测量的面积大小为 12.5m×12.5m。而且这些 3D 地震数据体的处理很可能不同,它不仅处理流程不同,而且处理参数也不一样。

因此,用四维地震项目的时移 3D 数据体,在成果解释前需要进行交互均衡补偿。交互均衡补偿包括下面步骤(里基特和拉姆利,1998)。

(1)调整时移资料网格为相同网格方向。在许多四维地震项目中,网格调整和接下来的交互均衡补偿步骤应用于叠后资料。这样网格调整的实现可以通过叠后资料重新偏移得到规定的相同网格方向。如果可以得到叠前资料,一种时移资料的网格调整方法是横测线偏移,输出共方位角道集。

(2)对时移 3D 资料应用谱平衡补偿谱的频宽和形状的误差。

(3)根据地震道包络,从时移 3D 资料中得出振幅增益曲线,并应用于振幅谱均衡。

(4)估计时移资料道间的静态时移,并利用它们消除垂直时间差异。

(5)检测并确定时移 3D 测量得到的偏移数据体中同相轴位置的差异。利用剩余偏移消除同相轴位置的差异。

四维地震处理的主要步骤与流程如图 6.14 所示。

(1)多个三维地震数据的预处理、道集重新编辑。由于三维地震数据采集的时间不同,两个三维数据体的地震测线、道集等都可能不一致,为了比较两个三维数据体,必须对道集重新编辑,使四维地震数据具有可重复性和可对比性。

(2)振幅频率归一化。四维地震应用的根据是:非油藏部分由于没有流体流动的变化,其两次不同时间采集的地震数据应一致,振幅频率也应相同;而地震信号变化是由油藏部分的油气开采或注气注水等引起的。实际数据是间隔性采集的,由于时间的差异导致采集系统和处理流程及参数不同,从而造成地震振幅、频率、相位变化。为获得真

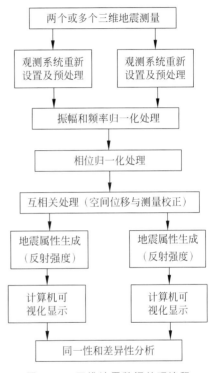

图 6.14 四维地震数据处理流程

正由油藏部分油气水变化引起的地震差异,必须对非油藏部分的地震数据进行归一化校正。

振幅频率校正是四维地震处理的重要工作之一。多个三维地震数据经过道集重新编辑后,可以进行道集之间的比较。由于它们之间的振幅与频率存在明显的差别,所以无法描述油藏部分引起的地震差异。为进行差异分析,两个数据集必须具有相同的频带宽度和相同尺度的振幅值,因此必须进行频率和振幅匹配。

(3)相位归一化。为分析油藏部分引起的相位差异,必须对非油藏部分进行相位校正处理。每一道都可得到一个相位归一化因子以校正其相位差异,因此整个三维数据体就可以得到一个对应地震数据体的相位归一化算子。

(4)互相关分析。经过上述归一化处理后,还可能存在地震道的空间位移和测线误差,需要进行校正处理以消除其影响。

(5)地震属性生成及地震属性的同一性与差异性计算与分析。将生成的反射强度等地

震属性在油藏与非油藏部分有区别地显示,并进行同一性与差异性分析。

(6)计算机可视化技术。多种形式计算机数据体的动态与切片显示,可以使工程人员从不同角度、不同时间连续地观察油藏内部油气水变化和运移情况,从而对油藏进行监测。

(7)油藏流体变化显示。利用地震属性差异解释油藏流体变化。

6.2.6　时移地震的关键问题及其解决方案

四维地震技术是一种地震属性求差技术,为确保地震属性差值图解释的唯一性,要求尽可能多地去除油藏流体变化以外产生地震差异响应的因素。在数据采集过程中,不同的激发和接收装置、不同的观测系统参数(炮检距、方位、道距、覆盖次数)、定位,以及地下水位变化、环境噪声等都会产生地震响应的差异,在数据处理中,切除、叠前反褶积参数,尤其是成像速度(NMO、偏移速度)等不同也会引起较大的差值。

理论上讲,解决数据重复性问题最简单的方法是保持二次地震数据采集和处理的一致性。但在实际上,只有短期内进行重复采集时,也就是专门进行监测 3D 地震时,通过把检波器固定在地下,有可能保证二次采集参数的基本一致,从而减小后续处理和解释工作的难度。不过,从效率和效益出发,这种监测方式覆盖的面积较小。另外,在采集中要采用小道距、小药量和小采样率,以提高资料的信噪比和分辨率。

然而,对于相隔时间太长的重复采集,一方面地表地质条件发生了变化,另一方面采集技术经过长时间的发展,人们势必会采用新技术进行采集,而不顾及地震监测所需的重复性,因此新旧数据体采集参数等不一致在所难免,需要在地震处理中消除采集因素带来的差异。最好的解决办法是对新旧数据做叠后互均衡处理,这种处理包括:①共面元重组(空间和时间重组),以校正不同观测系统、不同静校、不同 NMO 速度或偏移速度造成的差异;②带宽和相位均衡,以补偿不同震源子波引起的差异;③振幅均衡,以使数据在同一能量水平上。

如前面所述,多种采集因素影响着地震记录,因此针对二次地震之间的差异,可选用相位控制处理、统计去随机噪声、坏道剔除、地表一致性反褶积、剩余静校正、RMS 振幅均衡、DMO 处理、空间归位、频谱宽度一致化处理、全局最佳匹配滤波、叠后子波处理和共道互相关等,这些处理方法的选用视二次地震测量之间差异的起因而定,例如存在天气造成的随机噪声,就可选择统计去噪法解决,地下水位变化造成的差异可用剩余静校正解决,等等。不过在处理中遵循的基本原则是新旧数据要同步处理,整个处理过程实行质量控制,地震处理参数的选择及最优化要始终以井中数据为约束条件,以确保最终观察到的差异是由储层流体变化而不是采集和处理造成的。需要注意的是,处理中最忌讳的是基于数据的统计信号加强处理,如反褶积等,因为它的结果取决于数据的信噪比,而新旧数据的信噪比差别是很大的。

前面讲的是二次三维地震测量的情况,如果开采前没有取得基准的三维地震资料怎么办? 这种情况在目前的油田上是经常遇到的,很多油田通常在采用三维地震前就开采起来了,那么旧的二维地震资料是否能利用呢? 解决这一问题的方法是采用子波控制来实现二维与三维地震数据之间的求差。

6.2.7　时移地震的应用实例

挪威 Snorre 油田是 Saga 石油公司于 1979 年发现的(Norsk Hydro 公司 1999 年获得

了该油田的开采权），1992 年 8 月投入开发。为了解油田南部地区的储层特性变化，在 1983 年 3D 地震勘探基础上，于 1997 年进行了第二次 3D 地震地震资料采集，在此简要介绍 Saga 石油公司如何利用这两次 3D 地震勘探资料，来确定时移地震在油田管理中的应用价值。

Snorre 油田位于北海北部（见图 6.15），该区主要有两套储集层：三叠纪 Lunde 储集层和三叠纪-侏罗纪 Statfjord 储集层（见图 6.16），两套储层都含有在冲积环境中形成的网状河道砂体。该油田包含一个构造/地层圈闭，该圈闭是由大断块的西倾及受到的侵蚀而形成的。该区储层总厚度超过 1000m，已查明有 17 套具有不同沉积类型的地层。Statfjord 和 Lunde 储层均被 Kimmerian 不整合面削蚀，侏罗纪和白奎纪页岩为盖层。预计该油田不饱和原油的储藏量为 3.5×10^9 bbl，其中约 70% 储藏在 Lunde 地层中。主要的开采方法是交替注水注气或传统的注水。由于地质情况复杂，砂体的连通性和流体的流动方向是难以预测的。经过处理后的时间地震剖面上储集层大约始于 2.4s 处。

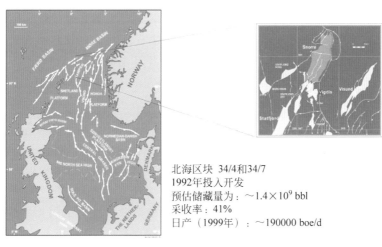

北海区块 34/4和34/7
1992年投入开发
预估储藏量为：～1.4×10^9 bbl
采收率：41%
日产（1999年）：～190000 boe/d

图 6.15　Snorre 油田 34/4 和 34/7 区块位置图

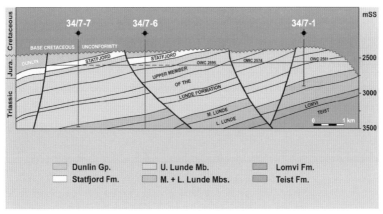

Total stratigraphic thickness: 1000 m　　・　Zone-averaged sand porosity: 18%~25%
OWC: 2525~2750 meters (2480~2580 ms)　・　Zone-averaged Sand/Gross: 0.17~0.63

图 6.16　Snorre 油田横剖面图

1995 年对 GE83 资料进行了重处理,在油田的部分区域发现了反映油水界面的地震特征。在剖面上大约 2.6s 处,储层振幅在油水界面附近有明显的衰减。这些现象和一些其他因素是开展时移地震油藏监测项目的主要原因。使用 Gassmann 模型计算孔隙充填和压力的变化对地震参数(纵横波速度和密度)的影响。预计注水能够使纵波速度增加 4%、声波阻抗增加 5%;而注气应能使纵波速度减小约 6%、声波阻抗减小 7.5%。然而,在气体驱油的情况下,当对储层顶部的反射面进行计算时,砂页岩分界面的相对反射系数变化更大,可高达 40%。Snorre 油田内的页岩比储集层砂岩硬,但声波阻抗较低的老地层却相反。因此地震模拟表明,在注水或孔隙压力降低的情况下振幅减弱,而注气则使振幅增强。

1. 时移资料处理

对 SG97 资料的首次处理于 1998 年完成,并将其结果与 GE83 重处理获得的 3D 偏移地震资料进行对比。结果表明,在进行过油气开采的地区存在明显的反射系数变化。然而要从这些资料中得出可靠的结论,需要对两组解释过的资料进行重处理。

表 6.1 为两次采集参数对比,表 6.2 为制定的时移地震资料处理流程。利用两次采集地震资料中的差异归一化均方根振幅,对它们的重复性进行检测,振幅值是在油藏顶部开始的一个宽度为 200ms 的时窗内进行计算的,包含油藏开采对振幅产生的影响。图 6.17 为重处理前后均方根振幅差异程度对比图,重处理之前约为 40%,差异程度较高,重处理之后差异降为 10%,基本为油藏开采造成的。图 6.18 总结了重处理前后整个工区的平均差异水平,表明时移地震资料重处理之后,整体差异水平大幅降低。图 6.19 为近角度差异数据体南北向横剖面,表明两次资料还存在定位误差。图 6.20 为 inline 线定位误差图,其范围与 GE83 采集线束对应,误差的符号随放炮方向的变化而变化,表明是由 GE83 采集资料定位不准造成的。

在油田开发区域,经过重处理得到的差异资料中剩余能量的空间相干性很小,远小于重处理前剩余能量的空间相干性。表明经过重处理的资料中,空间相干的差异同相轴可能代表油藏参数的真正变化。

表 6.1　两次地震资料采集参数对比

采集参数	GE83	GE97
采集船	M/V Geco Delta（&Geco Kappa）	M/V Seisranger
采集日期	1983 年 3—7 月	1997 年 6—8 月
设备	DFS 5/DSS 5	Nessie 3
低切滤波参数	5.3Hz 18dB/oct	3Hz 18dB/oct
高切滤波参数	128Hz 72dB/oct	180Hz 72dB/oct
导航	无线电导航	卫星导航（DGPS）
记录长度	6000ms	6500ms
采样率	2ms	2ms
震源类型	单一 3564in^3 空气枪组合	单一 5465in^3 空气枪组合
震源深度	7.5m	6m
炮距	25m	18.75m
接收器	单缆长 2600m	8 缆长 3600m
道数	104 道,道距 25m	288 道,道距 12.5m
缆间距	N/A	50m

续表

采集参数	GE83	GE97
拖缆沉放深度	9m/12m	8m
最小偏移距	220m	165m
观测参数	52 次覆盖,单缆采集	96 次覆盖,8 缆采集
线距	50m	25m
采集方位	E-W	E-W

表 6.2　时移地震资料处理流程

时移地震处理步骤	作　　用
观测系统定义	
涌浪噪声压制	消除环境噪声
地表一致性振幅补偿	消除震源及检波器组合的非一致性
道插值	GE83 资料覆盖次数均化
潮汐静校正补偿	时移资料时差校正
确定性零相位转换	时移资料振幅和相位校正
多次波压制	衰减非重复性多次波能量
倾角时差校正	偏移距和空间采样一致性校正
线距内插为 25m	面元一致性校正
偏移(单一速度函数)	
叠加	
偏移(空变速度场)	
确定性白化	
全局匹配滤波	消除平均剩余相位和振幅差异
联井	
道匹配	去除空间变化剩余时间和相位差异
计算差异地震数据	

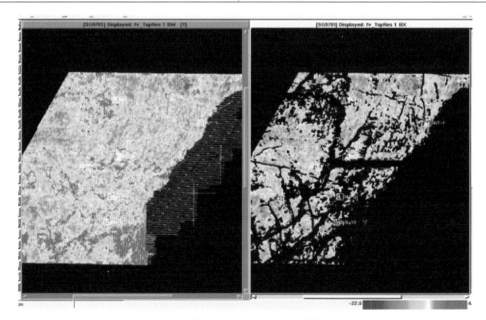

图 6.17　重处理前后均方根振幅差异对比图

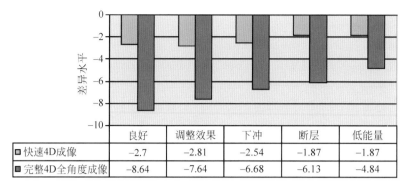

	良好	调整效果	下冲	断层	低能量
□ 快速4D成像	−2.7	−2.81	−2.54	−1.87	−1.87
■ 完整4D全角度成像	−8.64	−7.64	−6.68	−6.13	−4.84

图 6.18　全区平均差异水平对比图

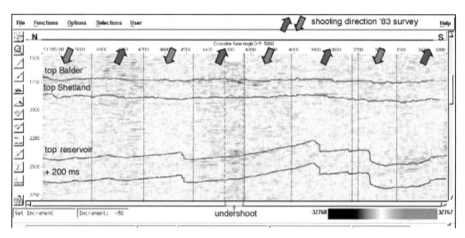

图 6.19　近角度差异数据体南北向横剖面图

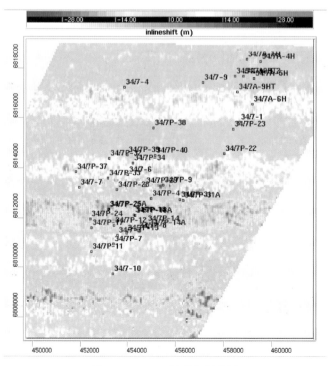

图 6.20　inline 线定位误差图

2. 时移资料解释

对应某一特定储集层的宽度为 8～24ms 的时窗计算均方根振幅来检验时移地震资料。对地震数据(包括角度叠加数据)同相轴进行自动闭合解释,从而保证存在剩余时差情况下能够对振幅一致性进行检测。尽管油藏部分振幅很强,但仍会随油田复杂地质条件发生变化。因此利用相对均方根振幅差异绘制油气开采造成的变化图,这在信号强的部分效果很好,而在信噪比低的区域却放大了噪声。

在油田北部连续性很好的网状河道砂层内进行注水,图 6.21 显示距注水井 10H 较远地区的注水效果,注水使 1997 年采集资料在该区域变得模糊,这种现象仅发生在油水接触面以上,而在油水接触面以下没有发现任何模糊现象,表明河道带内砂层之间在横向和垂向都具有较好的连通性。

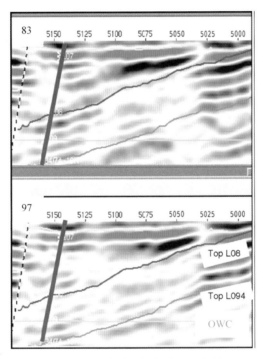

图 6.21　注水造成振幅减弱示意图

1983 年的剖面(上部)表示注水前的振幅图。1997 年的剖面(下部)是 A10-H 井(蓝色的粗线)注水后的效果。可以注意到油水面以下的反射强度几乎没有发生变化

图 6.22 显示的是油藏下部高渗透区均方根振幅的绝对差异(1997—1983),可以注意到某些区域由于信噪比低而噪声相当严重。注水井 2H、10H 和 9H 都位于下翼部的一侧。在注水井周围油水接触面的上倾方向可以看到明显的模糊现象,在开发井周围尤其是 4H 井以南及 1H 井周围也有一些模糊现象,这可能是地层压力由初始的 380bar 下降到 80～100bar 造成的。在注水井 9H 向东和向北流动的水似乎受 NE-SW 向断层的控制,其他断层似乎也控制着水的流动。

图 6.23 是 WAG 交替注采方式下 1983 年和 1997 年的远炮检距剖面。气体的注入使注气点周围的振幅得到加强,而 1997 年剖面的上倾方向振幅得到加强表明存在气顶层。

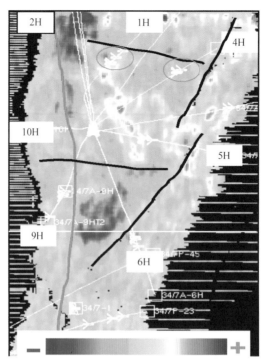

图 6.22　油藏内高渗透地层周围的均方根差异图(1997—1987)

1997 年的剖面(下部)是 A10-H 井

蓝色表示振幅变弱,红色粗线表示油水分界面,灰色的圆圈表示 1H 和 4H 井正在开采

图 6.24 为储层顶部的相对差异图(红色表明振幅增强)。利用油井中收集的示踪剂等辅助资料指导气体流动解释。最南端的注气井在进行重复性勘探之前刚刚注入两个气团,这在4D 地震图上也产生了亮点。尽管在储层中部的两口井中开始注气的时间相差几个月,但在东部的开发井中却同时发现了气体示踪剂,表明气体在移向生产井之前已经聚集并混合在一起。相对差异图表明气体聚集并混合在开发井的上倾方向(东部),开发井中气——油比的不断增加也验证了这一解释。

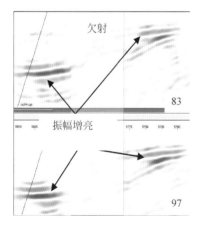

图 6.23　P28 井交替注采远偏移距剖面图

图 6.24　对气体通道的解释结果图

图 6.24 是油藏顶部反射层附近的相对差异均方根振幅图,红色表明 SG97 振幅增强。

Snorre 油田时移地震油藏监测实例表明,通过时移地震资料精细处理,可提高资料的可重复性,从而获得可靠的油藏时移信息。通过时移地震资料解释可以预测油藏内部孔隙连通性和油水界面变化等,对油田开发后期加密井的布设有重要的指导价值。时移地震油藏监测的实施要求进行细致的前期规划和准备,以便尽快将新资料中的有效信息用于油藏管理,提升时移地震油藏监测价值。

6.2.8　时移地震问题讨论

四维地震已成为目前各大石油公司致力发展的技术,纽约哥伦比亚大学联合 7 家公司组成的财团共同开发了四维地震软件,该软件已在北海和墨西哥湾得到较为广泛的应用。从目前应用的情况来看,海上应用较多,而且主要集中在北海和墨西哥湾,陆上应用较少。这主要是因为海上资料的信噪比高、噪声小,加上油质好,经济效益也高。

从应用效果来看,目前还基本上处于定性解释阶段。对于不同地区、不同的开采机理,四维地震成功的机会也不同,见表 6.3。

表 6.3　影响四维地震成功的因素

影响因素	成功的机会	
	低	高
孔隙度	小于 15%	大于 25%
岩石类型	碳酸盐岩/硬	软砂岩
深度	大于 3km	小于 1.5km
储层	薄	厚
地震资料质量	差	好
水驱	重油	轻油/气
气驱	轻油	重油/水

由于不同的储层条件、开采机制有着不同的四维地震监测效果,加上目前还没有进行系统的分析研究,因此开展四维地震,需要按照以下步骤进行。

(1) 岩石物理分析,利用测井、岩心和流体资料,建立油藏特性与地震观测数据之间的联系。

(2) 油藏模拟,确定开采可能引起的流体和压力变化。

(3) 地震模型模拟,预测地震观测数据的变化,制作合成地震记录,研究可以观测到的变化幅度和特征。

(4) 如果没有储层基底或 OWC 同相轴,则分析储层下面同相轴的变化特征。

(5) 经济效益评估,分析在哪里做四维地震。

(6) 设计基线地震测量或重复的地震测线。

(7) 确定处理流程和处理参数,减小非储层因素引起的地震属性差异。

(8) 地震数据求差及差值剖面解释。

时移地震主要用于油气田开发过程中油气藏的动态监测。在我国东部,不少地区已经开展了二次三维采集甚至三次三维采集,其目的是发现隐蔽油气藏,处理和解释是针对新数据而言的,旧数据仅作参考。借用时移地震技术的概念,新、旧数据同时处理与解释,这将对隐蔽油气藏勘探提供更多的信息,是很有实际意义的。

6.2.9　我国开展四维地震的可能性和必要性

稳定东部、发展西部是我国石油工业的发展战略。而东部各大油田相继进入中后期开发阶段,如何增加储量、稳定产量是东部油区面临的艰巨任务。我国大部分油田的开采机理都适合四维地震的应用,同时各油区储集层非均质性严重,剩余油分布复杂,故四维地震勘探对于老油田挖潜改造具有特别重要的意义。

目前我国刚进入四维地震的研究,分别在辽河、胜利、新疆等油田做了一些尝试性试验。辽河油田稠油热采地震监测试验中,发现受热软化的稠油层在两次监测对比剖面上出现同相轴"下拖"现象;新疆油田也在稠油热采时进行过三次三维地震监测试验,均已取得有益的认识。

稠油热采是提高采收率的重要方法。为追踪某一特定油藏内注汽注水过程中由流体系统引起的流体运动,可利用四维地震技术,根据注汽前后时间和空间上地震信号的变化,对油藏内注汽注水的驱扫区与末驱扫区进行成像,来追踪注入流体和油的运移前缘。这对优化加密井位、指导调整采收方案具有重要的应用价值。

我国许多老油田的油井产量开始下滑,寻找剩余油迫在眉睫。特别是原来产量很高的油井,其成藏条件较好,但由于复杂的地质条件,产量下降很快(如华北油田的潜山型油藏),如果能找到剩余油气并能准确地圈定其位置,则通过打水平井等措施,产量必将迅速上升。

四维地震研究需要有重复三维地震观测数据。而我国目前还没有一个区块有现成的多个三维地震观测数据,因此四维地震数据的缺乏是四维地震技术研究和应用的主要障碍。然而,在过去多年勘探的基础上,已有一些不同阶段所做的二维加三维重复勘探的区域,因此可以尝试利用多个二维数据内插三维数据或两个二维数据(三维地震剖面找相同的二维测线)进行拟四维地震的处理与分析,进行四维地震油藏监测试验。

我国开展四维地震研究在技术上也有很大的难度。国内油藏大多成藏于陆相地层,且一般为砂泥岩薄互层,比国外的海相地层复杂得多。对于多个复杂的薄层油藏,仅利用地震信号的变化和差异描述油藏内部油气水变化是很困难的,因为多个油藏流体变化对地震信号的贡献是叠加在一起的,很难描述单个油藏的油气水变化。

对于薄互层油藏,高分辨率地震成像是四维地震研究的重要手段,也是取得成功的关键所在。地震成像包含油藏的静态性质信息,如构造、岩性等,以及动态性质信息,如流体饱和度、压力和温度等。在单个三维地震勘探中,地震成像的油藏静态与动态性质信息是耦合的,很难分离开来。但是在四维地震勘探中,时间延迟的三维地震成像相减后,静态地质成分被抵消,从而导致油藏动态流体性质的直接成像。因此,在油藏开采过程中,以时间延迟的形式进行重复三维地震勘探的数据采集与分析,可以对油藏开采引起的流体饱和度、压力和温度的变化进行成像。

地震成像利用了叠合的地震信息,但成像本身并不受油藏位置的影响,因此高分辨率的地震成像将成为我国进行四维地震研究的主要手段。特别是井间高分辨率成像,可以获得井间油藏流体变化的精确成像,有望成为我国四维地震技术研究和应用的主要领域。

四维地震技术发展迅速,今后在地震成像技术方面将会有所突破,在四维地震同一性与差异性处理与分析技术方面将进一步完善;同时油藏模拟和油藏描述结合在一起将开始流动形式的研究。

多学科的协同研究将成为四维地震的重要手段。定性研究将转向定量研究,以提供准确的油藏信息,精确地进行油藏监测与预测。另外,四维地震将向多个数据体的实时分析过渡,即所谓的五维地震技术。它包括监测与正演模拟的融合、可视化和现场实现。数据通过放置在生产油井上的传感器网络连接到便携式通信处理器上进行实时记录,计算处理则通过高速信息处理中心完成。

由于全球油气价格的下跌,加上新区特别是边远地区勘探风险太大,绝大多数油气公司不得不把战略重点转移到老区的挖潜和提高现有油气田的采收率上来,以求得最大投资回报率。那么如何精确估计剩余油位置,如何有效地监测油藏内流体的流动,制订采收率提高方案,就成为油气田开发中的首要问题。过去油藏工程师和地质学家主要依靠基于井的监测方法管理油藏,这类方法由于分辨率问题只能揭示井眼附近的储层条件。由于井资料的空间采样稀疏,在许多情况下,井眼采样不足以构建单一、精确的储层内流体分布图。不能正确地评价储层内剩余油、蒸汽等流体的分布情况,因此不能成功地布置加密井、制订修井和注采方案等。例如,在蒸汽驱过程中,利用观测井、示踪测井和井生产数据的常规监测工具,不能指示出蒸汽从注入井向外传播的路径,尽管观测井能给出井眼位置上有关温度和蒸汽饱和度的硬数据,但钻这些井的费用很高,而且呈稀疏分布,不能指示蒸汽传播路径,同样注入井中的示踪测井(氟)只能给出井眼射孔位置上的注入量,由于产液被混合在一起,因此不能估计各储层的温度分布及产量。由于常规监测方法存在局限性,因此,油藏工程师对井间储层内流体流动监测方法提出了新的需求,希望空间采样率高的地震技术能助一臂之力。

地震技术已在油气勘探中取得辉煌的成绩,它在油气田增储上产中所起的作用已得到油气工业界的首肯。近年来,三维地震技术取得了长足进步,数据采集中24位模数转换器和千道仪的使用大大提高了采集的效率和精度,资料处理的全三维和叠前深度偏移技术使三维资料的质量更上一个台阶,资料解释中真三维技术和属性技术的应用大大提高了解释结果的合理性和科学性,这一切使全球范围内三维地震的工作量呈直线上升。然而,随着大规模三维地震勘探的开展,大多数有利区带都已被三维地震覆盖,可以说,三维地震勘探工作量的高峰已经或即将过去,未来几年将呈下降趋势。为充分发挥三维地震的优势,进一步挖掘其潜力,需要把三维地震技术引向开发领域,四维地震就是在这种环境下孕育和发展起来的。

6.3 井间地震技术

6.3.1 井间地震技术的历史发展

井间地震是在一口井内放置震源,激发地震波,在另一口井中用检波器接收,进行数据采集的一种新的地震观测方式,其处理方法包括井间层析成像和井间反射波成像。20 世纪80 年代初产生的井间层析成像的原理来自医学 X 射线层析成像。90 年代初在井间层析成像的基础上吸收 SP(垂直地震剖面)和地面地震反射法的思想及数字处理方法,建立了井间高分辨率反射波成像方法。井间地震因其激发与接收过程避免了衰减严重的近地带低速带,记录直达波与其他各种有效波,噪声级别低,而且还可以提供比 VSP 更广的对目标区的扫描。保尔松(Paulsson)和哈里斯(Harris)曾经证明,当震源和检波器置于风化层下时,所得的地震资料频率高达 1000Hz,这比地面资料的频率高一个数量级以上。一般地说,声波测井、岩性分析具有很高的频率,从 1mm~1m。VSP(垂直地震剖面)的分辨率为 10m。地面地震分辨率更低一些,通常在 10m 以上。井间地震的分辨率在声波测井、VSP 和地面地震之间,从几十厘米到几米的分辨率。这为描述储层不均匀性提供了物质保证,因而成为岩性分析、储层描述及油田开发的一种有效方法。该方法在经历了 80 年代的研究热潮和 90 年代的初步应用后日趋成熟。

井间地震采集的设备主要包括三部分:井中震源、井中检波器和数据传输系统及接收仪器。井中震源是井间地震的关键设备。80 年代中期研制了数十种震源,例如化学炸药脉冲震源、井下弧光放电脉冲震源、电火花震源、井下重锤、井下空气枪、钻头震源、可控型震源、井下磁致伸缩震源等。鉴定井中震源好坏的基本标准是:井中震源能量大,传播距离远且不破坏井壁,宽频带,可以在短时间内重复激发以提高施工效率,耐高温与高压以保证与深度无关的输出,必须既能激发 P 波,又能激发 S 波,必须足够小以便能在各种孔径中操作。

井间地震的应用主要包括:稠油采集(包括蒸气驱和火驱等)前沿监测与油藏管理,优化开发方案;油藏精细成像,研究油气水分布和寻找剩余油,为二、三次采油提供依据;储层连通性填图(RCM)复杂区储层成像,如盐丘翼部与火成岩下部储层等。

许多学者认为,井间地震从技术上已经从实验室进入油气开发的应用阶段。它的理论基础研究是雄厚的,技术方法是先进的,并日趋完善,实验效果是令人满意的。井间地震的数据采集成本远超过 VSP 和地面地震。20 世纪 90 年代初的一则报道认为,井间地震数据采集的准备工作比较复杂,包括调遣修井设备,中断采油生产,移出油管,停产损失,重新布油管和启动生产等都需要费用支出。仅从深井或海上提出油管,其费用就高达 25 万美元。以井间距 1000ft,道距 5ft,200(炮)×200(检波点),总共 40000 道,其采集费用为 15 万美元。国外实例表明,对于大型油田,增产 1% 即可收回成本,小型油田增产 5% 就可收回费用。随着油价的提高,根据威廉斯(Williams)的预测,未来几年将是井间地震在油气开发中应用的高峰期。

我国井间地震技术的研究起步虽晚,但发展相对比较平稳。1991 年以来,多个油田及研究院所展开了井间地震技术研究,包括野外采集、数据处理与解释及野外设备等方面,目前已经达到实用化水平。由于井间地震资料是以深度域表示的,为避免时—深转换对原始信息造成畸变,在地震属性提取过程中,主要考虑井间地震信号的幅度、波形和相关函数等特征量参数,此外也提取了井间地震资料的"三瞬"属性剖面。其中有关地震属性优化与储层参数转换方法,在考虑井间地震资料的特殊性基础上,可沿用地面地震资料的相应方法。

随着井间数据采集的发展,可以以足够的能量和信噪比记录下续至波,与反射波相关的相干能量可以容易地从其他能量中识别出来,因而利用续至波是可行的。

合理处理反射波场可以为地球物理学家提供两口井之间的高质量、高分辨率横向地震剖面,井孔的岩心、测井、压力测试和其他工程数据只能提供井孔附近的信息。尽管可以用井对井的相关对比形成两口井之间地层的总体图像,但该图像只是有经验解释人员的推测。井孔数据只能在有限位置上得到,而地震数据可以在大范围获得。因此,测井、地质背景加上地震特征研究的补充可以得出一个更可信的图像,井孔处测井数据和地震数据的主要差异是所能观测的细节量。若要将两者进行对比，必须将两信号变为可比信号，这可由测井数据的粗化和以后深度域到时间域测量的转换实现，这种方法会降低测井数据的分辨率。现在井间地震剖面可作为两类数据间的联结。井间剖面比地面地震剖面具有更高的分辨率，可以直接与测井对比。

6.3.2　井间地震技术的性质特点

井间地震是在一口井中激发，在另一口井或者多口井中接收的地震勘探方法。与地面地震相比，井间地震有如下特点。

（1）频率高。井间地震勘探方法激发能量传播距离短，传播路径避开低速层，接近探测目标，因此井间地震数据具有很高的频率和信噪比。

（2）波场复杂。由于是在井中激发、井中接收，井间地震几乎可以观测到地震勘探中可能遇到的各种波场，如直达波、折射波、反射波、绕射波、散射波、导波、管波等。此外，每个界面都可能产生转换波和反射波。除了有效波外，井间地震还不可避免地记录了各种干扰波，因此井间地震波场非常复杂。

（3）各向异性特征显著。由于井间地震特殊的观测方式，地震波的射线传播方向与地层层理的夹角在很大范围内变化，因此井间地震记录波场表现出的各向异性特征明显。

井间地震数据频率高，因此得到井间地层、构造、储层等地质目标极为精细的成像。雷克特（Rector）在 *Geophysics* 井间地震专刊中预言，井间地震的未来是光明的，没有哪一项技术能像井间地震这样，可以获得有关目标层位如此高分辨率、高精度的图像，井间地震资料包含丰富的波场信息，可以提供超高频率的纵、横波资料，将这些资料与其他资料综合研究，可以解决薄互层、储层连通性、流体分布、注气效果、压裂效果等复杂的油藏地质问题。井间地震在地面三维或四维高分辨率地震与测井、油藏地质之间搭起一座相互联系的桥梁，威廉斯（Williams）等认为要描述远离钻井的储层特征，井间地震数据是唯一空间连续且具有特高分辨率的方法。

时间推移井间地震技术可以经济有效地用于 EOR 的动态监测。目前时间推移三维（也称四维）地震勘探技术用于监测储层开采，但是四维方法数据采集周期长、成本高。井间地震数据可以在同一口震源井周围的几口井中同时采集，数据量要比时间推移三维少得多，在数据处理和解释上只需花费少量的时间，从而降低成本。结合三维模型，可监测油田注采和强化采油动态。

6.3.3　井间地震技术的数学基础

井间地震层析原理是引用医学射线层析，它利用两口井之间观测的初至波信息，用计算机重建两口井之间速度分布图像或速度的倒数慢度的分布图像。其算法也是引用 X 射线层析成像中的算法，例如 ART（代数重建方法）、IJSQ（最小平方法）和 SVD（奇异值分解法）等。

井间地震测量原理如图 6.25 所示。在测区内要有两口或更多已完钻的井。每次在一口井的相应井段上设置密集的震源点，在其预定位置上安放震源，此为震源井；而在另一口井（或几口井）的相应井段设置的密集接收点和地面上，布置若干接收检波器，此为接收井。在震源井中规定间隔，逐点激发；在接收井中相应深度规定间隔，逐点接收，形成井间 CT，用于探索井间周围的地质环境和岩性变化等相当清晰的地质构造。

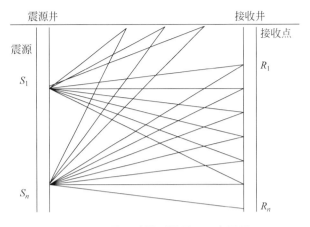

图 6.25　井间地震测量原理示意图图

6.3.4　井间地震技术的应用

井间地震技术能很好地起到衔接地面地震资料解释和钻、测井资料解释的作用,在时空域建立储层点、面和体的关系,以满足地球物理学家、地质学家和油藏工程师的技术需求。

1. 数据采集系统

在井间地震观测中。震源悬挂于其中一口井内,在相邻井中用检波器记录地震波能量,震源或者检波器移动到另一个位置。重复激发和接收过程。这样的观测过程持续到使整个目标区被充分采样。其记录系统除了在覆盖角度上有限外,与医学 CT 扫描相似。井间地震观测概图如图 6.26 所示。

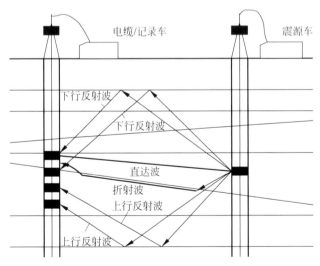

图 6.26　井间地震井间观测示意图

油藏目标区通常位于地面以下很深的地方。由于表层区往往比较复杂。不利于地震波的传播,但在井间观测中。震源和检波器悬挂于地下,所以几乎没有地面噪声能进入记录仪器,反射层与震源/检波器的距离要小于地面地震,因此信号可以保留更多的高频。

2. 旅行时层析成像

旅行时层析成像利用观测到的 P 波和 S 波直达波旅行时和初始速度模型作为输入以获得更细致和更可靠的速度模型。初始速度模型可以由测井和其他地质信息形成。旅行时层析成像可以表示为

$$\boldsymbol{R}m = t \tag{6.13}$$

其中，$\boldsymbol{R}$ 表示射线矩阵；m 为速度模型；t 为观测到的初至波旅行时间。

射线矩阵 $\boldsymbol{R}$ 是一个大型稀疏矩阵，式(6.13)无法直接求解，必须采用迭代方法。既然旅行路径依赖于速度模型，射线矩阵必然随着速度模型的变化而变化，所以旅行时层析成像过程必然包含两个迭代过程：射线追踪迭代过程；新速度模型迭代过程。

具体做法：首先选择一个初始模型，求取射线路径。根据初始模型形成射线矩阵，然后采用 DMNLS(衰减最小二乘)迭代法建立新模型，把新模型作为初始模型，重复上述步骤多次，直到观测到的初至波旅行时间与模型计算的初至波旅行时间的差值可以接受为止。流程图如图 6.27 所示。

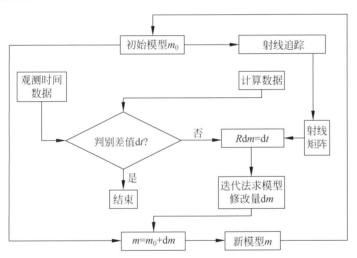

图 6.27　井间地震层析成像流程图

目前旅行时层析成像的算法比较成熟，其结果主要依赖于观测覆盖角度与覆盖次数。模型研究表明，当观测井段的长度达到井间距两倍以上时，可获得较好的层析成像结果。

3. 反射波处理

反射波处理的目的是获得两口井之间的反射波剖面。为得到反射波图像，井间地震数据必须经过一系列的处理与解释步骤(见图 6.28)。主要流程为道集选排、直达波切除、偏移速度分析、波场分离和偏移。

偏移速度直接影响最终反射波图像，因此选择合适的偏移速度十分重要。旅行时层析成像反演可以提供一个速度模型，但是该模型仅在观测段有值，因此人们提出一种特殊方法以寻找一个更合适的模型。

该方法使用共炮检距道集进行速度扫描并产生一个偏移速度模型，在井间地震中，共炮检距道集是炮点与接收点深度差为常数的所有地震道组成的道集。对某一深度点，采用不同的速度求取对应地震道上的地震采样点数值并叠加在一起，若速度选择合适，且该深

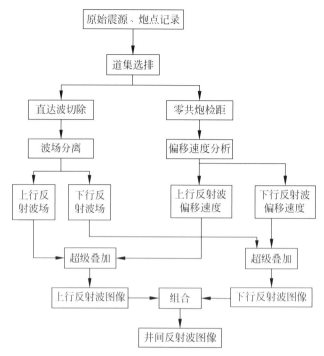

图 6.28　井间地震反射波处理流程图

度点存在反射界面,则可得一较大数值,否则叠加值较小。所有深度点均进行计算、排列,即可成为速度谱剖面,解释可得偏移速度。速度分析中假设射线路径为直线,因而一定程度上偏移速度是与特定深度和特定反射波(上行反射波或下行反射波)相连的平均速度。因而上行反射波和下行反射波速度模型不完全相同。

上行反射波和下行反射波具有不同的旅行时特性,从而必须分别对待。在反射波偏移之前反射波场必须分离为两部分:上行反射波场和下行反射波场。在此采用了 F-K-K 域波场分离方法。若把震源深度和检波器深度作为两个垂直的尺度,则井间数据是一个三维数据体(s,r,t)。使用三维傅里叶变换,可以得到一个 F-K-K 域的三维数据体。旅行时间的差异使上行反射波和下行反射波位于 F-K-K 域中不同的象限内。在 F-K-K 域滤波时通过采用不同的通/阻带,可以将上行反射波场与下行反射波场分离开来。

反射波处理的最后一步是反射波偏移和图像合并,通常采用超级叠加技术。超级叠加技术在某些方面与常规地震勘探的叠加有些相似,但因为不存在常规意义下的共炮点道集,而且超级叠加的目的是找到深度剖面上的反射点,因此超级叠加技术是一种偏移。可以由上行反射波和下行反射波分别获得反射图像,这两个图像必须组合起来形成一个图像,在图像组合之前,必须切除图像质量差的区域。

4. 井间地震剖面的属性分析

由于井间地震剖面是在深度域表示的,故现今提取的地震属性仅局限于幅度和波形特征,包括自相关分析和波形特征分析。

自相关函数是地震记录的固有特性,也是地震记录重复性的标志。主极值的幅度代表地震记录的能量。主极值宽度与记录的视周期有关,低频信号主极值宽度大,高频信号主极值宽度小。旁极值的幅值和面积表示地震记录的重复性及波数变化。当反射层为薄互层结构时,反射记录有干涉现象出现,旁极值的幅值和面积将增大。所用到的自相关函数的特征参数有自相关函数的能量、第一个过零点位置、第二个过零点位置、极大值与极小值比、自相关信噪比、旁瓣面积与主面积比等。

图 6.29 为使用永 63-10 井与永 1-26 井(两井相距 400m)井间反射剖面提取的自相关属性,包括能量、第一个过零点位置、第二个过零点位置、极大值与极小值比和自相关信噪比。图中标注的椭圆形范围是有关永 1 井区块沙四下段砾岩体的解释结果。在图 6.29(a)的原始剖面中,该砾岩体表现为短轴强反射,且向上倾方向尖灭。该砾岩体在 5 个属性剖面上的反应都比较明显,尤其是图 6.29(b)的主极值振幅,主极值振幅剖面与地震脉冲能量分布有关,值越大,则脉冲相位越少,延续时间越短,能量越集中于头部。砾岩体由于颗粒大,与周围围岩有明显速度差异,在地震剖面上往往呈现强短轴反射,图 6.29(b)的主极值振幅正是以短轴强反射为特征的砾岩体在属性剖面上的良好展现。

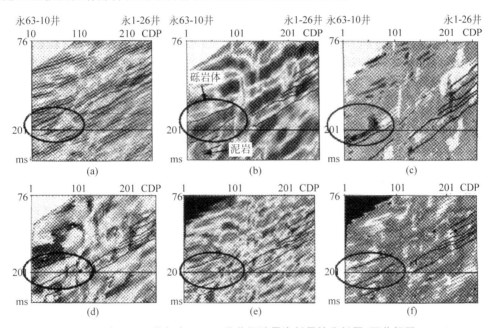

图 6.29　水 63-10 井与水 1 飞 6 井井间地震资料属性分析图(两井相距 400m)

(a)原始剖面;(b)主极值振幅;(c)第一边零点;(d)第二过零点;(e)极大值与极小值比;(f)自相关信噪比

5. 属性参数的优化处理

在进行地震储层预测时,通常引入与储层预测有关的各种地震属性。地震属性优化的目的是从众多的属性参数中挑选出与研究目标关系最密切、反应最敏感、物理意义最明确的少数属性,利用优化后的地震属性进行目标层的储层参数(孔隙率、泥质含量等)反演。

在对提取的众多地震属性进行优化之前,必须完成地震属性的标准化和地震属性间的相关性分析。针对井间地震属性参数的特点,我们采用极差正规化标准对地震属性参数进行归一化处理。它是将变量的每个观测值减去该变量所有观测值的最小值,再除以该变量观测值的极差。变换后每个变量观测值限定在 0~1,这是一种常用的标准化方法。对研究区块各目标层段提取出的众多属性参数进行归一化处理,可得到归一化后的地震属性数组。对地震属性进行相关性分析的目的在于找出能够反映储层参数本质特征的、相互之间独立的地震属性参数。

目前对地震属性进行优化处理的方法有许多种，如聚类分析方法、主因子分析方法、RS（粗集理论）决策分析方法、GA（遗传算法）与 BP 算法相结合的遗传 BP 算法（GA-BP 算法）等。根据深度域井间地震资料的特点，我们选用神经网络分析方法实现由地震属性向储层参数的转换。

该方法的学习过程由正向传播和反向传播组成。正向传播过程是将输入模式从输入层经隐单元层逐层处理，并传向输出层，每一层神经元的状态只影响下一层神经元的状态。如果在输出层不能得到期望的输出，则转入反向传播，将误差信号沿原来的连接通路返回，通过修改各神经元的权值，使误差信号最小。反向传播学习算法是解决多层网络的有效算法，但如果网络的层次较多时，计算量很大，收敛较慢，原则上也存在局部最小问题，可以通过其他方法改善其收敛特性。对于井间地震资料，采用目标层段内井旁的优选属性与测井解释的孔隙率参数间的相关性，实现井间目标层孔隙率参数的预测。

在吉林油田，采用重锤作为震源，记录下了清晰的初至波图 6.30，但续至波太弱，难以进一步分析。

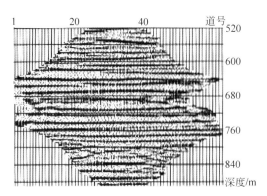

图 6.30 井间地震技术反射波图像示意图

在油田开发中应用井间地震技术是有益的，井间地震不仅可以提供高质量的速度图像，还可以提供两口井之间的高分辨率反射波图像。这些图像可以提供井间的详细信息，是一种有效的储层监测方法。

井间地震方法也存在一些弱点，最明显的是观测数据采集方面。井间地震方法需要两口相当近的井，而且采集需要几天时间；像任何井下测量一样，井间地震方法存在震源和检波器的可靠性和保真度的问题，这些问题目前已部分解决。随着仪器技术和计算机技术的发展，野外采集方面将不存在问题。

第7章

人工智能和支持向量机算法及应用概述

7.1 人工智能 BP 算法简介

人工神经网络系统是 20 世纪 40 年代后出现的,由众多神经元可调的连接权值连接而成,具有大规模并行处理、分布式信息存储、良好的自组织自学习能力等特点,在信息处理、模式识别、智能控制及系统建模等领域得到越来越广泛的应用。

感知器是最早设计实现的人工神经网络。其可以学会所表达的任何东西,但也是有缺陷的:无法实现最基本的"异或"运算,也就是线性不可分问题。而"异或"运算是电子计算机最基本的运算之一。这就使人工神经网络的研究跌入了漫长的黑暗期。

20 世纪 60 年代后期,人们弄清楚了线性不可分问题,并且知道单级网的这种限制可以通过增加网络的层数解决。不过,如何估价网络隐藏层的神经元的误差又成了难题。因为在实际中,无法知道隐藏层的任何神经元的理想输出值。BP 算法就在这样的情况下产生了。BP 算法在于利用输出层的误差估计输出层直接前导层的误差,再用这个误差估计更前一层的误差。如此下去,就获得了所有其他各层的误差估计。这样就形成了输出端表现出的误差沿着与输入信号传送相反的方向逐级向网络的输入端传送的工程。因此人们将此算法称为向后传播算法,简称 BP 算法。

BP 算法的应用领域非常广泛,作为一种比较有效的预测方法,在工业技术、交通运输、经济等领域都有着比较广泛的应用。

7.2 人工智能理论基础

BP 算法对网络的训练可以看作是在一个高维空间中寻找一个多元函数的极小点。事实上,不妨设网络有 m 层,各层的联结矩阵分别为

$$W^{(1)}, W^{(2)}, \cdots, W^{(m)} \tag{7.1}$$

如果第 h 层的神经元有 H_h 个,则网络可看作一个含有

$$n \times H_1 + H_1 \times H_2 + H_2 \times H_3 + \cdots + H_m \times m \tag{7.2}$$

个自变量的系统。该系统将针对样本集

$$S = \{(X_1, Y_1), (X_2, Y_2), \cdots, (X_s, Y_s)\} \tag{7.3}$$

进行训练。我们取网络的误差测度为该网络相对于样本集中所有样本的误差测度的总和：

$$E = \sum_{p=1}^{s} E^{(p)} \tag{7.4}$$

式中，$E^{(p)}$ 为网络关于样本 (X_p, Y_p) 的误差估计。由上式可知，如果对任意的

$$(X_p, Y_p) \in S \tag{7.5}$$

均能使 $E^{(p)}$ 最小，就能使 E 最小。

BP 算法的基本思想是，学习过程由信号的正向传播与误差的反向传播两个过程组成。

（1）正向传播：输入样本→输入层→各隐层（处理）→输出层

（2）误差反向传播：输出误差（某种形式）→隐层（逐层）→输入层

其主要目的是通过将输出误差反传，将误差分摊给各层所有单元，从而获得各层单元的误差信号，进而修正各单元的权值（其过程是一个权值调整的过程）。

反向传播网络（back-propagation network，简称 BP 网络）是将 W-H 学习规则一般化，对非线性可微分函数进行权值训练的多层网络。BP 网络是一种多层前向反馈神经网络，其神经元的变换函数是 S 型函数，因此输出量为 0～1 之间的连续量，可以实现从输入到输出的任意非线性映射。由于其权值的调整采用反向传播的学习算法，因此被称为 BP 网络。BP 网络的激活函数必须是处处可微的，所以它不能采用二值型的阈值函数 $\{0, 1\}$ 或符号函数 $\{-1, 1\}$，BP 网络经常使用的是 S 型函数的对数或正切激活函数和线性函数。

7.3　人工智能数学模型

7.3.1　人工智能基本 BP 算法

1. 网络的构成

神经元的网络输入（图 7.1）：

$$\text{net}_j = \boldsymbol{w}_j^{\mathrm{T}} X = \sum_i w_{ji} x_j \tag{7.6}$$

$$y_j = f(\text{net}_j) \tag{7.7}$$

式中，$\boldsymbol{w}_j^{\mathrm{T}} = (w_{j1}, w_{j2}, \cdots)^{\mathrm{T}}$。

神经元的输出：

$$f(\text{net}_j) = \frac{1}{1 + e^{-\text{net}_j}} \tag{7.8}$$

输出函数分析：（图 7.2）

$$f'(\text{net}_j) = -\frac{1}{(1 + e^{-\text{net}_j})^2}(-e^{-\text{net}_j}) = y_j - y_j^2 = y_j(1 - y_j) \tag{7.9}$$

从图像可以看出，应该将 x 的值尽量控制在收敛比较快的范围内，可以用其他函数作激活函数，只要该函数是处处可导的。

实验结果：增加隐藏层的层数和隐藏层神经元个数不一定总能提高网络精度和表达能力，所以，BP 网一般选用二层或三层网络。

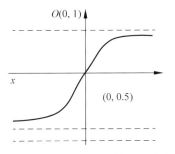

图 7.1　BP 算法 $f(\mathrm{net}_j)$ 神经元的网络
输入图像示意图

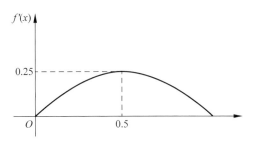

图 7.2　BP 算法 $f'(\mathrm{net}_j)$ 的输出
函数图像示意图

在一般情况下,BP 网均是在隐含层采用 S 型激活函数,而输出层采用线性激活函数。
BP 网络的特点如下。

(1) 输入和输出是并行的模拟量。

(2) 网络的输入输出关系由各层连接的权因子决定,没有固定的算法。

(3) 权因子是通过学习信号调节的,这样学习越多,网络越聪明。

(4) 隐含层越多,网络输出精度越高,且个别权因子的损坏不会对网络输出产生大的
影响。

2. 基本 BP 算法

基本 BP 算法包括信息的正向传递算法,以及利用梯度下降法求权值变化及误差的反
向传播。利用梯度下降法求权值变化及误差的反向传播算法又包括输出层的权值变化算
法和隐含层权值变化算法两种。

BP 算法属于 δ 算法,是一种监督式的学习算法(图 7.3)。

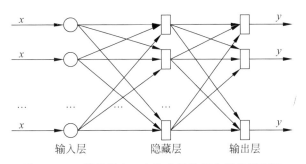

图 7.3　**BP 算法具有一个隐含层的简化网络示意图**

主要思想:对 q 个输入学习样本: $x^1, x^2, \cdots, x^q$,已知与其对应的输出样本为: y^1,
$y^2, \cdots, y^q$。

学习的目的:使网络输出层的误差平方和达到最小,即用网络的实际输出 $y^1, y^2, \cdots,$
y^q 与目标矢量 $d^1, d^2, \cdots, d^q$ 之间的误差来修改其权值,使 $d^l(l=1,2,\cdots,q)$ 与期望的 y^l
尽可能地接近。

设输入为 X,输入神经元有 r 个,隐含层内有 s_1 个神经元,激活函数为 f_1,输出层内有
s_2 个神经元,对应的激活函数为 f_2,输出为 Y,目标矢量为 $\boldsymbol{D}$。

1）信息的正向传递

隐含层中第 i 个神经元的输出为

$$Y_{1i} = f_1\left(\sum_{k=1}^{r} w_{1ij} x_j + \theta_{1i}\right), \quad i = 1, 2, \cdots, s_1 \tag{7.10}$$

输出层第 k 个神经元的输出为

$$Y_{2k} = f_2\left(\sum_{k=1}^{s_1} w_{2ki} y_{1i} + \theta_{2k}\right), \quad k = 1, 2, \cdots, s_2 \tag{7.11}$$

定义误差函数为

$$E(W, \theta) = \frac{1}{2} \sum_{k=1}^{s_2} (d_k - y_{2k})^2 \tag{7.12}$$

2）利用梯度下降法求权值变化及误差的反向传播

（1）输出层的权值变化。

对从第 i 个输入到第 k 个输出的权值，有

$$\nabla w_{2ki} = -\eta \frac{\partial E}{\partial w_{2ki}} = -\eta \frac{\partial E}{\partial Y_{2k}} \frac{\partial Y_{2k}}{\partial w_{2ki}}$$
$$= \eta (d_k - Y_{2k}) f_2' \cdot Y_{1i} = \eta \delta_{ki} Y_{1i} \tag{7.13}$$

式中

$$\delta_{ki} = (d_k - Y_{2k}) = e_k f_2' \tag{7.14}$$

$$e_k = d_k - Y_{2k} \tag{7.15}$$

同理可得

$$\nabla \theta_{2ki} = -\eta \frac{\partial E}{\partial \theta_{2ki}} = -\eta \frac{\partial E}{\partial Y_{2k}} \frac{\partial Y_{2k}}{\partial \theta_{2ki}}$$
$$= \eta (d_k - Y_{2k}) f_2' = \eta \delta_{ki} \tag{7.16}$$

（2）隐含层权值变化。

对从第 j 个输入到第 i 个输出的权值，有：

$$\nabla w_{1ij} = -\eta \frac{\partial E}{\partial w_{1ij}} = -\eta \frac{\partial E}{\partial Y_{2k}} \frac{\partial Y_{2k}}{\partial Y_{1i}} \frac{\partial Y_{1i}}{\partial w_{1ij}}$$
$$= \eta \sum_{k=1}^{s_2} (d_k - Y_{2k}) f_2' w_{2ki} f_1' x_j = \eta \delta_{ij} x_j \tag{7.17}$$

其中

$$\delta_{ij} = e_i f_1', \quad e_i = \sum_{k=1}^{s_2} \delta_{ki} w_{2ki} \tag{7.18}$$

同理可得

$$\nabla \theta_{1ij} = \eta \delta_{ij} \tag{7.19}$$

通过 MATLAB 的实现过程如下。

对于式（7.10）所表示的隐含层输出，若采用对数 S 型激活函数，则用函数 logsig.m；若采用双曲正切 S 型激活函数，则用函数 tansig.m；

对于式（7.11）所表示的输出层输出，若采用线性激活函数有 purelin.m 与之对应；

对于式(7.12)所表示的误差函数,可用函数 sumsqr. m 求之;

有 learngd. m 函数专门求式(7.13)、式(7.16)、式(7.17)和式(7.19)所表示的输出层及隐含层中权值与偏差的变化量;

由式(7.14)和式(7.18)所表示的误差的变化由函数 dpurelin. m、dtansig. m、dlogsig. m 解决。分别用于线性层、双曲正切层和对数层。

3. BP 网络的训练过程

为训练一个 BP 网络,需要计算网络加权输入矢量及网络输出和误差矢量,然后求误差平方和。

当所训练矢量的误差平方和小于误差目标时,训练停止,否则在输出层计算误差变化,并采用反向传播学习规则调整权值,重复此过程。

当网络完成训练后,对网络输入一个不是训练集合中的矢量,网络将以泛化方式给出输出结果。

为了能够较好地掌握 BP 网络的训练过程,以两层网络为例叙述 BP 网络的训练步骤。

(1) 初始化:用小的随机数对每层的权值 W 和偏差 B 初始化,并进行以下参数的设定或初始化。

期望误差最小值 error_goal;

最大循环次数 max_epoch;

修正权值的学习速率 lr,一般情况下 $k = 0.01 \sim 0.7$;

从 1 开始的循环训练:for epoch=1: max_epoch。

(2) 计算网络各层输出矢量 A1 和 A2 及网络误差 E。

A1=tansig(W1 * X,B1);

A2=purelin(W2 * A1,B2);

E=T−A。

(3) 计算各层反传的误差变化 D2 和 D1 并计算各层权值的修正值以及新权值。

D2=DPURELIN (A2,E);

D1=DTANSIG (A1,D2,W2);

[d1W1,dB1]=LEARNGD (X,D1,1r);

[dW2,dB2]= LEARNGD(A1,D2,1r);

W1=W1+dW1; B1=B1+dB1;

W2=W2+dW2; B2=B2+dB2。

(4) 再次计算权值修正后误差平方和。

SSE=sse(T−purelin(W2 * tansig(W1 * P,B1),B2))。

(5) 检查 SSE 是否小于 err_goal,若是,训练结束;否则继续。

4. 限制与不足

(1) 易形成局部极小(属贪婪算法,局部最优)而得不到全局最优。

(2) 训练次数多使学习效率低下、收敛速度慢(需做大量运算)。

(3) 隐节点的选取缺乏理论支持。

(4) 训练时学习新样本有遗忘旧样本的趋势。

5．BP 算法实现步骤

（1）初始化。

（2）输入训练样本对，计算各层输出。

（3）计算网络输出误差。

（4）计算各层误差信号。

（5）调整各层权值。

（6）检查网络总误差是否达到精度要求，如果满足要求，则训练结束；如果不满足要求，则返回步骤(2)。

7.3.2　反向传播法的改进方法

BP 网络的改进算法大体上分为两类：一类是采用启发式技术，如附加动量法、自适应学习速率法、遗传算法等；另一类是采用数字优化技术，如共轭梯度法、拟牛顿法、Levenberg-Marquardt 方法。

反向传播(BP)法的改进方法，主要目标是加快训练速度，避免陷入局部极小值。

1．附加动量法

附加动量法使网络在修正其权值时，不仅考虑误差在梯度上的作用，而且考虑在误差曲面上变化趋势的影响，其作用如同一个低通滤波器，允许忽略网络上的微小变化特性。

利用附加动量的作用则有可能滑过局部极小值。

该方法是在反向传播法的基础上在每个权值的变化上加上一项正比于前次权值变化量的值，并根据反向传播法产生新的权值变化。

带有附加动量因子的权值调节公式为

$$\Delta w_{ij}(k+1) = (1-mc)\eta\delta_{ij}x_j + mc\Delta w_{ij}(k) \tag{7.20}$$

$$\Delta\theta_i(k+1) = (1-mc)\eta\delta_{ij} + mc\Delta\theta_i(k) \tag{7.21}$$

其中，k 为训练次数，mc 为动量因子，一般取 0.95 左右。

附加动量法的实质是将最后一次权值变化的影响通过一个动量因子传递。

（1）当 $mc=0$ 时，权值的变化仅根据梯度下降法产生。

（2）当 $mc=1$ 时，新的权值变化设置为最后一次权值的变化，而依梯度法产生的变化部分则被忽略了。

2．误差函数的改进

$$E = \sum_k \frac{1}{2}(d_k - y_k)^2 \tag{7.22}$$

包穆(Baum)等 1988 年提出的一种误差函数为

$$E = \sum_k \left[\frac{1}{2}(1+d_k)\lg\frac{1+d_k}{1+y_k} + \frac{1}{2}(1-d_k)\lg\frac{1-d_k}{1-y_k} \right] \tag{7.23}$$

它不会产生不能完全训练的麻痹现象。

3．自适应学习速率

通常调节学习速率的准则是：检查权值的修正值是否真正降低了误差函数，如果误差函数下降，则说明选取的学习速率值偏小，可以对其增加一个量；若不是这样，而产生了过

调,那么就应该减小学习速率的值。下式给出了一种自适应学习速率的调整公式:

$$\eta(k+1) = \begin{cases} 1.05\eta(k), & \text{SSE}(k+1) < \text{SSE}(k) \\ 0.7\eta(k), & \text{SSE}(k+1) > 1.04\text{SSE}(k) \\ \eta(k), & \text{其他} \end{cases} \tag{7.24}$$

7.4　人工智能 BP 算法的优缺点

7.4.1　优点

BP 网络实质上实现了一种从输入到输出的映射功能,而数学理论已证明其具有实现复杂非线性映射的功能。这使它特别适合于求解内部机制复杂的问题;BP 网络能通过学习带正确答案的实例集自动提取"合理"的求解规则,即具有自学习能力;BP 网络还具有一定的推广、概括能力。

7.4.2　缺点及局限

虽然 BP 网络得到了广泛的应用,但自身也存在一些缺陷和不足,主要包括以下几方面的问题。

首先,由于学习速率是固定的,因此网络的收敛速度慢,需要较长的训练时间。对于一些复杂问题,BP 算法需要的训练时间可能非常长,这主要是由学习速率太小造成的,可采用变化的学习速率或自适应的学习速率加以改进。

其次,BP 算法可以使权值收敛到某个值,但并不保证其为误差平面的全局最小值,这是因为采用梯度下降法可能产生一个局部最小值。对于这个问题,可以采用附加动量法解决。

再次,网络隐含层的层数和单元数的选择尚无理论上的指导,一般根据经验或通过反复实验确定。因此,网络往往存在很大的冗余性,在一定程度上增加了网络学习的负担。

最后,网络的学习和记忆具有不稳定性。也就是说,如果增加了学习样本,训练好的网络就需要从头开始训练,对以前的权值和阈值是没有记忆的。

7.5　人工智能神经网络的应用领域

神经网络的研究内容相当广泛,反映了多学科交叉技术领域的特点。目前,主要的研究工作集中在以下几方面。

(1) 生物原型研究:从生理学、心理学、解剖学、脑科学、病理学等生物科学方面研究神经细胞、神经网络、神经系统的生物原型结构及其功能机理。

(2) 建立理论模型:根据生物原型的研究建立神经元、神经网络的理论模型。其中包括概念模型、知识模型、物理化学模型、数学模型等。

(3) 网络模型与算法研究:在理论模型研究的基础上构建具体的神经网络模型,以实现计算机模拟或准备制作硬件,包括网络学习算法的研究。这方面的工作也称为技术模型研究。

（4）人工神经网络应用系统：在网络模型与算法研究的基础上，利用人工神经网络组成实际的应用系统。例如，完成某种信号处理或模式识别的功能、构造安全系统、制成机器人等等。

（5）石油工程中应用：在石油工程中，可以运用 BP 运算预测气井积液，还可以预测渗透率等。

下面为人工智能神经网络在油气预测应用中的实例。

塔里木盆地经历了近 40 年的油气勘探，取得了十分丰硕的成果。但对含油气性评价传统做法是通过目视对比，凭借解释人员的经验分区分类给出地质判断。在多维信息情况下，采用目视对比、综合分析的方法显然不能满足复杂地质背景下油气预测的要求，所以使用人工神经网络方法，进行雅克拉构造的含油气性评价。

常用的人工神经网络是 BP 网络，它由输入层、隐含层和输出层三部分组成。BP 算法是一种有监督的模式识别方法，包括学习和识别两部分，其中学习过程又可分为正向传播和反向传播两部分。正向传播开始时，对所有的连接权值置随机数作为初值，选取模式集的任一模式作为输入，转向隐含层处理，并在输出层得到该模式对应的输出值。每一层神经元状态只影响下一层神经元状态。此时，输出值一般与期望值存在较大的误差，需要通过误差反向传递过程，计算模式各层神经元权值的变化量。这个过程不断重复，直至完成对该模式集所有模式的计算，产生这一轮训练值的变化量，在修正网络中各种神经元的权值后，网络重新按照正向传播方式进行输出。实际输出值与期望值之间的误差可以通过新一轮的权值修正。正向传播与反向传播过程循环往复，直到网络收敛，得到收敛后的互联权值和阈值。

BP 算法的计算步骤如下。

（1）初始化连接权值和阈值为一小的随机值，即 $W(0)$＝任意值(0)－任意值。

（2）输入一个样本 X。

（3）正向传播，计算实际输出，即根据输入样本值、互联权值和阈值，计算样本的实际输出。其中输入层的输出等于输入样本值。

（4）计算实际输出与理想输出的误差。

（5）误差反向传播，修改权值。

（6）判断收敛，若误差小于给定值，则结束；否则转向步骤（2）。

我们取沙 4 井周围 9 个点即 4～6 线的 23～25 点作为已知油气的训练样本，由于区内没有未见油的钻井，只好根据地质资料分析，选取 14～16 线的 55～57 点作为非油气的训练样本。BP 网络学习迭代 17174 次，总误差为 0.0001。

由于 T5 构造面反映了局部构造的起伏变化，其局部隆起部位应是油气运移和富集的有利部位（图 7.4），在 BP 神经网络方法中增加了 T5 构造面这一地质信息，预测油气有利部位与构造高部位有关，它可以作为判断含油气性的因素。学习效果相当满意，以学习后的网络进行识别，其处理结果细节细致、地质效果好，对油气远景区进行分类和预测如下。

1 号油气远景区是沙 4 井及周围地区；2、3 号油气远景区位于托库 1、2 号构造，托库 1、2 号构造位于沙雅隆起的东段，其西段是见高产油气流的沙参 2 井，它们都在同一个断隆带上，应是含油气性最好的远景区，从预测结果看，其条件优于北部的 4、5 号远景区；4、5 号远景区位于大涝坝构造，是雅哈油田的组成部分（图 7.5）。

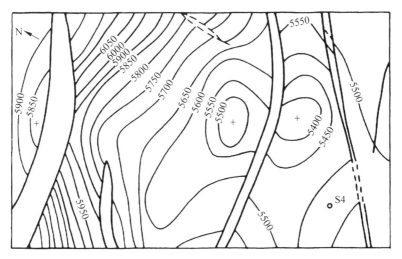

图 7.4　塔北雅克拉地区 BP 神经网络 T5 构造图

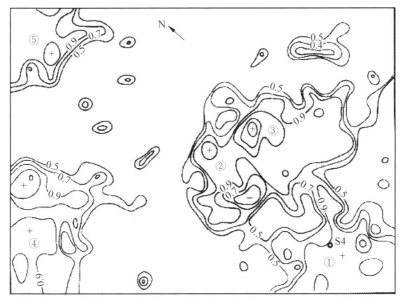

图 7.5　塔北雅克拉地区 BP 神经网络聚类图

7.6　支持向量机的发展历史

　　支持向量机(support vector machines,SVM)是 Vapnik 等 1995 年首先提出的一种基于统计学习理论的新机器学习技术,是机器学习领域的一项重大成果。支持向量机方法是建立在统计学习理论的 VC 维理论和结构风险最小原理基础上的,根据有限的样本信息在模型的复杂性(对特定训练样本的学习精度)和学习能力(无错误地识别任意样本的能力)之间寻求最佳折中,以期获得最好的推广能力。支持向量机在解决小样本、非线性及高维模式识别问题中表现出许多特有的优势,并且能够推广到函数逼近和概率密度估计等其他机器学习问题中。与传统人工神经网络相比,支持向量机不仅结构简单,而且各种技术性能尤其是泛化能力明显提高。由于其出色的学习性能,该技术已经成为继神经网络之后新的研究热点,并在很多领域得到成功的应用,如人脸检测、文本自动分类、字符识别、负荷预测、时间序列分析、汽轮机故障诊断、变压器故障诊断、非线性系统辨识等。

随着科学技术的飞速发展及计算机、Internet 的日益普及,越来越多的复杂非线性高维数据需要分析、处理,这也给传统的统计学方法提出了严峻挑战。从数据中发现知识是分析复杂数据、建立决策系统的基石。模式分类和回归分析是知识发现中的重要内容,也是处理许多其他问题的核心。

罗森布拉特(Rosenblatt)在 1958 年提出了第一个称作感知器的学习机器模型,标志着人们对学习过程进行数学研究的真正开始。Rosenblatt 的主要贡献是把感知器模型表现为一个计算机程序,并且通过简单的试验,说明此模型的可推广性。误差反向传播(BP)算法可以同时寻找多个神经元的权值,标志着构造一般性学习机器研究的完成。学习机器的研究历史进入了一个新阶段,即人工神经元网络(artificial neural networks,ANN)时代。在随后十几年中,人们在许多领域对神经网络进行了深入细致的研究,不但在实际应用中取得了良好效果,而且提出了若干其他神经网络模型,如自组织映射模型、反馈型及随机型神经网络等等。尽管神经网络在许多应用领域都取得了重要成果,但其实现过程过多地依赖于人的主观意识和先验知识,而不是建立在严格的理论基础之上,并要求有足够多的样本数据,而这些要求在实际应用中往往难以达到,这就使其在实际应用中效果并不理想。神经网络方法虽然很好地解决了非线性问题,但由于其自身存在结构不易确定、易陷入局部极小等缺陷,从而限制了其实际应用。另外,神经网络的学习算法仅仅试图使经验风险最小化,并没有使期望风险最小化,与传统的最小二乘法相比,在原理上缺乏实质性的突破,这也是神经网络过拟合现象产生的原因,从而导致其推广能力下降。因此,难以对神经网络模型的性能及其适用范围进行理论分析。也正因为如此,人们在十几年的神经计算研究中,并没有给一般的学习理论带来更大的贡献。

传统统计学研究的内容是样本无穷大时的渐进理论,即当样本数据趋于无穷大时的统计性质,而实际问题中样本数据往往是有限的,因此,假设样本数据无穷大,并以此为基础推导出的各种算法,很难在样本数据有限时取得理想的应用效果。神经网络的过学习问题就是一个典型的例子,当样本数据有限时,本来具有良好学习能力的机器学习可能表现出很差的泛化性能。20 世纪 70 年代诞生的统计学习理论(statistical learning theory,SLT)系统地研究了机器学习问题。它为有限样本情况下的统计学习问题提供了一种有效的解决途径,弥补了传统统计学和神经网络机器学习的不足。

统计学习理论是一种专门研究小样本情况下机器学习规律的基本理论和数学构架,也是小样本统计估计和预测学习的最佳理论。万普尼克(Vapnik)等从 20 世纪六七十年代开始致力于此方面研究。到 20 世纪 90 年代中期,随着该理论的不断发展和成熟,产生了基于统计学习理论体系新的通用机器学习方法,即支持向量机。它与神经网络机器学习方法有着很大的不同。神经网络及其学习算法的构造是模拟生物信息处理方式,而支持向量机的思想来源于最小化错误率的理论界限。这些界限是通过对学习过程的形式化分析得到的。基于这一思想产生的支持向量机算法,不但具有良好的数学性质,如解的唯一性、不依赖输入空间的维数等等,而且在应用中也表现出了良好的性能,它所得到的最优解超越了传统学习方法,如神经元网络。由于统计学习理论为解决小样本情况下的机器学习问题提供了有力的理论基础,基于这一理论体系下的支持向量机表现出了优良特性,人们开始重视这一新的学术方向。尤其是万普尼克在1995年发表的著作《统计学习理论的本质》,极大地促进了统计学习理论的研究。

统计学习理论被认为是目前针对小样本统计估计和预测学习的最佳理论。它从理论上系统地研究了经验风险最小化原则成立的条件、有限样本下经验风险与期望风险的关系,以及如何利用这些理论找到新的学习原则和方法的问题。统计学习理论的主要内容包括:基于经验的风险最小化(empirical risk minimization,ERM)原则的学习过程具有一致性的充分必要条件;学习过程收敛速度的非渐进理论,即学习过程收敛的速度问题;控制学习过程推广能力的理论,即研究如何控制学习过程的推广能力;构造学习算法的理论,即研究如何构造能够控制推广能力的学习机器。

7.7 支持向量机研究现状

动态预测分析是根据过去和现在的已知来推测未知,是对所预测事件发展过程中可能发生的一些不确定性因素和未知事件做出定性和定量描述。动态预测分析的过程是从过去和现在已知的情况出发,利用一定的方法或技术探索或模拟不可知的、未出现的或复杂的中间过程,再推断出未来的结果,如图7.6所示。

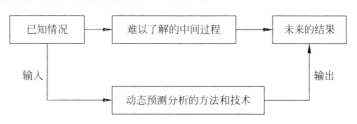

图 7.6 动态预测分析过程指示图

动态预测是人工智能、推理、机器学习中很重要的研究课题。在机器学习过程中,主要是对现实情况进行抽象,建立数学模型,然后进行学习和测试。对于预测问题,尤其是分类和回归问题,主要是根据训练集建立模型并进行学习和训练,然后根据测试集进行验证。学习是人类特有的一种能力,是系统积累经验以改善其性能的过程。机器学习是继专家系统之后人工智能应用的又一重要研究领域,也是人工智能和神经计算的核心研究课题之一。

支持向量机是基于统计学习理论的新一代机器学习技术。由于使用结构风险最小化原则代替经验风险最小化原则,它较好地解决了小样本情况下的学习问题。又由于采用核函数思想,它能把非线性问题转化为线性问题来解决,从而降低算法的复杂度。支持向量机的预测能力比神经网络等其他机器学习算法优越得多,因此掀起了近期机器学习的热潮。分类和回归是机器学习中很重要的两类预测方法,根据观察值是否连续,可以将支持向量机在预测方面的应用分为分类问题和回归问题。

7.7.1　支持向量机在分类方面的应用研究

支持向量机方法在理论上具有突出的优势，贝尔实验室率先在美国邮政手写数字库识别研究方面应用了支持向量机方法，取得了成功。在随后的几年内，有关支持向量机的应用研究得到了很多领域学者的重视，在人脸检测、验证和识别、说话人/语音识别、文字/手写体识别、图像处理及其他应用研究方面取得了大量的研究成果，从最初简单模式输入的支持向量机方法研究，到多种方法取长补短的联合应用研究，对支持向量机方法也有了很多改进。

奥苏纳(Osuna)最早将支持向量机应用于人脸检测，并取得了较好的效果。其方法是直接训练非线性支持向量机分类器，完成人脸与非人脸的分类。由于支持向量机的训练需要大量的存储空间，并且非线性支持向量机分类器需要较多的支持向量，速度很慢。为此马勇等提出了一种层次型结构的支持向量机分类器，它由一个线性支持向量机组合和一个非线性支持向量机组成。检测时，由前者快速排除图像中绝大部分背景窗口，而后者只需对少量的候选区域做出确认；训练时，在线性支持向量机组合的限定下，与"自举"方法相结合可收集到训练非线性支持向量机的更有效的非人脸样本，简化支持向量机训练的难度。大量实验结果表明，这种方法不仅具有较高的检测率和较低的误检率，而且具有较快的速度。人脸检测研究中更复杂的情况是姿态的变化。叶航军等提出了利用支持向量机方法进行人脸姿态的判定，将人脸姿态划分为 6 个类别，从一个多姿态人脸库中手工标定训练样本集和测试样本集，训练基于支持向量机姿态分类器，分类错误率降低到 1.67%，明显优于传统方法中效果最好的人工神经元网络方法。

说话人识别属于连续输入信号的分类问题，支持向量机是一个很好的分类器，但不适合处理连续输入样本。为此，忻栋等引入隐式马尔可夫模型(HMM)，建立了支持向量机和隐式马尔可夫模型的混合模型。隐式马尔可夫模型适合处理连续信号，而支持向量分类机适合于分类问题；隐式马尔可夫模型的结果反映了同类样本的相似度，而支持向量机的输出结果则体现异类样本间的差异。为了方便与隐式马尔可夫模型组成混合模型，首先将支持向量机的输出形式改为概率输出。实验中使用 YOHO 数据库，特征提取采用 12 阶的线性预测系数分析及其微分，组成 24 维的特征向量。实验表明，隐式马尔可夫模型和支持向量机的结合达到了很好的效果。

贝尔实验室对美国邮政手写数字库进行的实验，人工识别平均错误率是 2.5%，专门针对该特定问题设计的 5 层神经网络错误率为 5.1%(其中利用了大量先验知识)，而用 3 种支持向量机方法(采用 3 种核函数)得到的错误率分别为 4.0%、4.1% 和 4.2%，且是直接采用 16×16 的字符点阵作为输入，表明支持向量机的优越性能。手写体数字 0～9 的特征可以分为结构特征、统计特征等。柳回春等在 UK 心理测试自动分析系统中组合支持向量机和其他方法成功地进行了手写数字的识别实验。另外，在手写汉字识别方面，高学等提出了一种基于支持向量机的手写汉字的识别方法，表明支持向量机对手写汉字识别的有效性。

其他研究还有应用支持向量机进行文本分类、应用支持向量机构造自底向上二叉树结构进行空间数据聚类分析等。近年来，支持向量机在工程实践、化学化工等方面也取得了很多有益的应用研究成果，其应用领域日趋广泛。

7.7.2　支持向量机在回归估计方面的应用研究

近年来,支持向量机在回归估计方面的应用也取得了不小的进展,已经成功应用于负荷预测、时间序列分析、汽轮机故障诊断、变压器故障诊断、非线性系统辨识等。

在负荷预测领域,支持向量机凭借其优越的性能获得了众多青睐。随着原来只针对分类问题提出的支持向量机被推广到回归问题中,基于支持向量机方法的负荷预测研究方兴未艾,成为负荷预测当前研究的热点。

对标准测试数据库之一的波士顿住房数据集,支持向量回归机显示了优异的性能。该数据库有 506 个 13 维实际数据样本,在试验中,随机取出 481 个作为训练集,剩余的 25 个作为测试集。试验结果表明,v-支持向量回归机和 ε-支持向量回归机优于其他方法,例如 Bagging 回归方法、自举回归方法,并且说明了参数 v 的选择可以控制支持向量的比率。

时间序列分析是应用回归技术的一个领域,支持向量回归机也显示了在该领域的出色能力,在文献中,对来自 Santa Fe 研究所提供的诸多测试数据库,采用 ε-不敏感损失函数或 Huber 损失函数的支持向量回归机优于其他的时间序列分析方法。文献用支持向量回归机的各种模型及 RBF 网络对混沌时间序列进行了预测,同时比较了它们的预测性能。混沌时间序列分别为 Logistic 映射、Henon 映射和 Mackey-Glass 方程,都取其中 300 个样本,前 280 个作为训练集,后 20 个作为测试集。该研究提出在实际应用中,应根据噪声水平的大小及对预测精度、运算速度等的不同要求合理地选择模型。另外,如何合理地选择各模型中的参数仍需进一步研究。

针对证券市场上的时间序列数据,文献提出了一种新的支持向量回归机方法,它用一个关于 C 的连续上升函数替代了固定的参数 C,从而对不同时期的训练数据给予不同的权重。并将该方法对来源于 Chicago Mercantile 的两个证券数据库进行了测试,结果表明其效果优于标准的支持向量回归机。

经济预警可以看作回归问题。文献将支持向量机回归算法用于非线性建模,并将其应用于建立具有非线性、时变、大时延的温室环境温度变化的模型。文献提出一种基于支持向量机理论的交通量预测方法,并实验证明了其在交通量预测中的有效性。

支持向量回归机的研究与应用不如支持向量分类机的深入、广泛,也正因为如此,给我们留下了更多的探索空间。

7.8　支持向量机的性质特点

鉴于传统预测方法的缺陷,本研究将支持向量机的方法引入动态预测领域中。支持向量机是借助最优化方法解决机器学习问题的新工具,自 20 世纪 90 年代出现后,受到人们的广泛关注,近年来在其理论研究和算法实现方面都取得了突破性进展,开始成为机器学习领域新的研究热点。支持向量机将机器学习问题转化为求解最优化问题,并应用最优化理论构造算法。支持向量机是建立在统计学习理论中 VC 维和结构风险最小化基础上的一种全新的学习机器。它根据有限的样本信息在模型的复杂性(对特定训练样本的学习精度)和学习能力(无错误地识别任意样本的能力)之间寻求最佳折中,以期获得最好的推广能力。

支持向量机方法的主要优点如下。

（1）专门针对有限样本情况，其目标是得到现有信息下的最优解而不仅仅是样本数趋于无穷大时的最优值。

（2）算法最终将转化为一个二次型寻优问题，从理论上说，得到的将是全局最优点，解决了在神经网络方法中无法避免的局部极值问题。

（3）算法将实际问题通过非线性变换转换到高维的特征空间，在高维空间中构造线性判别函数来实现原空间中的非线性判别函数。这一特殊性质保证机器有较好的推广能力，同时巧妙地解决了维数问题，其算法复杂度与样本维数无关。

因此，采用支持向量机的方法建立预测模型，误差小、精度高，能够解决人工神经网络结构难以确定、拟合不够或过拟合、容易陷入局部极小点等诸多问题，并且具有出色的小样本性能。

7.9　支持向量机的数学基础

7.9.1　统计学习理论

1. 理论背景

基于数据的机器学习是现代智能技术中一个十分重要的方面。机器学习的目的是根据给定的训练样本求对某系统输入输出之间依赖关系的估计，使它能够对未知输出做出尽可能准确的预测。机器学习一般地可以表示为：变量 y 与 x 存在一定的未知依赖关系，即遵循某一未知的联合概率 $F(x,y)$，x 和 y 之间的确定性关系可以看作其特例，机器学习问题就是根据 n 组独立同分布观测样本 (x_1,y_1)，(x_2,y_2)，$\cdots$，(x_n,y_n)，在一组函数 $\{f(x,w)\}$ 中，求一个最优的函数 $f(x,w_0)$，用以对 x 和 y 之间的依赖关系进行估计，使期望风险最小，即

$$\min R(w) = \int L(y, f(x,w)) \mathrm{d}F(x,y) \tag{7.25}$$

其中，预测函数集 $\{f(x,w)\}$ 可以表示任何函数集合，w 为函数的广义参数，$L(y, f(x,w))$ 为用 $f(x,w)$ 对 y 进行预测而造成的损失。不同类型的学习问题有不同形式的损失函数。

统计模式识别的传统方法都是在样本数足够多的前提下进行研究，所提出的各种方法只有在样本数趋于无穷大时其性能才有理论上的保证。而在实际的应用中，样本数通常是有限的，于是人们采用所谓的经验风险最小化准则，即用样本定义经验风险：

$$R_{\mathrm{emp}}(w) = \frac{1}{n}\sum_{i=1}^{n} L(y_i, f(x_i, w)) \tag{7.26}$$

机器学习就是要设计学习算法，使 $R_{\mathrm{emp}}(w)$ 最小化，作为对式(7.26)的估计。多年来人们将大部分注意力集中到如何更好地最小化经验风险上，但是从期望风险最小化到经验风险最小化并没有可靠的理论依据。首先，$R_{\mathrm{emp}}(w)$ 和 $R(w)$ 都是 w 的函数，概率论中的大数定理只说明在一定条件下，当样本数趋于无穷大时，$R_{\mathrm{emp}}(w)$ 将在概率意义上趋近于 $R(w)$，并不能保证使 $R_{\mathrm{emp}}(w)$ 最小的 w 与使 $R(w)$ 最小的 w 是同一点，更不能保证 $R_{\mathrm{emp}}(w)$ 能够趋近于 $R(w)$；其次，即使有办法使这些条件在样本数无穷大时得到保证，也

无法认定在这些前提下得到的经验风险最小化方法在样本数有限时仍能得到好的结果。万普尼克等早在20世纪60年代就开始研究有限样本情况下的机器学习问题,但直到80年代末,也没有提出能将其理论付诸实践的较好办法,直到90年代中期,有限样本情况下的机器学习理论研究才逐渐成熟起来,形成了一个较完善的理论体系——统计学习理论。它能将很多现有方法纳入其中,有望解决许多原来难以解决的问题,如学习能力和推广能力的统一。1992—1995年,万普尼克等又在统计学习理论的基础上,发展出一种新的通用学习方法——支持向量机,其在解决小样本、非线性及高维模式识别问题方面表现出许多特有的优势,并且能够推广到函数逼近和概率密度估计等其他机器学习问题中。目前,SVM算法在模式识别、回归估计、概率密度函数估计等方面都有应用。统计学习理论和支持向量机已经成为国际上机器学习领域新的研究热点。

2. "VC维"和"推广性的界"

为了研究学习过程一致收敛的速度和推广性,统计学习理论定义了一系列有关函数集学习性能的指标,其中最重要的是万普尼克和泽范兰杰斯(Chervonenkis)提出的VC维(VC由万普尼克和泽范兰杰斯名字的首字母组合而成)。VC维是统计学习理论中的一个核心概念,它是目前为止对函数集学习性能最好的描述指标。一个函数集的VC维可以理解为由其分类函数能正确给予所有可能二值标识的最大训练样本数,也就是说,如果存在 h 个样本的样本集能够被函数集打散,而不存在 $h+1$ 个样本的样本集能够被函数集打散,则函数集的VC维就是 h。如果对于任意的样本数,总能找到一个样本集能够被这个函数集打散,则函数集的VC维就是无穷大。应当指出,这里是存在 h 个样本的样本集能够被函数集打散,不是指任意 h 个样本的样本集能够被函数集打散。是函数集的VC维而不是其自由参数个数影响了学习机器的推广性能。这给我们克服所谓的"维数灾难"创造了一个很好的机会:以一个包含很多参数但却有较小VC维的函数集为基础实现较强的推广性。

统计学习理论系统地研究了各种类型函数集的经验风险和实际风险之间的关系,即推广性的界。关于两类分类问题有如下结论:对指示函数集中的所有函数(包括使经验风险最小化的函数),经验风险 $R_{emp}(w)$ 和实际风险 $R(w)$ 之间至少以概率 $1-\eta$。满足下列关系:

$$(w) \leqslant R_{emp}(w) + \sqrt{\frac{h\ln\frac{2n}{h} - \ln\frac{\eta}{4}}{n}} \tag{7.27}$$

其中, $\sqrt{\dfrac{h\ln\dfrac{2n}{h} - \ln\dfrac{\eta}{4}}{n}}$ 记为 $\phi(n/h)$,h 是函数集的VC维,n 是样本数,η 是满足 $0 < \eta < 1$ 的参数,$\phi(n/h)$ 称作置信范围,也有人把它叫作VC信任。置信范围不但受置信水平 $1-\eta$ 的影响,而且更是函数集的VC维和训练样本数的函数,且随着它们比值的增加而单调减少。因为这个界限反映了根据经验风险最小化原则得到的机器学习的推广能力,所以称它为推广性的界(图7.7)。

可以看出,置信界限反映了真实风险和经验风险差值的上确界,它和学习机器的VC维 h 及训练样本数 n 有关。因此,要想得到期望风险最小值,除了控制经验风险最小外,还要

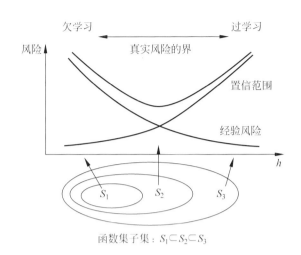

图 7.7   有序风险最小化示意图

控制函数集的置信界限,而置信界限随着函数集 VC 维的增长而增大。在有限训练样本下,学习机器的复杂性越高,VC 维越高,则置信界限越大,也就导致真实风险与经验风险之间可能的差别越大。在神经网络中存在一个过学习现象,其原因首先是学习样本不充分,其次是学习机器的复杂性过高,导致它的 VC 维过大,以至于在经验风险最小的情况下,函数集的置信界限很大,所以其推广能力仍然很差。

3. 结构风险最小化

从上面的结论中看到,经验风险最小化原则在样本有限时是不合理的,我们需要同时最小化经验风险和置信范围。其实,在传统方法中,选择学习模型和算法的过程就是调整置信范围的过程,如果模型比较适合现有的训练样本(相当于 h/n 值适当),则可以取得比较好的效果。但因为缺乏理论指导,这种选择只能依赖先验知识和经验,造成神经网络等方法对使用者"技巧"的过分依赖。

统计学习理论提出了一种新的策略,即把函数集构造为一个函数子集序列,使各子集按照 VC 维的大小(亦即 ϕ 的大小)排列;在每个子集中寻找最小经验风险,在子集间折中考虑经验风险和置信范围,取得实际风险的最小化。这种思想称作结构风险最小化准则。统计学习理论还给出了合理的函数子集结构应满足的条件及在 RM 准则下实际风险收敛的性质。

实现 SRM 原则可以有两种思路。一种是在每个子集中求最小经验风险,然后选择使最小经验风险和置信范围之和最小的子集。显然这种方法比较费时,当子集数很大甚至是无穷时不可行。因此有第二种思路,即设计函数集的某种结构使每个子集中都能取得最小的经验风险(如使训练误差为 0),然后只需选择适当的子集使置信范围最小,则这个子集中使经验风险最小的函数就是最优函数。支持向量机方法实际上就是这种思想的具体实现。

7.9.2   支持向量机的基本原理

支持向量机于 1995 年提出,包括支持向量分类机(support vector classification,SVC)

和支持向量回归机（support vector regression，SVR）。支持向量机建立在结构风险最小化原则基础之上，是统计学习理论中最新的内容。具有很强的学习能力和泛化性能，能够较好地解决小样本、高维数、非线性、局部极小等问题，可以有效地进行分类、回归、密度估计等。目前，支持向量机已经在很多领域得到成功应用。

1. 支持向量分类机理论

虽然支持向量分类机问题是一种新兴起的方法，但分类问题并不是新问题，是数据挖掘的迅速发展赋予它新的意义，再次引起了人们的注意。支持向量分类机在分类问题中的优势也逐渐体现出来。

分类问题的数学描述及支持向量分类机的思想，其本质在于寻找一个把 R^L 空间的点分成两部分的规则，其基本思想由图 7.8 中简单线性可分问题说明。图中，实心点和空心点代表两类样本，H 为分类超平面，H_1、H_2 分别代表过各类中离 H 最近的样本且平行于 H 的面，它们之间的距离称为分类间隔。所谓最优化分类面就是要求不但能将两类正确分开，而且使分类间隔最大。

设支持向量分类机为 $x_i = (x^1, x^2, \cdots, x^n)$，$x_i \in \mathbf{R}^n$，期望输出为 y_i，$y_i \in \{1, -1\}$，$i = 1, 2, \cdots, l$。那么训练样本集就为 $\{(x_i, y_i), i = 1, 2, \cdots, l\}$，由二类别组成，如果 $x_i = R_n$ 属于第 1 类，则标记为正 $y_i = 1$；如果属于第 2 类，则标记为负 $y_i = -1$。学习的目标是构造一个判别函数，将测试数据尽可能正确地分类（图 7.9）集为线性、非线性两种情况分别讨论。

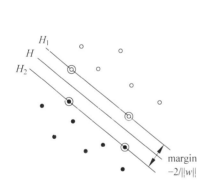

图 7.8　线性可分情况下的分类超平面

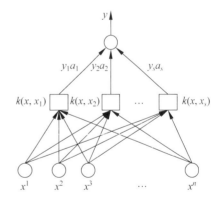

图 7.9　支持向量分类机的基本原理图

1）线性情况

如果存在分类超平面 $w \cdot x + b = 0$，使：

$$w \cdot x + b \geqslant 1$$
$$w \cdot x + b \leqslant -1, \quad y_i = -1, \quad i = 1, 2, \cdots, l \tag{7.28}$$

则称训练集是线性可分的，其中，$w \cdot x$ 表示向量 $w \in \mathbf{R}^n$ 与 $x_i \in \mathbf{R}^n$ 的内积。$w \in \mathbf{R}^n$，$b \in \mathbf{R}$ 都进行了规范化，使每类样本集中与分类超平面距离最近的数据点满足式（7.28）的要求。对于式（7.28），可写成如下形式：

$$w \cdot x + b \geqslant 1, \quad y_i = -1, \quad i = 1, 2, \cdots, l \tag{7.29}$$

由统计学习理论知，如果训练样本集没有被超平面错误分开，并且距超平面最近的样本数据与超平面之间的距离最大,则该超平面为最优超平面(见图 7.8)。

由此得到的判别函数:

$$y(x) = \text{sgn}(\boldsymbol{w} \cdot \boldsymbol{x} + b) \tag{7.30}$$

其泛化能力最优,其中,sgn($\cdot$)为符号函数。对最优超平面的求解需要最大化 $2/\parallel \boldsymbol{w} \parallel^2$,即最小化 $\parallel \boldsymbol{w} \parallel^2/2$,这样可转换成如下的二次规划问题:

$$\min_{w,b} \frac{1}{2} \parallel \boldsymbol{w} \parallel^2$$
$$\text{s.t. } y_i(\boldsymbol{w} \cdot \boldsymbol{x} + b) \geqslant 1, \quad i = 1, 2, \cdots, l \tag{7.31}$$

训练样本集为线性不可分时,需引入非负松弛变量 $\xi_i, i = 1, 2, \cdots, l$,分类超平面的最优化问题为

$$\min_{w,b,\xi} \frac{1}{2} \parallel \boldsymbol{w} \parallel^2 + C \sum_{i=1}^{l} \xi_i$$
$$\text{s.t.} \begin{cases} y_i(\boldsymbol{w} \cdot \boldsymbol{x}_{i+b}) \geqslant 1 - \xi_i \\ \xi_i \end{cases}, \quad i = 1, 2, \cdots, l \tag{7.32}$$

其中,C 为惩罚参数,C 越大表示对错误分类的惩罚越大。采用拉格朗日乘子法求解这个具有线性约束的二次规划问题,即

$$\max_{a_i, b_i} \min_{w,b,\xi} \frac{1}{2} \parallel \boldsymbol{w} \parallel^2 + C \sum_{i=1}^{l} \xi_i - \sum_{i=1}^{l} a_i [y_i(\boldsymbol{w} \cdot \boldsymbol{x}_i + b) - 1 + \xi_i] - \sum_{i=1}^{l} b_i \xi_i$$
$$\text{s.t. } a_i \geqslant 0, \quad b_i \geqslant 0 \tag{7.33}$$

式中,a_i, b_i 为拉格朗日乘子,由此得到:

$$\frac{\partial Lp}{\partial w} = 0 \rightarrow w = \sum_{i=1}^{l} a_i y_i x_i \tag{7.34}$$

$$\frac{\partial Lp}{\partial b} = 0 \rightarrow \sum_{i=1}^{l} a_i y_i = 0 \tag{7.35}$$

$$\frac{\partial Lp}{\partial \xi} = 0 \rightarrow C - a_i - b_i \tag{7.36}$$

将式(7.34)~式(7.36)代入式(7.33),得到对偶最优化问题:

$$\max_{a_i} Lp = \sum_{i=1}^{l} a_i - \sum_{i=1}^{l} \sum_{j=1}^{l} a_i a_j x_i x_j y_i y_j$$
$$\text{s.t. } 0 \leqslant a_i \leqslant C$$
$$\sum_{i=1}^{l} a_i y_i = 0 \tag{7.37}$$

最优化求解得到的 a_i 可能是:①$a_i = 0$;②$0 \leqslant a_i \leqslant C$;③$a_i = C$。后两者所对应的 x_i 为支持向量。由式(7.34)知,只有支持向量对、有贡献,也就对最优超平面、判别函数有贡献,所对应的学习方法称为支持向量机。在支持向量中,③所对应的 x_i 称为边界支持向量(BSV),实际上是错分的训练样本点;②所对应的 x_i,称为标准支持向量(NSV)。根据Karus-Kuhn-Tuche 条件(简称 KKT 条件)知,在最优点,拉格朗日乘子与约束的积为 0,即

$$a_i[y_i(\boldsymbol{w}^{\text{T}} \cdot \boldsymbol{x}_i + b) - 1 + \xi_i] = 0 \tag{7.38}$$

对于标准支持向量$(0 \leqslant a_i \leqslant C)$由式(7.36)得到$b_i > 0$,则由式(7.38)得到$\xi_i = 0$,因此,对于任一标准支持向量$x_i$,满足:

$$a_i(\boldsymbol{w}^T \cdot x_i + b) = 1 \tag{7.39}$$

从而计算参数b为

$$b = y_i - \boldsymbol{w}^T \cdot x_i = y_i - \sum_{j=1}^{l} a_j y_j x_j x_i \tag{7.40}$$

2)非线性情况

训练集为非线性时,通过一个非线性函数$\varphi(x)$将训练集数据x映射到一个高维线性特征空间,在这个维数可能为无穷大的线性空间中构造最优分类超平面,并得到分类器的判别函数。因此,在非线性情况下,分类超平面为

$$w\varphi(x) + b = 0 \tag{7.41}$$

判别函数为

$$y(x) = \text{sng}(w\varphi(x) + b) \tag{7.42}$$

最优分类超平面问题描述为

$$\min_{w,b,\xi} \frac{1}{2} \| w \|^2 + C \sum_{i=1}^{l} \xi_i$$
$$\text{s.t.} \begin{cases} y_i(\boldsymbol{w}^T \cdot x_{i+b}) \geqslant 1 - \xi_i \\ \xi_i \end{cases}, \quad i = 1, 2, \cdots, l \tag{7.43}$$

类似于线性,得到对偶最优化问题:

$$\max_{a_i} Lp = \sum_{i=1}^{l} a_i - \sum_{i=1}^{l}\sum_{j=1}^{l} a_i a_j y_i y_j \varphi(x_i)\varphi(x_j)$$
$$= \sum_{i=1}^{l} a_i - \sum_{i=1}^{l}\sum_{j=1}^{l} a_i a_j y_i y_j K(x_i x_j)$$
$$\text{s.t.} \quad 0 \leqslant a_i \leqslant C \tag{7.44}$$
$$\sum_{i=1}^{l} a_i y_i = 0$$

其中,$K(x_i x_j) = \varphi(x_i)\varphi(x_j)$,称为核函数。

判别函数为

$$y(x) = \text{sgn}\left[\sum_{i=1}^{l} a_i y_j K(x_i x) + b\right] \tag{7.45}$$

其中,阈值b:

$$b = y_j - \sum_{j=1}^{l} a_j y_j K(x_i x) \tag{7.46}$$

由式(7.44)~式(7.46)知,尽管通过非线性函数将样本数据映射到具有高维甚至无穷维的特征空间,并在特征空间中构造最优分类超平面,但在求解最优化问题和计算判别函数时并不需要显式计算该非线性函数,而只需计算核函数,从而避免特征空间维数灾难问题。核函数的选择必须满足 Mercer 条件。

定理 7.1(Merce 定理) $K(X, X')$表示一个连续的对称核,其中 X 定义在闭区间$a \leqslant$

$X \leqslant b$, X' 类似。核 $K(X, X')$ 可以展开为级数:

$$K(X, X') = \sum_{i=1}^{\infty} \lambda_i \varphi_i(X) \varphi_i(X') \tag{7.47}$$

式中,所有的 λ_i 均是正的。为保证这个展开式是合理并且是绝对一致收敛的,其充要条件为

$$\int_0^a \int_0^a K(X, X') \psi_i(X) \psi_i(X') \mathrm{d}X \mathrm{d}X' \geqslant 0 \tag{7.48}$$

对于所有满足 $\int_0^a \psi^2(X) \mathrm{d}X < \infty$ 的 $\psi(\cdot)$ 成立。

函数 $\psi_i(X)$ 称为展开的特征函数,λ_i 称为特征值。所有的特征值均为正数,这个事实意味着核 $K(X, X')$ 是正定的。

常见的核函数有:

多项式函数

$$K(x, y) = (xy + 1)^d \tag{7.49}$$

径向基函数

$$K(x, y) = \exp\left(-\frac{\|x - y\|^2}{2\sigma^2}\right) \tag{7.50}$$

多层感知器函数

$$K(x, y) = \tanh[b(xy) - c] \tag{7.51}$$

关于支持向量分类机方法的说明:

(1) 支持向量分类机方法本质上是一个非负的二次型优化问题,理论上可以得到全局最优的解析解,因此支持向量分类机不存在局部最优化问题。

(2) 支持向量分类机的重要特征之一是解的稀疏性,即多数最优值 a_i 为 0,只有少量的 a_i 不为 0,也就是说只需少量样本(支持向量)就可构成最优分类器,这样有用的样本数据大大压缩。

(3) 对于式(7.34)~式(7.36)的 KKT 条件,也可以写为(非线性情况)

$$y_i(w\varphi(x_i) + b) > 1, \quad a_i = 0$$
$$y_i(w\varphi(x_i) + b) = 1, \quad 0 \leqslant a_i \leqslant C$$
$$y_i(w\varphi(x_i) + b) < 1, \quad a_i = C \tag{7.52}$$

由于 KKT 条件是充要条件,利用上式可判别 a_i 是否为最优。

2. 支持向量回归机理论

类似于支持向量分类机,支持向量回归机也分为线性情况和非线性情况两类,这里不再做重复介绍。在以下的算法中我们都仅讨论非线性情形,因为线性情况可以看作非线性的。

一种特殊情况,相当于 $\phi(x)$ 为线性函数,即 $K(x_i, x_j) = x_i x_j$。假设函数集合 $F = \{f \mid f(x) = w^{\mathrm{T}} \cdot \phi(x) + b\}$,其中 $w \in \mathbf{R}^n$ 表示输入样本的空间。回归问题就是要找到一个函数 $f \in F$,使该函数在训练样本上的值与样本期望值之间的误差不大于给定的误差 ε。若取假设函数集为线性函数集 $= \{f \mid f(x) = w^{\mathrm{T}} \phi(x) + b\}$,其中,权值 $w \in \mathbf{R}^n$,$b \in \mathbf{R}$ 是阈值,则可以将回归问题描述为下面的凸优化问题:

$$\min_{w,b} \frac{1}{2} \| w \|^2 \tag{7.53}$$

$$\text{s.t.} \begin{cases} y_i - (w^T \cdot \phi(x_i) + b) \leqslant \varepsilon \\ (w^T \cdot \phi(x_i) - y_i) \leqslant \varepsilon \end{cases}, \quad i = 1, 2, \cdots, l$$

如果允许一定的误差存在的话,类似于分类情形,我们对式(3.28)引入松弛变量 ξ_i, ξ_i^*,从而得到如下的优化问题:

$$\min_{w,b,\xi} \frac{1}{2} \| w \|^2 + C \sum_{i=1}^{l} (\xi_i + \xi_i^*) \tag{7.54}$$

$$\text{s.t.} \begin{cases} y_i - (w^T \cdot \phi(x_i) + b) \leqslant \varepsilon + \xi_i^* \\ (w^T \cdot \phi(x_i) + b) - y_i \leqslant \varepsilon + \xi_i^*, \quad i = 1, 2, \cdots, l \\ \xi_i^*, \xi_i^* \geqslant 0 \end{cases}$$

其中,常量 $C > 0$ 称为折中参数。这里我们采用的是支持向量回归机最常用的损失函数,即 ε 不敏感损失函数:

$$| y - f(x) |_\varepsilon = \begin{cases} 0, & | y - f(x) | \leqslant \varepsilon \\ | y - f(x) | - \varepsilon, & | y - f(x) | > \varepsilon \end{cases} \tag{7.55}$$

采用拉格朗日乘子方法,并利用核函数方法得到支持向量回归机的 Wolfe 对偶规划形式:

$$\min_{a^{(*)} \in R^{2d}} \frac{1}{2} \sum_{i,j=1}^{l} (a_i^* - a_i)(a_j^* - a_j)(\phi(x_i)\phi(x_j)) + \varepsilon \sum_{i=1}^{l} (a_i^* + a_i) - \sum_{i=1}^{l} y_i (a_i^* - a_i)$$

$$\text{s.t.} \sum_{i=1}^{l} y_i (a_i^* - a_i) = 0 \tag{7.56}$$

$$0 \leqslant a_i \leqslant C; \ 0 \leqslant a_i^* \leqslant C$$

那些拉格朗日乘子对之差不为零($a_i^* - a_i \neq 0$)的训练样本即为支持向量。最终的回归估计函数为

$$f(x) = \sum_{x_i \in sv} (a_i^* - a_i) K(x_i, x) + b \tag{7.57}$$

7.9.3　核函数及其性能分析

核函数存在性定理表明:给定一个训练样本集(规模有限),必存在一函数(或相应的核函数),训练样本通过该函数映射到高维特征空间的相是线性可分的。求解核函数算法的计算复杂度是多项式的,并且求得的解在高维空间上是最大间隔。张铃进一步研究了支持向量机的支持向量集和核函数的关系,研究表明对非线性可分情况,对一个特定的核函数,给定的样本集中的任一个样本都可能成为一个支持向量。这意味着在一个支持向量机下观察到的特征在其他支持向量机下(其他核函数)并不能保持一致。因此,对解决具体问题来说,选择合适的核函数是很重要的。

当数据样本的统计特征与核函数的性质相符时,支持向量机的效果最佳。因此,有必要对不同核函数的性质及其适应范围进行分析研究。

多项式核函数是一个应用比较广泛的非线性映射泛函数，其对目标泛函的逼近能力是由多项式的阶数决定的。多项式核函数在参数 $d=1$ 时退化为一个线性函数，随着 d 值的增大多项式的空间复杂度成指数增长，在 d 很大时，核函数的值会趋近无穷，这给数据的处理带来很大的困难。由于受处理系统内存容量的限制，在实际应用中 d 值必须控制在一定范围之内。

由于径向基函数的形状类似正态分布，而现实生活中许多情况的统计特征也符合正态分布。因此采用径向基核函数时，支持向量机可以获得一个非常平滑的估计。当不具有数据的先验知识时，一个径向基函数是首要的选择。径向基函数的另一个优点是其核值范围为 $(0,1)$，这会使计算过程变得简单。同时，径向基函数的数量和它们的中心分别由支持向量的个数和支持向量的值自动决定。

虽然多层感知机核函数是一个很好的泛函逼近器，但是它只是对参数 b 和 c 的某些值满足 Mercer 条件，并且判定一个给定的核是否符合 Mercer 定理确实是一件困难的事情。多层感知机核函数在 $b>0$ 并且 $c<0$ 的情况下较适合做核函数，并且 c 取较小值时与 σ 取较小值时的径向基核函数相当，但是采用多层感知机作为核函数的支持向量机性能还是比采用径向基函数的性能差。由于多层感知机核函数没有特别的优势并且参数选择尤为困难，因此一般不建议采用此核函数。

尽管核的选择会导致不同的逼近性能，实际应用中核函数的选择远没有核函数参数的选择重要。在很多情况下，核参数的选择对最终逼近结果起决定作用。如何选择合适的核函数及其参数，目前还没有很好的理论依据，主要还是依靠经验选择。

7.9.4　支持向量机训练算法

1. 分块算法

1995 年，科梅斯（Comes）和万普尼克提出了一种求解支持向量机二次规划（QP）问题的分块算法（Chunking），解决了支持向量机训练存储空间问题。其依据是支持向量机的最终求解结果只与支持向量有关，与非支持向量无关。其实现过程是将初始二次规划问题分解为一系列小规模的二次规划子问题，不断地求解二次规划子问题，保留解中的支持向量，并加入新的二次规划子问题中。每个二次规划子问题都采用上次求解的结果作为初始值。直到所有的二次规划子问题求解完毕。这种方法可以大大减小算法占用的系统内存。对于支持向量机的二次优化问题，如果去掉与零拉格朗日乘子对应的行与列，其值不变。因此可将求解支持向量机的二次规划问题分解为一列较小的二次规划问题，求解这些较小的二次规划问题的最终目标是确定所有非零拉格朗口乘子，并去除所有的零拉格朗日乘子。Chunking 算法的主要步骤如下。

（1）取训练样本集合的任意一个子集作为工作集 B。

（2）用二次规划方法对 B 求解最优化问题，得到支持向量并构成一个分类器。

（3）用该分类器测试集合 N 中的样本，将其中不满足最优化条件者按其偏离最优的程度顺序排列为候补工作集 C，若 C 中所有样本均满足最优化条件或 C 为空集，则结束程序，否则继续。

（4）剔除 B 中的非支持向量样本，添加 C 中排列在前面的若干个样本，构成新的工作集 B，返回第（2）步。

在 Chunking 算法中矩阵大小由 l^2 降低为 s^2,(l 为训练样本数,s 为支持向量数),从而大大降低了对内存的需求,在支持向量很少时能获得很好的结果。但是若所求解问题中大部分拉格朗日乘子不为零,则对存储空间的需求仍会很大,难以求解。

2. 固定工作变量集方法

固定工作样本集的方法和块算法的主要区别在于:块算法的目标函数中仅包含当前工作样本集中的样本,而固定工作样本集方法虽然优化变量仅包含工作样本,其目标函数却包含整个训练样本集。而且固定工作样本集方法还涉及一个确定换出样本的问题。

固定工作变量集方法思想是在迭代过程中,当前求解子问题的优化变量数不变,即参与训练的样本集(工作变量集)规模固定。工作样本集大小固定在算法速度可以容忍的限度内,迭代过程选择一种合适的换入换出策略,将剩余样本中的一部分与工作样本集中的样本进行等量交换。奥苏纳针对 SVM 训练速度慢及时间空间复杂度大的问题,最早提出了该分解算法,并用于人脸检测。将训练样本分为工作样本集和非工作样本集,工作样本集中的样本个数为 q 个,q 远小于训练样本总数。工作样本集大小的确定、如何确定工作样本集、如何确定合适的迭代策略是固定工作样本集方法的主要问题。对内存的需求从呈平方关系变为线性关系,因而能克服 Chunking 算法存在的问题,可以轻松地处理样本点多达 11 万个、支持向量超过 10 万个的问题。分解算法的主要步骤如下。

(1) 从训练样本集中取出 q 个样本构成工作集 B,将其余 $(l-q)$ 个样本组成集合记为 N。

(2) 用二次规划方法对 B 求解最优化问题,得到支持向量并构成一个分类器。

(3) 用该分类器测试集合 N 中的样本,若 N 中所有样本均满足最优化条件或 N 为空集,则结束程序,否则继续。

(4) 将 N 中至少一个不满足最优化条件的样本放入 B,同时从 B 中取出同样数量的样本,返回第(2)步。

SVMlight 中做了以下改进:在工作样本集的选择上,SVMlight 中是沿着最速下降可行方向 d,由非零元素对应的 q 个优化变量构成工作样本集。已经证明只要最速下降可行方向 d 存在,则用相应子集构成的子问题可以进一步优化,而子问题的可行解也是原问题的可行解。这就解决了工作样本集不能包括所有支持向量的问题。SVMlight 常被用作各种算法比较的标准。

3. 序列最小优化算法

1998 年,普拉特(Platt)提出了更为有效的支持向量机训练算法,即序列最小优化算法(sequential minimal optimization,SMO)。其基本思想是把一个大数据量的二次规划分解为一系列最小的二次规划子优化问题。该算法是分解算法的一个极端特例。其实现过程为每次针对两个样本的二次规划问题,直接采用解析方法求其最优解,以提高二次规划问题的求解速度。Platt 设计了一个两层嵌套循环过程实现其算法。在外环中采用启发式方法寻找违背 KKT 最优条件的样本,在内环中对该样本相应的拉格朗日乘子进行分析求解,完成一次优化。不断重复此过程,直至所有样本都满足 KKT 条件。序列最小优化算法将工作样本集的规模减少为两个,直接导致迭代次数的增加。所以序列最小优化算法实际上是将求解优化问题的耗费转嫁到迭代运算上。普拉特指出,通过核优化方法可以大幅提高序列最小优化算法的性能。该算法在训练线性支持向量机时,可以获得非常好的性能,但在训练非线性支持向量机时,算法速度会大大减慢。针对不同的问题,其计算复杂度差别很大。

7.10　支持向量机的应用

7.10.1　支持向量回归机预测模型

1. 损失函数

在回归估计中,通常利用二次损失函数作为学习任务的最优化准则:

$$L(d,y) = (d-y)^2 \tag{7.58}$$

其中,d 是期望输出,y 是在正态加性噪声下对一个回归函数的度量结果,在这样的条件下,经验风险最小化原则给出对回归函数 y 的一个最佳无偏估计。但是,最小二乘估计器对异常点(对 11 个微小模型得到异常大的观察)的出现非常敏感,并且当加性噪声的固有分布有很长的尾部时表现很差。为克服这些局限,需要一种鲁棒的估计器,它对模型小的改变不敏感。

以鲁棒性作为设计目标,对于任何鲁棒性的数值度量必须考虑因微小噪声模型的一个 ε-偏差而可能产生最大性能退化。根据这种观点,一种最优鲁棒估计过程是最小化最大的性能恶化,因而是一种最小最大过程。1964 年,Huber 提出了一种理论,在只知道噪声模型的一般信息的情况下,找到选择损失函数的最佳策略。尤其是当加性噪声的概率密度函数关于原点对称时,求解非线性回归问题的最小最大过程利用绝对误差作为被最小化的量。也就是说,损失函数具有形式

$$L(d,y) = |d-y| \tag{7.59}$$

在这个损失函数下最小化经验风险被称作最小模方法,它属于所谓的鲁棒回归方法。然而,这是我们知道关于未知密度的最少信息的极端情况。

2. ε-支持向量回归机

对输入空间中给定的训练集 $T = \{(x_1,y_1),(x_2,y_2),\cdots,(x_l,y_l)\} \subset \mathbf{R}^d \times \mathbf{R}$,其中,$x_i \in R^d (i=1,2,\cdots,l)$ 是第 i 个学习样本的输入值,$y \in R$ 为对应的目标值。在高维特征空间中,构造最优线性函数:

$$f(X) = W^{\mathrm{T}}\phi(x) + b \tag{7.60}$$

其中,W 是权重,b 为偏置项。

为了对实值函数构造支持向量回归机,我们利用损失函数的扩展,它由 Vapnik 最早提出,这里可描述为

$$L_\varepsilon(d,y) = \begin{cases} |d-y| - \varepsilon, & |d-y| \geqslant \varepsilon \\ 0, & |d-y| < \varepsilon \end{cases} \tag{7.61}$$

其中,ε 是指定的参数,损失函数 $L_\varepsilon(d,y)$ 称为 ε 不敏感损失函数。它描述这样一种 ε

不敏感模型,即如果预测值 y 与实际值 d 的偏差的绝对值小于 ε,损失等于零,否则等于偏差绝对值减去 ε。图 7.10 说明了 $L_\varepsilon(d,y)$ 和误差 $d-y$ 的依赖关系。

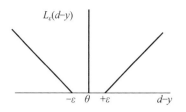

图 7.10　ε 不敏感损失函数

SVM 通过采用 ε 不敏感损失函数在高维特征空间完成线性回归。同时通过最小化 $\|w\|$ 减小模型的复杂度。为度量 ε 不敏感带外的训练样本的偏离程度,引入非负的松弛变量 ξ 和 ξ^*。ε-SVR 优化的目标函数为

$$\min_{w,b,\xi} \frac{1}{2}\|w\|^2 + C\sum_{i=1}^{l}(\xi_i + \xi_i^*) \tag{7.62}$$

$$\text{s.t.}\begin{cases} y_i - (w^{\mathrm{T}} \cdot \phi(x_i) + b) \leqslant \varepsilon + \xi_i^* \\ (w^{\mathrm{T}} \cdot \phi(x_i) + b) - y_i \leqslant \varepsilon + \xi_i^* \\ \xi_i^*, \xi_i^* \geqslant 0 \end{cases}$$

$$i = 1, 2, \cdots, l$$

其中,$\varepsilon > 0$ 为不敏感损失函数参数,取值的大小影响着支持向量的数量;C 为正则化参数,控制对超出误差的样本的惩罚程度。

式(7.62)为原始最优化问题。该问题的目标函数中包含两部分,第一部分是希望得到的回归超平面具有好的推广能力,用 $\|w\|^2$ 即 $w^{\mathrm{T}}w$ 衡量;第二部分是希望回归超平面对训练集拟合的错误程度小,用 ε 不敏感损失函数衡量。

支持向量回归机并不直接求解原始问题,而是通过求解它的对偶问题得到最优解。采用拉格朗日乘子方法,并利用核函数方法得到支持向量回归机的 Wolfe 对偶规划形式:

$$\min_{a^{(*)} \in \mathbf{R}^{2d}} \frac{1}{2}\sum_{i,j=1}^{l}(a_i^* - a_i)(a_j^* - a_j)(\phi(x_i)\phi(x_j)) + \varepsilon\sum_{i=1}^{l}(a_i^* + a_i) - \sum_{i=1}^{l}y_i(a_i^* - a_i)$$

$$\text{s.t.} \sum_{i=1}^{l}y_i(a_i^* - a_i) = 0$$

$$0 \leqslant a_i \leqslant C;\ 0 \leqslant a_i^* \leqslant C,\quad i = 1, 2, \cdots, l \tag{7.63}$$

通过求解该对偶问题得到原始问题的解,从而构造决策函数。若引入核函数 $K(x,x')$ 代替目标函数式(7.63)中的内积 $(\phi(x_i)\phi(x_j))$,则得到我们常用的:ε 支持向量回归机算法。求得式(7.63)的最优解 a^* 后,其中只有部分参数 $(a^* - a)$ 不为 0,它们对应 x_i、x_j 即问题域中的支持向量。

至此,通过学习得到回归估计函数:

$$f(x) = \sum_{x_i \in sv}(a_i^* - a_i)K(x_i, x) + b \tag{7.64}$$

其中

$$b = \frac{1}{N_{\mathrm{NSV}}}\left\{ \sum_{0 < a_i < C}\left[y_i - \sum_{x_j \in sv}a_j - a_j^* K(x_j x_i) - \varepsilon \right] + \right.$$

$$\left. \sum_{0 < a_i < C}\left[y_i - \sum_{x_j \in sv}a_j - a_j^* K(x_j x_i) + \varepsilon \right] \right\} \tag{7.65}$$

3. v-支持向量回归机

在 ε 支持向量回归机中,需要事先确定:ε 不敏感损失函数中的参数 ε。然而在某些情况下选择合适的 ε 并不是一件容易的事情。本节讨论能够自动计算 ε 的 v-支持向量回归机(v-SVR),它是 ε 支持向量回归机的一种变形。

仍先考虑构造线性回归函数 $f(x)=wx+b$。在 ε 支持向量回归机中,出发点是选定 ε 和 C,求解最优化问题式(7.63)和式(7.64)。与此不同,这里的出发点是选定另一个参数 $v(v>0)$ 和 C,即把最优化问题修改为

$$\min_{w,b,\varepsilon,\xi^*} \frac{1}{2}\parallel w \parallel^2 + C\left(v\varepsilon + \frac{1}{l}\sum_{i=1}^{l}(\xi+\xi^*)\right) \tag{7.66}$$

$$\text{s. t.}\begin{cases} y_i-(w^T \cdot x_i+b) \leqslant \varepsilon+\xi_i \\ (w^T \cdot x_i+b)-y_i \leqslant \varepsilon+\xi_i^*, \quad i=1,2,\cdots,l \\ \xi_i,\xi_i^*,\varepsilon \geqslant 0 \end{cases}$$

式中,$\boldsymbol{\xi}^{(*)}=(\xi_1,\xi_1^*,\xi_2,\xi_2^*,\cdots,\xi_l,\xi_l^*)^T$。注意与问题式(7.62)和式(7.63)不同,这里的 ε 是作为优化问题的变量出现的,其值将作为解的一部分给出。

同样根据 Wolfe 对偶定义可知,原始问题式(7.66)的对偶问题为

$$\min_{\alpha^{(*)}} \frac{1}{2}\sum_{i,j=1}^{l}(\alpha_i^*-\alpha_i)(\alpha_j^*-\alpha_j)(x_i x_j)-\sum_{i=1}^{l}y_i(\alpha_i^*-\alpha_i) \tag{7.67}$$

$$\text{s. t.}\begin{cases} \sum_{i=1}^{l}(\alpha_i^*-\alpha_i)=0 \\ 0 \leqslant \alpha_i^{(*)} \leqslant \dfrac{C}{l} \quad , \quad i=1,2,\cdots,l \\ \sum_{i=1}^{l}(\alpha_i+\alpha_i^*) \leqslant Cv \end{cases}$$

其中,$v \geqslant 0,C>0$ 是常数。

通过引进核函数 $K(x,x')$ 代替目标函数中的内积 $\phi(x_i)\phi(x_j)$,则得到 v 支持向量回归机算法。求得式(7.67)的最优解 $\alpha_i^{(*)}$ 后,构造决策函数:

$$f(x)=\sum_{i=1}^{l}(\bar{\alpha}_i^*-\bar{\alpha}_i)K(x_i,x)+\bar{b} \tag{7.68}$$

其中,$\bar{b}$ 按下列方式计算:选择 $\bar{\alpha}_i^*$ 的位于开区间 $\left(0,\dfrac{c}{l}\right)$ 中的两个分量 $\bar{\alpha}_j$ 和 $\bar{\alpha}_k^*$,令

$$b=\frac{1}{2}\left[y_j+y_k-\left(\sum_{i=1}^{l}(\bar{\alpha}_i^*-\bar{\alpha}_i)K(x_i,x_j)+\sum_{i=1}^{l}(\bar{\alpha}_i^*-\bar{\alpha}_i)K(x_i,x_k)\right)\right] \tag{7.69}$$

如果还需计算 $\bar{\varepsilon}$,可以使用与上式对应的公式:

$$\bar{\varepsilon}=\sum_{i=1}^{l}(\bar{\alpha}_i^*-\bar{\alpha}_i)K(x_i,x_j)+\bar{b}-y_i \tag{7.70}$$

或

$$\bar{\varepsilon}=y_k-\sum_{i=1}^{l}(\bar{\alpha}_i^*-\bar{\alpha}_i)K(x_i,x_k)-\bar{b} \tag{7.71}$$

显然,算法中求解决策函数中的 $\bar{b}$ 时,需要对偶问题的解 $\bar{\alpha}_i^{(*)}$ 中至少有两个分量 $\bar{\alpha}_j$ 和 $\bar{\alpha}_k^*$ 均在开区间 $\left(0,\dfrac{c}{l}\right)$ 内,否则算法无法进行。

定理 7.2　设已知训练集 $T=\{(x_1,y_1),(x_2,y_2),\cdots,(x_l,y_l)\}\subset R^d\times R$,其中 $x_i\in R^d(i=1,2,\cdots,l)$ 是第 i 个学习样本的输入值,$y\in R$ 为对应的目标值。使用 v 支持向量回归机进行回归,若所得到的 $\bar{\varepsilon}$ 值非零,则

(1) 若记错误样本的个数为 q,则 $v\geqslant\dfrac{q}{l}$,即 v 是错误样本的个数所占总样本点数份额的上界。

(2) 若记支持向量的个数为 p,则 $v\leqslant\dfrac{q}{l}$,即 v 是支持向量的个数所占总样本点数的份额的下界。

另外,在一定条件下,还可以证明,当训练集 T 中的样本点个数 $l\rightarrow+\infty$ 时,v 以 1 的概率渐近于支持向量数与样点数之比,也渐近于错误样本点数与样本点数之比。

由此可见,大体上可以用 $v(0\leqslant v\leqslant 1)$ 来控制支持向量数或错误样本点数。这就为 v 值的选取提供了一个依据。

7.10.2　序列最小优化算法

序列最小优化方法一种简单的算法,它能快速地解支持向量机的二次规划问题。按照 Osuna 的理论,在保证收敛的情况下,把支持向量机的二次规划问题分解为一系列子问题来解决。与其他的算法相比,序列最小优化方法在每一步选择两个最小的优化问题来解。对标准的支持向量机优化问题来说,最小的优化问题就是只有两个拉格朗日乘子的优化问题。在每一步,序列最小优化方法选择两个拉格朗日乘子进行优化,再更新拉格朗日乘子以反映新的优化值。

序列最小优化方法的优点在于,优化问题只有两个拉格朗日乘子,它用解析的方法即可解出,从而完全避免复杂的数值解法。另外,它根本不需要巨大的矩阵存储,这样即使是很大的支持向量机学习问题,也可在 PC 机上实现。

序列最小优化方法包括两个步骤:一是用解析的方法解一个简单的优化问题,二是选择待优化的拉格朗日乘子策略。

为解只有两个乘子的优化问题,序列最小优化方法首先计算它的约束,再解带有约束的最小化问题。为了方便,下标 1 表示第一个乘子,下标 2 表示第二个乘子。因为只有两个乘子,二维情况下的约束很容易表示。

对于支持向量机中的二次优化问题,考虑只有两个乘子的情况,即 (i,j)。定义辅助变量 $s=y_iy_j$,对于模式识别问题来说 $y_1\in\{1,-1\}$。对于函数拟合问题,必须区分 4 种不同的情况:(α_i,α_j),(α_i^*,α_j),(α_i,α_j^*),(α_i^*,α_j^*)。在 (α_i,α_j) 和 (α_i^*,α_j^*) 两种情况下,令 $s=1$;在另外两种情况下,令 $s=-1$。这样对于模式识别问题,可以得到如下的约束:

$$s\alpha_i+\alpha_j=s\alpha_i^{\text{old}}+\alpha_j^{\text{old}}=\gamma \tag{7.72}$$

对于函数拟合问题,约束为

$$(\alpha_i-\alpha_i^*)+(\alpha_j-\alpha_j^*)=(\alpha_i^{\text{old}}-\alpha_i^{*\,\text{old}})+(\alpha_j^{\text{old}}-\alpha_j^{*\,\text{old}})=\gamma \tag{7.73}$$

利用 $\alpha_j^{(*)} \in [0, C_j^{(*)}]$，可以得到 $\alpha_i^{(*)} \in [L, H]$ 其中，表 7.1 为模式识别下的可行解的边界，表 7.2 函数拟合下的可行性解的界，根据这两个表可以分别确定两个有两个样本的优化问题的参数值的范围。无论是模式识别，还是函数拟合问题，这样问题就得到很大简化，算法的复杂度大大降低，对机器的要求也就变得比较低。函数拟合问题比模式识别的问题要复杂，基于同样的方法求解支持向量，函数拟合问题并不比模式识别复杂很多。函数拟合问题的支持向量比模式识别问题的支持向量多。序列最小优化方法比近邻法等方法具有很大的优势，因为求解问题转化为对两个输入样本的运算。根据式（7.74）和式（7.75）等可以求解出非约束下最大化问题的支持向量，然后解出两个乘子，根据 KTT 条件，更新样本，进行优化。

表 7.1　模式识别下的可行解的边界

	$y_i = y_j$	$y_i \neq y_j$
α_i	$L = \max(0, \gamma - C_j)$ $H = \min(C_i, \gamma)$	$L = \max(0, \gamma)$ $H = \min(C_i, \gamma + C_j)$

表 7.2　函数拟合下的可行解边界

	α_j	α_j^*
α_i	$L = \max(0, \gamma - C_j)$ $H = \min(C_i, \gamma)$	$L = \max(0, \gamma)$ $H = \min(C_i, \gamma + C_j^*)$
α_i^*	$L = \max(0, \gamma)$ $H = \min(C_i^* - \gamma + C_j)$	$L = \max(0, -\gamma - C_j^*)$ $H = \min(C_i^*, -\gamma)$

接下来，就可以用分析的方法解只有两个样本的优化问题，对函数拟合的支持向量机其实有 4 个变量 (α_i, α_j)，(α_i^*, α_j)，(α_i, α_j^*)，(α_i^*, α_j^*)。定义：

$$v_i = y_i - \sum_{a \neq i, j} (\alpha_a - \alpha_a^*) K_{ia} + b = \varphi_i + (\alpha_i^{\text{old}} - \alpha_i^{*\,\text{old}}) K_{ii} + (\alpha_j^{\text{old}} - \alpha_j^{*\,\text{old}}) K_{ij}$$

$$\tag{7.74}$$

所以

$$v_i - v_j - \gamma(K_{ij} - K_{jj}) = \varphi_i - \varphi_j + (\alpha_i^{\text{old}} - \alpha_i^{*\,\text{old}})(K_{ii} + K_{jj} - 2K_{ij})$$

因此只有两个样本 (i, j) 可优化问题可表示为下面的形式：

$$\max_{\alpha_i^{(*)}} - \frac{1}{2}(\alpha_i - \alpha_i^*)^2 (K_{ii} + K_{jj} - 2K_{ij}) - \varepsilon(\alpha_i + \alpha_i^*)(1 - s) +$$

$$(\alpha_i - \alpha_i^*)[v_i - v_j - \gamma(K_{ii} - K_{jj})]$$

$$\text{s.t. } \alpha_i^* \in [L_i^*, H_i^*] \tag{7.75}$$

对于上面的关于 α_i, α_i^* 的优化问题，由表 7.3 以解出。表中，$\eta = K_{ii} + K_{jj} - 2K_{ij}$，如果 $\eta = 0$，则 $\alpha_i = L$ 或 $\alpha_i = H$。

表 7.3　非约束最大化问题的解

α_i, α_j	$\dfrac{v_i - v_j - \gamma(K_{ij} - K_{jj})}{\eta} = \alpha_i^{\text{old}} + \dfrac{\varphi_i - \varphi_j}{\gamma}$
α_i, α_j^*	$\dfrac{v_i - v_j - \gamma(K_{ij} - K_{jj}) - 2\varepsilon}{\eta} = \alpha_i^{\text{old}} + \dfrac{\varphi_i - \varphi_j - 2\varepsilon}{\eta}$

续表

α_i^{*}，α_j	$\dfrac{v_i - v_j - \gamma(K_{ij} - K_{jj}) - 2\varepsilon}{\eta} = \alpha_i^{\text{old}} - \dfrac{\varphi_i - \varphi_j + 2\varepsilon}{\eta}$
α_i^{*}，α_j^{*}	$\dfrac{v_i - v_j - \gamma(K_{ij} - K_{jj})}{\eta} = \alpha_i^{\text{old}} - \dfrac{\varphi_i - \varphi_j}{\eta}$

序列最小优化算法解出只有两个乘子的问题后，再每一步更新拉格朗日乘子。为加快收敛，序列最小优化算法用如下的策略选择拉格朗日乘子。

图 7.11 为最小优化算法的流程图。

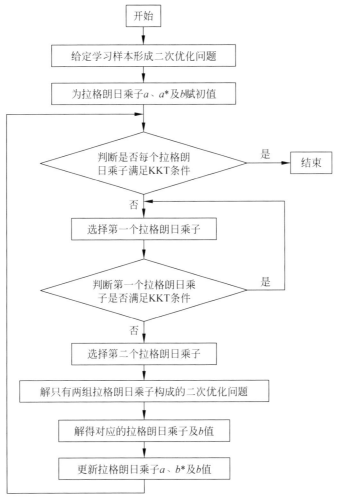

图 7.11 最小优化算法 SMO 算法流程图

对两个拉格朗日乘子分别采用不同的策略，第一个乘子的选择在序列最小优化算法中通过外层的一个循环实现。外层循环在整个训练集上搜索，决定是否每个样本都不满足 KKT 条件，如果有一个不满足 KKT 条件，就被选择进行优化。训练集中的样本都满足上述条件后，再检查训练集中所有位于边界的样本是否满足 KKT 条件，若有不满足的，即被选择进行优化。重复进行，直到所有的样本都满足 KKT 条件。接下来进行第二个乘子的选择，序列最小优化算法选择是目标函数值最小的乘子作为第二个乘子进行优化。如果这种方法失败,那么序列最小优化算法在所有的非边界样本上进行搜索,寻找使目标函数值最小的乘子;若失败,则在整个训练集上搜索,寻找使目标函数值最小的乘子。

序列最小优化算法对于支持向量机的二次优化问题具有较好的效率,是目前在支持向量机算法中广泛采用的一种二次优化方法,其具体步骤如下。

(1) 据支持向量机算法构造对应的二次优化问题。

(2) 有的拉格朗日乘子赋初值。

(3) 所有的拉格朗日乘子是否满足 KKT 条件,若都满足,则此时的拉格朗日乘子及 b 值就是二次优化问题的解,结束;否则,转第(4)步。

(4) 第一个拉格朗日乘子,并判断其是否满足 KKT 条件,若满足则重新选择,否则选为第一个乘子。

(5) 第二个拉格朗日乘子,并解只有两组乘子构成的二次优化问题式(7.75),由表 7.3 获得对应的拉格朗日乘子。

(6) 拉格朗日乘子及 b 值,转第(3)步。

7.10.3　应用实例及其分析

在油田开发过程中,需要在一定生产条件下对油气产量进行较准确的中长期预测,以便为适时进行油田开发方案调整提供决策依据。以大庆油田某采油区块的实际产油数据为例进行实际资料处理。该区块于 1984 年投入开发,于 1991 年开始进入递减阶段,取 1985 年 1 月至 1994 年 7 月间每半年的产油量作为训练数据(单位为万吨),确定 ε-SVR 和 v-SVR 两种预测模型中的待定参数。再以 1995 年 1 月至 2003 年 1 月的产油量作为测试数据进行产油量预测(表 7.4),计等不同模型的预测误差。

表 7.4　1985 年 1 月至 2003 年 1 月区块实际产油量及预测值

时间	实际产量	ε-SVR 预测值	v-SVR 预测值	时间	实际产量	ε-SVR 预测值	v-SVR 预测值
1985.01	4.3166	5.23518	4.16675	1994.07	27.0241	28.86147	27.98354
1985.07	15.8450	16.10963	16.2583	1995.01	25.7317	27.97288	24.58249
1986.01	26.0684	24.56107	23.83064	1995.07	25.8510	28.04352	24.94816
1986.07	26.7962	24.95682	24.49336	1996.01	25.6745	27.60071	24.40372
1987.01	29.3348	30.37429	30.54271	1996.07	25.8265	28.01376	24.83604
1987.07	33.1474	34.2249	32.58912	1997.01	24.0690	26.31174	23.69836
1988.01	31.2364	32.47316	30.48795	1997.07	22.5479	23.62983	21.70396
1988.07	29.9851	30.64084	31.61258	1998.01	21.9582	22.75820	20.86470
1989.01	31.2203	31.96875	31.31470	1998.07	21.2799	22.31084	20.59003
1989.07	30.5427	30.86081	29.57124	1999.01	17.8282	18.95022	18.54391
1990.01	31.6641	32.91462	30.94831	1999.07	18.6703	19.74138	18.93102
1990.07	31.1446	32.48836	30.36418	2000.01	18.3312	19.26491	18.62834
1991.01	34.7423	35.84053	33.55187	2000.07	17.4809	18.66183	16.39115
1991.07	34.8266	35.84053	33.78429	2001.01	18.0050	19.03762	18.67931
1992.01	34.4755	34.92208	33.34916	2001.07	16.7984	17.83086	17.44993
1992.07	32.7349	33.47351	31.67930	2002.01	15.0182	14.37449	16.03967
1993.01	33.8978	34.69932	32.65483	2002.07	14.6135	13.24930	13.25509
1993.07	30.0063	29.82490	29.48721	2003.01	14.8261	13.69778	13.73482
1994.01	26.3021	24.66953	24.73528	均方误差		1.279882	1.061637

ε-SVR 和 v-SVR 两种预测模型均使用序列最小优化算法进行求解,其核函数均选用径向基函数 $K(x_i, x_j) = \exp\left(\dfrac{\|x_i - x_j\|^2}{2\sigma^2}\right)$,$\varepsilon$-SVR 自由参数选取为 $\varepsilon = 0.2, C = 150$,径向基函数参数 $\sigma^2 = 0.25$,最终预测结果均方误差为 1.279882。v-SVR 自由参数选取为 $v = 0.4, C = 200$,径向基函数参数 $\sigma^2 = 0.64$,最终预测结果均方误差为 1.061637,均取得了较理想的预测效果。

图 7.12 为预测效果对比图。

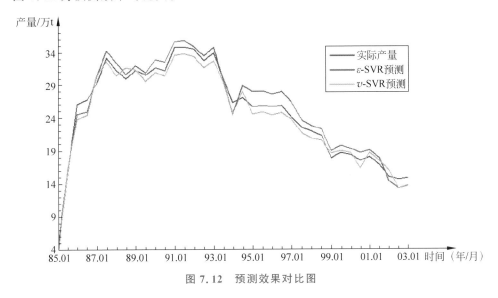

图 7.12　预测效果对比图

表 7.4 给出了预测结果数据,图 7.12 也给出了效果对比图。从数据和图中均可以看出 v-SVR 的预测效果较好,但是相比 ε-SVR 的误差仅降低了 0.218245,两者的预测效果相差并不多,然而 ε-SVR 的求解过程相对较为简便,v-SVR 虽然能够自动确定 ε 的值,但 v 这个参数的选择也比较关键,参数 v 能够决定支持向量的多少,但支持向量的多少对预测精度有很大影响,因此,它只是把选择 ε 的问题推给选择参数 v,并且算法中求解决策函数中的 b 时,需要对偶问题的解 $\bar{\alpha}^*$ 中至少有两个分量 $\bar{\alpha}_j$ 和 $\bar{\alpha}_k^*$ 均在开区间 $\left(0, \dfrac{c}{l}\right)$ 内,否则算法无法进行。这也是 ε-SVR 作为最常用的支持向量回归机模型的原因。

7.10.4　小结

在支持向量机原理的基础上,引入损失函数的概念,对支持向量回归机的基本原理和算法做了深入介绍,并就两种实用的回归算法做了详细的阐述和归纳。SMO 算法工作集样本数为目标优化所需的最小个数 2 个,使迭代过程中每一步问题的最优解都可以直接用解析方法求出,避开了耗时而且不稳定的数值求解。这种算法最大的优点是能够解决大尺度问题,比较适合应用于有大量训练样本的动态预测、时间序列分析、优化控制等领域。最后利用支持向量回归机建立油田产量预测模型,分别用 ε-SVR 和 v-SVR,利用 SMO 算法求解,得到了相应的对比结果。

主要参考文献

［1］ LI K，LIAO W，LIN Y. A compact high order alternating direction implicit method for three-dimensional acoustic wave equation with variable coefficient［J］. Journal of Computational and Applied Mathematics，2019，361：113-129.

［2］ RAHMANIFARD H，GATES I. A Comprehensive review of data-driven approaches for forecasting production from unconventional reservoirs：best practices and future directions［J］. Artificial Intelligence Review，2024，57(8)：213.

［3］ LIU J，ZHANG F，ZHANG Q，et al. A method of improving sensitivity of carbon/oxygen well logging for low porosity formation［J］. Journal of China University of Petroleum，2016，40(6)：57-62.

［4］ CAO C，JIA P，CHENG L，et al. A review on application of data-driven models in hydrocarbon production forecast［J］. Journal of Petroleum Science and Engineering，2022，212：110296.

［5］ LIU W，CHEN Z，HU Y，et al. A systematic machine learning method for reservoir identification and production prediction［J］. Petroleum Science，2023，20(1)：295-308.

［6］ ZHANG F，FAN J，QIU F，et al. An enhanced accuracy method to determine oil saturation by carbon/oxygen logging in tight reservoirs［J］. Geophysics，2022，87(2)：21-31.

［7］ ANANTHAVARATHAN P，SAHI N，Chard D T. An update on the role of magnetic resonance imaging in predicting and monitoring multiple sclerosis progression［J］. Expert Review of Neurotherapeutics，2024，24(2)：201-216.

［8］ OTCHERE D A，GANAT T O A，GHOLAMI R，et al. Application of supervised machine learning paradigms in the prediction of petroleum reservoir properties：Comparative analysis of ANN and SVM models［J］. Journal of Petroleum Science and Engineering，2021，200：108182.

［9］ SUDAC D，VALKOVIC V，BATUR J，et al. C/O Logging by Using the Associated Alpha Particle Method：Proof of Principle［J］. IEEE transactions on nuclear science，2021，69(4)：738-744.

［10］ LIN Y，ZHOU W. Catalytic hydrothermal liquefaction of Azolla filiculoides into hydrocarbon rich bio-oil over a nickel catalyst in supercritical ethanol［J］. Journal of the Energy Institute，2024(12)，117：101826.

［11］ JAFARIZADEH F，RAJABI M，TABASI S，et al. Data driven models to predict pore pressure using drilling and petrophysical data［J］. Energy Reports，2022，8：6551-6562.

［12］ YANG G，DAI J，LIU X，et al. Denoising of gamma-ray spectrum by optimized wavelet thresholding based on modified genetic algorithm in carbon/oxygen logging［J］. Journal of Radioanalytical and Nuclear Chemistry，2019，320：351-359.

［13］ ZHOU W，LIN Y，GAO G，et al. Enhanced Carbon/Oxygen Ratio Logging Interpretation Methods and Applications in Offshore Oilfields［J］. Processes，2024，12(10)：2301.

［14］ CALIN O. Deep learning architectures［M］. New York City：Springer International Publishing，2020.

［15］ 林昌荣，王尚旭. 局部指数拟合异常提取法在普光气田的应用［J］. 地球物理学报，2011，54(1)：218-226.

［16］ 林耀庭，桂志先，许辉群. 应用地震数据体结构属性预测玉北1井区油气分布规律［J］. 石油地球物理勘探，2014，49(6)：1184-1190.

［17］ 孙英健. 深度学习时序分析在邻接盲井数据集石油储层识别中的应用［D］. 燕山大学，2022.

［18］ 匡立春，刘合，任义丽，等. 人工智能在石油勘探开发领域的应用现状与发展趋势［J］. 石油勘探与开发，2021，48(1)：1-11.

［19］ 林耀庭，宁松华. 鄂尔多斯盆地北部上古生界陆相含煤碎屑岩系隐蔽气层的识别研究［J］. 石油天然气学报，2012，34(2)：76-79.

[20] 邓聚龙.灰色预测与控制理论[M].北京：机械工业出版社,2014.

[21] 赵锐.基于卷积神经网络的快速地震波正演模拟及海洋可控震源设计[D].吉林大学,2024.

[22] 李梦迪.基于深度学习的大地电磁反演研究[D].荆州：长江大学,2023.

[23] 王升超.基于卷积神经网络的MCMC反演研究[D].长春：吉林大学,2022.

[24] 吴俊.基于卷积神经网络的甜点物性预测[D].青岛：中国石油大学(华东),2022.

[25] 孙英健.深度学习时序分析在邻接盲井数据集石油储层识别中的应用[D].秦皇岛：燕山大学,2022.

[26] 袁振宇.基于卷积神经网络的叠前裂缝检测方法研究[D].北京：中国石油大学(北京),2021.

[27] 匡立春,刘合,任义丽,等.人工智能在石油勘探开发领域的应用现状与发展趋势[J].石油勘探与开发,2021,48(1)：1-11.

[28] 盛洁.石油地质大数据机器学习方法研究[D].青岛：中国石油大学(华东),2020.

[29] 张文文,张楠,龚伟.顺北油田强反射背景下缝洞体识别方法研究[J].工程地球物理学报,2025,22(1)：126-135.

[30] 赖锦,宋翔羽,杨薰,等.致密砂岩气储层测井综合评价技术研究进展[J].石油学报,2025,46(1)：220-235.

[31] 杨凤来,陈乃东,任龙,等.基于随机森林的超深高压气井出砂程度分类预测方法[J].油气井测试,2024,33(6)：9-16.

[32] 齐银,李佳馨,陈强,等.基于机器学习评价页岩油产能主控因素——以庆城油田西233区为例[J].钻采工艺,2024,47(6)：61-68.

[33] 陈秋生.基于人工智能的测井设备数据处理与解释方法研究[J].石化技术,2024,31(10)：125-127.

[34] 张凤博,马雪玲,董珍珍,等.基于CNN和LSTM的机器学习模型在测井岩性识别的应用[J].西安石油大学学报(自然科学版),2024,39(5)：96-103＋133.

[35] 范翔宇,孟凡,邓娟,等.基于自动机器学习的测井曲线重构技术[J].天然气工业,2024,44(9)：38-54.

[36] 张田.多尺度储层预测方法的比较与适应性研究[J].科技与创新,2024,(13)：87-90.

[37] 王德伟.基于机器学习的噪声测井数据解释方法研究[D].荆州：长江大学,2024.

[38] 宋朝辉.基于大数据的可解释性机器学习储层预测方法研究[D].北京：中国石油大学(北京),2022.

[39] 冯刚.基于机器学习与岩石物理建模的储层预测[D].北京：中国石油大学(北京),2022.

[40] 史长林,魏莉,张剑,等.基于机器学习的储层预测方法[J].油气地质与采收率,2022,29(1)：90-97.

[41] 肖京玉.基于改进长短时记忆神经网络的储层预测方法研究[D].青岛：中国石油大学(华东),2021.

后　记

　　预测方法随着人类社会的发展而发展。马赫(Mach)认为,在自然科学问题上没有一种预测是被人接受的。石器时代人们根据太阳东升西落的现象预测太阳是围绕着大地转动的,并在不同的时间和地点反复观察,计算日出、日落、冬来、夏至的时间和方位。托勒密(Ptolemaeus)预测了太阳绕地球运动的轨道是"圆"的,提出"地心说",虽然大家看不到这个"圆",但这符合人们的直观感觉,受到认可和欢迎。后来,哥白尼(Kopernik)认为地球是绕太阳运行的,预测它运行的轨道是椭圆的,提出"日心说",但"椭圆"不符合人们的直觉习惯,哥白尼的"日心说"不被认可,还要受迫害。

　　马赫(Mach)认为一种预测若要被人接受,除非用经验来证明。但卡尔·波普尔(Karl Poper)说,牛顿的重力概念是"经验证明"的吗?牛顿把本应属于天体运动的问题置于天文学的范畴之外,提出了重力的概念,并用它来说明存在于整个宇宙的现象,如围绕太阳运行的行星轨道、河水的流向及落在他头上的苹果,都是重力的结果。

　　如果按照有些人的标准,他们会说,牛顿的重力学说是根据第谷·布拉赫(Tycho Brahe)的天文观测数据,提出了未经"经验证明"的一个"设想"。牛顿只能在没有实际观测对象的情况下,设想存在一些被称作重力的实体,牛顿根本没做过任何独创性的贡献。但实际上牛顿提出的重力学说引发了物理学的革命。

　　一种新理论的出现,即使它是通过一种分析科学问题的新思路并且是在分析所有相关资料的基础上获得的,也很难为人接受。莫利(Morley)有关海底扩张的文章没有被采纳,因为他只是系统描述了别人根据基本"事实"获得的理论。他的设想被看作是古怪的,因为他没有自己的分析方法。而维恩(Vine)和马修(Mathews)将自己的理论融汇在莫利描述的同一"事实"中,不同的是,他们只是用那些在不同地方收集来的"事实"支持其理论。他们的文章被采纳了,原因是他们在处理类似资料时的别具匠心。

　　近百年来的地震勘探史,其理论方法繁花似锦,有价值的文献成千上万,单从速度分析这一项,其方法多达60多种,20世纪70年代才出现的波动方程偏移,其方法也有十几种。但是,我们纵观地震勘探技术的全部理论和方法,实际上只出于两个基本的学科——数学和弹性力学。地震勘探科学这个特点和现代物理科学是一致的。现代物理是自然科学的杠杆,而它的两个支柱是数学和力学。

　　美国专家在塔里木盆地边缘没有发现任何富含有机质的沉积物,就预测塔里木盆地没有生油层,结果犯了日本地质学家犯过的同样错误。日本人在中国东北地区勘探了40年,他们研究了松辽盆地周围的白垩纪沉积物,并发现了大庆背斜。由于沉积物是陆相的,日本古生物学家认为盆地中可能是类似的冲积和浅层湖积物,因此预测松辽盆地是贫油的。

中国并不是"贫油国"。在中国,至今没有发现大规模或多个大型油气田,并不能说明中国地底下缺少油气,只是中国油气成因极为复杂。一方面,塔里木盆地、柴达木盆地、四川盆地、黄河三角洲等沉积盆地基底都很深;另一方面,中国的地形复杂,沉积盆地受到太平洋、大西洋和印度洋三股力量的混合作用,油气成藏分布规律十分复杂。

我国著名的海洋地质与地球物理学家刘光鼎院士曾对我国油气资源作过一个形象的比喻:"中国的油气好比是四层楼,最底下是早古生代的,依次是晚古生代的,中生代的——我称之为前新生代残留盆地,随后才是新生代陆相碎屑岩沉积盆地,中国50年的油气勘探只停留在浅层,还有三层没有挖掘和开发,应该到古代的海相地层里去找油气。"刘光鼎说:"两次油气资源评价都说明,中国油气资源的潜力巨大,目前探明储量不到1/3,至少前新生代海相碳酸盐岩领域就有待于勘探开发。……中国油气资源的前景是美好的,只要我们针对中国的地质情况,大力发展地球物理方法,就一定可以找到并开发出更多的油气资源。"

根据全国最新油气资源评价结果分析,我国石油地质资源量近千亿吨,石油可采资源量超过200亿吨,迄今只探明几十亿吨,石油资源探明程度不到30％,远低于64％的世界平均探明率;我国石油平均采收率也不到35％,远低于45％的世界平均水平。这说明,我国拥有丰富的石油资源潜力,我们不会在短期内出现石油危机,至少不会在几十年内出现石油危机。关键在于如何将石油预测资源量转化为探明储量和可采储量。

长期以来,在自主知识产权和企业创新的核心技术上,我们缺乏自信心,往往自己搞出来的东西,自己不敢相信或是不愿意相信。而在没有外部环境的推动下,再好的东西也难以实现。

瑞士巴塞尔市曾发生一个故事,具有哲理:

午夜时分,一名警察看见一个人在市场上走来走去。大约过了半小时,这位警察询问那人在做什么?他回答说他丢了钥匙。于是警察帮他一起找钥匙,找了半小时,可什么也没找到,警察变得不耐烦便再问那人:

"你能想起你是在哪丢的钥匙吗?"

"嗯,可以。我把钥匙丢在那边的黑暗小巷里啦,当时我听到钥匙落在地下的声音。"

"那为什么不在那里找?"

"不,我不能,"那人回答道,"这里有路灯,我能看见,而那边太黑了。"

这个故事能否理解为人们不愿意在黑暗中找解决问题的"钥匙",那么写本书就是希望能提供一盏灯,照亮失落"钥匙"的黑暗小巷,找到开启深藏于大地资源的"钥匙"。因为预测学不是随意观察之后得出的直觉解释,它是一门科学。理论科学知识任何时候都是有用的,如果我们将预测理论学运用于工农业中,也许可以掀起一场预测革命。预测革命是我们思维方式上的一种大的变化,我们已不再满足于叙述事物,而开始用数理化的方法分析自然现象。